U0942222

贺继宏 著

西域论稿续编

于英毅题

中州古籍出版社

作者简介

贺继宏，1944年生，陕西蓝田人。新疆克孜勒苏柯尔克孜自治州史志办原主任、编审。新疆地方志学会常务理事，新疆党史学会理事，新疆作家协会、民间文艺家协会、中国民俗摄影家协会会员，中国《玛纳斯》研究会理事，州作家协会主席、文联副主席。编写、编辑的各类作品60多部，个人著作有散文、诗歌、影视文学剧本、论文集十多部。部分作品以汉、柯尔克孜、英、法等文在国内外出版，多篇论文入选中国和国际学术研讨会。作品获自治区“五个一工程奖”、文化部“文华奖”、中国舞蹈“荷花奖”、自治区人民政府“天山文艺奖”和香港“紫荆花奖”及自治区社会科学优秀成果二等奖。获自治区劳动模范和优秀共产党员及全国特别嘉奖的地方志先进工作者称号。

应邀为《喀纳斯志》做责任编辑、为《吐鲁番学新论》校雠文稿、为《喀什噶尔学研究》撰稿，参与《新疆通志·民族志》的终审和对柯尔克孜、塔吉克族及新疆汉族、满族章节的最后审读修改。

退休后被聘为自治州非物质文化遗产保护领导小组顾问、《玛纳斯》汉译工作委员会顾问、《玛纳斯》汉译学术工作组编辑整理组组长、审定组副组长、新疆人民出版社《玛纳斯》汉文全译文学本出版项目专家顾问。目前主要从事《玛纳斯》汉译学术组汉文编辑整理出版工作。同时应出版社之邀，从事《玛纳斯》连环画及系列故事改编，为《玛纳斯》进学校编写乡土教材。同时撰写《克孜勒苏地方史》和《柯尔克孜文化史》两部书稿。

作者近照

贺继宏主要作品目录

《克孜勒苏柯尔克孜自治州志》（主编）

《中国柯尔克孜族百科全书》（主编）

《柯尔克孜族民间文学精品选》（主编）

《克孜勒苏柯尔克孜自治州民族志》（主编）

《克孜勒苏柯尔克孜自治州地理志》（主编）

《克孜勒苏柯尔克孜自治州概况》（“中国少数民族五种丛书”之一，初版、修订版总纂）

《西域论稿》（新疆历史、民族、文化论文集）

《柯尔克孜风情录》（“中国少数民族风情录丛书”，合作）

《帕米尔上的牧人》（“祖国大家庭丛书”）

《玛纳斯故事》（“聆听史诗丛书”，汉、英、柯文，合作）

《阿图什市》（“中国百城丛书”，汉、英、法文）

《格登碑》（电影文学剧本）

《玛纳斯奇》（电影文学剧本合作）

《赛麦台依与阿依曲莱克》（《玛纳斯》舞剧文学剧本）

《玛纳斯与卡妮凯公主的婚礼》（《玛纳斯》情景短剧）

《格萨尔与珠牡公主的婚礼》（《格萨尔》情景短剧）

《江格尔与阿盖公主的婚礼》（《江格尔》情景短剧）

《帕米尔采风录》（散文集，“葱岭丛书”，合作）

《神秘的西部圣土》（散文集，“葱岭丛书”，合作）

《情凝帕米尔》（诗集，“克孜勒苏 50 年优秀作品集”，合作）

《帕米尔情结》（散文集“克孜勒苏 50 年优秀作品集”，合作）

序一

史林杰

奋斗改变命运的时代骄子

2月初，自治区党委书记张春贤邀请全疆各地20个草根人物畅谈他们是如何通过奋斗改变命运的。每个人都有奋斗的艰辛，都有奋斗带来的辉煌。他们有个共同的特点就是：人生就是奋斗，奋斗就是人生。

这时候，我马上想到了一个人，1979年我在帕米尔高原吾依塔克林场采访认识时，他是一个满脸黝黑、双手粗糙的伐木工，没想到他披着帕米尔的星星，戴着吾依塔克的月亮，刻苦自学，顽强奋斗，三十年后竟成了享誉区内外、头戴许多职务光环的著名的柯尔克孜族研究学者、专家，已著有五十多本专著，有的还译成英文、法文、柯尔克孜文在国内外发行，他的事迹被新华社、光明日报、中央电视台、中央人民广播电台和凤凰卫视多次报道。他的名字叫贺继宏，一个真正靠奋斗改变命运的时代骄子。

当代社会不缺人，特别是对中国这样有十三亿人口的泱泱大国，但缺人才，从人到才是有一段漫长的道路要艰难跋涉的。有的人为了成才，不惜远渡重洋、求取功名；有的靠在国内进一所比较好的大学完成深造；有的靠单位多种途径的培训、锻炼逐渐成才，但这都与贺继宏无缘。他十六岁刚读完小学，只身从陕西到了帕米尔高原。他来到克孜勒苏柯尔克孜自治州以后，种地、修水库、护林、伐木、修桥、筑路。艰辛磨炼了他的意志，挫折把他推向了成功。1979 年，当他的第一篇文章经我推荐在新疆人民广播电台《天山南北》节目播出后，他对新生活充满了喜悦、憧憬与期待，他化腐朽为神奇，以得天独厚的艰难经历和生存艰苦以及风光优美的环境为基石写人、写事、写景。逐渐他的文章不仅在新疆电台各栏目播出，还在新疆各报刊频频发表。当时新疆人才缺乏，克州人才更缺，州委宣传部像发现金子一样发现了贺继宏，州上一纸调令，先是借调他到州委宣传部后又调州史志办工作，他如鱼得水，到 1987 年时已著书五六本，填补了我国柯尔克孜族研究的空白，许多人包括专家、学者都为之惊叹。当时主管新疆职称评定工作的自治区副主席毛德华以特殊人才、突出贡献，批准贺继宏破格晋升副高职称，当时自治区有关部门和他两地分居的爱人所在地州都想调他，但均被他婉言谢绝了，他说，这里是我生活的富矿，是我人生的摇篮，我不离开。当时我有幸采访了贺继宏，并撰写了一篇长篇通讯《他恋着帕米尔》，生动介绍了贺继宏在帕米尔高原倾情研究历史、文化、民俗及屡屡作文著书的情况，在文字的结尾我写道：我相信，这个飞翔在帕米尔的雄鹰将会飞得更高、更远！

果不出我的所料！他不但在研究、编纂克州及三县一市的史志方面走在了自治区各地州的前列，还在《玛纳斯》研究方面越来越精深。不但多次参加国际国内少数民族遗产保护及当代艺术发展学术研讨会，还以专家身份应邀参加区内外有关《玛纳斯》戏剧、影视剧本改编，参与凤凰卫视纪录片《强疆梦》的拍摄。他头顶克州作协主席、文联副主席、中国艺术家交流协会终身名誉主席，入选《中国地方志年鉴》（2004 年版）、《中国文艺年志》(2005 年版)和中国艺术学会2009 年年度人物等许许多多各类光环,成为新疆名副其实的柯尔克孜族历史、文化、民俗研究领域的资深专家。2003 年,他被评为正高职称,在新疆数以万计的专业技术人员中,以小学文化跻身这一高级专业职务行列的唯一的一个。

贺继宏在克州是取得了几个第一的有突出贡献的专业技术拔尖人才,是自治州社会科学领域多学科带头人。一、他是第一个从事克州方志工作的开拓者,又是自治区方志工作的举旗人物,是全疆公认的自治区史志工作的一面旗帜;二、他是自治州第一个汉文图书编写出版者,从上世纪 80 年代至今已出版反映自治州及柯尔克孜族的各类图书六十多本,成为引领克州汉文图书编写出版的第一人;三、他是克州汉族中第一位新疆作家协会和民间文艺家协会会员,且一发不可收,出版各类文学艺术作品多部,并任州作家协会主席,是克州汉文学创作的组织者、出版者,是自治州文学艺术界的领军人物;四、他是自治州第一个电视专题片的编剧,从上世纪 80 年代自治州成立三十周年庆典活动开始直到四十周年、五十周年的各类专题片都是他编剧的,他编剧的自治区第二届少数民族传统体育运动会的三集专题片在亚运会上展播;五、他是自治州汉族学者中第一个从事《玛纳斯》研究、评介和出版的人,他多次参加中国少数民族文化艺术题材的各种国际学术研讨会、创作会和论证会;六、他是克州第一位在国内外传播柯尔克孜族文化的汉族学者,各类著作不仅在国内多家出版社出版,而且还译成英文、法文、吉尔吉斯(柯尔克孜)文在国外发行,他被多家媒体以"柯尔克孜族的文化大使"为题作报道;七、他是对外宣传克孜勒苏乃至帕米尔风光、柯尔克孜风情的第一人,著名的吾依塔克风景区、帕米尔旅游区的一系列克州的山川、河流、湖泊的迷人风光都是他第一次向外推介的,克州的"泉华群"是他首次考察并科学命名推向全国的;

八、他是克州最早从事西域文化研究和昆仑文化研究的学者，其研究论文引起学界的关注；九、他是新疆研究蒙古图瓦人历史文化的有独到见解的学者，研究成果不仅收入《布尔津县志》，而且为中央电视台科教频道《探索与发现》栏目做的图瓦人的专题片在多频道（含英语频道）播出。

2005年退休后，他比上班时间更加忙碌，不仅承担着联合国"人类非物质文化遗产代表作"《玛纳斯》汉文全译本的编辑出版工作以及其他重大文化建设项目，而且应邀参加自治区及一些地方的重大出版、文化工程项目。此时的他更加珍惜这些难得的机遇和宝贵的时光，穿梭在克州、阿勒泰、喀什、乌鲁木齐、北京和全国各地，做规划、搞调查、写文章，他还跑北京搞研讨、出文字，努力为《玛纳斯》申遗大力奔走，终于功德圆满。继1996年出版个人理论专著《西域论稿》之后，最近，又将十几年来涉猎新疆历史、民族、宗教、文化研究论文汇编成几十万字的《西域论稿续编》，他请我作序，我为之汗颜。

和贺继宏一样，来新疆淘金的人不少，但很多人是无功而返，人生收获甚微。有些人，作出了一些成绩，就会喋喋不休，自我张扬，不求上进，贺继宏始终坚持埋头做事，低调做人。他感恩这个社会、这个时代和所有帮助过他的人，他的人生信条是：奋斗成就男人，奋斗改变命运，生命不息，奋斗不止。我有理由期待，也相信贺继宏在有生之年能进一步提高生命的质量，活出人生的更多精彩。

（作者为自治区广播电影电视局党组成员、巡视员，新疆人民广播电台党委书记。）

序二

郑东辉

贺继宏是我多年的良师和志友，他的又一著作《西域论稿续编》即将面世，应邀为此书作序，实感荣幸。

西域之名由来已久，西域地域广阔而又神秘，多年来研究西域历史的学者甚多，出版和发表了不少著作和论文。贺继宏潜心研究在修志工作中所收集、掌握的资料的基础上，形成自己的观点，并对一些历史事件、历史人物作出评价，已于前些年出版了《西域论稿》一书，现《西域论稿续编》又将与读者见面，填补了西域研究这一大课题中的一些空白，可以说是方志界中的第一人。是西域论坛这一大花园中的一朵奇葩。

贺继宏曾任克孜勒苏柯尔克孜自治州史志办公室主任、编审，他学识渊博，学风严谨，勤奋努力，先后主编了《克孜勒苏柯尔克孜自治州志》《克孜勒苏柯尔克孜自治州民族志》《克孜勒苏柯尔克孜自治州地理志》等一批地方志书，撰写了多篇方志编纂方面的论文。他带领史志办公室一班人为克州地方志事业作出了突出成绩，被誉为新疆地方志系统的一面旗帜，不仅多次被评为全国和自治区地方志系统先进个人，同时还获得了自治区劳动模范和优秀共产党员称号。他曾先后应邀到自治区地方志编委会组织的南疆片和北疆片地方志工作会议上介绍经验，并在自治区地方志编委会机关作勤于学习、善于学习的报告。就在他退休之后，还被评为全国二十一位特别嘉奖的地方志先进工作者。荣誉很高但不居功自傲，他的视野并没有局限在编写志书这一框框内。通过多年来所掌握的大量地情资料和对地情的悉知了解，有了新的追求，从一本书上升到修志工作要为当地的社会经济发展服务、为现实服务的境界。修志工作仅仅是他事业的一个部分、一个起点，他要站在这一起点上向所追求的目标——地域研究继续奋斗。近些年，他先后研究了柯尔克孜族的民族与文化的大量史料，主编的《中国柯尔克孜族百科全书》《柯尔克孜族民间文学精品选》《玛纳斯影视文学剧本集》《玛纳斯故事》等一批著作相继出版。还有一批著作也将在不久与读者见面。他通过对柯尔克孜族历史遗存的审视与解读，对柯尔克孜族文化积淀的开掘与透析，使读者看到了这一古老民族历史的延伸和丰厚的文化底蕴，体现了一个民族、一个地域的厚重和成熟。他的追求已成为成果，他的目标已成为现实。

贺继宏不仅为克州的史志工作，为柯尔克孜族的历史、民俗、文化研究作出了卓越的贡献，而且在文学艺术的创作中也取得了丰硕的成果，出版了多部文学著作，发表了大量摄影作品；他不仅是克州社会科学的学科带头人，而且研究还涉及到维吾尔族塔吉克族及新疆满族和汉族，《新疆通志·民族志》中的柯尔克孜族、塔吉克族、汉族和满族等的决审就是请他做的。他不仅对克州的文化建设作出了重大贡献，而且还应邀参与了阿勒泰、喀什、吐鲁番及自治区有关厅局甚至是黑龙江省内的一些重大文化建设工程；他不仅在国内传播柯尔克孜文化作出了突出成绩，而且在国际上与吉尔吉斯斯坦等国的文化交流中，也取得了显著成绩，不仅多次与吉尔吉斯专家探讨《玛纳斯》剧本改编，而且有著作被译成英文、法文、吉尔吉斯文（柯尔克孜）出版发行。

贺继宏的本职工作是从事地方史志编纂研究的，但在他的这两部论著中却没有一篇有关史志学科的研究论文。为此，在撰写本文时，我曾经向他提出过质疑和询问，他向我透露他的《西域论稿三编》正在汇集编辑之中，那是一部地方志理论与实践之专辑。

我区首轮修志工作已经结束，二轮修志工作也已有序展开。修志人员应在编修好续志这一本职工作的前提下，近水楼台，做有心人，在收集续志资料时，留意摄取到手的可用素材，经研究、归纳、整理后，编写出一些为社会经济发展服务、为广大群众服务的地情书，整理出一些有根据、有价值的专题，为当地领导决策服务。我相信，只要做有心人，只要勤奋想干事，修志工作者是大有作为的。有志者事竟成，唯我有才，唯我是才将不是他指。

2012年1月

（作者系自治区地方志编纂委员会编审）

序三

万雪玉

在我国众多的职业群体中，有这样一个特殊的群体——史志工作者，他们在不同人群的心目中，拥有不同的身份：在各级政府部门，他们是专职研究者，是做学问的人；在大专院校和科研单位，他们是行政人员。20世纪80年代以来，这个群体借助国家大规模“修志”的东风异军突起，经他们之手编写的“志书”何止成千上万，他们的私家著述也逐渐地引起了科研院所研究者的注意，陆续走进大学课堂，成为本科生、研究生的必读书和参考书，甚至被列入学术专著的参考文献。

支撑这个庞大而独特群体的，是一群“自学成才”者。他们诞生于社会急剧变革的20世纪四五十年代，成长于“运动连绵”的六七十年代，经历过物质匮乏、精神荒凉的锤炼，借助于20世纪80年代的春风脱颖而出，这就是他们，如今已步入耄耋之年的我国史志工作者的脊梁。

无疑，他们的成才是中国那个特殊时期的产物。他们顽强的生命力，源于生活成长的那片土地，以及那片土地上纯朴善良人民无私的接纳和滋养。于是，他们与这片土地自然而然地融为了一体，成为了人民中的一员。凭着对这片土地和人民的挚爱，他们在改革开放后，用自己手中的笔，以文字的形式凝聚成一篇篇文章、一部部著作，一幅幅摄影作品，归还给了养育他们的土地和人民。这就是上个世纪最后三十年我国“史志”队伍的栋梁，本书作者贺继宏便是其中的一员。

认识贺继宏老师，是从阅读他编著的多部与克州有关的“史志”著作开始的。通过查阅柯尔克孜族历史文化论著，牵涉出这些著作，也由此认识了它们的主编或主笔贺继宏老师。随着我们一次次深入克州的万千大山，走进柯尔克孜族牧民的毡房，我们得到了时任克州史志办主任的贺继宏老师一次次无私的帮助和指点。因了贺老师的虚怀若谷和不吝指教，因了贺老师对克州和柯尔克孜人民的了解与研究，这种帮助延续至今。

贺继宏老师在克州这片偏远而神秘的土地上，在这里的各民族干部牧民的心目中，曾经是一个“百科全书”式的人物，他的学问和勤奋在上世纪的克州，有口皆碑。克州三县一市的“志书”、《中国柯尔克孜族百科全书》，克孜勒苏自治州的《地理志》《民族志》等一批独一无二的著述，加起来有数千万字！透过这些大部头著述，我们眼中的贺继宏老师逐渐地清晰起来，除了博学，他还是一位略带陕西口音的老者：平和、稳重、善良、和蔼。

贺老师对学问的追求矢志不渝。他的追求饱含着对克州这片土地和柯尔克孜人民的挚爱。他将这片土地上人民创造的、传承的文化变成了文字与精神食粮，在柯尔克孜人民和国内外其他人民之间，在克州和其他地区之间，架起了一座沟通的桥梁。他用自己的独特视角与不懈努力，打通了“底层”和“上层”两支有着共同目标的研究队伍之间的壁垒，他主笔的《克孜勒苏柯尔克孜自治州概况》及其姊妹篇《柯尔克孜族风俗习惯》（新疆人民出版社 1986 年）、《柯尔克孜族风情录》（四川民族出版社 1998 年）、主编的柯尔克孜民间文学精品选之《玛纳斯》三集（中国文联出版社 2003 年）等一批书目，成了“象牙塔”里人们不可缺少的参考文献，一些柯尔克孜族历史文化知识的文字源头也隐含在他的相关论著中。他调查采录和加工整理的柯尔克孜族民间故事、传说及民间体育游戏等资料，早在20世纪80年代初，已经成为高等学府民间文学专业学生的基本素材。

虽然无缘于高等学校的系统学习，贺继宏老师却凭借自己的刻苦钻研和坚韧不拔，在柯尔克孜族历史文化领域里不断地耕耘和收获。为了解开柯尔克孜族历史上的诸多疑团，他立足于田野和民间，翻阅相关的文献，形成了自己的见解和观点。他对柯尔克孜人与图瓦人在历史上关系的阐述，可谓独辟蹊径，为一筹莫展的学界吹进了一缕风。

退休后的贺继宏老师虽然定居于自治区首府，却仍然牵挂着那片土地。于是，在乌鲁木齐和阿图什之间奔波就成了他的生活常态。这期间，摆在贺继宏老师计划最前列、也是最重要的任务，便是为《玛纳斯》的汉文翻译、出版和普及添砖加瓦。在众多专家学者的共同努力下，经老人逐字逐句推敲润色的近十万行译稿已交出版社付梓。同时，贺继宏老师编撰的《玛纳斯故事》（五洲传播出版社2011年）也用汉、英、柯三种文字在国内外公开发行。

应出版社之邀，贺继宏老师还完成了《玛纳斯》连环画的总体规划，改编的第一集文稿已经完成。根据《玛纳斯》改编的柯尔克孜族音乐舞蹈史诗剧《赛麦台依与阿依曲莱克》（见文学季刊《帕米尔》2010年第三期）的文学剧本也发表了。

贺继宏老师在大计划的间歇，还制订有自己的小计划。摆在读者面前的这部专著就是其中的一部分，目前正在撰写《柯尔克孜族文化史》和《克孜勒苏地方史》两部专著。这也是贺继宏老师长久的心愿，相信不日就会变成现实。

2012年3月9日

（作者为新疆大学人文学院教授）

目 录

历史篇

民族篇

文化篇

附 录

历史篇

新疆古代史概论

（按：《新疆史概论》和《新疆民族发展史概述》《新疆宗教演变史简述》系作者应邀为州县科以上干部、大中专及中学师生讲授新疆历史、民族、宗教课的讲稿提纲，曾在《克孜勒苏报》连载和印成小册子供州县干部职工学习。）

1997年，江泽民总书记曾专门就新疆历史问题发表了重要讲话。1998年，江总书记在视察新疆的重要讲话中，又一次谈到新疆的历史问题，并对新疆的历史、民族、宗教等问题，进行了精辟的论述，同时要求我们要系统研究、正确宣传新疆发展的历史。为此，这一讲我们拟从新疆与西域之释义、史前新疆、古代新疆等三部分，对新疆的古代史进行概括的论述。对新疆近代史、现代史，将在下两讲中简述。

一、新疆与西域之释义

新疆自古以来就是我国的一部分。新疆古称西域，释义为中国西部之疆域；新疆，释义故土新归即为重新收复建置的疆域。这两个名称，同为区域建置名，同属一个地区，但却有着不同的历史背景，有着不同的意义。

西域，是汉以后对玉门以西地区的总称，始见于《汉书·西域传》。有广义和狭义，狭义专指葱岭以东，广义则指凡通过狭义西域所能到达的地区，包括中西亚、印度半岛、欧洲东部和非洲北部等地。西域作为地方政权名，是从汉神爵二年（前60）开始的。统治西域各部的匈奴日逐王先贤掸归汉，始设西域都护府，曹魏设西域戊己校尉，前凉设西域长史府，后凉设西域大都护，元代设西域卫亲军都指挥使司。这些军政机构，都代表中央政府对西域地区实施着有效管理。西域作为一个地名，从汉代初年，一直沿用到清代。尽管清代重新收复新疆之后已很少使用西域之称，而称之为西疆、新疆，但在清乾隆年间编修的新疆地方志仍称《西域图志》。19 世纪之后西域之名遂较少使用。

清政府平定准噶尔割据和大小和卓叛敌之后，于乾隆二十四年（1759）将此前沿用的西疆，改称“新疆”，直到新疆建省前，仍以西疆、新疆之名并用。新疆作为一个地名，包括当时的中亚及帕米尔以西的部分地区。1884 年新疆建省后所包含的地域，大概略同于今日新疆。“新疆”作为地方建制之名，是从新疆建省开始的，始称新疆省，1955 年改称新疆维吾尔自治区。

新疆和西域是同一地区不同历史时期的不同称谓，应该说是准确的、一致的，但其中也存在着不同。一是疆域的范围不同。西域作为我国的一个地域或行政区域，使用时间漫长，不同时期区域范围所指不同，甚至差异很大，有时还包括了疆域以外的地区；新疆则是指建省的行政区域，是这一省区的名称的专指。二是意义不同。西域是与中原相对而言的，表示一种地域的方位、范围及归属，新疆除有上述意义外，还有更深一层的政治意义，即由分裂到统一、由被外敌所占据到收回主权，重新回归。因此，从近代外国侵略者和民族分裂主义分子对新疆和西域的名称炮制各种释义来看，其目的就是制造分裂舆论。

二、史前新疆

谈到史前新疆，我们除依据部分考古资料外，主要还是依据传说史进行简单的述说，并非信史，仅供参考。

新疆是我国较早有人类活动的地区之一，在阿图什市阿湖出土的“阿图什人”头骨化石，由北京自然博物馆、新疆博物馆、新疆地矿局、地质勘探队组织专家进行考察，并经碳 14 测定，为一万七千年以前的人类化石，这证明早在旧石器时期，新疆就有原始人类生息繁衍。“阿图什人”是迄今发现的新疆最早的人类，是塔里木流域绿洲上最古老的土著。

到了新石器时代，新疆就与中原各地区保持着密切的联系。如遍布新疆的细石器文化遗址，同我国甘肃、青海、宁夏、内蒙古、东北等地出土的相同时期新石器文化遗址具有明显的共同特征。

伴着新石器文化的是彩陶文化，在新疆的新石器文化遗址中，同时出土的还有彩绘陶器。从对这些彩色陶器的形状、花纹及制作方法的考察中发现，其与我国青海、甘肃等地的彩陶文化十分接近，这又证明了新石器时期新疆与内地的密切关系。从地域上讲，新疆的新石器文化已与我国北方的新石器文化连成一片，形成了我国北方新石器文化体系。

随着史前新疆与中原越来越多的交往，我国典籍对新疆的记载也越来越多。在黄河流域出现部落联盟集团黄帝部落联盟时，新疆也几乎是同时出现了西王母之邦的部落联盟，且西王母之邦这个新疆最大的部落联盟的女首领西王母，与中原的黄帝及以后的唐尧、虞舜部落联盟首领一直保持着频繁的友好交往。如贾谊《新书》载：黄帝“涉流沙，登于昆仑，于是还归中国”。这就是说黄帝曾越过塔克拉玛干大沙漠，到了昆仑山一带。特别是这里讲的“还归中国”即载明由于“以信和仁为天下先”的黄帝出访周边各部，以其影响，使各部纷纷归附。该书还称：尧帝“身涉流沙，地封独山，西见王母，驯及大夏、渠叟”；“稷为尧使，西见王母”；等等。这又一次证明尧帝不仅到了新疆昆仑山一带，而且这里的大夏、独山部落已归附尧帝，受其封敕。而作为我国种植业始祖的后稷相传曾来到新疆塔里木流域传播种植业技术。特别值得重视的是《竹书纪年》等古籍所载的“舜帝九年，西王母得益地之图来献”，我们是不是可以这样认为，早在舜帝九年（约前2247）部落联盟西王母之邦的酋长就表示了对中华古国归附之诚意。

到了大约公元前16世纪至公元前9世纪，中原地区已相继建立了商周等统一的奴隶主国家，进入了奴隶社会，而新疆地区仍然处于以母系部落为统治地位的部落联盟的原始社会，这便是史书上所称的“西王母之邦”。这一时期，新疆的部落联盟的西王母之邦与中原王朝的来往更加频繁，关系进一步加强。新疆社会科学院历史研究所编写的《古代新疆史事记》载：“公元前1121年以前（西周以前），周的先祖古公亶父封其嬖臣长季绰于春山之虱，妻以元女，诏以玉石之刑，以为周室主。”季绰即在葱岭建立了赤乌国。赤乌国，是史前由中原迁入帕米尔山区的羌人与当地的伊兰人融合后形成的部落，他们的祖先被称作“汉日天种”，即中原王朝的公主与波斯男子结合之后裔。周代中原居民的迁入及这种血缘关系，使新疆与中原的关系更为密切。公元前12世纪，周成王在镐京举行开国大典的盛会上，来自新疆各地祝贺的就有大宛、大夏、康居、月氏、莎车等十多个部落的首领。周穆王十七年（约前984），周穆王西巡，与新疆的各大部落首领进行了广泛的接触，互赠了礼品，进一步密切了新疆各部与中原王朝的关系。这期间，以“贝玉交换”为主要内容的经济交往，加速了新疆与中原地区的贸易往来和相互了解。

在史前新疆与中原的往来中，新疆各部献给中原王朝的贡物主要为玉器，到秦统一中国时，其宫中的主要玉器，便多为昆仑玉。新疆的玉文化与中原的青铜文化紧紧相伴，互相影响。在文化艺术上，代表新疆的昆仑神话和代表中原的蓬莱神话东西辉映，而昆仑神话逐渐成为华夏文化的代表。新疆的古文化与中原的古文化逐渐融为一体。

我们中华民族是以黄河流域的中原为轴心，向四周辐射，形成了一个强大的向心力、凝聚力。新疆与中原的这种向心力和凝聚力，早在史前已基本形成，这就为汉代新疆正式划入中国版图奠定了基础。

三、古代新疆

进入秦汉之际，中国社会已进入封建社会，在中原已建立了统一的封建主政权。在新疆，代表母系社会的部落联盟西王母之邦也已经瓦解，进入了奴隶社会。境内的各个绿洲逐步形成了以定居农耕文化为主的住国，也称“城郭诸国”和以游牧文化为主的行国，这些小国各自为政，互不统辖，始称“西域三十六国”，后增至为五十四国。

秦末汉初，我国北方的游牧民族匈奴日渐强大，他一方面向中原进攻，争城夺地，另一方面向西扩张，争夺草场，掠夺财物。汉初，匈奴即占领了新疆大片地区，并设僮仆都尉以统治新疆。与此同时，汉中央王朝也在新疆设“使者校尉”和“护鄯善以西使者”等，以管理新疆。

汉朝对新疆的管理一是屯田，在于开发种植业，二是维护丝路畅通，发展与各方的贸易。这与匈奴的掠夺形成明显对比，因而受到新疆各族人民的欢迎与拥戴。汉神爵二年（前60），统治西域的匈奴日逐王先贤掸率万余众归汉，匈奴所设僮仆都尉罢，汉在新疆设隶于中央王朝的西域都护府，以管理新疆。从此，新疆正式隶于汉朝版图，成为祖国领土不可分割的一部分。汉朝政府对新疆的经营主要是：一、委官治理；二、册封利用地方首领并颁发印绶；三、实行屯田，开发农耕；四、修筑城垒，设置关卡。这一切措施保证了新疆各族群众能在和平安定的环境中发展经济文化事业，对新疆的社会经济的发展起了积极作用。

汉代新疆与内地的经济文化交流十分密切。新疆的苜蓿、葡萄等农作物引种内地，新疆的笛、箜篌、琵琶、胡笳等乐器也开始传入内地，佛教也经新疆传入内地，并逐步在我国思想史上产生深远影响。同时，内地的丝绸大量输入新疆并远销欧洲，内地先进的农业生产技术也传入新疆，汉文化对新疆产生一定影响，境内出现了汉族风格的宫殿屋宇，一些地方使用汉语汉文，新疆的经济文化都得到了发展，新疆社会开始进入封建社会。

西域形势演变同内地的政治变化密切相关。东汉灭亡之后，出现了魏、蜀、吴三国鼎立的政权。这一时期，曹魏对新疆设西域长史和戊己校尉进行统治。晋统一三国之后，西晋承袭魏制统治新疆。

公元316年，西晋亡，中国出现了地方政权分割的局面。在这一时期我国北方地方政权前凉、后凉、西凉、北凉等诸凉王朝以及前秦先后对新疆部分地区行使主权，实施统治。

前凉建兴十五年（327），前凉王张骏攻高昌，始设高昌郡，立田地县，是为新疆设立郡县之始。

公元386年，鲜卑拓跋部统一我国北方，建立北魏政权，先后在新疆境内设鄯善镇、焉耆镇，同时设领护西戎校尉等军政机构以实施统治。这以后柔然、铁勒、嚈哒等北方游牧民族相继兴起，并先后西扩，在天山南北进行争夺和角逐。

6世纪中叶，突厥兴起，于552年建立了突厥汗国，并控制了我国漠北和新疆地区，结束了天山南北纷乱的政局。6世纪末隋朝统一中原，此时突厥汗国分裂为东西二部。7世纪初，统治新疆的西突厥不断进攻隋朝，隋朝于608年向西突厥用兵，610

年西突厥向隋称臣，隋朝设西域校尉以管理新疆。

魏晋南北朝时期，新疆的经济文化发展较快，首先是农业生产，汉代屯田士卒从内地带来的较先进的耕作技术和农具，已开始在各绿洲广泛应用。其次是冶炼技术的传入促进了手工业的发展，特别是养蚕业开始传入新疆，推动了纺织业的发展。在文化上，中原文化对新疆的影响越来越明显，特别是北魏政权与中原关系十分密切，使新疆与内地文化交流频繁。在新疆一些地区，特别是高昌地区政令风俗基本上与内地相同，以汉语汉文教学。史载，高昌“文字亦同华夏，兼用胡书”，“有《毛诗》，有《论语》，有子经、历代史、诸子集”。与此同时，新疆文化对中原也有很大影响。佛教文化的交流频繁，不少新疆的佛学大师如鸠摩罗什等纷纷去内地讲经，中原的高僧法显、宋云等也先后经新疆至印度求经，进行文化交流；这一时期，新疆的音乐、戏曲、歌舞、杂耍也纷纷进入中原，对中原艺术产生巨大影响；新疆的佛教造像运动更是席卷中原，影响着中原的造型艺术。

唐朝统一新疆之后，根据新疆各地的具体情况，实行了不同的管理制度。在新疆东部实行与中原一致的州、县、乡、里制度，先后建立了伊州、西州和庭州，三州共辖十二个县、四十余乡和上百个里。在其他地区主要实行都护府、都督府、州制同时设置了相应的军府。唐在新疆先后设置了安西都护府和北庭都护府。都护府是军政合一的机构，行政建置的各都督府、州和驻军，均属其统辖。安西都护府的辖区主要为天山以南及帕米尔地区，向西直达阿姆河、锡尔河和西亚一带，主要为农业区；北庭都护府主要辖区为天山以北和中亚的游牧区。都护府下辖都督府，都督府下辖州，为三级管理体制。都护府设都护一人、副都护一人，皆由唐中央派遣；都督府设都督一人，由唐中央政府委任当地部落首领充任；州的首脑称为刺史，由当地部落首领充任。军事机构分军、守捉、城、镇等。军有经略使，守捉有守捉使，镇有镇守使，在此之下还有烽、戍等机构。唐朝推行节度使制后，又设四镇（龟兹、于阗、疏勒、碎叶称“安西四镇”）节度使、伊西北庭节度使，与都护府并存。唐朝在新疆设置的这一整套完整的行政、军事机构，对全境实施有效统治和管理；其特点是各级军事机构的军人多从内地调入，军事长官由中央政府直接派遣；地方行政机构的行政长官由中央政府委任当地民族充任。

唐朝时期是我国历史上对新疆统治最严密、管理最有效的时期，同时也是新疆社会经济文化发展最快的时期。唐在伊州、西州和庭州推行与内地一样的均田制和租、庸、调法，同时在“安西四镇”和轮台征收行商税。这些税赋的征收量极小，主要的军政开支和往来商旅需求，则主要依靠屯田等发展经济的措施解决。唐在新疆的屯田达五十六屯，耕地面积约三千八百余顷。为了发展农业还十分重视水利，设“掏拓所”专门管理水利建设。此时，被称作“白叠子”的棉花已经广泛种植。园艺业十分发达，瓜果品种繁多，农作物品种已有麦、豆、稻、谷、黍等。畜牧业以放养马、牛、羊、骆驼、鹿为主。手工业也有发展，铁、铜、金、银、铅、锡等均有开采、冶炼和加工。纺织业发展较快，有丝织、棉织、毛织等。造纸术已传入新疆，西州等地还设有纸坊。交通运输被重视，交通要道设有馆、驿，同时还有官办的运输机构“车坊”，以牛车运输。商业发展较快，内地的货币在新疆大量发行和流通。在文化方面由于与中原的广泛交流，中原文化与新疆文化在相互融合之中迅速发展。

唐以后，新疆出现了高昌回鹘、于阗王国和喀喇汗王朝并立的地方政权。高昌回鹘汗国为回鹘所建，喀喇汗王朝则是由葛逻禄、样磨、处月、回鹘等部共建的联合地方政权，加上以于阗为中心的于阗王国这三个地方政权均与中原王朝保持着友好往来。11 世纪初，喀喇汗王朝吞并于阗王国，新疆形成高昌回鹘与喀喇汗王朝并立与对峙的局面，直到西辽的统一。新疆地方政权与宋朝同样保持着隶属关系。如北宋嘉祐八年（1063）宋册封于阗王为“归忠保顺斫鳞黑韩王”。这一时期，伊斯兰教开始传入新疆，主要在塔里木盆地西部边缘流传。

1271 年，元朝统一中国，加强了对新疆的统治。元曾经先后在新疆设行尚书省、都护府、宣慰司、元帅府等军政机构，对新疆进行管理。元政府在新疆发展农业、扩大屯田，发展交通、设置驿站，管理税收、发行货币等以发展新疆经济，同时还建立织造局、冶炼厂等，促进了手工业的发展。这一时期，内地大批工匠进入新疆，新疆的纺织工匠和园艺户进入内地，使生产技术得以充分交流，特别是棉花栽培技术传入内地，在一定程度上改变了内地人民以丝麻为主的传统衣着。

元至正六年（1346），蒙古朵豁剌惕部拥立察合台后裔秃黑鲁·帖木儿为汗，建东察合台汗国。

明朝时期，新疆主要由成吉思汗的次子察合台后裔统治，明朝对新疆的管理十分薄弱。明永乐二年（1404）明朝封哈密王安克·帖木儿为忠顺王，并赐金印。明永乐四年（1406）明朝设立哈密卫以脱脱为忠顺王并任命指挥、千百户、长史等官，管理哈密军政事务。直到清朝建立时，不仅新疆北部为准噶尔蒙古所统治，新疆南部也属准噶尔的附庸。

清初，清政府先后平息了准噶尔贵族和南疆大小和卓的叛乱，重新统一了新疆。清政府设总统伊犁等处将军，管理全新疆的军政事务，伊犁将军之下设都统、参赞、办事、领队等大臣，分驻各地，管理各地的军政事务。同时不断改革旧制，在乌鲁木齐、巴里坤、吉木萨尔、奇台等地实行与内地一致的州县制；在哈密、吐鲁番及吐尔扈特、厄鲁特蒙古部实行世袭的札萨克制；在南疆继续沿用伯克制，但废除世袭，大小伯克均由清中央政府任免、升调。

清政府加强了对新疆的军事布防，在新疆各地驻防的兵丁有绿营、满营、锡伯营、索伦营、察哈尔蒙古等。各边防要道均设有台站和卡伦，并派遣兵丁随时在边境巡逻。哈萨克、柯尔克孜地区的吹河、塔拉斯河流域，都在清政府军定期巡逻的范围之内。

为发展社会经济，清政府广泛动员各族军民在新疆屯田，屯田种类有兵屯、民屯、回屯、旗屯、犯屯等多种，分布地域十分广阔。清政府还实行统一货币、清理财政、减轻税赋、节省开支等措施，并且从内地分省逐年调拨饷银，补贴新疆财政支出之不足。

清代，新疆与内地的物资交流较历史上任何时代都更加繁荣。内地的大量丝绸、布匹、茶叶、铁器、药材、瓷器等日用品，通过官商和民间等多种渠道，纷纷运入新疆，新疆的牲畜、畜产品、玉石等也大量运往内地。

新疆自古以来就是祖国领土不可分割的一部分，是在各族人民世世代代的共同发展和互相支持中形成的。各民族之间在历史上形成的这种亲如一家的兄弟关系，是牢不可破的。各族人民在建设开发新疆和维护祖国统一的斗争中，都作出了自己的卓越贡献。

新疆近代史概论

新疆地处祖国的最西部边疆，进入近代以后，帝国主义列强对中国的侵略，新疆是首当其冲的。帝国主义对新疆的侵略和掠夺，除武装侵犯、侵占领土外，另外一个重要手段就是扶植支持和策动少数民族分裂分子，发动分裂叛乱，妄图把新疆从中国领土上分割出去，成为帝国主义的殖民地和附庸国。这些侵略和分裂活动，自然遭到中国政府特别是新疆各族人民的强烈反对和英勇抵抗。

新疆各族人民是近代反侵略、反分裂斗争的主力军。一部新疆近代史，就是各族人民团结奋斗，反对外来侵略、维护祖国主权，反对民族分裂、维护祖国统一的爱国史。这一讲拟就新疆历史进入近代以后，在新疆境内发生的尖锐激烈的侵略与反侵略、分裂与反分裂斗争历史作以概括的论述。

一、鸦片战争前新疆境内的反侵略、反分裂斗争简述

外国帝国主义对我国新疆地区的侵略以及在新疆境内支持、怂恿甚至策划地方少数民族贵族的分裂活动，早在鸦片战争以前

就曾多次发生。早在 17 世纪，从准噶尔贵族上层反动集团建立割据政权，与清王朝分庭抗礼，到阿睦尔撒纳叛乱被最后平息，历时八十余年。这些割据活动，是在沙皇俄国的策动与支持下进行的，阿睦尔撒纳叛乱失败后叛国投俄，最后死于俄国这一事实，便是有力的例证。

继北疆的准噶尔部叛乱平息后，南疆的和卓后裔相继发动分裂叛乱，这些叛乱和英帝国主义及其卵翼下的浩罕汗国有直接的关系。特别是大小和卓叛乱失败之后，其余孽逃亡浩罕，在浩罕直接接受英帝国主义的培训后，相继进入喀什噶尔、阿图什等地发动分裂叛乱。如大和卓波罗尼都的孙子张格尔在逃亡浩罕，接受了英帝国主义的训练后，于 19 世纪 20 年代在英帝国主义及浩罕反动的伊斯兰汗国支持并出兵援助下，四次入境作乱，曾猖獗一时，并占据了南疆西四城，但在清军和新疆各族人民的共同英勇打击下，最终遭到了惨败。

在平息张格尔叛乱中，各族人民积极配合清军作战，充分发挥了反分裂斗争的主力军作用。各族人民积极参加平叛大军，冲锋陷阵，英勇杀敌，打探军情，递送情报，捐助马匹、粮草、车辆、棉衣，修桥筑路，开泉挖井，转运军火。在平息张格尔叛乱中，因作战有功而受奖的各族群众就达二百余人。

在张格尔叛乱平息之后的 1830 年，又发生了张格尔之兄玉素甫在浩罕侵略者支持下的入境作乱，这次叛乱在各族人民的英勇抗击下，很快就被挫败。

从 1830 年至 1840 年十年间，浩罕侵略者曾多次侵入我国帕米尔高原的塔吉克、柯尔克孜族居住区，均遭到我守卡清军和当地塔吉克族、柯尔克孜群众的联合英勇抗击而狼狈逃窜。浩罕侵略者及和卓后裔对新疆南部的侵略和在新疆的分裂叛乱，给新疆各族人民带来了沉重的灾难，但最终都是以失败而告终。

二、近代沙俄和浩罕对新疆的侵略及各族人民的反侵略斗争

第一次鸦片战争以后，中国由独立自主的封建国家，逐步沦为半殖民地半封建国家。这一时期，随着西欧帝国主义列强对我国东南沿海的侵略，沙俄也不断向我国新疆地区进行武装蚕食。

从18世纪初期到19世纪40年代，沙俄的侵略魔爪已经伸向我国额尔齐斯河上游的哈巴河、布尔津河，甚至到达了阿尔泰的克兰河，同时沙俄的侵略势力不断向哈萨克草原扩张。从19世纪40年代初到19世纪60年代，沙俄已先后侵占了我国巴尔喀什湖以东以南地区的大片领土。沙俄在对我领土进行蚕食的同时，还强迫清政府签订了有关中国西北地区的不平等条约《中俄伊犁、塔尔巴哈台通商章程》，对我国新疆进行经济侵略。

在沙俄出兵侵占我巴尔喀什湖以东以南大片领土的过程中，处处遭到我国当地哈萨克、柯尔克孜等族群众的强烈反对和抵抗，他们不仅拒绝向侵略军提供畜产品等军需，而且经常袭击外出的侵略军。1847年，哈萨克族曾经组织七千余人的武装，向侵略者的营垒进攻。1850年，在古尔班阿里玛图附近，我成千上万的哈萨克、柯尔克孜牧民奋起围剿侵略军，使侵略者大败溃逃。

面对沙俄的经济侵略和沙俄商人的不法行为，塔城地区各族军民于1855年焚烧了沙俄非法建在塔城的贸易圈。这是近代新疆各族人民一次重大的反帝斗争。

19世纪50年代，沙俄趁第二次鸦片战争之机，竟然不顾事实提出了所谓的“中国西疆未定”的谬论，进一步向我国提出领土要求，逼迫清政府于1860年11月签订不平等的《中俄北京条约》，于1864年10月又逼迫清政府签订了《中俄勘分西北界约记》。此后又在沙俄一手操纵下，于1869—1870年间先后订立了《中俄科布多界约》《中俄乌里雅苏台界约》《中俄塔尔巴哈台界约》等三个勘界议定书，一共割去我国西北部四十四万多平方公

里领土。

在签订以上条约期间，沙俄侵略者在我国伊犁等边境不断制造事端，干涉我国主权，我边界各族人民进行了激烈的斗争。特别是根据“人随地归”的规定，划入沙俄的我国哈萨克、柯尔克孜、蒙古等各族群众，纷纷要求内迁，不愿归顺俄国。

近代新疆各族人民在反抗沙俄入侵的同时，对浩罕侵略者的入侵进行了反抗。浩罕在清乾隆年间还是清朝的属国，到了近代竟然向我国进行侵略和掠夺，这主要是有英帝国主义的支持和新疆逃亡的和卓后裔以所谓的“圣战”为其开道。英帝国主义借新疆内乱之机，多次出钱、出兵，支持、怂恿和卓后裔大举入侵南疆边城。1847 年有“七和卓之乱”，1857 年有倭里罕入寇。特别是 1865 年的浩罕汗国反动军官阿古柏扶持和卓后裔张格尔之子布素鲁克进犯南疆，不仅占了南疆七城，而且还侵入到了乌鲁木齐、玛纳斯等地，建立了伪“哲德沙尔汗国”。更为严重的后果是沙俄于 1871 年 6 月借故直接出兵侵占了伊犁地区，并进一步向北疆各地渗透。这样以来，新疆几乎全都沦于外国侵略者的铁蹄之下，这就使中国西北边疆出现了空前的严重危机，给新疆各族人民带来了沉重的灾难。

对于外国侵略者的入侵和和卓后裔的分裂叛乱，受害最深的首先是新疆各族群众，每次入侵，都是一场疯狂的掠夺和野蛮的屠杀，如：“七和卓”叛乱失败后，掳走当地群众三万余人，其中一大半死于去浩罕的路上；倭里罕叛匪夺取喀什噶尔以后肆意屠杀无辜群众，被害者的头颅堆成了几丈高的人头塔；阿古柏的入侵，更是以反动的宗教法庭，任意施加酷刑，将天山南北变成“毒杀与系狱，死刑与拷打”的人间地狱。在反抗外来侵略、反对分裂叛乱的斗争中，各族人民群众始终是站在最前列的。清军在平息叛乱、驱逐外虏收复失地中，更是得到了各族群众的拥护和支持。阿古柏侵略军所到之处，无不遭到各族人民的坚决抗击。在清军进军南疆途中，处处得到各族人民的支持。他们充当向导，报告敌情，运送粮草，捐钱献物，以供军需，并主动拿起武器截杀敌军。在各族人民的配合下，清军很快收复失地，彻底驱逐了侵略军。

驱逐阿古柏匪帮出新疆后，清政府即着手收复伊犁地区。由于沙俄对我国的领土野心，拒不交还伊犁，从1871年到1881年中俄双方经过十年的谈判，沙俄在迫不得已的情况下，才于1883年完全撤出伊犁。我国虽然收回了伊犁，但是根据不平等的《中俄伊犁条约》的条款，先后签订的六个勘界议定书，又将霍尔果斯河以西包括今克孜勒苏以北和以西的七万多平方公里土地划给俄国。

三、新疆建省的重大意义及其产生的重要影响

清政府在收复伊犁之后，即于1884年在新疆建省。到1902年几经调整添设，新疆省的行政区划已基本划定，各级政府机构也已趋于完善。全疆共建镇迪道、阿克苏道、喀什噶尔道、伊塔道等四个道，下辖六个府、十个厅、三个州、二十三个县与分县。

新疆建省，改军府制为行省制，是新疆地区历史上的一件大事，是新疆历史的一大进步，也是新疆历史发展的必然趋势，具有重大的历史意义。

新疆建省，是在旧的统治制度已被打破，不实行郡县制已“不足言治”的情况下提出来的。它的意义首先在于使新疆与内地在建制上、政令上得到了统一，便于中央政府的统一管理；其次是对于维护国家的统一，防止帝国主义侵略者与地方民族上层中的反动头目相勾结，从而制造分裂阴谋，煽动分裂叛乱，都有积极的意义；第三是在除哈密以外的其他地区取消了伯克制，削弱了地方王公贵族的势力，解放了生产力；第四是取消了内地其他各省人民前来开发边疆的人为壁垒，便于各族人民共同开发建

设新疆，发展新疆经济。

新疆建省以后采取了一系列改革措施，对新疆社会发展和进步产生了一定的影响，这主要是：其一，扩大屯田，鼓励各族军民（包括当地居民）进行屯垦，促进了内地各族居民来新疆落户；其二，大力兴修水利，变荒漠为良田，发展了农业生产；其三，发展商贸事业，加强了新疆与内地的经济贸易往来，发展了经济，繁荣了市场。这一系列措施，使新疆社会经济有了一定的发展。

四、英、俄私分我国帕米尔的罪恶阴谋和我国人民捍卫帕米尔主权的斗争

我国的帕米尔，是英、俄帝国主义垂涎已久的地方。进入近代以后，英、俄帝国主义多次染指我国帕米尔，争夺、瓜分我国帕米尔。从沙俄多次武装入侵、蚕食鲸吞，后来竟然发展到英、俄两国私订“协议”，瓜分我国帕米尔。

帕米尔自古以来就是我国神圣领土不可分割的一部分。从汉代，我国中央政府就在帕米尔行使主权，经营管理帕米尔地区。对于沙俄的武装入侵，清政府军和当地的柯尔克孜、塔吉克等族群众，给予了坚决的打击，多次重创侵略军，为捍卫我国帕米尔的主权进行了英勇的斗争。

早在1872年至1873年，沙俄即与英国私订非法的俄英协议，开始私自瓜分我国帕米尔。沙俄同时多次派出“探险队”“考察团”，不断地在帕米尔地区侦察地形，刺探情报，盗窃资料，为其进一步占领这一地区做准备。1884年沙俄逼迫清政府签订的《中俄续勘喀什噶尔界约》规定，自乌孜别里山口起“俄国界线转向西南，中国界线一直往南”，这就形成了一处三角地带，成为至今悬而未决的“待议地区”，为沙俄进一步侵占我国领土制造了根据。《界约》签订不久，沙俄政府便出兵帕米尔，不仅越

过了《界约》中规定的乌孜别里西南方向的俄国边界，而且越过了乌孜别里山口正南方向的中国边界，一直侵占到萨雷阔勒岭附近。由于清军沿萨雷阔勒岭严密布防抵抗和当地群众的奋起反抗，才阻止了沙俄侵略军的东进。沙俄在遭我军民阻击，无法推进的情况下，又与清政府谈判，妄图通过谈判进一步侵占我国帕米尔的领土。由于沙俄政府坚持在帕米尔问题上的侵略立场，中俄帕米尔问题的谈判毫无结果。

在武装入侵和谈判都未能达到沙俄侵略目的的情况下，沙俄又勾结英国政府，再次共同私分我国帕米尔地区，1895 年英俄双方达成非法的《格伦威尔—戈尔恰科夫协定》，私分我国帕米尔地区，规定以萨雷库里湖东岸为起点，向东直到萨雷阔勒山脊为线，线以南属英，线以北属俄。这样，除塔克敦巴什帕米尔和郎库里帕米尔的一部分仍保留在中国境内外，其余中国帕米尔的大部分领土，都被俄、英非法强占了。

清政府反对俄、英两国私分中国帕米尔地区的立场是一贯的。从 1892 年到 1895 年，清政府多次对俄、英私分我国帕米尔表示抗议，重申帕米尔是中国领土的立场。这一立场宣告了俄英在中国帕米尔地区所进行的一切侵略活动都是非法的，也宣告了沙俄强占萨雷阔勒岭以西两万多平方公里的中国帕米尔地区的领土是非法的、无效的。

居住在帕米尔地区的我国柯尔克孜族群众，更是与沙俄侵略者进行了长期的英勇斗争，1894 年居住在俄占区的柯尔克孜希布察克部落首领率柯尔克孜人民举行武装起义，反抗沙俄的统治。同时，因不堪忍受沙俄的统治，大批柯尔克孜群众纷纷内迁。

五、辛亥革命后新疆政府和各族人民的反侵略斗争

作为中国一个边疆省的新疆，其政治形势的变化始终受全国的影响。中国资产阶级领导的推翻封建王朝的辛亥革命，也得到

了新疆各族人民的响应。迪化、伊犁先后举行了武装起义，革命党人在伊犁成立临时革命政府，与新疆巡抚袁大化在迪化的旧政府对峙，并发生“新伊战争”。1912 年 5 月，新、伊和谈，承认共和，新疆统一，杨增新任新疆都督。

辛亥革命期间，沙俄利用新疆一时的动乱局势，向新疆的伊犁、喀什噶尔和阿尔泰三路进兵，妄图一举吞并新疆。1912 年 2 月，沙俄派军事技术人员侵入伊犁绘图。同年 5 月，沙俄借口“商路不通”，派哥萨克马队二百名以所谓“临时添派卫队”名义，强行侵入伊犁。1913 年 3 月，沙俄在伊犁边界陈兵数千，威胁伊犁。在喀什噶尔，沙俄以“保商”为借口，派兵八百余人侵疏附县境，并分七处驻扎。在阿尔泰，沙俄派外蒙傀儡军侵占科布多，挑起“科阿战争”，并将一千五百余名侵略军开进阿尔泰承化寺驻扎。

对于沙俄的三路入侵，新疆政府以“符约章而保主权”的原则，一方面布兵御敌，一方面通过我国外交部与沙俄交涉，迫使沙俄撤回其侵略军。在处理阿尔泰问题上，为防止沙俄唆使外蒙反动活佛侵犯阿尔泰和在当地策划“独立”，中央政府决定将阿尔泰归并新疆，并改革建制，改阿尔泰区为阿尔泰道。1919 年撤阿尔泰办事长官，任命阿尔泰道尹，从此，阿尔泰正式归入新疆省建制。

近代，新疆各族人民的反侵略斗争如火如荼，燃遍全疆。继北疆塔城各族人民火烧沙俄“贸易圈”之后，1912 年，在南疆和田的策勒村，各族人民又因不堪忍受沙俄侵略者的暴虐而爆发了火烧俄国“乡约”巢穴的“策勒村事件”。愤怒的群众焚烧了俄国国旗，包围了俄国爪牙们盘踞的宅院，烧死三十名俄国爪牙及无赖之徒，这就是新疆近代史上闻名中外的“策勒村事件”。这一事件是新疆各族人民反抗沙俄侵略，维护祖国主权与各族人民利益的反帝爱国斗争的一部分。

新疆现代史概论

进入现代之后，新疆境内的侵略与反侵略、分裂与反分裂斗争更加激烈。各族人民在保卫领土完整，维护祖国统一和民族团结的爱国斗争中，肩负着更加艰巨的历史使命。各族人民对外英勇抵御外来侵略，捍卫国家的领土与主权，对内在反抗封建统治，争取民主和解放的同时，还与在泛突厥主义和泛伊斯兰主义等反动思潮影响下所建立的所谓“东土耳其斯坦”等地方伪政权进行英勇的斗争，维护了祖国统一和民族团结。

一、动乱中的新疆，南疆反动的分裂政权“东突厥斯坦伊斯兰共和国”的出笼与覆灭

杨增新统治新疆十七年，后期由于内部矛盾激化为其部下樊耀南刺杀，事件发生在1928年7月7日，故称“七七事变”，事变中金树仁上台。金树仁主新时期，新疆一直处于动乱之中。1931年，哈密农民暴动。这一由和加尼牙孜操纵的起义很快就蜕变为民族仇杀和“恢复王制”的动乱和逆流。

动乱之中，甘肃回民军阀马仲英乘机“移师出关，响应新

乱”，与和加尼牙孜的暴动武装联合反金。就在双方激战不息之时，1933 年迪化发生了“四一二政变”，政变中金树仁政府倒台，盛世才军阀政府建立。此时，马仲英与和加尼牙孜的联合破裂，和加尼牙孜败走阿克苏，马仲英又与伊犁军阀张培元联合反盛。

正当盛、张、马在北疆拼杀时，1933 年 11 月，在南疆喀什出现了一个由英帝国主义扶植的伪“东突厥斯坦伊斯兰共和国”反动分裂政权。

早在哈密暴动之初，英帝国主义就策动南疆一些反动的封建主和宗教头目发动叛乱，阴谋分裂我国统一。1933 年 2 月，泛突厥主义分子穆罕默德 · 伊敏攻占了和田等地，5 月，又伙同土匪铁木耳、乌思满攻下喀什，并在喀什大肆掠抢。8 月，英国在印度的殖民政府派间谍阿布都拉阿施斯潜入喀什，大肆宣扬“泛突厥主义”和“泛伊斯兰主义”。在他的撮合下，新疆各地的泛突厥主义分子纠合在喀什，于 11 月 12 日成立伪“东突厥斯坦伊斯兰共和国”，和加尼牙孜任伪总统，沙比提大毛拉任伪国务总理，并颁布了伪宪法。同时他们还按照英帝国主义的旨意，派遣所谓的代表前往土耳其、伊朗、阿富汗、美国、日本、德国、意大利和苏联等国进行非法活动，要求承认伪政权，并请求给予军事支援。当时，英国从印度运送了大批武器弹药，支持这个伪政权。

这个反动的“东突厥斯坦”对外寻求军援和庇护，甚至不惜拜倒在阿富汗国王巴图尔的脚下乞怜，请求其保护。对内宣布以伊斯兰教立国，实行极端狭隘的民族主义，鼓吹一切操突厥语的民族、信仰伊斯兰教的民族联合起来，组成一个伊斯兰教国。由于这个伪政权分裂祖国的倒行逆施不得人心，加之对新疆人民的残酷压榨和疯狂掠夺，遭到新疆人民的强烈反对，仅维持了三个月就垮台了。

1934 年 3 月，盛世才的省军在与张培元、马仲英的战斗中连连获胜，张培元兵败自杀，马仲英部向南疆逃窜。马仲英在阿图什、喀什一带消灭了伪“独立国”的武装，反动的东突厥斯坦土崩瓦解。随后，马仲英也在省军的逼迫下从伊尔克什坦出境逃亡苏联。至此，盛世才完全统一了新疆，结束了全疆战乱的局面。

二、中国共产党人在新疆的革命活动与新疆和平解放

1937 年，抗日战争全面爆发，中国共产党为了团结一切力量共同抗日，为了使新疆成为抗日的可靠后方和与国际反法西斯战线联系的这一通道的畅通，和盛世才建立了抗日民族统一战线。在盛世才邀请下，党中央先后派出一百多名中共党员来新疆工作，主要在行政、财政、民政、教育、新闻、文化等部门担任领导工作，也有的担任专区的行政长和县的县长等职务。在短短的几年中，中国共产党人为新疆各族人民办了许多好事，得到新疆各族人民的支持和爱戴。同时也为新疆的社会稳定、经济发展和民族团结做了大量工作，使新疆的政治、经济、文化等各方面出现了欣欣向荣的繁荣景象。1942 年盛世才投靠国民党政府以后，开始关押、杀害共产党人，陈潭秋、毛泽民、林基路等中共在新疆的主要负责人惨遭杀害，其余百余名中共党员及家属被监禁，直到 1946 年才被中央营救出狱平安返回延安。

盛世才投靠国民党后，民国政府即开始向新疆派遣各级地方官员和军队，并改组省政府，成立国民党新疆省党部及省参议会，使新疆的政令与民国政府得到统一，同时国民党也开始对新疆实施统治。

1944 年 8 月，在新疆北部的巩哈县爆发了武装起义，起义逐步扩大到伊犁、塔城、阿尔泰三区，并于当年 11 月 12 日成立临时革命政府，宣布成立“东突厥斯坦人民共和国”。临时政府的主席为艾力汗吐烈，此人系泛突厥主义者，他打着“人民共和国”的旗子，却进行着分裂国家的罪恶勾当，在宣言中他公然宣布脱离中国。他的反动行径完全违背了各族人民的意愿和利益，

不久，在阿合买提江等人的努力和斗争下，改组了临时政府，撤销了艾力汗吐烈的职务，使革命得以沿着正确方向前进。

1945 年 9 月，民国政府开始与三区政府举行和平谈判，到 1946 年 1 月 2 日，和谈成功，双方就十一条和平条款签订了协议。同年 6 月，根据和平条款的协议，改组省政府，成立新疆省联合政府，颁布施政纲领。但是由于国民党在政治上扶植泛突厥主义分子麦斯武德上台担任新疆省主席，在军事上支持乌斯满和哈里拜克向三区进攻，全面破坏了和平条款，1947 年 8 月在联合政府中任副主席的阿合买提江及其他三区成员陆续离开迪化撤回伊宁，联合政府完全破裂。

由于麦斯武德在任省主席期间大肆宣扬泛突厥主义的反动思想，鼓动新疆独立，使新疆政局更加不安，经济彻底崩溃，国民党中央不得不于 1949 年 1 月撤销了麦斯武德的新疆省主席的职务，改任包尔汉为新疆省主席。

与此同时，中国人民解放军正以摧枯拉朽之势，向全国进军。解放大西北的人民解放军于 9 月 25 日解放了玉门，直逼新疆。新疆警备司令陶峙岳、新疆省主席包尔汉分别于 9 月 25 日和 26 日通电起义，毛泽东主席和朱德总司令复电予以慰勉，新疆宣告和平解放。接着，人民解放军胜利进驻新疆，并在全疆各地建立了各级党组织和各级人民政府。从此，新疆进入了一个崭新的历史时期。

新疆民族发展史概述

新疆地处欧亚大陆的通道，是古代东西方往来的必经之地。境内的中南部为塔里木流域的绿洲，地域辽阔，水源充足，是农耕民族播种耕耘的沃土；北部为纵横的群山和草原，水草丰茂，气候适宜，是游牧民族驰骋纵马的牧场。其独特的地理位置和自然环境，使东方中原和漠北草原的黄种人及西方印欧大陆的白种人早在史前已纷纷向这里迁徙，在这里创建家园。这就形成了新疆自古以来就是多人种、多民族聚居杂处，共同发展的地区，人们称新疆是人种的博物馆、民族的博物馆。本讲拟分四部分，对新疆民族发展史进行概括的叙述。

一、新疆古代民族简介

新疆塔里木流域是我国较古老的农业开发区，也是新疆古人类最早生息繁衍之地。据目前考古资料表明，阿图什是新疆最早有人类活动的地方。据对阿图什出土的人头骨化石测定，为距今一万七千年前的人类化石。这就是说，早在一万七千年前的旧石器时代，“阿图什人”已经出现在这片土地上。

新疆的古代民族主要有塞种、月氏、羌、粟特、乌孙、汉、匈奴、鲜卑、柔然、哌哒、高车、突厥、吐蕃、契丹、葛逻禄、样磨、处月、回鹘、黠戛斯、蒙古等。

羌：羌为我国西部最古老的民族。大约在汉代以前进入塔里木盆地，然后继续西徙，遍布帕米尔高原，远至印度之西。后来部分羌人又沿昆仑山向东南迁徙，大部分迁入四川阿坝一带，形成现代之羌族，留居新疆帕米尔山区的融入了现代塔吉克族之中，留居婼羌一带的融入现代维吾尔族之中。

塞种：希腊、罗马人称其为“塞克（SaKa）”，波斯人称其为“赊迦”，印度人称之为“释迦”，我国则称其为“塞人”或“塞种”。原为高加索人，大约在汉以前大量迁入中亚、新疆等地，到公元前6世纪，已遍布新疆，并完全控制了伊犁河流域。公元前172年前后，大月氏侵其地，塞种大批向西南迁至帕米尔一带，并先后建立了塞王国（尉头）、疏勒国、于阗国及大宛、大夏、康居等国。在新疆境内的后来多融入维吾尔等族之中。

月氏：月氏原居敦煌、祁连间，公元前174年因遭匈奴袭击而西迁伊犁河（塞地），前161年又遭乌孙袭击离开伊犁河塞地，西迁大夏，并建立政权。留居境内的后来融入其他民族之中。

乌孙：始居祁连、敦煌间，与月氏为邻，公元前161年前后，乌孙西击大月氏，占据了伊犁河、楚河流域，成为伊犁河谷的常住居民。乌孙长期在新疆北部草原游牧，西部与康居相接。乌孙早在汉代就与中原发生频繁的友好往来，在文化、经济上受中原影响极深，本身也发展极快，成为长期定居新疆的强大部族。

汉人：汉朝对新疆行使主权以后的二千年间，迁入新疆的汉族越来越多。古代新疆的汉族人除部分返回中原外，大多融入当地其他民族之中。

匈奴：匈奴原为漠北高原的一大游牧部族，从秦汉时期，逐渐向西扩张，遂控制了广大新疆地区，公元前 60 年统治新疆的匈奴日逐王先贤掸归汉，新疆正式划入中国版图。匈奴曾长期侵扰中原，并与汉争夺新疆。公元 87 年前后，丁零、坚昆等部配合汉王朝大破匈奴，匈奴举部西迁，大部分远徙欧洲，也有部分留居新疆，留居新疆的匈奴人后来融入当地人之中。匈奴为夏后氏之苗裔，语为阿尔泰语系，其文字则多用汉文，对此，史学家吕思勉、冯家升等均有所述。①

鲜卑：鲜卑为我国漠北的游牧民族，大约 4 世纪前后兴起，建立北魏政权，同时向西扩张，占领河西、阴山，直至天山北部草原。鲜卑属阿尔泰语系蒙古语族鲜卑语支的民族，使用汉文。

柔然：继鲜卑之后柔然在漠北迅速崛起，大约公元 6 世纪初，柔然西扩，不仅占领了天山北部的大部分牧场，而且占领了天山南路的高昌、焉耆、于阗等地直至帕米尔山中。柔然与高车、哌哒部长期在塔里木流域争夺土地和牧场，6 世纪 50 年代为突厥所灭。

哌哒：哌哒亦为漠北之游牧民族，曾被称作“白匈奴”或“滑”，为匈奴之后。大约在晋代西迁新疆，南北朝时期与高车、柔然在塔里木流域反复争夺，后被突厥所灭。

高车：又称“敕勒”，为古代之丁零。高车在新疆主要活动范围为新疆北部的草原，其势力一度曾控制了高昌地区，并与柔然、哌哒长期展开了拉锯式的争夺。公元 6 世纪末为突厥所灭。高车无文字，但却留下了举世闻名的不朽民歌《敕勒歌》。

突厥：突厥是继匈奴之后，在中国西北出现的一个影响最大的强部。突厥的族属说法各异，但一般认为是出自铁勒，为古之丁零。在突厥文《阙特勤碑》中，突厥人也自称为“九姓乌护”，亦即铁勒。突厥在柔然强盛时期曾在阿尔泰山为柔然部做锻奴。

---

①见《匈奴史论文选集》。

在柔然部向外扩张之时，突厥悄然兴起。大约在公元 6 世纪时建立突厥汗国，同时向西扩张，其势力很快就遍及中亚和天山南北，成为西域的统治者，整个隋朝时期，西域一直在突厥的统治之下。直到唐统一西域之后，才逐步结束了突厥对新疆的统治。突厥对新疆社会历史及民族文化均有一定影响。但突厥作为一个古代民族早在一千多年前在中国就消失了，突厥后裔逐步融入当地民族之中，中国现代民族中更无突厥的名称。

吐蕃：吐蕃是成长于西藏地区的一个古代民族。大约 7 世纪末，吐蕃兴起，并不断北侵，曾占领新疆塔里木盆地及北部草原，与唐在塔里木流域进行了长达二百年的争夺，直到公元 866 年后，吐蕃势力才逐步退回昆仑山之南，结束了对新疆的控制。

葛逻禄：又称“割禄”“葛录”等，原为铁勒部中高车一族。大约公元 8 世纪前后，脱离回鹘的统治，由阿尔泰山向西南迁徙，曾先后占领北庭、碎叶、怛罗斯及喀什噶尔以北的大片地区，并建立葛禄国。公元 9 世纪，又与回鹘、样磨、处月等部共建喀拉汗王朝。其居民后来大多融入中亚各民族之中。

回鹘：原为漠北游牧民族，其族属为早期的丁零，后为高车部，曾被称作“袁纥”“乌护”（或称“九姓乌古斯”）。居色楞格、鄂尔浑、土拉三河之间。突厥汗国败亡后，回鹘汗国在漠北兴起。公元 840 年为黠戛斯所败，回鹘汗国亡，其部纷纷外迁。一支迁葱岭之西，称葱岭西回鹘；一支迁高昌，称高昌回鹘；其余南迁，融入汉族之中。分布中亚和喀什噶尔的回鹘与当地葛逻禄、样磨、处月等部共建喀拉汗王朝，同时逐步与塔里木流域土著融合，形成现代维吾尔族，成为塔里木流域主要的农耕民族。

黠戛斯：其源为漠北的坚昆，曾被称作“鬲昆”“隔昆”“纥骨”“护骨”“契骨”等。原居叶尼塞河上游一带，曾先后受匈奴、突厥、回鹘等部统治。公元 840 年黠戛斯大破回鹘汗国，迫使回鹘向西迁徙，此时部分黠戛斯即尾随回鹘之后，向西迁徙，曾占有北庭、安西一带，后大部分留居于天山南部的托什干河谷一带游牧。在此之前的汉代，已有部分坚昆人随匈奴迁居此地。黠戛斯后来逐步形成现代柯尔克孜族。

粟特：又称“粟弋”“窣利”，居阿姆河下游，魏晋时期摆脱大夏、月氏的统治。粟特作为一个部族未进入新疆，但粟特商人从丝路开通以来，一直是丝绸之路上最活跃的人，成批粟特商人曾长期在新疆特别是塔里木流域活动。唐时曾称粟特人为“昭武九姓胡商”，在唐都长安有较大影响，粟特人文化较高，有语言文字，其文字曾为漠北和新疆不少民族所借用。粟特人后来形成了现代乌孜别克族，但有不少粟特商人融入现代维吾尔等民族之中，对新疆社会经济和文化特别是商贸事业影响极大。

另外，新疆境内的古代民族还有样磨、处月、契丹以及蒙古、回族、锡伯、满族等。

二、在迁徙融合中成长壮大的新疆古代民族

新疆地区经济文化的发展以及各民族的发展壮大，自古以来就与民族迁徙有着十分密切的关系。

新疆地域辽阔，人口稀少，历史上不仅地区的开发建设仅靠当地少数土著是难以进行的，就是当地土著民族本身的发展，也是需要注入新鲜血液；另一方面，新疆周围包括中国中原、漠北和西亚印度半岛、伊朗高原等地区，其农耕部族和游牧部族人口的快速发展，都在利用各种手段和形式，纷纷向新疆迁徙，以求在这块土地上发展壮大自己。特别是漠北的游牧诸部，历史上向新疆迁徙的势头极猛，有和平迁徙，也有战争扩张。迁徙到新疆的各部族，大都在经过长期的发展之后，与当地其他民族融合形成新的民族，或融入其他民族之中。正是这样的迁徙和融合，造就了新疆文明史上的显赫和辉煌，唱出了新疆史上惊天的战歌，写下了西域史上动地的诗章。更重要的是，在这种民族大迁徙和

融合中，发展壮大了各民族，增加了人口，提高了民族素质。

纵观新疆各民族的历史，大都是在大迁徙和大融合中成长壮大和发展的，迁徙和融合贯穿于各民族整个发展史之中。

新疆民族的迁徙和融合，首先是东西方黄种人和白种人的迁入和融合，其次是漠北的游牧民族和中原的农耕民族的迁入和融合，这种不同人种、不同文化民族的大迁徙和大融合，有如异花授粉一样，增强了民族体质，提高了民族素质，促进了民族的发展。这一点，在古代回鹘、现代维吾尔民族中表现极为突出。回鹘早在漠北之时，就是一个强大的联合体，有九姓回鹘和十姓回鹘之称。9世纪离散之后，分几路迁徙，其中大部南迁，融入了汉民族之中，成为农耕民族；迁入甘肃境内的一支称甘州回鹘，后来与当地居民融合，发展形成现代民族裕固族；迁入新疆的因居住不同地域而称葱岭西回鹘、西州回鹘、高昌回鹘或称龟兹回鹘，这几支后来多和当地土著和先期迁入的其他部族融合而形成现代维吾尔族。特别是回鹘迁入新疆之后，在与当地土著的融合之中，发生了十分巨大的变化：由游牧生活改为定居农耕生活，统一了当地纷杂的语言和文字，使民族的经济、文化得到了快速发展。另外，西迁塔里木盆地的回鹘还融入了大量粟特人，改变了漠北回鹘不经商的习俗，成为商贸事业十分活跃的民族。新疆其他古代民族也都是在迁徙和融合之中成长壮大并发展的。

三、新疆现代民族

新疆进入近现代以后，仍然是多民族聚居杂处共同发展的地区。新疆维吾尔自治区成立时，全新疆有汉、维吾尔、哈萨克、回、蒙古、柯尔克孜、锡伯、塔吉克、乌孜别克、满、达斡尔、塔塔尔、俄罗斯等十三个民族。现就这些民族的形成作简要介绍。

维吾尔族：维吾尔系突厥语，意为“联合”，主要是由西迁的回鹘部与当地的土著融合而形成的，这两支都有十分悠久的历史。漠北回鹘原为游牧民族，其源可上溯到汉以前的“丁零”，以后又称铁勒、敕勒、高车、袁纥、回纥等；新疆塔里木流域的土著，在唐代统称为“西胡”，原为各绿洲上一些互不统辖的部族，主要有汉以前在于阗、疏勒、龟兹、高昌等绿洲定居的土著，也含汉以前迁入的伊兰、羌、塞种、月氏，以及后来迁入的匈奴、柔然、鲜卑、葛逻禄、样磨、处月等部。西胡人以农耕为主，畜牧业也较发达，是我国西部文明程度较高的民族，其音乐、舞蹈、美术等艺术，对中原文化影响很大，更成为我国西部艺术和西域文明的代表。著名的文学巨著《突厥语大辞典》和《福乐智慧》，便是西迁回鹘文化繁荣的产物。另外在现代维吾尔形成过程中，还有大批古代蒙古人的参与，在蒙古统治时期，有近二十万蒙古人在秃黑鲁·帖木儿强制下信仰了伊斯兰教，这部分人起初称“蒙兀儿人”，后来逐步形成现代维吾尔族。

哈萨克族：哈萨克系突厥语，意为“白天鹅”，是由乌孙、月氏、塞种、葛逻禄、突厥、哈喇契丹、克烈、乃蛮、钦察等不同历史时期的部族经长期融合而形成的。哈萨克族是新疆人口较多的游牧民族，但是到了19世纪由于中俄一系列不平等的界约，将我国新疆北部大片土地划归俄国，根据“人随地归”的划界原则，我国大部分哈萨克族人被划入俄国，留在我国的哈萨克族仅余几十万人。

蒙古族：蒙古族为我国北方强大的游牧部族，现代新疆的蒙古族主要为西蒙古族，也称“卫拉特”“厄鲁特”“额鲁特”等，为明代的瓦剌蒙古。西蒙古主要由准噶尔、杜尔伯特、土尔扈特、和硕特四部组成，称卫拉特四部。我国著名的三大史诗之一的《江格尔》，即是西蒙古人民献给世界文学艺术宝库中的瑰宝。

回族：现代回族即为古代的“回回”，其源为宋代的“蕃客”，即在我国定居的阿拉伯和波斯商人。新疆境内的回族一是成吉思汗西征时从中亚、西亚带回的大批伊斯兰教徒，被称为“色目人”，分布在新疆各地。另一部分是近现代由陕、甘、青等省迁入的回族。

柯尔克孜族：原为我国漠北的游牧民族，历史上曾多次西迁，迁入新疆境内。其源可上溯到汉以前的坚昆，以后曾被称作黠戛斯、吉利吉斯等。大约 17—18 世纪，因沙俄北扩，侵入叶尼塞柯尔克孜故地，柯尔克孜被迫举部西迁，在天山、帕米尔一带融合旧部，形成现代的柯尔克孜族。柯尔克孜部众多达百万余人，但因 19 世纪中俄一系列不平等界约的签订，使我国大批柯尔克孜族划入俄国，在新疆境内的柯尔克孜族已不足十万人。

锡伯族：锡伯族为古代鲜卑民族之后裔，有人认为“锡伯”即为“鲜卑”之音转，曾被称作“须卜”“室韦”“失比”“席伯”等，原居我国东北。新疆境内的锡伯族是清代乾隆年间为了巩固西北边疆的需要从东北迁四千余名锡伯官兵，携家带口，至伊犁一带屯垦戍边的，现多聚居伊犁察布查尔锡伯族自治县。

塔吉克族：塔吉克族居塔什库尔干塔吉克自治县，是帕米尔高原上最古老的民族。关于其族源，在境内有“汉日天种”的传说，说明塔吉克族是由中原的汉人与西地的波斯人融合而成，历史上曾被称作“赤乌人”“朅盘陀人”“色勒库尔人”等。

乌孜别克族：乌孜别克族居安集延、撒马尔罕等地。新疆的乌孜别克族是从中亚迁入的，主要为商人，也有一些首饰、乐器制造等手工艺人，多分散居于新疆各地。

满族：满族居东北，史称“肃慎”“女真”等。新疆的满族多为清代调入南北疆驻防的八旗兵丁的后裔。

达斡尔族：达斡尔世居我国东北，主要为狩猎的民族。新疆的达斡尔族主要是清代调入伊犁一带驻防的索伦营官兵的后裔。

塔塔尔族：塔塔尔为古代蒙古一部，又称“鞑靼”，居俄国。新疆的塔塔尔族主要是 19 世纪初从俄国的喀山、斋桑等地迁入的。

俄罗斯族：新疆的俄罗斯族主要是18世纪以后从俄国迁入的，尤以俄国“十月革命”前后居多，因其中一部分人是中国人与俄国人结婚后迁入新疆居住，曾被称作“归化人”，解放后才正式定名为俄罗斯族。

四、在党的民族政策光辉照耀下发展进步的新疆现代民族

我们常说的新疆有十三个民族，这是指在20世纪50年代初国家进行民族识别时，新疆境内有十三个常住民族。对一个地区现代民族的发展，要历史地看，首先，一个地区的现代民族大多是在长期居住在这里的古代民族基础上形成的，其次则是在历史上成批迁入的，另外则是作为一个群体在这里生息繁衍的。

新疆现代民族正在不断走向繁荣，走向进步，这种发展的基础，则是各民族的团结互助、互相支持、共同奋斗。民族的融合和分化、发展或消亡，是在随着社会的发展不断地进行着的，而且这种变化主要是来自民族本身，这一点新疆各民族的发展史，新疆现代民族的形成，已充分予以证明。

新疆各现代民族，至今仍然是聚居杂处。共同发展、共同进步，是各民族人民的共同愿望。党的民族政策，为各民族这一美好的愿望提供了有力的保证。各族人民在党的民族政策指引下，开发建设保卫着新疆这个美好的家园，为走向共同的繁荣昌盛和进步努力奋斗着。

新疆宗教演变史简述

江泽民总书记在新疆视察工作时强调：“要系统研究和正确宣传新疆发展的历史，包括民族发展和宗教演变的历史。”根据这一指示精神，本讲拟从新疆历来就是一个多种宗教信仰并存的地区，各宗教传入新疆的历史及演变情况，新疆各少数民族宗教信仰变化情况等三个方面，对新疆宗教演变史进行简述，以澄清民族分裂势力散布的歪曲、杜撰新疆宗教演变历史的谬论，以肃清这些谬论在群众中的影响。

一、新疆历来就是一个多宗教信仰并存的地区

新疆自古以来就是多民族聚居和多宗教信仰长期并存的地区。新疆的宗教信仰几经改宗，几经演变，使新疆各民族的宗教信仰错综复杂，特别是几个宗教在同一时期并存，有时甚至是同一民族、同一地区同时并存多种宗教。有时是几个民族同信一种宗教，一些宗教之间互相影响、互相渗透；又有一些宗教之间互相排斥、互相争斗，这就不仅造成了意识形态和文化领域的百家争鸣，五彩缤纷，同时也酿成了社会政治中的刀光剑影，无辜居

民的流血牺牲。

早在汉以前，新疆地区的宗教信仰即由原始的自然崇拜逐步发展为原始宗教萨满教。汉以后萨满教与佛教长期共存，长达两千多年，至今仍有部分居民信仰萨满教和佛教。隋唐时代，景教（基督教聂斯脱利派）传入，并长期流行，与其他宗教并存约1000余年。10世纪初，伊斯兰教传入，又长期与其他宗教并存近千年。祆教、摩尼教、道教、天主教、喇嘛教、东正教也先后传入新疆，与其他宗教并存。虽然伊斯兰教排斥异教，甚至以武力消灭异教，但是始终也未能改变新疆多种宗教信仰并存的局面，至今在新疆仍然有八种宗教并存，它们是：伊斯兰教、佛教、基督教、藏传佛教（俗称喇嘛教）、天主教、东正教、萨满教、道教。

二、各宗教传入新疆的历史及演变情况

新疆地区的宗教，多属外来宗教，主要是从中亚、西亚传入，也有从蒙古草原和中原地区传入的。各宗教在传播和流行中，有着漫长的历史及复杂的演变过程，有的是几经起伏和兴衰。随着民族的迁徙和各民族信仰的几经改宗，一些宗教发展了，也有一些宗教退出了新疆的历史舞台或消失了。

（一）原始宗教

早在汉代以前，新疆地区的先民们便普遍信仰原始宗教。原始宗教主要为自然崇拜、动植物崇拜、图腾崇拜、祖先崇拜、生殖崇拜等。由自然崇拜到祖先崇拜、生殖崇拜，是人类认识的一大飞跃，说明人类已经逐步认识了自身的力量和作用，开始认识到依靠自身的力量改造社会，发展自己，从而产生了奋斗精神。原始宗教虽未产生明确的教义和宗教组织及教职人员，但对于人类来说，这种信仰影响根深蒂固，十分深远而长久，一些古老的原始崇拜，直至今日仍然在新疆各族人民中有一定影响，如对日

月星辰、山水树木以及祖先的崇拜在新疆大多数民族中依然存在，在游牧民族中表现得尤为突出。

（二）萨满教

萨满教也译作删蛮教、萨曼教等，是原始宗教晚期形成的以教职人员萨满命名的宗教，在新疆流行时间最长，早在公元前3世纪就已广泛流行，直至今日部分柯尔克孜族、达斡尔族、锡伯族仍信仰萨满教。“萨满教”是我国东北的满—通古斯语的音译，即“巫”的意思。萨满教认为世界分为三层：天堂为上界，诸神所居；地面为中界，人类所居；地狱为下界，鬼魔所居。萨满为神的使者，可来往人神之间，可为人驱邪治病。

萨满教对新疆各族人民的意识形态和社会生活均有十分深远的影响，至今维吾尔、哈萨克、柯尔克孜、蒙古、锡伯等民族的习俗中，仍保留了很多萨满教的遗俗，如维吾尔族中的“皮尔洪”（巫师）、“达汗”（巫医），柯尔克孜族中的“巴克西”（巫者）等，即源于萨满教的“萨满”。其万物有灵的宗教思想，至今在新疆各族群众中仍有影响，特别是维吾尔族群众在欢度“库尔邦”节集会时跳的大型群舞萨满舞，即是萨满教的遗俗。

（三）佛教

佛教于公元前6世纪产生于天竺（印度），公元前1世纪前后，先后由克什米尔传入于阗，由大月氏、康居传入疏勒，以后即迅速在新疆各地广为传播。公元1世纪新疆各地的佛教已很兴隆，4—5世纪在天山南部的各绿洲进入了全盛时期，形成了于阗、龟兹、高昌、疏勒等几个活动中心。公元5世纪法显大和尚西行求法到于阗时，见到“其国丰乐，人民殷盛，尽皆奉法，以法乐相娱，僧众数万人，多大乘”。于阗国有十四座大型佛寺，小佛寺难以计数，每年佛生日时，都要举行盛大的“行像”仪式：以彩车载佛像巡行城内，在佛像临近城门时，王要脱帽易服，赤脚徒步，捧香相迎，王妃和宫女在城楼上向下散花，气氛庄严、隆重、热烈。《晋书·四夷传》称龟兹城“其城三重，中有佛塔寺庙千所”。唐代玄奘在《大唐西域记》中称龟兹“伽蓝百余所，僧徒五千余人，习小乘教说一切有部”；称高昌“僧蓝虽少，亦有数千”；称疏勒“谆信佛法，勤营福利。伽蓝百十所，僧徒千人”。可见当时佛教之盛。

佛教在新疆的流传分为三个时期。早期为公元前 1 世纪从印度传入，到魏晋南北朝时期。这一时期的特点是佛教多为当地土著部族所接受，其佛教文化带有明显的古印度文化特点。阿图什市的三仙洞为这一时期的代表，洞窟造像多为犍陀罗特点，而以阿图什市库木沙克的莫尔墩佛塔为代表的佛塔则具有上圆柱形、下方墩形的古印度佛特点。中期为隋唐时期至宋元时期。这一时期的主要特点是西域的佛教文化东传中原之后，汇入了中原汉文化的精华，并西传新疆，同时漠北汇入草原文化特点的佛教文化也纷纷西传新疆，在新疆的绿洲上特别是高昌地区，形成了新疆佛教新的辉煌时期。这一时期的佛寺、佛殿、佛窟造形特点明显地汇入了中原文化的特色，如：唐代武则天通令全国建造大云寺，在新疆就修建了疏勒大云寺、龟兹大云寺和碎叶大云寺；唐中宗李显通令全国建造龙兴寺，在新疆又建造了于阗龙兴寺和北庭龙兴寺；等。这些寺庙建造从寺名到建造风格，都渗入了明显的中原文化的特色，以后建造的佛塔也多为中原造型特点的方型或六角型的砖尖塔或木尖塔。晚期为 13 世纪以后至今，主要是内地汉人将中原的佛教带入新疆，使佛教衰而未亡。

佛教文化的特点是推崇偶像崇拜，注重声乐和造型艺术。在新疆境内留下的十几处佛窟以及古文字的经卷，成为我国文化宝库中的珍贵遗产。新疆佛教声乐艺术东渐，不仅丰富了中原的音乐文化，而且为我国音乐史上增添了异彩。

（四）祆教

祆教，即琐罗亚斯德教，又称火祆教、火教、拜火教。大约

4—5 世纪由波斯（今伊朗）传入新疆，在新疆流行了近千年后消失。据《魏书》《梁书》《新唐书》《旧唐书》《宋会要》等史书记载，在疏勒、于阗、焉耆、高昌等地都有祆教流行，明代以后即销声匿迹了。

祆教主要倡导善恶二元论，认为善神代表光明、真理、善智，恶神代表黑暗、虚伪、恶逆与愚昧，且善恶在不断的斗争之中。火代表了光明，为善之本，也代表了善神，因而要崇拜火和日月星辰。祆教的“祆”字，是我国专为琐罗亚斯德教的名字造的汉字，取“天”“神”合一之意，为天神的省写。祆教之遗俗在今维吾尔、柯尔克孜等民族中仍可见。

（五）摩尼教

摩尼教又称明教、明门、魔教等。大约在唐代由波斯传入新疆塔里木流域，部分土著改宗摩尼教。宋太平兴国年间，王延德和白勋出使高昌，曾见有摩尼师持法。唐代，摩尼教曾一度成为回鹘的国教。

摩尼教是一种混合宗教，在教义上遍取各家之长。如其主要言论学说之明、暗二元论即取自祆教的善、恶二元论；教徒之不茹荤、不饮酒的素食习惯，即取之于佛教教规。

（六）景教

景教为基督教中的聂斯脱利派。大约在公元 7—8 世纪前后，由粟特人将景教带入塔里木流域，即有部分居民信奉了景教。9 世纪回鹘西迁之后，也有部分回鹘人改宗景教。景教在新疆流行千余年，对当地居民文化艺术、语言文字、风俗习惯等方面均有一定的影响。《马可·波罗游记》中载，新疆到处都有景教教堂。13 世纪贴木儿下令屠杀景教徒，强使改宗伊斯兰教，景教才在新疆消失。

（七）道教

道教大约在魏晋南北朝时期，已由中原地区传入新疆，主要在汉族群众中流行，到了唐代由于李氏王朝的推崇，稍有发展，此时在新疆也建有不少道观，如三清宫、玉皇阁、老君庙、龙王庙、大罗观、天上观等。道教虽至今依然在部分群众中流行，但始终未有大的发展。

（八）伊斯兰教

伊斯兰教在我国曾被称作回教、清真教、天方教等，大约是公元10世纪由中亚传入新疆，虽时间不长，但信奉的民族和教徒较多。

“伊斯兰”是阿拉伯语音译，其教徒通称“穆斯林”，是阿拉伯语音译，原意为“顺服者”，即顺服于安拉旨意的人。伊斯兰教于7世纪由阿拉伯人穆罕默德创建，其教义主要有：一神论，认为宇宙间只有安拉一个真主，再无他神；平等观，认为穆斯林一律平等，皆为兄弟；敬主教论，认为尽人有“五典”（夫妇、父子、兄弟、君臣、朋友），合天有“五功”（念、礼、斋、课、朝）。

伊斯兰教从公元10世纪前后传入新疆地区，其传播演变大约经历了四个时期：即10—12世纪喀拉汗王朝的武力传播伊斯兰教时期，14—15世纪东察合台汗国蒙古统治者强制推行伊斯兰教时期，16—17世纪伊斯兰教在哈萨克、柯尔克孜族中的传播时期，17—18世纪的和卓统治时期。

10—12世纪喀拉汗王朝的武力传播伊斯兰教时期：公元10世纪初，喀拉汗王朝第二代大汗巴泽尔的儿子萨图克在阿图什接受了伊斯兰教，并秘密发展教民，扩大势力。公元915年，萨图克依靠教民的力量，推翻了其叔父在喀什噶尔的统治，登上了喀拉汗王朝的汗位，宣布他的教名为阿不达勒·克里木，王号为苏里堂·萨图克·波格拉汗，并宣布以教治国，同时采取以武力传教的方式由阿图什向外扩张。公元942年萨图克率教民发动了对巴拉沙衮大汗的战争。这次战争中受到佛教徒的顽强抵抗，双方伤亡惨重，未见胜负，萨图克攻城不下，只好退回喀什噶尔。公元966年，萨图克的儿子木沙·本·阿尔斯兰汗进军巴拉沙衮，灭长支大汗，自称大可汗。这一军事行动使二十万帐突厥人皈依了伊斯兰教，使汗国进一步伊斯兰化。占领巴拉沙衮之后，喀拉汗王朝的进攻重点为佛教中心于阗（今和田）。木沙·本就是在进攻于阗的战争中战死。公元998年，木沙·本的儿子，喀拉王朝第五代大汗阿不勒哈三·阿里·本·木沙与其父亲一样，在进攻和田的战斗中战死于英吉沙东南。伊斯兰教的武力传播和扩张，遭到了于阗佛教徒的顽强抵抗，双方相持百余年，直到11世纪中叶，喀拉汗王朝才最终征服于阗，于阗居民大部分才改信伊斯兰教。

于阗被占后，伊斯兰教继续东扩，但也仅限于阿克苏、且末、若羌一带。而对于佛教活动的中心龟兹、高昌，喀拉汗王朝虽多次攻击，但总未能取胜。在这里，伊斯兰教与佛教对峙的局面维持了数百年。直到公元13世纪初，伊斯兰教的推进也只停留在塔里木盆地南缘一带。

14—15世纪东察合台汗国蒙古统治者强制推行伊斯兰教时期：元朝时期，蒙古统治者对宗教采取了兼容并蓄、不干涉信仰自由的宽容政策，新疆境内出现了佛教、伊斯兰教、基督教等各教共存、和平传教的时期。到了14世纪之初，察合台汗国的统治者秃黑鲁·帖木儿汗皈依伊斯兰教。在他的强制下，有16万蒙古人皈依了伊斯兰教。但是在整个蒙古统治时期，伊斯兰教在新疆的传播地域仍很有限。15世纪时，吐鲁番盆地的居民才信奉伊斯兰教。哈密地区直至16世纪初伊斯兰教才取得统治地位。但直到此时，伊斯兰教也不是新疆的唯一宗教，15世纪以后伊犁等地还有景教和佛教徒。明清之际，蒙古全民族接受了藏传佛教喇嘛教，和伊斯兰教并存，成为新疆地区的两大宗教势力。

16—17世纪伊斯兰教在哈萨克、柯尔克孜族中的传播时期：

哈萨克族虽然在8世纪已有部分人接受伊斯兰教，但伊斯兰教在哈萨克人中传播极慢，直到16世纪伊斯兰教才成为全民信仰的宗教。柯尔克孜族在10世纪前后也有少部分人接受了伊斯兰教，但是直到17世纪以后叶尼塞柯尔克孜举部西迁，才逐步皈依伊斯兰教。

17—18世纪和卓统治时期：这一时期，所谓的伊斯兰教“圣裔”们，纷纷以和卓身份染指政教界，企图左右形势，统治教民，甚至一些外国侵略者也以“和卓”身份进入塔里木河流域，操纵教民，制造分裂叛乱活动，造成南疆社会长期动乱，社会停滞不前，这也是今日民族分裂主义势力分裂祖国的历史根源。

（九）藏传佛教（喇嘛教）

藏传佛教主要为我国藏族、蒙古族人民信仰的宗教，大约于元朝建立前后传入新疆蒙古族地区，到明朝后期成为蒙古族全民信仰的宗教。藏传佛教在新疆发展较快，成为新疆的一大宗教势力，主要流行于北疆的博尔塔拉和南疆的巴音郭楞等地。

（十）东正教

东正教为俄罗斯族人民信仰的宗教。东正教传入新疆大约是在18世纪后期，主要是随俄罗斯族迁居我国而带入，流行于伊犁、塔城、阿勒泰、乌鲁木齐等地。信教人数不多。

（十一）基督教

作为基督教的聂斯脱利派（景教），早在8世纪前后传入，13世纪消失。清光绪年间传入新疆的基督教为16世纪由德国人马丁·路德创立的新教派耶稣教。此教多在汉族人中传播，信教人数不多，未对社会形成影响。

（十二）天主教

天主教主要在少数汉族群众中流传，传入时间为19世纪末期，多集中于乌鲁木齐、伊犁等城市，人数仅千余人，未对新疆社会生活形成影响。

三、新疆各少数民族宗教信仰变化情况

新疆是多民族聚居区，又是多宗教长期并存的地区。同一个民族在不同历史时期和不同地域，随着大环境的变化，其宗教信仰会经常发生变化，甚至在同一个民族内部、同一历史时期，也会出现信仰几种不同宗教的情况。现将新疆几个主要民族的宗教信仰变化情况简述如下。

维吾尔族：维吾尔族的族源主要为漠北回鹘。漠北回鹘长期信仰原始宗教萨满教，唐代中叶接受摩尼教，并奉为国教。回鹘西迁之后，曾先后接受祆教、景教和佛教。此时回鹘社会成为多宗教信仰社会，大多数回鹘信仰佛教。塔里木河流域的古代居民，早在公元前 2 世纪前后，即已接受佛教。公元 5 世纪，部分人接受了祆教，与佛教并存。公元 6 世纪，摩尼教传入塔里木河流域，部分居民接受了摩尼教。公元 7 世纪，又有部分人接受了景教。在伊斯兰教传入之前，塔里木河流域绿洲的居民以信奉佛教为主，塔里木绿洲上的城郭诸国，长期将佛教奉为国教。10 世纪初，随着喀拉汗王朝的统治者改宗伊斯兰教，塔里木河流域的土著居民和西迁之回鹘逐步皈依伊斯兰教，并逐步融合，形成现代维吾尔族。伊斯兰教也逐渐成为维吾尔全民信奉的宗教。

哈萨克族：哈萨克族先民古称乌孙，最早信仰原始宗教萨满教，公元 2 世纪起信仰佛教。直到 16 世纪伊斯兰教才成为哈萨克族全民族信仰的宗教。

蒙古族：蒙古族早期信仰萨满教，后曾信仰佛教，13 世纪以后改信藏传佛教喇嘛教。

柯尔克孜族：我国的柯尔克孜最早信仰萨满教，10 世纪以后有少部分人信仰伊斯兰教，直到 17—18 世纪叶尼塞柯尔克孜人举部西迁之后，大部分柯尔克孜人才逐步皈依伊斯兰教，但居住在北疆额敏等县的柯尔克孜族仍有部分人信仰藏传佛教，居住在

黑龙江省富裕县的部分柯尔克孜人仍信奉萨满教。

塔吉克族：最早信仰萨满教，公元前2世纪在新疆最先接受佛教，公元4世纪接受袄教，公元8世纪皈依伊斯兰教。

《穆天子传》中有关古代新疆地理、历史、民族等问题的研究

自从《穆天子传》从晋代汲郡战国时期魏王墓中发现以来，便为后世留下了一个难解的疑团，对于一些重大问题，一直是众说纷纭，各持己见，莫衷一是。时至今日，1700 多年过去了，这些争议依然在继续。对一些十分具体的问题，如西王母之邦究竟在什么地方，昆仑、春山究竟指的是哪一座山，周穆王西巡的路线、活动的地域，等等，依然是争议甚多。对于周穆王西巡的最西部，保守的说法是只到了甘肃河西走廊西部，夸张的说法竟然是欧洲中部的波兰华沙，真是相差十万八千里。多年来，笔者通过对西域古史特别是先秦史料及秦以前和《穆天子传》原文的研究与考证，并结合古今对《穆天子传》研究各大家的学说，特别是对西域广袤地域的实际考察、踏勘，对《穆天子传》中有关古代新疆的地理、历史、民族等几个重大问题有了一些浅见，今不揣冒昧公之于众，以求教于专家、求学于读者。

一、《穆天子传》究竟是一本什么书

《穆天子传》在晋代从战国魏王墓出土，由当时名士束皙等人

对竹简进行整理之后，交由郭璞为其作注。“晋郭璞作注并谓其体例与起居注同，故《隋书·经籍志》《旧唐书·经籍志》及《新唐书·艺文志》均列于史部起居注类。”① 这是《中国历史大辞典》对《穆天子传》所作的释文。《穆天子传》属“史部，志属、经类”，后世多沿用此说。后代不少官修的大型书目类图书，多将《穆天子传》归入“史部”。清代陈逢衡在作《穆天子传补正》时也沿用此说，称《穆天子传》“系古之起居注”，并进一步指出《穆天子传》“语直而奥，词约而简，其指归亦绝无矜奇可愕之事”，只是“及至汲冢始出，竹简混淆，古文晦昧，遂使日次颠倒，前后多歧，事迹乖违，排比失实；此后注是书者，又不于文义考核，往往叩其灵怪，竟同小说”。胡应麟在《四部不讹》中也称：“《穆天子传》六卷，其文典则淳古，宛然三代范型，盖周穆史官所记。”这是一种意见，认为《穆天子传》是一部信史，是穆王的随行史官随穆王西行每日所记的记事体史料。持这种观点的学者较多，是一种较传统的看法。另一种观点认为《穆天子传》“纯是虚构的小说”，“是上古小说家撰写的故事而已”。近代研究者还认为，《穆天子传》是地理著作，也有不少学者持此说。丁谦在《穆天子传考证》中称：“所可异者，以三千年前之古书，不但山川道里，汉魏人所不能知者，今考之皆历历堪徵，即随事所记干支之细，亦与历法吻合。”王守春在他的《〈穆天子传〉与古代新疆历史地理相关问题研究》一文中，开篇第一句话就开宗明义地指出：“《穆天子传》是我国先秦时期一部重要地理著作。”② 笔者在《新疆划入中国版图之再研究》一文中，对《穆天子传》《竹书纪年》《山

①《中国历史大辞典》“穆天子传”条，上海辞书出版社，2003 年 3 月第一版，3236 页。

②王守春《〈穆天子传〉与古代新疆历史地理相关问题研究》，见《西域研究》1998 年第 2 期。

海经》这三部先秦前的典籍的属性、价值，已有过简单的陈述，① 在这里仅就《穆天子传》的属性和价值，再作进一步阐述。

《穆天子传》是一部反映西部历史、地理、民族的日记体综合类书。从体例、内容上考察研究，既不是一部严格的纪实类起居注的历史书，又不是一部艺术类的小说，也不能单纯地看作是一部地理书。它既记录了一些地方的山川、地理、物产、部族等地理内容，又记录了一些部落、部族的历史、社会、文化、习俗等历史内容，同时也有一些神话传说、诗词吟唱等带有文学艺术色彩的内容。鉴此，笔者认为《穆天子传》是一部日记体的综合类书。我在这里说的日记体，只是就行文的体裁而言的，这一点确无疑问，是标准的日记体，有时间、有地点、有人物、有活动的背景和内容，且逐日记之。但是这并不是说就是真实的行程日记，并不是作者个人行程的经历和见闻，更不可能是周穆天子的史官随天子西行之所经和所见。因为客观地说，穆天子的西巡是无确切的史料可证的，是靠不住的，是不可作为信史的。不仅是《穆天子传》中所载"率六师之众，七萃之士，驾八骏之车"的西巡，就是《史记·秦本纪》中"造父为穆王得赤骥、温骊、骅骝、绿耳之驷，西巡狩，乐而忘归"，还是《左传》"穆王欲肆其志，周行于天下，将皆有车辙马足焉"，抑或是《竹书纪年》中的"王西征昆仑，西见王母"，等等，应该说都是不可能的，只不过是一种传说。而穆王在与所访部族之间的相互赠酬，就更是令人不可置信，如：曹奴部贡献给穆王的物品是"食马九百，牛羊七千，穄米百车"；赤乌献"酒千斛，食马九百，牛羊三千，穄麦百车，美女二人"；巨蒐献的稷麦就达千车。牛羊动辄就是几千，稷米随便就是千车，这在当时实在是不可能的。

我们说穆天子根本就不可能西巡昆仑，更不可能以六师之

---

①贺继宏《西域论稿》，新疆人民出版社，1996年4月第一版，3页。

众、七萃之士和八骏之车翻越千山万水，行程万里之遥西巡昆仑，但是并不是否定书中所记之历史、地理、部族等等全是虚构，全属小说家之言。如果我们因书中借用了周穆王西巡的故事，就否定了书中所记的史料价值，那么，就连《史记》大概也不能称为史书了，这自然是不客观的，须知古代史中的神话、传说，比比皆是。如《史记》中记殷之祖契生，“简取玄鸟卵吞之因孕生契”；记周之祖弃生，其母“姜嫄出野见巨人迹，心忻然悦，践之”，“身动如孕而生弃”；记秦人孟戏、仲衍“鸟身人言”；等等。无一不充满了十分典型的神话、传说等怪异不经之说。这不仅不影响《史记》作为一部史书的史料价值，而且使这部史书更加光彩夺目。其实，我国古代史籍大都是文史不分的，文中有史、史中有文，从而使这些典籍更具历史价值、审美价值和欣赏价值。这便是这些典籍长期而广泛流传的生命所在。

近年来参与整理中国“三大史诗”之一的柯尔克孜族英雄史诗《玛纳斯》，歌手在序诗中开宗明义地以“一半是实，一半是虚”概括了史诗的宗旨，这就让我茅塞顿开，我想对于古代流传下来之经典，我们不妨以仁者见仁、智者见智的态度，史者取其史实，文者赏其文采，这便是客观地对待古代典籍的态度了。

再回到《穆天子传》上来。我认为《穆天子传》这本书也可以用“一半是实，一半是虚”来概括：实的是其内容，是书中用了上古时期我国西部（主要是西域）的大量历史资料，特别是部族的分布、社会、文化、经济生活以及山川地理等资料；虚的是其形式，是假借周穆王西巡的传说，以随行记录的笔法，将作者对祖国西部所拥有的大量资料和认识，以日记体的天子起居注的形式，进行了立体的反映，从而使《穆天子传》成为一部日记体的综合类书。《穆天子传》的可贵价值在于它是我国第一部记载我国西部（古西域）的历史、地理、部族、社会的综合类书，对于了解、研究史前西域的历史、地理、社会经济以及中原与西部经济文化交往有极高的参考价值，特别是这部典籍成书后即葬于魏襄王墓中，瘗于秦火未燔之前八十六年，既未经宣圣之笔削，又未历汉儒之作伪，直到晋太康年间始发掘出土，其史料价值更高。可惜的是此书在出土之时，已成残简断编，竹简已有遗失、漫漶和散乱，因而整理本不仅有遗缺，而且有时间之先后颠倒、文字衔接的混乱等问题，需读者和研究者辨析。

二、《穆天子传》所记古代新疆部分的地域范围

《穆天子传》所记述的地域范围，是目前史学界争论十分激烈的问题。有的将范围放得很大，如顾实本认为穆天子西巡的车马远至欧洲中部波兰的华沙；有的将范围缩得很小，认为穆天子西巡最远也就到了甘肃祁连山下。对于这些说法，每一个研究者自然是各有各自占有的资料，各有各自的研究方法，各有各的论据和结论，自然也有各自的科学的、合理的方面。当然，上述诸说也有其局限和不足，在此我不敢妄加评论，只是略谈一点自己对于穆天子西巡路线、范围的粗浅看法。这种不同观点、不同看法的争议应该是越多越好，越能从不同的角度，对新疆史前历史文化、部落民族、社会经济等的研究起到一定的推动作用，使读者从多层面、多角度，以不同的眼光审视古代新疆，认识古代新疆，特别是对认识史前新疆与中原部族的经济文化交流和友好往来，是有益的。

穆天子西巡的路线、范围（其实客观地说，应该是《穆天子传》的作者在书中所设计的巡游路线和所反映的地域范围），总体来说可以这样概括：范围是清晰的、路线是模糊的。也可以说书中所记的历史文化、部落民族、山川河流、社会经济等内容是清晰可信的；书中所记的穆天子的行程、路线、里程是模糊不清，甚至是前后矛盾的，这就是我在前边所界定的一半是实，一半是虚。全书又将虚实紧密地融为一体，做到了虚实结合，似乎

是天衣无缝。事实上只要熟悉远古新疆情况，将现实的考察材料与远古新疆的资料结合在一起研究，就会将文中的虚实分得清清楚楚，即日记是虚，内容是实。

我认为，《穆天子传》中涉及远古新疆的记述，应该是在塔里木盆地、准噶尔盆地和天山以北的中亚以及东疆的哈密一带这样一个范围之内的，主要是在塔里木盆地及其周边的，如果要画出一个西巡的活动范围或行程路线，可以画出这样一条线来，即作者规划的行程路线是从青海的昆仑之尾，沿新疆与西藏交界的界山——昆仑山之北坡进入新疆塔里木盆地，从昆仑山脉北坡下的塔里木盆地南沿向西，经今之且末、若羌、民丰、于田到和田，转向北，经皮山、叶城、莎车、英吉沙进入阿克陶，然后转向进入昆仑山与天山交界的帕米尔高原东部，沿盖孜河谷而上，进到了帕米尔高原深处的塔什库尔干。据《穆天子传》的记载，穆天子在西会王母并在赤乌与族人相会，共同祭祖之后，即开始准备返程，从此，书中所记之行程均是东返途中沿天山南北穿梭，左右迂回的路线。这里应该是西巡的终点，由此再经原路返回，沿盖孜河谷而下，经阿克陶、疏附到了喀什。从喀什向东经阿图什，翻喀拉铁克山进入阿合奇，经乌什向东北进入中亚，经今吉尔吉斯斯坦进入哈萨克斯坦，然后顺伊犁河谷来到伊犁，进入准噶尔盆地，经巴里坤到哈密，向东到了祁连山下东返。这只是根据书中记载的活动地域画了这样一条边线。因为是作者假借穆王西巡之名以记事，而不是真正的西巡记录，因而作者只能在这个边线范围之内，将他所掌握的各个部族的情况和地域的情况，也即一个个点，用这条线连结起来。正因为不是一次真正的行程，这些点又不可能在一条线上，作者只好在这个范围之内，翻山越岭，过河涉水，走戈壁过草原，涉流沙穿大漠，纵横交错，往返盘桓。再加之作者掌握的资料有限，这就很难准确地将这些点按一条线连结在一起，从而形成了不少混乱，有些内容互相交错，有些内容无法连贯，甚至是不合情理的牵强，这就给后人的研究带来了很大的困难。还因为在点与点之间没有一条实际的行程线，因而对点与点间的里程更是无法估算，这就造成了所记地域与洛阳的真正距离相去甚远。因此笔者认为，对《穆天子传》的研究，特别是对书中所涉及的部族分布、地域的位置研究，是要抛开虚拟的行程路线，而注重书中所记地域的环境、部族的分布等特点来研究。关于这一点，刘肖芜老先生在他 1982 年发表在《新疆社会科学》杂志上的《〈穆天子传〉今译》中已有详注，如“春山”注明为今帕米尔高原，“群玉之山”注明在今叶城，“曹奴”注明今疏勒，“黑水”注明今叶尔羌河，“赤水”注明今克孜勒苏河，“洋水”注明今喀什噶尔河，“珠泽”注明在和田玉龙喀什河或喀拉喀什河等，范围十分明确。为了进一步说明《穆天子传》中所记事物的范围，我选几个重大事件进行阐述。

三、“西王母”“西王母之邦”与“瑶池”的所指及位置

穆天子西征昆仑，西见王母，觞西王母瑶池之上，是《穆天子传》中最光彩夺目的篇章。作者对这一节的记述真可谓细致入微，生动而逼真，确有身临其境的感觉，不论是地理位置、自然环境、部族习俗、风物特产，记述都十分翔实，可视性极强，特别是周穆王与西王母相互吟唱咏和的四言诗，可以称之为中国最古老的“华夏第一诗”。对于作者笔下的这种古老中国东方和西方、中原王朝之主与西部部落联盟酋长之间的盛会以及他们吟咏的诗作，笔者另有专文赏析，在这里不再赘言，在此指出的是其极其珍贵的研究价值，应该说是中原人了解古代新疆的第一手资料。对于西王母这位中国古今无人不知、无人不晓的人物，无论从历史、民族、文学艺术各个角度去认识，几千年来一直是人们关注的焦点，更是人们研究新疆远古历史和社会经济的焦点。

在确定周穆王与西王母相会的瑶池位置之前，我想简单地谈一谈西王母和西王母之邦。西王母不是一个人，而是西王母之邦的女性部落酋长。关于西王母之邦我国著名历史学家翦伯赞在《史前羌族与塔里木盆地诸种族的关系》一文中已明确指出："最初所谓的西王母之邦实指塔里木盆地而言"；"所谓西王母者，盖指史前塔里木盆地诸种族而言。"① 这就是说，西王母之邦是史前塔里木盆地母系社会的部落联盟，西王母则是这个联盟女性酋长的称谓而不是仅指某一个人。关于这一点我只想以一个极简单的史实予以证明。我们先看下列记载："黄帝时西王母献白环，舜帝时又献之"，"尧，西王母献其白琯"。② 关于此类记载极多，直到周穆王西见王母。这就是说，早在公元前26世纪的黄帝时期，直到前8世纪的周穆王时期的一千八百多年中，在塔里木盆地，始终是处于母系社会的部落联盟时期，而这个部落联盟的酋长一直是由女性担任，号称西王母，这个部落联盟即称为西王母之邦。

那么西王母与穆王会觞的瑶池又在什么地方呢，这又是研究《穆天子传》和研究西域史十分关注并必须面对的问题，更是确定《穆天子传》中所记穆王西巡路线、范围的十分关键的问题。

要确定瑶池的位置，首先要确定西王母的领地西王母之邦的位置，这一点我在前面已经根据翦伯赞先生的论述确定了是在塔里木河流域，这就只能将瑶池定位在塔里木盆地边沿的山中，而这个山的显著特点是高而不险，又是适宜人类生活的地方。在塔里木盆地边沿的群山之中，只有帕米尔高原东部慕士塔格山下、

---

①翦伯赞《史前羌族与塔里木盆地诸种族的关系》，见《中苏文化》1944年75卷，第2期。

②《竹书纪年统笺》中徐文靖引用《瑞应图》的记载，见《二十二子》上海古籍出版社。

苏巴什附近的喀拉库勒湖符合这样的条件。这里先秦以前被称作不周山，汉代又被称作葱岭，帕米尔高原符合“白云在天，山陵自出”① 的地理环境。喀拉库勒湖处于群山环抱之中，海拔七千米以上的慕士塔格峰、公格尔峰、公格尔九别峰，皆耸峙其侧，山顶戴雪，山间倒挂冰川，云遮雾障，白云缭绕，湖边牧草丰茂，为宽阔的牧场，又是古今翻越帕米尔的唯一通道，更主要的是这里夏季气候凉爽，是避暑胜地，而穆王与西王母的会盟又是炎夏，因而西王母将帕米尔高原雪山之下夏季牧场的湖边作会觞之地，自然是最佳的选择。

笔者将《穆天子传》中的瑶池定位于帕米尔高原的喀拉库勒湖的第二个理由是，书中所记瑶池周围的几个重要的地方“群玉之山”“黑水”“赤水”以及赤乌部，都与周穆王与西王母会觞的瑶池较近，大都是周穆王见西王母之前或之后涉足的地方。《穆天子传》及《竹书纪年》等大都把天子西征昆仑，见西王母联系在一起来记，可见穆王见西王母之地瑶池与昆仑是融在一起的，瑶池是在昆仑山与天山相交的帕米尔高原上。喀拉库勒湖即是《穆天子传》中所记的瑶池，这里位于海拔三千六百多米的山间谷地，除喀拉库勒湖外，群山之中湖泊遍布，有十多处，且有河谷绿地和岛屿，这就是书中所称的悬圃。站在喀拉库勒湖畔，慕士塔格峰、公格尔峰、公格尔九别峰三座七千米以上的高峰倒影直插湖底，穆王面对此景振臂高呼：“春山，这是天下最高的山啊。”尽在情理之中。下面我将对这几个地方分别进行论述。

四、“昆仑”“昆仑之丘”和大旷原之所指及位置

《穆天子传》称戊午天子“宿于昆仑之阿”，“辛酉天子升于昆仑之丘，以观黄帝之宫”，这里的“昆仑”和“昆仑之丘”究

①《穆天子传》卷三。

竟是在什么地方。我以为这里的昆仑和昆仑之丘，是指新疆与西藏的界山——昆仑山脉，这当然不能只就“昆仑”这个名字来认证，而是要对其本身和周围所记的地方进行综合的考察和论证。

我们先看《穆天子传》中对昆仑周围几个重要地方的记载：“季夏丁卯，天子北升春山之上。”①

昆仑山之首为南北走向，到了于阗之后，向东而伸，转为东西走向。这里的春山就是帕米尔高原，古称葱岭，是昆仑山脉与天山山脉相接之处，是一个大山结，被称为“世界屋脊”“群山之首”。这就是说，穆天子所升的昆仑之丘，实际上就是春山（葱岭—帕米尔）之北坡，紧接着就进入了帕米尔之深处。这些都在西王母之邦的塔里木盆地西北沿，周穆王是在塔里木盆地之西王母之邦与西王母相会，然后共赴气候凉爽的北部山区即西王母之邦与赤乌部相邻的东帕米尔瑶池与西王母会觞的。

这里又提出了赤乌之国和黑水、赤水以及群玉之山。所谓的“赤乌国”，即羌人在帕米尔高原上的部族所建立的政权；所谓的“群玉之山”，指的就是昆仑山脉从于阗到帕米尔高原的整个山系，这里是以产玉而闻名古今的；“赤水”即帕米尔北部的克孜勒苏河（古称赤水，今称克孜勒苏河，亦即赤水之意）；“黑水”即帕米尔南部的叶尔羌河（古称黑水，今称叶尔羌河）。这里应该指出的是在帕米尔中部，还有一条盖孜河，因水呈灰色，又称灰水河。这条河即源于瑶池之水，又是从塔里木登昆仑赴瑶池的唯一通道。而周穆王在西王母之邦（塔里木盆地）和群玉之山（昆仑山）的活动主要在这一带，对于这些地方、部族的情况和位置我将在文后分别考述，在这里我主要还是谈昆仑、昆仑之丘之所指和位置。我们再看看有关先秦典籍对昆仑、昆仑之丘以及西王母之记载。《山海经》卷十六《大荒西经》载：“西海之南，

---

①《穆天子传》卷二。

流沙之滨，赤水之后，黑水之前，有大山名曰昆仑之丘”，“有人戴胜，虎齿有豹尾，穴处，名曰西王母”。[①] 《竹书纪年》卷八《穆王》载：“十七年，王西征昆仑，见西王母。”[②] 贾谊《新书》卷九《修政语上》载：尧帝“身涉流沙，地封独山，西见王母，驯及大夏、渠叟”[③]，黄帝“登昆仑，起官室”。[④]

从这些记载可以看出：一是这些典籍的记载与《穆天子传》的记载，基本上是相吻合的，起码是这些资料是这几部书的作者共同占有的，认识是相近的，是相互参考、借鉴和引用的；二是这几部典籍与《穆天子传》中所记的“昆仑”“昆仑之丘”，是与西海、流沙、赤水、黑水、独山以及西王母之邦是一个整体。这些地名的位置是可以互为参照的。西海、流沙是在塔里木盆地西南部的；赤水、黑水是从帕米尔高原流出，汇入塔里木河的，是塔里木河的两个源头；而大夏、渠叟、独山都在帕米尔高原之中；帕米尔又是与昆仑山北坡连在一起的，是昆仑山的一部分。这些都证明，这里说的昆仑山是在塔里木盆地的西部，是指今由和田地区、喀什地区直至克孜勒苏自治州昆仑山脉至帕米尔一带的整个昆仑山系。《穆天子传》中所记的“大木硕草”与“大旷原”是指塔里木盆地。卫聚贤在《穆天子传》研究中确定为塔里木盆地是准确的，从地理位置和地理环境都与书中所记是相吻合的。大旷原在昆仑山之东部，这个位置自然是塔里木盆地无疑。塔里木盆地古来水草丰富，树木参天，千里胡杨无边无际，到处是红柳滩和芦苇滩，是农、牧、渔、猎并重的经济区，也是《穆天子传》中穆天子西巡的活动中心。

---

①《山海经·大荒西经》，见《二十二子》上海古籍出版社，1383 页。

②《竹书纪年·穆王》。

③贾谊《新书·修政语上》。

④司马迁《史记·五帝本纪》。

五、"赤乌氏""赤国"的位置及其与周王室的特殊关系

《穆天子传》中记载了不少西域部族、地方政权与周穆王进行会盟和交流的情况，其中记载较详细的是赤乌氏和赤国。但是赤国究竟在什么地方呢，虽然书中所记已很明确，但后世的研究者却发挥了充分的想象力，各抒己见，畅所欲言，有的说在今阿富汗，有的说在吐鲁番，还有的说在祁连山，炒作得扑朔迷离，沸沸扬扬，让读者莫衷一是，难以捉摸。《穆天子传》对于赤乌的记载是十分翔实的。我们还是先看书中对于赤乌的记载："壬申，天子西征，甲戌至于赤乌，赤乌之人其献酒千斛，食马九百，牛羊三千，穄麦百载。天子使祭父受之。"天子以"墨乘四，黄金四十镒，贝带十五，朱三百裹"赏赐给赤乌部。这里的"墨乘"是黑色的车子，"贝带"是镶着贝壳的带子，"朱"是朱砂。作者又以穆王的口气，回顾了赤乌氏与周王室的同宗同族的关系："赤乌氏先，出自周宗，太王亶父之始作西土，封其元子吴太伯于东吴，诏以金刀之刑，贿周室之璧；封其嬖臣长季绰于春山之虱，妻以元女，诏以玉石之刑，以为周室主。"① 这是一段不可忽视的、十分重要的内容。我以为，研究史前新疆，特别是古代新疆部落、民族关系史，就不能不研究《穆天子传》中的这一段内容。周穆王与西王母会觞的内容反映了中国中原王朝的帝王天子与西部部落联盟的酋长帝女之间这种天之子、帝之女的亲如同胞的关系，从而证明了几千年前的中原和西域同为王土，部族同为同胞的这种共同意识。从献图归附，继而为版图的统一奠定了基础，而穆天子在赤乌国与这里的赤乌氏联宗的这段记载，更进一步阐明了这种直接的血缘关系。赤乌氏是周太王古公亶父之帝女与伊兰人的后代。《大唐西域记》中"汉日天种"的记载和

①《穆天子传》卷二。

今日依然耸立在塔什库尔干山上的公主堡，是相传几千年的千古绝唱。《山海经 · 大荒西经》载："西北海之外，赤水之东，有长胫之国，有西周之国，姬姓食谷。有人方耕，名曰叔均，帝俊生后稷，稷降以百谷，稷之弟台玺，生叔均，叔均是代其父及稷播百谷，始作耕。有赤国。有双山。"① 姬姓食谷的赤乌人，不仅在这里建立了西周之国，为周室之主，行周王朝颁布的玉石之刑，建立了地方政权，而且还在这里发展种植业，中国种植业的始祖后稷之侄叔均曾代稷在这里播百谷，开始了种植业生产。

《穆天子传》中的赤乌国，即汉代的朅盘陀国。赤乌人即朅盘陀人，亦即现代帕米尔高原上的塔吉克族，严格地说即周之羌人与伊兰人之后裔。汉代自祁连山经新疆昆仑山到葱岭，都有羌人居住，羌即是姜，原居陕西之周塬，与周之世族姬姓世代通婚。西迁的羌人在帕米尔建立了西周之国赤乌国，在今塔什库尔干境发掘的汉以前的羌人墓，更是有力地见证了赤乌国位于塔里木盆地西部的帕米尔高原上。《穆天子传》在记载穆天子西巡赤乌时，也明确地指明赤乌在"春山之虱（即侧）"，同时也指明穆天子是登春山之后而至赤乌的，这也确认了赤乌在春山（葱岭）即今之帕米尔高原上。这里还应该指出的是，春山上的赤乌即今帕米尔高原的塔什库尔干是穆王西行的最西部，到了这里，穆王即开始东返了。在穆天子结束了赤乌之行后，即带着赤乌人送给穆天子的两名美女听和列开始东归。《穆天子传》载："壬午，天子北征东还。甲申至于黑水。"这就是说下了帕米尔高原来到了喀什噶尔绿洲，过洋水（喀什噶尔河），至曹奴（今疏勒），又来到了黑水河（叶尔羌河）畔。从而又开始在群玉之山的昆仑下往返穿梭。

---

①《山海经 · 大荒西经》，见《二十二子》，上海古籍出版社，1382 页。

六、“春山”“葱岭”“群玉之山”与“玉荣枝斯之英”

《穆天子传》中曾多次提到春山，如“季夏丁卯，天子升于春山之上，曰：春山是唯天下之高山也”，“孳木华不畏雪，天子于是取孳木华之实，曰：春山之泽，清水出泉，温和无风，飞鸟百兽之所饮食，先王所谓悬圃。天子得玉荣枝斯之英”。穆天子游览春山之时甚至还刻石留念，上镌“天子五日观于春山之上”，同时还述说了周太王古公亶父将其嬖臣长季绰封于春山之侧，并与赤乌氏联宗。穆天子在登春山之前和下春山之后还反复提到“群玉之山”，甚至称最美的玉出在春山之上，春山既出美女又出美玉。“辛卯，天子北征东还，仍循黑水。癸巳，至于群玉之山。”“天子于是取玉三乘，玉服物，于是载玉万只。”另外，向天子献玉的还有昆仑丘人、巨蒐人和珠泽人。在这里还应该注意的有不少地名都与玉有关，如瑶池、珠泽都是有玉的大泽。而这些地方都与群玉之山的昆仑和春山紧紧联系在一起。在这里更应引起研究者注意的是，穆天子在内蒙古河套地区祭奠黄河之神河宗时，河宗就反复向穆天子推介了黄河之源的昆仑和春山上所产的美玉，河宗将祖宗留下的记载有历代天子所藏美玉的宝贵图笈典籍送给了穆天子，并鼓励穆王到昆仑、春山去巡狩，并且亲自为穆王做向导，到了昆仑和春山。

这些记述已经毫无置疑地将春山就是古葱岭——今天的帕米尔高原说得清清楚楚了。在这里，我只略谈春山究竟在什么地方？春山、昆仑山与群玉之山究竟是什么关系？“玉荣枝斯之英”究竟指的是何物，产之于何地？春山者即为汉代的葱岭，《汉书》称因山中多野葱而得名，即今之帕米尔高原。几年前笔者曾进入帕米尔高原的群山峻岭寻找野葱。大约在海拔三千至五千米的荒漠上，野葱丛生，既细又小，高不过十厘米，细如火柴棍，可食，只是辛辣之味甚微。花托也只有纽扣般大小，不像天山上的野葱，葱苔粗及手指，高达一米多，花托大如拳头，这是不同的自然环境使然。葱岭也称葱山，唐代还在这里设有葱山道，任命葱山道大总管以统之。因葱、春音近，不少古籍上写作春山。《山海经·西山经》还称为“锺山”，有“黄帝乃取密山之玉荣，而投之锺山之阳”的记载。锺山之阳者，当与《穆天子传》中所说的“春山之虱”同为一地。即东帕米尔。《山海经·大荒西经》载：“西北海之外，赤水之东……有赤国，有双山。”这里的赤水为在前边已提到的克孜勒苏河，赤国即赤乌国，双山为慕士塔格峰和公格尔峰。帕米尔高原是亚洲的一个巨大的山结，天山山脉、昆仑山脉、喀喇昆仑山脉和兴都库什山脉等山系，都在这里聚结，向四周伸延，而被称为“冰山之父”的慕士塔格峰则成为帕米尔高原的标志。穆天子称“春山是唯天下之高山也”大概也是由于帕米尔高原上的慕士塔格峰、公格尔峰、公格尔九别峰这三座高峰。将春山认定为帕米尔高原，将瑶池定位于帕米尔高原上、慕士塔格山下的喀拉库勒湖，是经过实际考察和综合分析得出的，既要注重《穆天子传》的相关著述，又要参阅其他文献资料进行比照，更要注重对实际考察资料的综合分析和认定。在这里，瑶池、春山、昆仑之丘有一个共同的特点，就是与“群玉之山”紧紧地联系在一起，与赤水、黑水，与天下最高的山联系在一起。山、水、部族、历史文化、民间传说，都是融为一体的。这就佐证了群玉之山，是涵盖了昆仑之丘、昆仑山、喀喇昆仑山和帕米尔群山的。从昆仑山直到帕米尔高原都是产玉的，因而有群玉之山的美名。而从地理的角度来说，帕米尔高原是昆仑山脉的一部分，自然是连在一起的。而山下的黑水、赤水、灰水，都是源于昆仑山中的，特别是叶尔羌河（黑水）则是昆仑山中仔玉的主要产地，昆仑山中的山玉经山洪冲刷流入叶尔羌河之中，几千年来玉工就是在叶尔羌河中踩玉的。

在《穆天子传》中，有穆王在春山之上得“玉荣枝斯之英”，这个“玉荣枝斯之英”究意指的是什么，产于何地？研究者多将“玉荣枝斯之英”视为白玉中的精英，即羊脂玉，是有一定道理的。笔者在最早接触到屈原《楚辞·九章·涉江》中的“登昆仑兮食玉英，与天地兮比寿，与日月兮齐光”时，将诗中的“玉英”也理解为羊脂玉或美玉，但通过进一步查阅资料和实际考察，则认为“玉英”为玉中的精华，但不是羊脂玉，而是指水晶。古代称水晶为玉中之英，被称为玉英，水晶实为玉石中的结晶体。水晶的主要产地也在帕米尔高原深处，故而我以为《穆天子传》中的“玉荣枝斯之英”也可作玉中之英——水晶解。

七、玉石之河“黑水”“赤水”与河源的传说

在《穆天子传》中，多次提到黑水和赤水。如“天子北征东还，六月十八日至于黑水，二十五日天子沿黑水而进，至于群玉之山”；一年后的六月二十八日，天子从北部长澨（今阿合奇）又折返回黑水。由此我们可知，穆天子主要活动范围是在塔里木河中上游的昆仑山至天山、帕米尔高原一带。戊午天子“宿于昆仑之阿”、赤水北岸，同时天子登上昆仑之后还专门派人南护赤水，北守春山。在新疆被称作赤水、黑水的地方很多，而这里的黑水和赤水应该是在昆仑山与天山交界的帕米尔高原上。

赤水和黑水，是帕米尔南北的两条大河，均为塔里木河的上游主支喀什噶尔河的支流。赤水位于帕米尔高原北部，是帕米尔高原与天山之间的界河，因其河水为红色，汉以前称赤水，汉代因其在葱岭之北而被称作葱岭北河，直到唐代仍称赤河。唐以后改为突厥语，用克孜勒苏河（意为红水河）之名直至今。黑水位于帕米尔高原与昆仑山的交界处，因河水呈黑色，汉以前称黑水，汉代改称葱岭南河，是因其在葱岭的南部，以方位命名，唐代仍称为黑河；唐以后改用突厥语称喀拉苏河，仍为黑水河之意；清代仍称黑水河。民间也称牙尔干河，今名叶尔羌河。这里

应该特别指出的是黑水河是昆仑玉的主要产地。叶尔羌河从昆仑山中流出，洪水将大量玉石冲入河中，伴着激流从山中卷到中游的平原地区，玉石外层的石质已被流水和砂石打磨干净，形成光滑的圆形或椭圆形仔玉，遍布于河床之中，采玉人便在河水之中踩玉，这种活动一直沿袭至今。尽管大量玉石是从山中的玉矿中开采，但真正的美玉还是多产于河中的仔玉。昆仑之玉，产于群玉之山的山中，但古今有关昆仑采玉的记载则多与昆仑山下的河水有关，如“河水经由滥觞处，天生美玉胜蓝田”，“美人首饰王侯印，尽是江中浪底来”，既是淘金，又是踩玉。“玉凝羊脂温且腴，昆冈气脉本来殊，六城人拥双河畔，入水非求径寸珠。”昆仑山采玉除《穆天子传》中所称的天子取玉三乘的黑水河外，还有两条河也是人们关注的焦点：一为和田的玉龙喀什河，即白玉河，河中的玉洁白无瑕，温润而细腻，宝光温籍，色足十分，称为羊脂玉，为玉中极品；一为喀拉喀什河，即黑玉河，河中所产多为墨玉，色泽深绿而光彩夺目，玉质坚硬而润滑，亦为玉中精品。喀什噶尔河亦名玉石之河，也与河中产仔玉有密切的关系。

《史记·大宛列传》称：“汉使穷河源，河源出于阗，其山多玉石。”《史记正义》载：“黄河源出大昆仑，迳于阗，入盐泽，东南潜行，至吐谷浑界积石山，又东北流至小积石山。”这就是说黄河之源是出自昆仑山的，这个昆仑山被称为大昆仑，也即塔里木盆地西沿的昆仑。这些河都源于昆仑山中，流入塔里木盆地之中。“河出昆仑潜流”说是张骞出使西域的一大贡献，此说一经公布，在朝野引起轰动。在此基础上，很快又有了两源说，班固又称河源一出于阗，一出葱岭，二流合而入塔里木蒲昌海（罗布泊）潜流“南出于积石”。李白诗曰：“君不见黄河之水天上来，奔流到海不复回。”这是对黄河之源的遥想，那作为生命之源的黄河水，究竟来自何方，天上又是何方。“河出昆仑”，“伏流重源”，出昆仑，流入渤泽（罗布泊）潜流积石，自石门出，这一说法一直流传了近两千年，直至近代才有人提出质疑。关于这一点古今史地界多有论及，笔者在此只是简提一笔。

结 论

综上而述，笔者的结论是：

一、《穆天子传》是一部假借周穆天子西巡之名撰写的日记体的反映西部历史、地理、部族、经济的综合类著作。

二、《穆天子传》中所记穆天子在史前新疆西巡的范围是以塔里木盆地为中心，主要在塔里木盆地西部的喀什噶尔绿洲及昆仑山、帕米尔高原一带往返，最西到了塔什库尔干，并涉足于中亚、准噶尔盆地及哈密、吐鲁番一带。

三、西王母是史前新疆母系社会部落联盟西王母之邦的女性酋长，西王母之邦是以塔里木盆地为中心的部落联盟，周穆王与西王母会觞的瑶池为地处帕米尔高原上的喀拉库勒湖。

四、《穆天子传》中的昆仑、昆仑之丘是指大昆仑，即新疆和西藏交界之昆仑，即在帕米尔高原结集的昆仑山脉和喀喇昆仑山脉，书中的大旷原实指塔里木盆地。

五、“赤乌氏”，是指生活在帕米尔高原上羌人与伊兰人融合而成的赤乌人，亦即汉代的朅盘陀人，今之塔吉克人，“赤国”即赤乌人建立的地方政权，在今塔什库尔干塔吉克自治县。

六、“舂山”即汉代之葱岭，今之帕米尔高原。“群玉之山”即由和田向北直至帕米尔高原的莽莽群山，山中以产美玉和玉中之英——水晶而闻名于世。

七、黑水、赤水为从帕米尔高原流向塔里木盆地西部汇入塔里木河的两条大支流——叶尔羌河和克孜勒苏河。叶尔羌河古称黑水，是昆仑玉的主要产地。

（原载《新疆地方志》2007 年增刊）

秦汉之际的疏勒国和疏勒人

第一节 疏勒国

疏勒国，最早见于《汉书·西域传》："疏勒国，王治疏勒城，去长安九千三百五十里，户千五百一十，口万八千六百四十七，胜兵二千人。疏勒侯、击胡侯、辅国侯、都尉、左右将、左右骑君、左右译长各一人。东至都护治所二千二百一十里，南至莎车五百六十里，有市列，西当大月氏、大宛、康居道也。"这是我国史书首次对疏勒国的较细记载，它首先概括了汉代疏勒国的大概位置，是在西域都护府之西二千二百一十里处，莎车国之北，这就基本上确定了疏勒国的位置大概在今塔里木盆地西缘的绿洲上。同书还称"尉头国，南与疏勒接，山道不通"。捐毒国"至疏勒南与葱岭属，莎车国北至疏勒五百六十里"。蒲犁国"北至疏勒五百五十里"。这就更详细地描述了汉代疏勒国的位置、四至和范围：东北与尉头国隔山相连（尉头即今阿合奇，所谓山道不通，即中间隔着喀拉铁克山而不通），北部、西北部与捐毒

（为今乌恰一带）相连，南与莎车（即今之莎车）接，西南与蒲犁（即今之塔什库尔干）接。这就是说汉代的疏勒国在今阿合奇、乌恰、塔什库尔干、莎车之间绿洲上，其领地包括今阿图什、伽师、疏勒、疏附、英吉沙、阿克陶平原地区（不含南部的帕米尔山区）。从《汉书·西域传》记载的上述广阔的区域及汉王朝在疏勒设官情况（仅“侯”这样的较高级的官员就有三人）来看，应是汉初西域三十六国中的一个大国。

汉代疏勒国的王治疏勒城，据考证就在今阿图什市的阿扎克乡库木萨克村与喀什的拜希克然木交界处，当地群众至今仍称为“汉诺依”（国王居住的地方），是疏勒国的政治、经济中心。此处城垣等古建筑遗迹至今犹存，在这一带方圆几公里的土地上，彩陶、箭簇、雕像残片等随处可见。

疏勒国，虽然最早见于《汉书·西域传》，是汉代西域城郭诸国之一，但是其最初形成，大约始于秦代，只是史书没有记载。起码在秦代，作为原始社会部落集团的群体，已经初步完成了向奴隶社会过渡，在疏勒国中的“王”，已经不是原始社会氏族部落的酋长，而是这个绿洲上的统治者奴隶主。

汉代疏勒国的经济，以农为主，居民主要从事定居的种植业，粮食作物已有麦（大麦、小麦、青稞）、稻（水稻）、黍（糜子）、稷（谷子）、菽（各种豆类）等“五谷”，粮食产量比较充分。同时还种植葡萄、石榴、苜蓿等，人们用盛产的葡萄加工葡萄酒，以窖藏酒，可以十数年不坏，证明其加工工艺已有很高的水平，富户窖藏美酒可以有万余石。这一数字虽然不无夸张，但说明园艺业生产已具规模，产量极丰。此外棉花也已经开始种植，并开始生产棉织物，且以不同染色，织出艳丽色彩的花纹图案。

畜牧业生产和狩猎，依然是汉代疏勒国居民经济的主要组成部分，肉和乳是食品中的主要补充，毛纺织物依然是农区居民的主要衣被材料。纺织品主要原料是羊毛，也有少数牛毛夹杂其中。毛皮加工除牛、羊皮外，还有不少是猎获的野生动物的皮毛，用以制衣、制帽。擀毡也是主要的家庭手工业，用毡片做被褥、衣服以及鞋帽。这些手工业多为家庭自产自用，也有少数作为商品在街市销售和交换。

汉代疏勒已经开始有铜、铁矿的开采和冶炼业及铁器加工业。铁主要用作兵器和生产工具及生活用品。铁、铜与金属器皿的加工工艺已很精良，不仅具有实用价值，而且在其制形、花纹图案等方面有一定的审美情趣和工艺水平。

史载，汉代疏勒"有市列"，这就是说在疏勒王城中，不仅有一般的货物交换和市场，而且已经开始有相当规模的城市建筑、街道和商业店铺。疏勒城在当时塔里木盆地边缘绿洲上已经是较大、较繁华的城市。

城市的繁华与其独特的地理位置有密不可分的关系。汉代疏勒东接塔里木盆地，南接于阗和莎车，西当大宛、大月氏、康居之道，是"丝绸之路"东来西往的必经之道。从东部中原来的商贾，凡经南、北两道都要先在这里聚会，然后西逾葱岭到中西亚以至欧洲。从帕米尔之西逾葱岭去中原的商贾，也都要在这里驻足歇马。东西方的商贾在这里聚会，开市贸易，这里自然就成了商品集散之地。"丝绸之路"上的这种商埠的地位，其贸易活动对当地的商贸事业无疑是一种促进和影响。那五光十色的丝绸和耀眼夺目的珠宝，无不吸引着当地人的视线，刺激着当地人的欲望，使更多的人投入到商贸活动的行列。这一影响十分深远，直到今日，阿图什人仍有乐于经商、擅于经商的特点。

农产品的丰产和过剩，特别是手工业的发展，都为发展商业创造了基础，同时商业的发展又促进了百业的发展。

在汉代疏勒国的商品交易的形式主要还是以货物交换为主，所谓的"日中而市，以物易物"便是这一时期商品交易的特点。

但是随着内地商人的大批进入，汉朝的金属货币开始进入疏勒，逐渐被当地人民群众所接受、所承认，以货币购物成为一种市场交易的补充形式和手段。

随着手工业、商业的发展以及城市的产生和繁荣，疏勒社会发生了一系列的变化，首先是社会分工的变化，已不再是简单的农人、牧人和猎人了，而产生了不从事农牧生产，专门从事手工业生产的手工业工人和不从事生产而只从事产品交换的商人，以及其他附庸于工商之间的各行业、各阶层人员。

秦汉之际，是疏勒社会大变革的时期。进入秦代，中国的中原，已经结束了奴隶主占有制的奴隶社会，开始进入封建社会，而新疆还处于原始社会向奴隶社会过渡的时期，此时的城郭诸国之一的疏勒国，也正是处于这种社会大变革的过渡时期。秦以前的疏勒国只是一些定居的原始部落集团的结合体，阶级分化尚未形成，其酋长还只是原始公社时期的部落首领或部落联盟的盟主，其职责还是组织公社社员进行集体的放牧、狩猎和开荒耕种等生产活动，贫富差别尚未形成。

到了秦汉之际，由于生产的发展，商业的产生，社会开始了重新分工，家庭私有代替了部落和氏族公社的公有，以家庭为单位的耕作代替了部落或氏族公社的集体围猎的群体生产和生活，家庭分工代替了氏族公社的群体分工，父系社会的男性家长制，代替了母系社会的女权制，家庭趋于稳定，而部落和氏族公社由松散趋于瓦解。剩余劳动、剩余物资和剩余价值的产生，逐步产生了占有者和剥削阶级。富有者与贫困者之间便产生了差别，且越来越大。差别，便是不平等，随着差别与不平等的逐步扩大，便产生了各自不同的利益。由于利益之间的伤害，为维护各自的利益便逐步产生了对立。财产的占有在疏勒国内已形成十分明显的巨大差别，富有者占有大量财产，而且开始占有人口，占有劳动力，这便产生了奴隶。奴隶制是产生在残酷的剥削与压榨的基础上的，既是人的本性的膨胀，又是对人的本性的摧残，这便产生了反抗和斗争。奴隶们不堪忍受非人的待遇，不愿意肉体和灵魂被摧残，必然要以各种形式起来反抗，怠工、逃跑以至于武力对抗。

奴隶主与奴隶之间的利益日益不可调和，斗争越来越尖锐。面对奴隶们越来越激烈的反抗，奴隶主已认识到依靠个人的力量对奴隶实施严密的统治已不可能了，需要组成一个强有力的集团，依靠集团的强大力量，对奴隶实施严密的统治，也就是说，要依靠政权、依靠权力来维护自己的利益。在这种情况下，一个维护奴隶主阶级的利益和镇压奴隶反抗的政权机关——奴隶制国家应运而生了。疏勒国，这个原始社会末期的部落联盟集团，便转变成了奴隶主国家，原来的部落联盟的盟主，便成为疏勒国的最高统治者国王了。国王的职责不再是组织生产和分配产品、安排生活，而成为掌握生杀予夺大权的刽子手。国王依靠由大小奴隶主组成的各级、各类官吏对全国实施严密的统治，依靠强有力的军队维护统治。在疏勒国中的侯、都尉、左右将、左右骑君等等便是主要的各级官吏。当时，不到两万人口的疏勒国，有军队两千人，平均不到十个人就有一名军人，这个比例是很大的。这证明秦汉时期的疏勒国，已有一套完整的国家机器和一支强大的军队来维护其统治了。

据史料记载，在疏勒国中，大概还不止一个疏勒城，除王室成员所居的疏勒城外，汉时疏勒国中尚有磐陀城、迦沙城、乌即城、桢中城等。磐陀城和迦沙城，为疏勒王城的附城，分别位于今天的伽师县和喀什市，与阿图什、喀什交界处的疏勒城鼎足而立，互为照应。乌即城和桢中城为疏勒国的卫星国乌即国和桢中国的王城。这两个小国位于疏勒的西部和西南，处于疏勒与捐毒、蒲犁、莎车国之间，时而依附疏勒国，时而又脱离疏勒国，依附于捐毒、蒲犁或莎车国，在秦汉之际大部分时间是依附于疏勒国的。

谈到秦汉之际疏勒国的奴隶主统治，就不能不注意秦末汉初我国漠北的游牧民族匈奴对西域的入侵，以及匈奴人对疏勒的统治。对于匈奴对疏勒国的入侵和疏勒国人民反抗匈奴的斗争，将在后面的章节中详述，在这里要指出的是，作为奴隶制的疏勒国，疏勒王是最大的奴隶主，是最高的统治者，但是，随着强大的游牧民族匈奴的入侵，无力抵抗匈奴大军的疏勒国王只好依附于匈奴，接受匈奴委派在西域的代理人“僮仆都尉”的统治，并向匈奴纳税。《汉书·西域传》称僮仆都尉在西域每“赋税诸国，取富给焉”，便是西域各国向匈奴纳税，接受匈奴统治的证据。这就是说秦末汉初，疏勒人民要受疏勒奴隶主和匈奴政权的双重统治。

疏勒国的居民成分很复杂，其语言也并非一种，有文字。应特别提出的是由于民族迁徙等原因，疏勒国的居民不断有从四方迁入者，民族成分越来越复杂，致使史学界对疏勒国居民的族属一直争论不休，莫衷一是。

第二节 疏勒人

疏勒国的名字，最早见于《汉书·西域传》，而“疏勒人”的名字大概是距疏勒国的名字出现后两千多年的近代研究者们才提出来的，可以说是一个现代的新名词。然而疏勒人究竟是一些什么人，是黄种人还是白种人，是本地的土著，还是外地迁入的移民，特别是对疏勒人的族属，史学界更是争论不休。上节已经提到的，汉代疏勒国的居民成份十分复杂，既有本地的原始土著，又有从四方迁入之移民，既有黄种人，又有白种人。本节将对疏勒国居民的族属等进行详述。

秦汉之际的疏勒国中的疏勒人，其族属当为西胡人。关于西胡人，必须分清时间界限，在不同历史时期有不同的所指，这一点，史书早已明确，最初的西胡是对西汉时期葱岭以东各族的统称，而到了唐以后才将葱岭以西各族也统称西胡人。这就是说，西汉时的西胡人，是对葱岭以东的疏勒等国民族之专称。这是第一个概念，也是第一个定界。

其次，关于西胡人的第二个概念是：定居的农耕部族，是文化素质较高的理性民族。这就将西胡的定界，又大大地缩小了，也更具体了。这就是说，只有葱岭以东的从事定居农业的文化素质较高的理性民族，才是西胡人，由此而知，分布于葱岭以东的从事游牧的居民，是不属西胡人的。

据此，对于秦汉之际的疏勒人，我们初步可以这样认定：早在史前生息繁衍在塔里木盆地西北缘绿洲上的土著，在长期发展中，先后融合了从葱岭西部迁入的操印欧语的白种人伊兰人（亦即雅利安人）、粟特人和从北部草原迁入的高加索人——高帽塞人以及从东部迁入的部分操汉藏语系的羌人和氐人、从南部迁入的犍陀罗人。到了秦汉之际，已形成了一个庞大的从事定居农业的并具有理性文化特点的群体——西胡人。

这就是说，秦汉之际的疏勒人其族属是西胡人，是由当地的原始土著和秦以前就迁入的伊兰人、粟特人、羌人、氐人、塞人和犍陀罗人融合而形成的，其人种是由黄种人与白种人融合而形成的混合人种。

疏勒人的语言系多种语言，主要用塞语、伊兰语、梵语（吐火罗语）等。文字是随着印度的梵文传入而逐步改革后的文字，也有用粟特文的。

疏勒人在史前信奉原始宗教萨满教，相信上天和万物有神论，有自然崇拜、祖宗崇拜及图腾崇拜的习惯。有为之主持宗教活动和仪式的萨满，萨满是代神传播信息和旨意，甚至国王的一些国事活动也要听从萨满代神传达的旨意行事。萨满教在疏勒居民中影响极大，不仅影响到其意识形态，而且渗透于其生活习俗的各个方面。卜吉凶、问祸福、医疾病，都要求之于萨满。萨满在群众中有至高无上的权威。萨满多为女性，带有女权社会的遗留，男性萨满极少。特别是宗教舞蹈萨满舞，已经成为全民的舞蹈，除萨满在跳神时要着特有的萨满服饰、跳萨满舞外，在盛大的集会上群众都要集体跳萨满舞，不分男女老少。虽然几经民族融合和宗教改宗，但萨满教的一些遗留，至今在当地群众中依然到处可见，特别是跳萨满舞，历经几千年，至今在广大城乡依然是长盛不衰，甚至是场面越来越大。

秦末汉初，开始信奉佛教。佛教始创于印度中北部恒河流域的犍陀罗地区，创始人为释加牟尼。佛教除接受了印度最古老的原始信仰灵魂转世和因果报应外，其最基本的教义是“四谛”。“谛”，意为真谛、真理。“四谛”是：苦谛——凡人间一切都是苦的；集谛——招感苦的为烦恼因，集即为因；天谛——苦必须解脱，解脱的办法只有“寂灭为乐”的“涅槃”境界；道谛——要达到“涅槃”境界，就必须修道。这是佛教最古老的信条，即主张自利和自度，自我解脱。此为小乘佛教（即梵语“希那衍那”之意）。传入疏勒境内的即为小乘佛教。

佛教在疏勒国流传甚广，对当地的政治、经济、文化都有较大的影响。佛教传入之后首先是在信仰上由万物有神的多神论，向一神论转化，将佛与上天并列。其次由于佛教的传入，将印度的梵语带入境内，使当地不少居民使用梵语。同时亦带入了梵文并且在流行和使用中逐步改革发展成为整个塔里木盆地北沿通用的文字吐火罗文。佛教文化、佛教艺术对当地影响更深、更大，并在与中原文化及当地文化交汇、融合之后，形成独特的西域之以塔里木河流域为代表的混成文化。佛教的造型艺术洞窟造像及寺院、佛塔建造，也逐步在当地盛行。如今仍然保存在境内阿图什市上阿图什乡的恰克玛克河岸悬崖上的新疆首批文物保护单位三仙洞，即为这一时期所建造。这是迄今所发现的我国最西部最古老的佛窟，对于研究佛教传入我国的时间、路线及早期佛教文化之特点，均有很高的价值。

三仙洞为并排3个洞室，洞口呈长方形，宛如门框，中间一窟，洞口较大，高约2米，宽约1.5米，东西窟，洞口稍小。3窟均分为前后2室，前室长宽各4米，高约2.5米。后室较小，均为前室的一半。前后2室均为纵卷顶式。3洞原不相通，不知何时为何人所凿通。东侧洞室，有壁画和藻井。洞壁四周画有大小不等、形象各异的70多个佛像。顶部藻井，为一巨形莲花，中间莲籽，清晰可辨，历历可数。藻井四周，各绘有50多厘米高的坐佛一尊。坐佛身披以宝蓝、赭石色相间的方格图案组成的袈裟，背后衬以菩提树叶。后室绘有一位上身袒露，左手下垂，右手平托腹前的立佛画像，其下身服饰以红、蓝、绿3色相间构成。画像造型优美、逼真，面部表情生动、和谐。中间洞室仅留一石胎坐佛残躯，西侧洞室今已空无一物，墙上有明显的凿痕。

另外，这一时期留下的重要佛教建筑，还有今阿图什市阿扎克乡库木萨克村的佛塔。塔以土坯砌成，底座为方墩形，塔身为圆柱形。这是印度早期最古老的佛塔造型。这种佛塔在印度本土至今已不多见，这一佛塔对研究古代佛教文化具有极高的价值。这是秦汉之际的疏勒人，以自己天才的艺术创造，为我们留下的极其宝贵的文化遗产。

疏勒国土地平坦而肥沃，水源充足，气候也适于农作物生长。因而其北、西北和西南山中的依耐、蒲犁、捐毒等行国居民常在境内绿洲上寄田。

（节选自《克孜勒苏地方史稿》第三章）

汉匈争夺西域与汉朝的统一

第一节 匈奴对境内的统治

匈奴是我国漠北蒙古高原上一个古老的游牧部族。《史记·匈奴列传》称其为“夏后氏之苗裔”，《汉书·匈奴传》也从其说。由此可知，匈奴为夏族之一支，原居燕赵一带的中山国。夏灭之后，这一支北迁蒙古高原及河套之北，后来逐步形成了匈奴。到了秦代，匈奴已发展为我国北方最强大的部族，统治着漠北游牧各部。秦二世元年（前209）冒顿单于即位后，匈奴势力猛增，遂大举西侵，首先击败了月氏，并迫使月氏西迁，匈奴即占领了河西走廊。大月氏败北后进入塞地（今伊犁一带），迫使塞人向西南迁徙，大部分越葱岭，居罽宾，一部分留居尉头、疏勒等地，改变了这些地区的居民成分。到了汉初，由于匈奴在东扩和西侵之中，掠得了大批奴隶和牲畜等财产，势力更加强大，便又挥师北上，征服了叶尼塞河流域的鬲昆、贝加尔湖一带的丁零等国。到了汉文帝三年（前161）匈奴再次西扩，与乌孙联兵追击迁至塞地的大月氏，大月氏沿塞人西迁之道，迁入大夏，也有小部分在迁徙途中留居尉头、疏勒、捐毒等国。匈奴又逐步征服了乌孙、呼揭及包括疏勒在内的西域塔里木盆地周围的各“城郭之国”以及包括尉头、捐毒在内的天山地区的各游牧的行国。《史记·匈奴列传》称“诸引弓之民，并为一家”，即指此。

从此，匈奴奴隶主统治了西域，并在境内设“僮仆都尉”，进行残酷的统治。匈奴奴隶主的统治，是一种非常野蛮的强权统治，且抢掠成性。游牧部族向外扩张的根本目的，就是掠夺人口、牲畜和财产。匈奴统治者更加残忍，对统治区的人民乱施酷刑，特别轻视年老体弱之人，对失去劳动能力的奴隶，任意处死，甚至活埋殉葬，多者竟达百人。

在匈奴统治时期，克孜勒苏境内各族人民深受其害：一是丁壮被奴役，有的还要为匈奴充当兵丁，为其卖命；二是牲畜被大量抢掠；三是赋税沉重，不堪重负；四是阻断“丝路”，贸易萧条。

匈奴的残酷统治，自然也激起境内各族人民的强烈反对和抗争。

第二节 匈奴日逐王归汉和汉朝设立西域都护府

匈奴的强大和对中原的侵扰以及对西域的统治，不仅直接威胁着汉王朝的安全，也损害了汉王朝在西域的利益。一是匈奴控制了西域，就等于打开了通往中原的大门，随时都有可能取道河西，进军中原，这自然让汉王朝感到不安。二是匈奴占据西域，阻断了“丝路”，影响了西域各部商贸的繁荣，中原的丝绸、茶叶等物资不能输入，不仅使丝路沿线的疏勒等各国人民缺少了生活必需品，也缺少了对西方贸易以取利的源泉，同时也使中原失去了西方的贸易市场，受到直接损失。为此汉王朝便发动了与匈奴争夺丝道，收回西域的战争。

汉王朝在西域的战争除了要打击匈奴势力，将匈奴驱逐出西域外，最重要的还是开通丝路贸易。这与匈奴对西域的疯狂掠夺和残酷统治形成鲜明的对比，符合西域各国和当地居民的利益，自然得到了西域各国和人民的拥护与支持，而汉朝对匈奴的战略自然也是联合漠北和西域各部，共同向匈奴用兵。这一顺应民心和社会发展的战略，是汉匈争夺之中，汉朝取得胜利的关键。

汉武帝刘彻即位之后，便积极策划对匈奴势力进行全面打击，这个计划是除了以汉朝的精兵强将分别伺机向漠北、西域进行正面进攻外，便是尽量争取、联络那些曾经或正在受匈奴政权压迫的地区和部族，结成统一战线，共同对付匈奴势力。这个计划的第一步，便是派张骞出使西域，联络月氏等部。这也是汉王朝统一西域的第一步。要统一西域，必须团结西域各部、各族人民，共同反击匈奴势力，将西域各族人民的利益和汉朝的利益结合在一起，动员西域各部，为共同的利益而积极投入战斗。事实证明汉武帝的这一战略是十分正确的。

张骞两次出使西域，应该说基本上是不负使命，是成功的。在张骞出使西域掌握了大量情报、联系了部分同盟军之后，汉朝便开始了对匈奴在军事上的大举战略反攻。

汉元狩二年（前121），汉朝向西域出兵，首战告捷，占领了河西走廊，扼住了西域的大门，接着又于汉太初元年（前104），出兵远击葱岭以西的大宛，打击紧紧追随匈奴势力的大宛政权。这一仗推翻了亲匈奴的大宛政权，建立了亲汉的大宛政权，这就从东西两端控制了西域。汉于太初四年（前101），在西域设使者校尉，以保护往来使者，并实行屯田，以供所需。大约也就是在此前后，克孜勒苏地区的疏勒、尉头和捐毒等国，也先后摆脱了匈奴的统治，“西域皆臣属于汉”。但是，客观地讲，此时还只是在西域大部分地区削弱了匈奴的势力，在龟兹等地，匈奴的势力还十分猖獗。

汉本始二年（前 72 年），汉朝联合乌孙（今哈萨克之先民），联合出击匈奴。这一战使漠北的坚昆等部脱离了匈奴的统治，在西域打败了依靠匈奴势力反对汉朝的龟兹政权。《汉书·匈奴传》称，战后“匈奴大虚弱，诸国羁属皆瓦解，攻盗不能理”。

在这种局势下，居于西域的匈奴日逐王先贤掸于汉神爵二年（前 60）率众归汉。汉于次年即神爵三年（前 59）在西域设都护府，任命郑吉为首任都护。这就是我国史书上所称，西域正式列入汉朝版图。

由以上所述，汉朝对包括疏勒在内的整个西域的统一的事实，我们可以这样客观地评价：汉朝力量的强盛，固然是一个方面，但最重要的还是汉朝联合西域各国各族，共同抗击匈奴，统一西域，重开丝路的战略决策的正确。汉朝统一西域是早在汉以前长期的历史中奠定的基础，是历史发展的必然，也是中华民族强大的向心力和凝聚力为西域各族人民人心之所向，这是新疆统一于中国的坚强基石。

第三节　西汉政令在境内之推行

汉朝政府在西域设都护府，任命郑吉为都护，设立幕府，实施管理，同时罢匈奴之僮仆都尉，结束了匈奴在西域的长期统治，汉之政令颁布西域。《汉书·郑吉传》在引用汉宣帝对郑吉“功效茂著”的称誉后称：“汉之号令班西域矣，始自张骞而成于郑吉。”这里指的是汉朝对西域的号令，也就是统一政令的治权。

汉朝在西域所设都护，是西域最高政权机关。除都护外，先后还设有副校尉、戊己校尉、伊循都尉等，统领西域军政以及屯田等事务。但是，直接管理西域各地事务的，还是当地地方首领。其职务等级有侯、相、将、当户、且渠、都尉、千长、百长、大禄、吏、监、君、城长、译长等。各地有所不同，仅在克孜勒苏地区的疏勒就设有侯三人以及都尉、左右将、左右骑君、左右译长各一人五级，共十人；在尉头国设左右都尉各一人，左右骑君各一人，共两级，四人；在蒲犁国设侯、都尉各一人，共两级，二人。在捐毒国是否设有职官无所考。其特点是城郭之国，设官员较多，管理较严密，游牧国设官较少，甚至不设官职。各级地方官员都必须经汉中央政府册封、任命和颁发印绶。《汉书·西域传》补注称："诸国官员皆用其国人为之，而佩汉印绶。"如《后汉书·西域传》载：汉顺帝永建二年（127），疏勒"臣磐遣使奉献，帝拜臣磐为汉大都尉，兄子臣勋为守国司马"等。

汉朝对西域各地的经营主要是依靠当地少数民族首领，共同管理地方事务，一般都由汉朝委任的地方各部首领及当地民族的地方各级官员处理。西域都护主要是对各国进行"督察"，发现问题及时上报中央或就地处理，需要调解的就出面调停，需要武力解决的就出兵征讨。为了对各地进行有效督察，及时了解情况和传递信息，反映情况，汉朝政府在新疆的各条商道上，修筑了许多城垒和连绵不断的烽火台，驻扎戍兵，执行军事任务和兼管交通。同时还设置关卡，稽查行旅。在今阿图什市南的戈壁上，至今仍然留有汉代烽火台的遗迹。

汉朝对西域的经营，其中最重要的一项内容就是保证"丝路"的畅通。往来丝路上的一般是沿线各国、各部乃至欧洲的大秦、罗马的使者和商贾，当然更多的大概还是来自汉中央王朝的出使西域各地的使者和中原的商贾。《汉书·张骞李广利传》称张骞通西域后"使者相望于道，一辈大者数百人，少者百余人"，"一岁中，使者多者十余，少者五六辈；远者八九岁，近者数岁而反"。这是西域都护府设立之前的情况。西域都护府开设之后，丝路秩序更加平安，商贸更加繁荣，往来的使者和商贾规模大大超过前期。

如此庞大的来往使者和商贾以及驻军，需要大量的粮食及其他物资供应，这样大的开销从何而来，既不能从中原长途西运，又不能增加当地人民的负担，最佳方案自然是依靠汉军在当地开发水土资源以屯田。

汉史中对西域屯田的记载颇多颇细。其中《史记·大宛列传》称："汉岁发使十余辈至宛西诸外国，求奇物，因风览以伐宛之威德。……因置使者护田积粟，以给使外国者。"屯田是汉朝中央政府在新疆地区最重要的军事建设和生产建设措施，通过屯田，开垦了荒漠，扩大了耕地。屯田的规模很大，如《水经注》卷二载：汉军调敦煌兵千人汇合塔里木盆地北缘各国兵数千，横断注滨河，"大田三年，积粟百万"。基本上解决了驻军、往来使者和商贾之粮食供应，同时也密切了汉朝与西域各族人民的友好关系，促进了生产技术和文化的互相交流与社会经济的发展。应该客观地看到，汉朝在西域维护丝路畅通和开荒屯田这两大举措的重大意义，不仅是维护了汉王朝的利益，更重要的还是促进了新疆各地的生产力发展，繁荣了新疆的经济，加强了新疆与中原及西方各国的经济文化技术的交流，这是有利于新疆社会进步和人民生活的提高的，自然也就受到了西域各地人民群众的支持和拥护，增强了西域各部和各族人民对汉朝的信任和与中原汉族群众的友好交往。这样的经营模式对以后历代政权，对新疆及其他边疆地区的经营，都起到了深远的影响。

汉朝对西域各国的管理还包括西域各地的首领不断向汉朝派遣侍子和贡献方物。纳质已被确定为一种经常的制度，贡献方物的使臣络绎不绝。如汉顺帝永建二年（127）疏勒王臣磐遣使奉献。《后汉书·顺帝纪》载：永建五年（130），春正月，疏勒遣侍子，及大宛、莎车王皆奉使贡献；《后汉书·西域传》：阳嘉二年（133），疏勒王臣磐复献师子（狮子）、封牛（骆驼）；《魏略辑本》卷二二称：汉阳嘉三年（134）时，疏勒王臣磐献海西青石、金带各一。各国所贡奇物无非是投封建帝王搜奇之所好，以表效忠，而汉皇所需的正是这些，汉朝每年派使者十余辈，长途跋涉至大宛以西各国（远至欧洲大陆）主要也是“求奇物”，以满足封建帝王的奢欲。另外就是通过各国的贡献，以体现各国依附于中央王朝的一种隶属关系的治权的象征。由于汉朝政府对新疆各地的质子和纳贡的使臣，给予了极为优厚的待遇，因而各国贡献方物的使臣络绎不绝，因为国王或使臣得到的回报（封官或赐赏的物资）大概是其贡献的很多倍。汉朝主要还是通过这种频繁的使臣交往，进一步加强和密切与西域各地区的隶属关系，巩固其统治。

汉朝政府在西域各国实行的纳质制度，当然有西域各国国王以其子作为人质，以表示忠心不二的归顺的至诚之心。而汉朝接纳质子也有便于控制羁縻的一面，这是在当时普遍流行于各国之间的一种制度。在这里，从其作用上讲，还有另一方面的进步意义，就是各国派遣的质子，不仅仅只是受质于人，而且有学习汉文和汉朝的典章制度，接受汉朝礼乐等中原文化。这十分有利于汉朝中央对西域各国情况的了解，有利于中央政府对西域各国的统治。一般来说，长期生活在汉朝都城中的质子，由于接受了汉王朝的统治思想及汉文化的熏陶，都能忠于汉王朝，心向统一，且都有较高的文化素养。汉中央政府往往将经过培养的质子遣送回国，承继王位，以保证政令之顺利推行。这些侍子回国后大都会不负重望地推行汉中央政府的政令，维护汉的统一，同时又效仿汉典汉制，治理地方；此外，他们还是传播和发扬中原文化的使者，对经济文化的交流起到了不可低估的重要作用。

应该说，西汉政府对西域的经营还是有效的、成功的，是顺应社会发展和民心的。

第四节 汉匈对天山南路的争夺和东汉重新收复疏勒

汉朝期间，汉与匈奴对漠北、西域特别是天山南路的争夺是十分激烈的。在蒙古高原，公元前 72 年，汉朝联合漠北各部，合击匈奴，使坚昆、丁零等摆脱了匈奴的统治，但到了公元前 49 年，匈奴再次征服乌孙，兼并乌揭、坚昆、丁零之部，并且留都于坚昆地（古柯尔克孜地区叶尼塞河上游）使坚昆再次陷入匈奴单于的统治之下。在西域，到了西汉末年到东汉初年，由于汉朝内部发生了王莽篡位及一系列倒行逆施，也导致了西域的混乱。匈奴势力乘机卷土重来，重新统治了西域的大部分地区。大约在东汉永平十六年（73），汉派窦固出兵西域的同时，北匈奴也加紧了对西域各地的控制和进攻。一向以匈奴势力为靠山的龟兹王建，率兵攻入疏勒，杀掉了疏勒王成，立龟兹的左侯兜题为疏勒王，将疏勒及捐毒、尉头等国重新置于匈奴的统治之下。从此，天山南路整个陷入匈奴的统治。在这种情况下，窦固决定派遣假司马班超、从事郭恂出使西域。

班超是一个具有远见卓识、智勇双全、处事果断的人。他仅率三十六人，定伊吾、平鄯善、收于阗，然后直逼疏勒。班超了解到龟兹兜题在疏勒不得人心，即派田虑先往招降，班超告诉田虑："兜题本非疏勒种，国人必不用命，若不即降，便可执之。"田虑到了兜题帐下，兜题见田瘦小，不把田虑放在心上，毫无降意。田虑趁其不备，猛扑上前，用绳子将兜题绑了起来。兜题左右的人，不敢上前，皆惊慌地四散而逃。田虑驰报班超，班超即赴疏勒城，召集疏勒将吏，诉说龟兹王投靠匈奴的罪状，废兜题而立已故疏勒王兄之子榆勒为疏勒王。榆勒改名为忠。从此班超以疏勒为据点，开始了他重新恢复天山南路各地管理的艰苦的斗争历程。

汉永平十七年（74），班超发疏勒、于阗之兵击莎车。莎车王私通疏勒王忠，以重利拉拢利诱忠叛汉。忠受其利用，趁班超与莎车王作战之机，在疏勒发动叛乱。班超回军平叛，忠败逃乌即城，后又盘踞桢中城。班超至桢中城，以计诱擒叛王忠，诛之，复立疏勒府承成大为疏勒王。

汉永平十八年（75），窦固、耿秉再次出兵西域，征讨匈奴。这时，班超已在西域南路的疏勒等城郭之国取得了军事和外交上的胜利，为配合窦固的军事行动，班超加紧了以疏勒为中心，联合周围各部打击龟兹为代表的匈奴势力。班超一方面在疏勒垦荒屯田，发展经济，屯积粮草，作战斗准备；另一方面积极联络于阗、莎车、大月氏、乌孙、康居、大宛及周围各国，作铲除匈奴在西域的顽固堡垒龟兹和焉耆贵族集团的准备。

匈奴贵族并不甘心其失败，他们趁汉明帝驾崩之机，勾结龟兹与焉耆统治者杀死都护陈睦，使西域形势急转直下。在这种情况下，汉朝政府决定撤回戊己校尉和在伊吾屯田的士卒，同时也命令班超回朝，放弃西域。

班超接到召他回朝的命令后，尽管觉得这是一个错误的决定，但还是忧心忡忡地安排回朝之事。疏勒百姓听到汉使要撤回的消息后十分震惊，人们深知，汉使撤走后，龟兹势力必将卷土重来，疏勒人民又要陷入水深火热之中。为此，疏勒上下，纷纷劝阻班超不要撤回。疏勒都尉黎弇站在班超马前，看到班超执意要走，便说道："汉使弃我，我必复为龟兹所灭耳，诚不忍见汉使去。"① 说完即拔出宝剑自刎而亡，以生命和热血表示了疏勒人民一心向汉的诚心，并以此劝阻班超不可丢下疏勒百姓而离去。班超到了于阗，于阗军民已在城外等候，人们仍然力劝班超不可

①见《后汉书·班超传》。

扔下西域百姓不管。《后汉书 · 班超传》载，班超至于阗，“王侯以下皆号泣曰：‘依汉使如父母，诚不可去。’民抱马脚，不得行”。班超被西域人民之诚心所感动，加之他的壮志未了，因而不顾王命，毅然返回了疏勒。

这时，疏勒已经发生了内乱。龟兹已驱尉头兵至疏勒，疏勒的两个城已投龟兹，并与尉头联兵。班超回兵后，疏勒军民人心大振，力助班超，很快平息了内乱，并打败了尉头军，疏勒复于平静。班超在极其困难的情况下，与疏勒军民一道死守疏勒，并尽力团结周围各国，伺机向龟兹、焉耆进攻。

汉建初三年（78），班超即率疏勒、于阗、康居、拘弥兵万人，攻击龟兹属国姑墨石城（今阿克苏一带），并取得了胜利。至此，班超经过三年苦心经营，已基本渡过了难关，在经济、军事、外交上皆取得了胜利的保证。在这种情况下，他已决心开始战略反攻，以实现消灭匈奴在龟兹、焉耆的顽固势力，完全统一西域南路的计划。为此，他在疏勒上疏汉章帝，力陈自己统一西域的决心及成功的有利条件。在书中，他首先陈述了攻灭龟兹势力对于汉朝统一西域、打击匈奴势力的重要战略意义：“取三十六国，号为断匈奴右臂，今西域诸国，自日之所入，莫不向化，大小欣欣，贡奉不绝。唯焉耆、龟兹独未服从。”“若得龟兹，则西域未服者百分之一耳。”这就是说，攻取龟兹，是统一西域的关键，也是打击匈奴势力的关键，成败关系全局，至关重大。其次班超又客观地分析了平定龟兹的可能性和有利条件。一是西域各国人心向汉，久盼统一：“今拘弥、莎车、疏勒、月氏、乌孙、康居复愿归附，欲共并力破灭龟兹，平通汉道。”不论“其城郭大小，皆言倚汉与依天，以是效亡，则葱岭可通。葱岭通则龟兹可伐。”二是具备有利的自然条件和可靠的军需供给：“莎车、疏勒，田地肥广，草牧饶衍，不比敦煌、鄯善间也，兵可不费中国，而粮食自足。”这就是说，不用国家出兵，不用国家出钱粮军饷，依靠当地各族人民之力和当地屯田之粮，即可稳操胜券。最后班超还提出了具体的作战方案：一是以忠于汉朝的龟兹侍子白霸为龟兹王，以代替忠于匈奴的龟兹王尤利多；二是策动龟兹的主要属国姑墨和温宿两国倒戈；三是联合西域各国之兵，共同讨伐龟兹。

汉朝政府经仔细分析了利弊之后，采纳了班超的建议，提升班超为将兵长史，派徐干率千余人出西域以助班超。在此期间，班超又依靠疏勒军民先后平定了莎车的叛乱和击退了月氏的入侵，同时又联络乌孙，结成了牢固的统一战线。

汉建初五年（80），徐干率兵西出玉门。汉永元二年（91）经过班超等十余年的攻势，龟兹、姑墨、温宿、尉头等自动向班超投降，表示愿意归附汉朝。汉朝按班超的意见，废龟兹王尤利多，立在汉朝做侍子的白霸为龟兹王。同时，汉朝正式任命班超为西域都护，都护府设于龟兹，任命徐干为长史，驻在疏勒。并重设戊己校尉。

汉永元六年（94），班超率龟兹、鄯善等兵攻入焉耆，废焉耆王广，立在汉朝做过侍子的元孟为焉耆王。至此，西域全境再一次统一于汉朝。

班超在西域三十一年，其中有近二十年驻在疏勒。班超以三十六人在疏勒与几十万匈奴及其追随者的大兵进行对抗，最终彻底粉碎了匈奴侵略势力，统一了西域。这一成功，自然不只是三十六人之力，而是与西域各国及各族群众的支持是不分不开的。这一事实具有十分重大的历史意义，不仅仅是为东汉重新收复和统一西域作出了重大贡献，而且为中国对西域乃至整个边疆地区的统一和经营，作出了榜样，总结出了经验，这就是依靠当地忠于中央政府的地方少数民族首领和各族人民，共同开发、建设、保卫家园，共同经营边疆的事业，共同维护国家的统一和民族的团结，这一经验，一直是中国历代中央政府经营边疆地区的基本战略和方针，直至今日，它仍然有着重要的参考价值。班超本人也可以说是历史上民族团结的典范，他与疏勒等国人民情同骨肉，亲如一家并娶疏勒少数民族女子做夫人。疏勒夫人协助班超维护统一，矢志不渝的事迹，也已成为千古佳话。

第五节　汉代克孜勒苏的发展

汉代，克孜勒苏地区发生了一系列重大变化，社会经济得到了一定的发展和进步。首先是在民族大迁徙中，境内先后迁入了部分漠北游牧部族和中原的农耕部族，改变了境内的民族成分，为发展境内的经济注入了活力。在中南部平原地区，原来由当地最古老的原始土著与伊兰等西方迁入的白种人形成的混合型人种的西胡人，又融入了新鲜血液，并逐步形成了具有当地特点的疏勒人，成为当地定居的从事农耕的基本民族。在北部山区，塞人的迁入，成为辽阔草原上的主要游牧民族，从尉头到捐毒，整个南天山山区，几乎都是塞人的牧场，而东帕米尔的群山峻岭之中，除原来的羌、氐、伊兰等民族外，月氏、塞种大概也已夹杂其中。特别是坚昆人首批迁入尉头，为以后整个南天山民族成分的变化，为十几个世纪以后柯尔克孜举部迁入天山，并最终在这里形成现代柯尔克孜族，以及新中国成立之后克孜勒苏柯尔克孜自治州的建立都起着至关重要的作用。

另外一个重大变化是疏勒逐步成为塔里木盆地西北部的政治经济中心。这一方面是由于汉使班超在这里苦心经营近二十年，所形成政治上的号令四方，包括葱岭以西的大宛、大夏等地。经济上的广泛屯田，使耕地面积快速扩大。内地生产技术、生产工具的传入，促进了生产的发展。另外其北部游牧部众的增加，由于对谷物的需要，纷纷至境内寄田、播谷，也促进了境内农业经济的发展，同时，南部平原的农耕诸部也纷纷进入北部游牧各部倾销其剩余农产品和商品以获得丰富的畜产品。

农业的发展，丝绸之路的开通，使境内的商业进一步繁荣，《后汉书·西域传》称："驰令走驿，不绝于时月；商胡贩客，日款于塞下。"可见其使者、商贾往来之一斑。在疏勒国，当时已有三四个城郭，特别是随着班超对境内的经营，设在今阿图什市境内的疏勒王城，作为政治经济中心，得到进一步的发展和繁荣，班超曾派甘英越葱岭，出使大秦（即欧洲古罗马帝国），虽然未能到达大秦，但也为疏勒与葱岭以西乃至欧洲大陆的一些部族间的互相了解和密切交往，起到了积极的作用，促进了进一步交流。东西方来往的使节商贾，纷纷在这里驻足歇马，开市贸易，使这里成为塔里木盆地西北的一大商埠。特别是活跃在丝路上的粟特人和进入境内的佛教僧侣，将粟特文、梵文都带入境内，使这两种文字同时在境内使用。这一时期，中原的丝绸等商品大量进入境内，并且西出葱岭以西各地，其中安息商人就是利用紧靠葱岭之东的疏勒的地利，大批进入疏勒，垄断了中原来的丝绸等商品，然后运往葱岭之西，加价出售，从中牟取高额利润而得以发展的，甚至为此引起了战争。中原进入境内的丝织品有锦、绮、罗、绢等，织艺精巧，色泽鲜艳，花纹美观，对本地的毛纺织业产生了一定的影响。应该引起重视的是，汉中央政府发行的货币，也随着丝路的商品交换和政令的统一，在境内流通，汉朝的五铢钱曾在境内出土。同时，地方政府也仿照汉朝的五铢钱，铸造发行了当地的汉佉两种文字的马钱汉佉二体钱。这种马钱在塔里木盆地西缘地区与汉朝的五铢钱同时流通。

这一时期，疏勒的手工业、冶铁业发展很快，有一封佉卢文书信中称："你从我们农庄派一人来此工作，他现在此工作，听说疏勒的官吏们要他再从事打铁工……"这就是说，尽管有大批人口的迁入，但随着生产的发展，农业和手工业发生了争夺劳动力的现象，由此可见境内经济发展与繁荣之一斑。

随着丝路的开通，经济的发展，境内文化也得到了发展，同时与中原和西方各地的文化、宗教交往和影响也日益活跃。

（节选自《克孜勒苏地方史稿》第五章）

“桃花石喀拉汗”中国西北部的地方政权

——喀拉汗王朝述评

公元9—13世纪初，建立在中亚和新疆南部以喀什噶尔为中心的喀拉汗王朝，在新疆乃至中亚史上具有重要地位。关于这一王朝的历史和文化，多年来一直是中亚史和新疆史研究的热门课题，且取得了不少重大成果和突破。但是由于这一王朝的特殊性和复杂性，加之历史文献的不足，有很多问题依然存在着不少质疑和分歧。比如喀拉汗王朝是哪个民族建立的、王室成员的民族成分究竟是谁、王朝的建立年代、王朝的疆域范围、王朝的官方用语和民间流通的语言及文字等等，中外史学家都根据自己所掌握的材料各抒己见，有些在多年的争论中，已经逐步得到统一或趋于统一，有的仍然是意见分歧，莫衷一是。

笔者应编者之邀，对喀拉汗王朝作一综合性的述评。所谓述，就是叙述历史文献对喀拉汗王朝的相关记载，叙述中外史学者对喀拉汗王朝历史文化的研究成果及不同态度和认识。所谓评，就是浅述笔者多年来对喀拉汗王朝历史文化的研究和从事社会调查的结果以及对史学界喀拉汗王朝相关历史文化研究成果的学习心得和看法。更主要的还是求教于学界的师长。

这篇述评我想先从喀拉汗王朝与中国中央政权的关系谈起，算是对本文的题解。

一、桃花石喀拉汗王朝与中国中央政权的关系

喀拉汗王朝是9世纪末至13世纪初中国西北边疆以喀什噶尔—巴拉沙衮为中心多民族共建的地方政权。我们说喀拉汗王朝是中国西北部的地方政权，是统一的中国的一部分，是中央政权下辖的地方政权，主要有以下几方面的依据：

（一）喀拉汗王朝是建立在当时中国版图范围之内的地方政权　这首先是喀拉汗王朝的中心都城喀什噶尔所领的塔里木盆地西部绿洲及帕米尔东部和天山山区，从古至今都是中国领土不可分割的部分；其次是以巴拉沙衮为中心的中亚七河地区，在唐代也是大唐帝国领土的一部分，当时北从伊塞克湖到巴尔喀什湖，西从撒马尔罕、费尔干一线和锡尔河、阿姆河流域直到咸海、里海一带均为唐朝的版图，唐中央政府在这些地方设有都督府、州、军、镇等军政机构，分属北庭、安西两大都护府管辖。如唐代大诗人李白就出生在巴尔喀什湖附近的碎叶城，此地又先后设碎叶州、碎叶镇，为著名的安西四镇之一。

（二）喀拉汗王朝的汗王接受宋朝皇帝的封号，向宋朝称臣纳贡　宋仁宗嘉祐八年（元1063），东喀拉汗王朝汗王马赫默德·吐古鲁尔汗遣使向宋仁宗赵祯上表请赐“归忠保顺砳鳞黑韩王”称号。又如宋神宗元丰四年（1081），东喀拉汗王朝汗王哈龙·博格拉汗二世遣使向宋神宗赵顼上表求赐封号，表中称宋神宗为“东方日出处大世界田地主汉家阿舅大官家”，称自己为“于阗国偻罗有福力量知文法黑汗王”。1006年，喀拉汗王朝灭大宝于阗国。1009年，喀拉汗王朝即派遣使节向北宋王朝以于阗黑汗王的名义进表称臣。到宋徽宗政和七年（1117年），喀拉汗王

朝向宋朝派出的使节多达五十多次。这些使团的主要使命是进表称臣、进贡和请求封赐，这些都充分反映了主权国家与地方政府或地方王朝之间的隶属关系。如宋真宗大中祥符二年（1009），喀拉汗王朝首次向宋朝遣使请求归附时汗王阿赫马德·托安汗的特使罗斯温就跪奏曰："臣万里来朝，获见天日，愿圣人万岁，与远人作主。"从"与远人作主"的朴实无华的恳切语句，可见远居边关的喀拉汗王朝汗王对中原的中央政权真诚相依的态度和心情。这些使团除入贡、求封外，主要还是进行贸易往来。

（三）喀拉汗王朝的名称和汗的称号中自认是中国北方的地方政权，是中国的一部分　先看王朝的名称喀拉汗王朝"喀拉"的含义。"喀拉"是突厥语，原义（字面含义）是"黑色"，但这一词还有很深的引伸义。我在《突厥语民族语言的理解、翻译及其他》一文中专门对喀拉汗的真实含义进行了解释："首先是突厥语以颜色指代方位，以"喀拉"（黑色）指代北方，以黄色指代南方，因而喀拉在这里是指代北方；其次，突厥语民族还以北方为尊，因而"喀拉"在这里又含有"伟大""至尊""至高至大"之义。作为汗国的名称，应该是"中国北方的伟大的汗朝"，这是最简的名称，如根据突厥语民族人名、汗号、汗国名喜欢用很长的定语修饰可以称为：中国北方的至尊至贵、至高至大的王朝。这里我们主要是证明王朝的名字中就含有明确的中国北方的王朝之义，以表明王朝与中国中央政权的从属关系。其次我们再看汗号。喀拉汗王朝的汗王们有的在其汗号前加了"桃花石"一词，如阿里·伊本·哈桑自称"桃花石·博格拉汗"，伊不拉欣·伊本·纳赛尔、哈桑·伊本·苏来曼等汗王都自称"桃花石·博格拉汗"，其意即为"中国的汗王"。"桃花石"一词语出喀拉汗王朝时期马赫默德·喀什噶里编纂的《突厥语大词典》，词条的解释是：桃花石，"马秦"国之名。这个国家距秦有四个月的路程。秦原分为三部分：第一，上秦，地处东方，被称之为

"桃花石"；第二，中秦，被称之为"契丹"；第三，下秦，被称之为"巴尔罕"，这就在喀什噶尔。但是，现在认为"桃花石"就是"马秦"，"契丹"就是"秦"。俄国历史学家V·V·巴尔托里德对秦、马秦作了进一步解释："秦"指北中国，"马秦"指南中国。只对马秦使用"桃花石"这一称呼，又称上秦。中秦则指被契丹统治的中部中国，下秦则指新疆南部地区。"桃花石"一词在公元6世纪末即出现于东罗马史料，8世纪亦见之于叶尼塞茹尼文《阙特勤碑》，指称唐朝。这又是喀拉汗王朝汗王自称王朝是中国北方领土上的汗朝，他们是统治中国北方领土的汗王的又一个例证。这里应该说明的是绝不能把"王朝"或"汗朝"同"国家"这两个不同概念混为一谈，"汗朝""王朝"是国家下属之"王朝""汗朝"，而非独立政权的主权国家，是国家中央政权下的地方政权。喀拉汗王朝是中国北方的地方政权机关，这一点王朝的统治者是十分清楚、毫不含糊的。

（四）从流通货币中看喀拉汗王朝与中国中央王朝的从属关系　我们首先看喀拉汗王朝发行的货币。在喀拉汗王朝的中心喀什噶尔发现的大量喀拉汗王朝时期冲制的流通货币，在阿图什一次就发现了一万七千多枚，这些货币的最大特点是有不少钱币上铸有"桃花石"和"中国"的字样，如阿里·伊本·哈桑发行的钱币上有"桃花石·博格拉汗"字样，伊不拉欣·伊本·纳塞尔发行的钱币上有"东方与中国之王"的字样。其次我们多年来在喀什噶尔绿洲考察中常常可见宋代的"太平通宝""咸丰通宝""天禧通宝"等与喀拉汗王朝的钱币混合出土在同一个地方的情况，这就充分说明了宋朝中央货币与喀拉汗地方货币同时在喀拉汗王朝境内流通使用，这也说明了喀拉汗王朝与中国中央政权的从属关系。

喀拉汗王朝从9世纪中期直到13世纪初期，在中国西北地区存在了三百七十多年，这期间中国历史经历了唐末、五代十国、北宋直到南宋时期，情况十分复杂，喀拉汗王朝与中国中央政权及中原政权的关系也是十分复杂的，应该说在中国统一的唐宋时期，喀拉汗王朝与中央政权是从属关系，而在国家分裂、中原无主的情况下，喀拉汗王朝作为地方王朝与中国其他地方王朝如邻近的于阗、高昌回鹘，西南的大理、南诏以及契丹、渤海等，都是并列的平行关系。谈到喀拉汗王朝与中国中央王朝的关系，我想以《福乐智慧》中的诗句作结："从东方吹来的春风，给世界善良的人打开了天堂之路。"

二、从葛逻禄、回鹘西迁到喀拉汗王朝的建立

谈喀拉汗王朝的建立，首先要从葛逻禄和回鹘的西迁谈起，因为这两个部族的西迁是喀拉汗王朝建立的背景及基础。

葛逻禄和回鹘同属我国漠北的突厥语民族，同为游牧大部。葛逻禄始居于金山以西，由谋落、炽俟、踏实力等三大部族构成，故史称三姓葛逻禄。曾有葛禄、割禄、割鹿、歌禄等称，均为葛逻禄的异译和省写。魏晋南北朝时，附于突厥，突厥分裂之后，葛逻禄也分为两支，一支东徙漠北，臣于东突厥，一支仍留居于原地，臣于西突厥。唐代拆东支为二，分置浑河州和狼山州，先隶燕然都护府，后隶瀚海都护府，西支分置三个都督府，先隶安西大都护府，后隶北庭大都护府。后又先后受制于突骑施、回鹘。在与回鹘汗国的多次角逐中东西二支先后西徙七河流域，并在巴拉沙衮建葛逻禄汗国。

回鹘，原名回纥，唐贞元四年（788），回纥长寿天亲可汗遣使来唐，向唐德宗上书，请改回纥为回鹘，取捷鸷如鹘之意。德宗允之遂改。回鹘原出于匈奴时的丁令，为东西两部，曾依附高车部，故又称高车，以其车轮高大而得名，后又属九姓铁勒之一部。至唐代继突厥之后在漠北雄起，尽有东突厥汗国故地，建回鹘汗国，有内外九姓回鹘之部。与唐修好，结为政治联盟和姻

亲，历代可汗皆受唐册封。回鹘曾助唐平息安史之乱，因而声震漠北和中原大地。唐开成五年（840），为黠戛斯汗国所破（一说841年，即唐会昌元年）。亡国后分四支流亡迁徙：一支南迁内地，融之于汉；一支迁甘凉，后为裕固族；一支迁安西，后建高昌回鹘汗国。一支远迁葱岭，史称葱岭西回鹘，部分投附于葛逻禄，后来与葛逻禄、处月、样磨，以及喀什噶尔绿洲上长期从事定居农耕的土著诸族等，共建了喀拉汗王朝。

喀拉汗王朝究竟建立于何年，史无详载，大概时间当在公元840年回鹘西迁之后。关于喀拉汗王朝有确切时间记载的是公元893年，喀拉汗王朝副汗奥古尔恰克与萨曼王朝伊斯迈尔在怛拉斯发生了战争。这是13世纪贾玛尔·喀尔西在他的《苏拉赫辞典补编》中辑录的11世纪喀什噶尔人阿不都拉·加帕尔的《喀什噶尔史》一书中的资料。奥古尔恰克已是喀拉汗王朝的第二代汗王了。这就是说喀拉汗王朝建立只能是在893年之前。为此，史学界多倾向于喀拉汗王朝建立于9世纪中叶。《新疆简史》称喀拉汗王朝大约形成于10世纪上半期，将王朝的建立时期推迟了整整一个世纪，这大概是以喀拉汗王朝第三代汗萨图克·博格拉汗登基称汗算起。

喀拉汗王朝的第一代汗是毗伽阙·卡迪尔汗，他以中亚的巴拉沙衮为中心，在中亚、塔里木盆地西部的喀什噶尔和东帕米尔建立了喀拉汗王朝，他死后，长子巴泽尔在巴拉沙衮继大汗位，称阿尔斯兰汗，次子奥古尔恰克在怛拉斯继副汗位，称卡迪尔汗。公元893年，萨曼王朝伊斯迈尔率军侵入怛拉斯，俘获奥古尔恰克的王后及一万五千多人，奥古尔恰克被迫迁都喀什噶尔。

大汗巴泽尔死后，其长子继承大汗位。按照突厥语民族兄死弟娶其嫂的传统习惯，巴泽尔的妻子改嫁奥古尔恰克，未成年的次子萨图克随改嫁的母亲到喀什噶尔与叔父奥古尔恰克同住。

不久，萨曼王朝发生内讧，国王伊斯迈尔的弟弟纳斯尔·本

·曼苏尔不满其兄的统治，发动政变，失败后逃往喀什噶尔奥古尔恰克处避难。奥古尔恰克不忘伊斯迈尔的血海深仇，因而很高兴地庇护了逃来的萨曼王子的纳斯尔·本·曼苏尔，在王宫北部的阿图什为其安排了理想的住处。奥古尔恰克原想利用纳斯尔王子，寻机对伊斯迈尔进行报复，谁知却为自己埋下了杀身之祸，造成了历史的悲剧。

纳斯尔是伊斯兰教的穆斯林，为了他的方便，作为佛教徒的奥古尔恰克破例在阿图什建了一座伊斯兰教的清真寺，供纳斯尔和从布哈拉、撒马尔罕等地来往商队中的穆斯林做礼拜。

奥古尔恰克的侄子萨图克，与纳斯尔年龄不差上下，当时与纳斯尔同住阿图什。两人同是不得志的王子，自然有着共同的语言，很快就成了莫逆之交。纳斯尔常向萨图克及其他青年朋友们讲述伊斯兰的教义、教旨和教规，传播伊斯兰教。纳斯尔告诫萨图克："接受伊斯兰教可以使自己在现世和未来世界内得救。"

萨图克此时年仅二十余岁，为人聪明伶俐，办事刚毅果断，早有夺取其叔父汗位的异志，在纳斯尔的诱导之下，便产生了皈依伊斯兰教，依靠伊斯兰教的力量推翻叔父的统治夺取汗位的想法。他皈依伊斯兰教后，就在纳斯尔的帮助下，在汗国内秘密发展教徒，扩充势力，做武装夺取政权的准备。当奥古尔恰克发现后，已经无法挽回局面了，萨图克已经发展了大批教徒，得到大多数国民的拥护。叔侄二人水火不容，很快发生了战争。年轻的萨图克在纳斯尔的帮助下，依靠穆斯林群众的力量，战胜了他的叔父，并将其杀死，夺得了政权。萨图克在喀什噶尔登上喀拉汗王朝的王位以后，宣布他的教名为阿不达勒·克里木，王号为苏里唐·萨图克·博格拉汗。"苏里唐"，即为国王、汗王之意，也译作"苏丹"，"博格拉汗"意为公驼汗。他接受伊斯兰教作为汗国全民统一的信仰，同时采取传教与用武力的手段，由喀什噶尔向周围扩张。

萨图克首先向萨曼王朝进攻，他打败了萨曼王朝的军队，并夺回了怛拉斯城。这大约是公元 930 年的一件大事。

公元 943 年，萨图克率教民向喀拉汗王朝大汗驻守的汗城巴拉沙衮进攻。这次战争中，双方伤亡惨重，但谁也没有消灭谁。萨图克攻城不下，只好撤兵返回喀什噶尔。一说萨图克占据了巴拉沙衮后撤回喀什噶尔，此说法尚有争议，如果萨图克战胜了巴拉沙衮军队，消灭了长支大汗，就不会有其子的再次出征了。

萨图克于 955 年逝世，其长子巴依塔什（突厥名字）继承王位，其教名为木萨 · 本 · 阿不达勒克里木。木萨 · 本自称阿尔斯兰汗（狮子汗），他在阿图什为其父萨图克 · 博格拉汗修建了巨大的陵墓，史称"苏里唐 · 萨图克 · 博格拉汗麻扎"，简称苏里唐麻扎。公元 960 年，木萨率大军进攻巴拉沙衮，经过激战攻陷了巴拉沙衮的城池，消灭了长支大可汗，统一了汗国的北部土地，使楚河流域、巴尔喀什湖一带的汗国居民都皈依了伊斯兰教，这就是伊斯兰史学家伊本 · 阿提尔在《全史》中所写的二十万帐操突厥语的游牧民皈依了伊斯兰教。木萨宣布自己为阿尔斯兰大汗，仍驻喀什噶尔，委任其弟苏来曼为副汗，驻巴拉沙衮，同时宣布以伊斯兰教为国教。木萨 · 阿尔斯兰汗在位期间，不仅将伊斯兰教推行到他统治地区的各个角落，而且以"圣战"之名向当时仍然笃信佛教的于阗发动了长期的战争。

三、喀拉汗王朝的疆域、王室部族和民族

喀拉汗王朝存在时间较长，王朝的疆域在不同时期都有较大的变化，另外即使在同一时间，由于掌握的资料不同，所反映的疆域也有所不同。

喀拉汗王朝初建时的疆域主要为中亚以巴拉沙衮为中心的伊塞克湖周围和以喀什噶尔为中心的塔里木盆地西北部的喀什噶尔绿洲一带，其四至大约是：东至库车与阿克苏之间，东北、正北

至伊犁河，西北至锡尔河下游的白水城西，正西至阿姆河东岸的布哈拉之西，西南以阿姆河为界，正南至木尔加布河东南至叶尔羌河。这是1009年以前的疆域，但大约在893—930年之间，怛拉斯被萨曼王朝以武力抢占，其后于990年喀拉汗王朝收回白水城，999年占领萨曼王朝阿姆河以南各部领地，同时占领布哈拉城。

1009年喀拉汗王朝灭于阗国之后，喀拉汗王朝的疆域发生了较大的变化，此后不久，喀拉汗王朝就分裂成东西两部，因而1009年占领于阗国以后的疆域，当为统一的喀拉汗王朝的基本疆域。这一疆域是：正东与西州回鹘相邻，边界大约在今阿克苏与库车之间；东北与辽朝相连，界为阿尔泰山；正北的疆界达巴尔喀什湖；西北与花剌子模为邻，界在咸海岸边；正西以阿姆河为界，与塞尔柱王国接壤；西南以阿姆河上游为界，与伽兹纳王朝毗邻；正南以昆仑山为界，与吐蕃连接；东南以且末为界，与西州回鹘、西夏相接。

1973年，中国地图学社出版了一套八开的《中国历史地图集》，其中第六册的第38～39图为《黑韩》图，所绘喀拉汗王朝的疆域为1001年的辖地，其疆域为：正东以拔达岭为界，与西州回鹘为邻；东北至准噶尔盆地的西北沿，与宋朝之上京道相连；正北以巴尔喀什湖为界，与乌古斯国相接；西北以阿姆河为界，与花剌子模相邻；正西和西南以阿姆河为界，与加兹尼（伽兹纳）王朝毗邻；正南和东南以叶尔羌为界，与于阗国接壤。在这个图中，明确标注着在喀什噶尔以北的样磨部和喀什噶尔东北的黠戛斯部的具体位置。

占领于阗国之后，喀拉汗王朝的开疆脚步已经是乏而无力，虽然将进攻的矛头对着西州回鹘（亦称高昌回鹘汗国），但是几次战而不胜，且损失惨重，加之内部的矛盾日深，只好停了下来。随后喀拉汗王朝便分为东西两部，东部喀拉汗王朝以喀什噶尔、巴拉沙衮为中心，统塔里木盆地西部绿洲，以及伊犁河谷、七河流域、费尔干纳盆地等汗国东部地区，西喀拉汗王朝以撒马尔罕、布哈拉为中心，占据了河中地区（锡尔河与阿姆河之间，史称河中，或两河地区）。东西两部之间以忽毡为界，但并不固定。

喀拉汗王朝是我国西北部多族共建的地方联合政权，其境内居民民族众多，汗室成员民族成分也极其复杂。德国的历史学家普里查克 1953 年发表的《喀拉汗王朝》一文中，就将各家有关王朝汗室成员的民族说归纳为：回鹘说、土库曼说、样磨说、葛逻禄说、葛逻禄—样磨说、处月说、突厥说七种。近几十年来史学界又提出了几种看法：样磨和处月说、突厥—回鹘说、葛逻禄—回鹘说、葛逻禄—样磨、九姓乌古斯说。对于以上十一种说法，《喀拉汗王朝史稿》的作者魏良弢先生都一概斥之以假说，而力主回鹘说。客观地说，各家之说都是有一定的道理和史料依据的，只是各人占有的资料不同，看问题的角度不同，才有各自不同的看法。对此，笔者曾有多族共建说，自认喀拉汗王朝是多族共建的地方政权，不是哪一个民族的部族政权，在此不再做论述。

喀拉汗王朝境内的居民主要为操阿尔泰语系、突厥语族的诸民族（通常又称突厥语民族或异姓突厥），同时还有一部分操印欧语系、伊朗语族的民族，自然也还有一些操汉藏语系的汉人和吐蕃人。现将境内的主要民族作一简介。

葛逻禄：汗国境内的主要民族之一，与回鹘、样磨、处月等共建喀拉汗王朝，是汗国军队的主力。《世界境域志》对葛逻禄人的评价是："葛逻禄人一些是猎人，一些是农民，一些是牧民。他们的财富是羊、马和各种毛皮。他们是一个好战的民族。"葛逻禄军队的首领经常和王朝的汗王发生冲突，甚至发动暴乱和战争。

回鹘：汗国境内主要民族之一，与葛逻禄、样磨、处月等共建喀拉汗王朝。除喀拉汗王朝立国之时西迁中亚、帕米尔的葱岭回鹘外，喀拉汗王朝征服的大宝于阗国的王室成员尉迟氏（后接受唐朝皇帝赐姓李氏）也为回鹘之一部。另外喀拉汗王朝的东邻西州回鹘和黄头回鹘（南部回鹘）均为回鹘人。

样磨：喀拉汗王朝的主要民族之一，生活在喀什噶尔及北部山中。《世界境域志》称：样磨是由许多部落组成，仅知道名字的部落就有一千七百个。他们主要从事畜牧业和狩猎，出产的皮毛很多，也有不少由畜牧业转向定居农业。样磨人尚图腾崇拜，以公驼为部落图腾，喀拉汗王朝的部分汗王以博格拉汗（公驼汗）为其汗号，大概与样磨部有一定的关系。

处月：喀拉汗王朝主要民族之一，异姓突厥部民族，曾为西突厥诸部。《新唐书·突厥传》称："其风俗大抵突厥也，语言少异。"唐灭突厥汗国之后，突厥西迁，而处月部居中亚。《世界境域志》称：他们住在伊塞克湖周围，人口很多，过着游牧生活，但已有了一些城市和村庄，即开始转入定居。处月人也是喀拉汗王朝军队的主力，西部喀拉汗王朝的军队甚至被称作"处月利亚"。处月部的图腾为狮子，喀拉汗王朝的部分汗王以"阿尔斯兰"为汗号，或与处月部有关。

黠戛斯：喀拉汗王朝的民族之一，为突厥语民族，古称坚昆。柯尔克孜族的先民，原居叶尼塞河流域，从汉以后就多次西迁，成为帕米尔、天山、中亚民族。喀拉汗王朝时期，天山与喀拉铁克山之间的托什干河流域已为黠戛斯部的实际控制区。

粟特：古代西域部族，原居索格底亚那地，操印欧语系伊朗语族东伊朗语支，汉时曾建康国、石国、米国、曹国、何国、史国等河中诸国。唐称其为昭武九姓胡，又称胡人、西胡等等。其经济、文化水平极高，知农善艺，特善经商。《唐会要·康国条》载：康国生子必让口食蜜，手中置胶。这是希望其子长成后，常口说甘言，又持钱如胶之粘物，让彼等巧于商业，争分铢之利。男子到十二岁时即送到他国从事商业；也有来中国的，凡利之所在，足迹无不至。为丝绸商业贸易的垄断者。粟特人为雅利安人（伊兰人）的一支，部分人融入维吾尔人之中，部分形成乌孜别克人，是喀拉汗王朝居民中独特的一支。

喀拉汗王朝时期是西域特别是喀什噶尔绿洲民族大融合时期，上述的回鹘人、葛逻禄人、样磨人、处月人、粟特人以及塔里木盆地绿洲上的从事农耕的疏勒人、于阗人、莎车人等土著在突厥化—伊斯兰化的过程中，逐步形成了现代维吾尔族，使喀什噶尔成为现代维吾尔族的摇篮和现代维吾尔文化的摇篮。

四、喀拉汗王朝极其复杂的政治制度

在谈到喀拉汗王朝政治制度之前，我想先明确一下王朝的性质，前面我已经就有关学者提出的喀拉汗王朝是回鹘建立的民族政权谈了自己的浅见，即喀拉汗王朝不是哪一个民族建立的民族政权，而是多民族共建的联合政权，并以专文对族属进行了论述，下面我想就有学者著书称喀拉汗王朝是宗教政权再谈一点自己的浅见。

我认为喀拉汗王朝不是宗教政权，这是因为：尽管喀拉汗王朝的第四代汗王木萨阿尔斯兰汗曾宣布伊斯兰教为国教，尽管喀拉汗王朝的汗王们曾发动了对非伊斯兰教政权的战争，但是这都不能够证明这个王朝就是宗教政权，就是伊斯兰汗国。为此，我想就此两点谈一谈自己的看法。

（一）虽然木萨·本·阿尔斯兰汗在960年宣布以伊斯兰教为国教，但是，我们从现有的、已发现的资料中尚未发现喀拉汗王朝如何以教治国的资料，无以教治国的法规和纲领性行动。如汗国的政体和政治制度仍然是建国初期和皈依伊斯兰教以前的体制，没有发现以伊斯兰教教规和伊斯兰法典治国和处理民事和诉讼，这是其一；二是治理汗国的人依然是汗、王、特勤（王子）、宰相、大臣、将军等，地方上有叶护、梅录、达干、伯克、检察官、中级军事长官以及乡长等各级行政官员，而不是教职人员，更没有权高势大的宗教首领和宗教领袖干涉和操纵政权，甚至在汗国中看不到教职人员的存在和活动；三是在精神上，人们不光崇拜、尊崇真主，同时还崇拜尊崇上天和祖宗，认为是上天创造了“诺亚”（祖宗），同时还崇拜一些动物，并且还十分注重图腾崇拜。也就是说还是多神论而不是伊斯兰的唯有真主的一神论。对于喀拉汗王朝来说，还只是信奉伊斯兰教的初级阶段，更谈不上是以教治国的伊斯兰汗朝。

（二）虽然喀拉汗王朝的第三代汗萨图克·博格拉汗是依靠伊斯兰教民的力量推翻了他的叔父奥古尔恰克，夺取了汗位，虽然他的继承人发动了对信仰佛教的大汗统治者的战争以及对信仰佛教的于阗国的战争，但能不能称作是伊斯兰“圣战”，是否是宗教战争，还是值得质疑和商榷的。因为在喀拉汗王朝统治的大约三百七十多年中，对佛教徒统治的政权的战争也只有近八十年；在王朝五十多位汗王中，组织参与对佛教徒政权的战争的汗王仅有四位，在整个汗国三百年的时间中，众多汗王组织参与的战争还主要在同是伊斯兰教的萨曼王朝、花剌子模、赛尔柱、伽兹纳王朝等国之间进行。而在与佛教徒统治的奥古尔恰克以及巴拉沙衮大汗的战争主要是夺取政权，而在对于阗国的战争主要还是扩大地盘，都是政权与土著人的利益之争，而非宗教战争。从这些我们都可以说明喀拉汗王朝并非伊斯兰汗朝，而是地方封建王朝。

喀拉汗王朝的政治制度极为复杂。首先是葛逻禄、回鹘等部都是漠北的游牧部族，因此，在其建国的喀拉汗王朝的政治制度上，自然就承继了漠北游牧民族政权的政治制度，比如我国北方游牧的分封制，在喀拉汗王朝中就保留了下来；其次是喀拉汗王朝的统治地域喀什噶尔等绿洲，属定居农耕区，其政治制度已经进入了封建地方政权的文明时期，因而在喀拉汗王朝中，自然也就融入了封建政权的政治制度。如封建地主制的土地管理体制和封建税收制度；另外，喀拉汗王朝推行伊斯兰教之后，也一定程度上受到伊斯兰国家政治制度上的影响，如在喀拉汗王朝的统治区，部分地区还设有伊斯兰法庭。这种复杂的政治制度，是独特的地域、历史背景、社会环境和汗室成员、境内居民复杂的部族所决定的。

喀拉汗王朝实行“双王制”，即大汗制和副汗制，具体的做法是将整个汗国分为两大部分，由汗族的长幼两支分别驻扎两地，治理这两部分，平时似乎是各管其地，互不干涉其事务。大可汗称“阿尔斯兰汗”（意为狮子汗），驻巴拉沙衮；副可汗称“卡迪尔汗”（意为顽强、果敢之汗），驻怛拉斯。但是研究喀拉汗朝的历史发现，事实并非全是如此，只能说喀拉汗王朝曾实行过“双王制”，并非整个历史过程中都实行“双王制”，而是经常在发生变化，首先我们看喀拉汗王朝初创的首任汗王就只有毗伽阙·卡迪尔汗一个汗王，并未有副汗，并非是“双王制”。只是到了毗伽阙·卡迪尔汗逝世时，才将汗位让给了两个儿子，长子为阿尔斯兰汗（大汗），驻巴拉沙衮，次子为卡迪尔汗（副汗），驻喀什噶尔。以后大汗和副汗的汗号，也在发生着不断的变化，同时大汗和副汗的驻地也在不断发生变化。我们先看汗和副汗的汗号的变化情况。大汗有时候也用“博格拉汗”，如第三代汗王萨图克自称博格拉汗，乃为大汗，且只有他一位汗王，并无副汗。他逝世后，他的继承人木萨则称大汗，又使用“阿尔斯兰汗”的汗号，以其弟苏来曼为副汗，又恢复了双王制。但阿赫默德·本·阿里继任大汗后又称“托干汗”，到了玉素甫·本·哈桑任大汗后又称“卡迪尔汗”，穆赫默德·本·玉素甫任大汗时称“托格鲁尔汗”（意为金翅鸟汗），哈桑·本·苏来曼任大汗时称“桃花石·博格拉汗”（桃花石意为中国，即中国的可汗）。在大汗的汗号中，还有“土库曼伊利可汗”“东方与中国之王”“恰格雷汗”和“克雷奇·桃花石可汗”等等，而副汗的名称更多，有时候是副汗和大汗的名称交替使用，十分随意。

我们在看大汗、副汗驻地的变化，首先是分裂前的喀拉汗王朝和东部喀拉汗王朝大汗和副汗的驻地曾多少次在巴拉沙衮和喀什噶尔之间来回变动。有学者认为巴拉沙衮为首都、夏宫，称喀什噶尔为陪都、冬宫，这是不符合实际的，喀拉汗王朝是没有陪都的，也无冬夏之分，首都只是随着大汗的驻地而变化的。这种变化一是迁都，二是副汗势力雄张，自称大汗，并未迁入大汗的汗都，便以自己所居之地为汗都。而西部喀拉汗王朝的汗王驻地主要在撒马尔罕。

喀拉汗王朝的“双王制”也是极不稳定的，首先大汗和副汗并非全是世袭制，也并非都是兄弟关系。在整个汗室成员中，无论是兄弟、父子、叔侄、祖孙，谁是大汗或副汗，主要是以实力而定，这是一。二是不管是大汗还是副汗继位方式也十分复杂，有父死子继的，还有封赐和退让的，但到了后期，最多的还是以武力争夺、逼宫等等。三是虽有大汗、副汗之位，但实质上，在大部分时间大汗也只是名分上的汗国的首领（有学者称为“理论上的首领”），但在平常的治理之中，还是各自负责自己统辖的领地，行使独立的行政权，互不负责，互不干涉。大汗似乎只是名义上的认可，做“呼图毕”宗教仪式上呼唤名字、钱币上使用封号而已。总的来说，是一个复杂的、松散的体制。

喀拉汗王朝实行分封制。就是说王朝的所有财产都是可汗所有，他登基之后就要把统治区内的领土分封给汗室成员，受封者即为这部分土地的所有者。汗国对农业区和游牧区又实行不同的管理制度。在农业区推行包税政策，由各封地的主人按可汗的统一要求，在统治区内收税，并上缴国库。在游牧民族地区，实行氏族、部落财产所有制，除草场外，其他牲畜等生产资料和生活资料均为牧民个人所有。

喀拉汗王朝建立了比较系统的管理体系，可汗是国家的最高首脑，集国家权力于一身。在汗室成员中，可汗之下有“特勤”（王子）参与政事。喀拉汗王朝十分注重封号，不仅汗王有很多光灿的封号，王子也有很多带光环的封号，如“阿力甫特勤”（英雄王子）、“统阿特勤”（猎豹王子）、“贝里特勤”（苍狼王子）、“雅干特勤”（大象王子）、“恰格尔特勤”（雄鹰王子）、“吐古鲁尔特勤”（金翅鸟王子）等等。人们往往不知王子名字，而直呼其封号，平时可以不称其名，但必须称其号，大多数时间是名号同用。

喀拉汗王朝除了汗室成员参与国家行政管理外，还有一套行政官员。在中央有首辅大臣宰相以及传令、宫廷、财务、内侍等大臣和秘书官，同时还有被称作“阿米尔”的统帅军队的将军，在地方有伯克、乡长等中低层地方官员。

五、喀拉汗王朝的社会经济

喀拉汗王朝的社会经济以农牧业为主，农业耕种区主要为汗国南部的喀什噶尔、叶尔羌、于阗等绿洲；牧业区主要为北部和西北部山区。农业区的土地占有大约有以下几种。

国有土地：主要是喀拉汗王朝征服其他地区时没收对方的国有土地和一些官员的土地以及本境内不属私人的公有土地。

宗教土地：主要是伊斯兰宗教寺院和宗教学校的土地。这些土地主要来源于汗王以国有土地的赏赐和官吏、封建主的捐赠。宗教土地除大量农业耕地外，还包括宗教寺院开设的水磨、作坊、店铺用地以及在城内占有的地面和房产，而这种土地不仅享有国家的免税权，其耕种大都是教民的无偿劳作和少部分出租。

封建主土地：土地为封建地主个人所有，耕种以雇工耕作和出租，向国家缴纳税赋。

自耕农土地：普通农人家庭私人所有的少量土地，一般为自耕自收，并缴纳赋税。

农村公社土地：喀拉汗王朝时期还有少量农村公社遗留的土地，一般为基层政权所控制，部分为学校等公共事业单位所有，多为出租耕种，只收租而不纳税。

喀拉汗王朝时期的土地所有制形式是构成广大农村生产关系的基础。无论国有、宗教和封建主的土地，都主要是以分成制出租。佃农被称作“巴兹伽尔”，是农业生产的主要劳动者。在尼扎姆·穆勤克的《治国策》中列举了一个典型的分成制租种事例。一个贵族妇人把土地租给别人耕种，她将其收获的粮食分为三份：一份交国家，一份给土地上的劳动者，一份留给自己。这就是分成制的土地租佃制度，这种制度主要在喀什噶尔绿洲实行。

喀什噶尔绿洲及和阗绿洲是喀拉汗王朝主要的农耕区，这里沃野千里，土地肥沃，特别是有玉龙喀什河、喀拉喀什河、叶尔羌河、喀什噶尔河丰富的水利资源，且已有配套的水利工程，加之光热条件都十分充足，农作物品种繁多，主要生产小麦、棉花、大麦、玉米、高粱、水稻、豆类等粮食作物和葡萄、石榴、桃、杏、梨、甜瓜、西瓜等瓜果类产品。除喀什噶尔外，西部的河中地区、北部的七河流域也有很发达的粮食种植业和园艺业。如李志常著《长春真人西游记》载：“河中壤地，宜百谷，园林相较百余里。”耶律楚材《西游录》称：“撒马尔罕环郭数十里皆园林也。家必有园，园必成趣，率飞渠走泉，方池圆沼，柏柳相较，桃李连延，亦一时之胜概也。瓜大者如马首许，长可以容狐。八谷中无黍糯，余皆有之，盛夏无雨，引河以激，率二亩收钟许。酿以蒲桃，味如中山九酝。”这样的田园风光实际上也是喀什噶尔绿洲城乡之写照。

喀拉汗王朝境内的畜牧经济也较为发达，牧区主要分布在天山、昆仑山、阿尔泰山等山区的山间，同时在塔里木盆地西北沿的大片荒地，也是王朝的主要畜牧业区。喀拉汗王朝的畜牧经济基本上沿用我国北方游牧经济传统的经济体制和管理形式，为氏族部落所有制，草场为国家所有，但大都掌握在部落头人的手中，为部落统一管理使用，向政府缴纳税赋。牲畜虽是私有，但大量牲畜必为部落头人所有，普通牧民占有的牲畜很少，且按部落头人的安排在规定的草地上放牧，大部分牧人都是为部落头人放牧，并从中获得生活资料。牲畜品种主要有马、牛、羊、骆驼等，畜产品有皮张、奶制品等。市场交换主要还是活畜，牧民以牲畜换取农副产品和其他生活所需的商品。狩猎是牧民主要的经济补偿，猎物以自用和向城市销售为主。狩猎的主要猎物为单峰驼、羚羊、野鹿、羱羊、狐、熊、银鼠等。貂皮、灰鼠皮、银鼠皮、麝香等是王朝对外馈赠和进贡的珍贵礼物。

关于喀拉汗王朝的手工业、毛纺织业和棉纺业以及城市发达的建筑业等等，本文不再赘述，在此只想简述一下作为丝绸之路的要塞，喀拉汗王朝三百多年的贸易业。

喀什噶尔自古以来就是丝绸之路的重镇和商埠，是中原经塔里木绿洲西出帕米尔诸国贸易的必经之地和商品集散的枢纽，东出和西进的商队都要在这里重新编队和组织货源并开市贸易。但是，喀拉汗王朝初期，由于王朝改宗伊斯兰教，与其通向中原的东邻高昌回鹘王国和东南邻于阗国水火不容，从而形成了丝路阻断。喀拉汗王朝对高昌回鹘和于阗几十年的征战不仅仅是争夺土地、开拓疆域，更重要的战略目的还是打通通向中原的道路，重开丝绸之路，因为喀拉汗王朝的汗王和臣民们都深知与中原经济文化交流对于西部王朝的重大意义，正如《福乐智慧》中所言："要是砍倒中国商队的旗子，千万种珍宝从何而来?" 这已是喀拉汗王朝汗王和臣民的共识。

喀拉汗王朝时期，喀什噶尔与中原的贸易是从王朝征服于阗之后，打通了通往宋朝和辽朝的道路开始。因为从目前发现的史料来看，喀拉汗王朝向辽、宋派出使团都是在1009年之后，另外，汉文历史资料中所记宋王朝对喀拉汗王朝所派出使团的称谓一般都是“于阗国黑汗王”，有的还只称“于阗国”或“黑汗王”。

这一时期，喀拉汗王朝与东西方的贸易都十分繁盛，已经形成了以商业重镇喀什噶尔为中心，东达宋朝的都城东京汴梁（今河南开封），东北达辽朝的首都上京，南达印度，西达伊朗等地。据史料记载，从1009年至1124年的一百五十余年间，喀拉汗王朝向宋朝派出的使团和贸易团队就达五十多个，近者每年可往返两次，远者一两年可往返一次。这是官方的贸易活动，民间的贸易团队和贸易活动更加繁荣。如《宋史·外国传》于阗条称：“自瓜（州）、沙（州）抵于阗，道路清谧，行旅如流。”喀拉汗销往宋朝和辽朝的商品主要是：珠玉、珊瑚、翡翠、象牙、乳香、木香、琥珀、花蕊布、硇砂、龙盐、西锦、玉苯利譬、膃肭脐、金星石、水银、安息鸡舌香和马匹、驴等。以乳香为大宗，如1072年喀拉汗王朝的商队一次就向宋朝运进乳香三万一千余斤，“为钱四万四千余贯乞减价三千贯，卖于宫库。从之。”① 这就是说使团请求批发给宋朝国库，被批准。1080年3月，又有乳香运入中原销售，同年10月竟有十万余斤乳香入关。这些数字是十分惊人的。

喀拉汗王朝使团和商队从中原运进的商品主要有：金带、锦衣、花绸、锦缎、工艺品、茶叶等。尽管宋朝禁止钱币出境，但喀拉汗王朝的使团和商队还是尽量设法将宋朝的钱币夹带出境，并在王朝内流通。宋朝对喀拉汗王朝的商队规定携有汗王的表章

①见《宋会要辑稿·蕃夷四》。

才可进京，并享有免税的优惠。对无表之商队允许在民间贸易，不享受免税的优惠待遇。

目前，对喀拉汗王朝与西方各国贸易情况的史料极少，但是我们从王朝商队运入中原的商品中的珊瑚、象牙、珍珠等等商品中可知这些东西并非王朝自产，而是来自印度、伊朗等国，由此可见其与西部周边国家贸易之一斑。

谈到喀拉汗王朝与宋、辽的商业贸易，就不能不注意《福乐智慧》中的诗句："大地裹上了绿绒，契丹的商队运来了中国的商品。"

这里的"契丹"有翻译家认为也可以译为"中国"，因为原诗为"克塔依"，在当时我国操突厥语民族使团使用"克塔依"一词既指辽朝的契丹人又指中原的汉人，所以在这里可指我国北方占半壁河山的辽朝，又可指中原的宋朝。直至目前，我们还没有在史料中发现辽朝派往喀拉汗王朝的使团或商队的记载，因此可以译作中国，也可以理解为是中国的商队或喀拉汗王朝的赴辽商队从契丹带回了中原的商品。这一点，在史料中是多有所载的。

六、维吾尔文化的第一个黄金时代——喀拉汗王朝时期的思想文化与习俗

喀拉汗王朝时期是中亚天山地区特别是喀什噶尔绿洲的一个十分特别的社会历史大变革时期，我以为这一时期是维吾尔文化的第一个黄金时代，这一文化的黄金时代是在维吾尔民族形成时期，是伴随着维吾尔族在部族和文化融合中形成出现的。首先是维吾尔民族的形成，其次便是维吾尔文化的形成，这是这一文化黄金时代的特点。在此，我想从人类文化学的观点，对喀拉汗王朝时期的文化特别是喀什噶尔文化作一个简单的述评，首先从维吾尔的形成展开，因为维吾尔的形成是维吾尔文化形成的基础。

（一）喀什噶尔是维吾尔形成的摇篮　我们知道维吾尔族是西迁的回鹘、葛逻禄、样磨、处月等异姓突厥游牧诸部，与喀什噶尔绿洲土著的定居农耕诸部，在突厥化—伊斯兰化的进程中，逐步融合而形成了一个新的民族——维吾尔族。对于回鹘等游牧部落来说，他们首先是由游牧向定居农耕经济的过渡。同时在社会形态方面开始由部落封建社会向地方封建社会过渡。对于喀什噶尔绿洲的土著来说，他们面临的是在与突厥语诸部融合中，向突厥化的过渡，这种融合更是一个非理性民族与理性民族在文化碰撞中相适应、相融合和进化的过程。对于他们双方来说，更有一个重大的转化就是在信仰上的伊斯兰化。西迁的回鹘、葛逻禄等游牧诸部和塔里木盆地西部土著，在喀拉汗王朝时期，经过了漫长的、艰苦的突厥化—伊斯兰化的过渡过程，最终形成了现代维吾尔族。

（二）喀什噶尔是维吾尔文化的摇篮　喀拉汗王朝时期以喀什噶尔为中心，在理性和非理性文化的碰撞之中，同时也是回鹘、葛逻禄等突厥文化与塔里木河上游绿洲的西胡文化融合之中，共同接受、融入了伊斯兰文化，形成了一种全新的维吾尔文化，成为维吾尔民族在形成过程中文化发展的第一个黄金时代。这一新文化的产生，是一种文化的繁荣和进步，其主要特点是多种文化在碰撞中的大浑成，是一种全新的浑成文化，既是游牧文化与定居农耕文化的浑成，又是理性文化与非理性文化的浑成，更是突厥文化与西胡文化的浑成，甚至还可以说是东方文化与西方文化的浑成。这种文化是在东方华夏文化的母体中，融入了西方的伊斯兰文化以及阿拉伯文化。这一文化不仅很快就影响、渗透、融入了维吾尔人生活的各个方面，同时也影响到突厥语诸民族的文化、生活之中，为新疆突厥语诸民族的文化发展奠定了基础，是突厥语诸民族文化发展的里程碑。因为参与这次文化大变革、大浑成的部族，不仅形成了现代维吾尔族，而且也有不少融入了乌孜别克、哈萨克、柯尔克孜等民族，成为突厥语诸民族的共同文化，而且也成为印欧语系东伊朗语支的我国塔吉克民族文化的一部分。

（三）喀什噶尔作为西部文化名城的奠基时期　喀拉汗王朝时期是喀什噶尔作为我国西部文化名城的奠基时期。这一时期，喀什噶尔历史文化发生了一系列重大变化，从而奠定了喀什噶尔在我国西部历史文化中的地位。这首先是喀什噶尔名称的出现，逐步代替了从秦汉直到隋唐延续千余年的疏勒旧名，而这个新生的喀什噶尔，迅速成长为中国最西部的政治、经济、文化中心，站在了此前天山南北的于阗（和田）、龟兹（库车）、叶尔羌（莎车）、高昌（吐鲁番）甚至是中亚的巴拉沙衮、撒马尔罕等众城的巅峰之上，成为群英之冠、群雄之首。特别是在文化上，在喀拉汗王朝之前，喀什噶尔作为古疏勒国，一千余年中，受东部的中原文化，西部的塞文化、伊兰文化以及西胡文化的影响极深，根基极厚，形成的以音乐舞蹈为独特标志的疏勒文化已成为塔里木绿洲文化的精萃和代表。如其乐舞名曲《疏勒盐》《火凤曲》以及胡腾舞、狮子舞等健舞和柘枝舞等软舞，早已斐声中原，甚至进入了帝王的宫廷，更有的东渡扶桑，风靡日本岛上。

喀拉汗王朝时期，这种以疏勒文化为代表的绿洲文化与漠北西迁的以回鹘文化为代表的草原游牧文化以及以伊斯兰文化为代表的阿拉伯文化在喀什噶尔这块古老的、丰厚的文化沃土上的相汇相融，成为构建喀什噶尔历史文化名城的基石。此后千年风靡天山南北及中西亚各地的“木卡姆”便是以这块基石为基础，在喀什噶尔这块沃土上形成的。

（四）喀拉汗王朝时期的文化成果　喀拉汗王朝时期，作为王朝的文化中心喀什噶尔，聚集了一批文化精英，创造了不少文化成果，其中最有影响的主要文化成果如下。

《突厥语大辞典》：这是一部语言学的巨著，全书共分八卷，各卷又分为上下两卷，第一卷为序论，第二卷为正文。辞典正文分列名词和动词。分卷内又分门别类，以词根分类，按字型和语言特征编排，是一部结构完整、条理分明、内容丰富的大型工具书。内容涉及到中亚、天山及新疆各地的历史、地理、文化等社会的各个方面的述评，收入突厥语词条七千多个，是突厥语第一部语言学词典和突厥语民族社会的百科全书。作者穆赫默德·喀什噶里，是喀什噶尔乌帕尔人，为喀拉汗王朝的王室成员，于1072—1077年在巴格达以阿拉伯语写成这部词典。对于这部书的价值和特点，正如作者在《序论》中所指出的："我走遍了突厥人的所有村庄和草原。突厥人、土库曼人、乌古斯人、处月人、样磨人和黠戛斯人的韵语完全铭记在我的心中。""在进行了长期的研究和探索之后，我用最优雅的形式和最明确的语言写成此书。"由此可见，《突厥语大辞典》并非仅仅是维吾尔族的百科全书，而是突厥语诸民族共有的百科全书，这也恰恰是这部作品的价值之所在。

《突厥语大辞典》不仅仅是一部突厥语语言学的工具书，而且是一部突厥语民族不朽的文学著作、哲学著作，它不仅语言精练、流畅，而且在词典中引用了大量的突厥语民族的诗歌，其中有描写自然风光、生产生活习俗、岁时节日、爱情生活、哲学思想、戒律格言的诗歌。

你既然俘虏了我就不要抛弃，
你既然答应了我就不要变心。
我的眼泪流成海，
多少鸟儿在海边飞过。

——爱情诗，卷二，第45页

我已给过你聘礼，
现在再把这些给你；

你知道我的痛苦，
我们何时举行婚礼？
——关于婚姻习俗的诗，卷三，第 372 页

驾上猎鹰，跨上骏马追獭羊，
鹰捕黄羊，放出猎犬抓狐狸。
——关于狩猎习俗的诗，卷一，第 421 页

壶头如鹅颈，
斟满的酒杯如眼睛；
让我们藏起忧愁，
让我们日夜欢乐！
——关于节日习俗的诗，卷一，第 100 页

你自己穿上漂亮的衣裳，
给旁人以美味的食品；
要尊敬客人，
你的名声会传四方。
——关于热情好客习俗的诗，卷一，第 45 页

从《突厥语大辞典》中这些有关习俗的诗句，我们可以了解到喀拉汗王朝时期喀什噶尔的民俗。

这里还要引起读者注意的是，在《突厥语大辞典》中，还有很多反映喀拉汗王朝时期有关精神、意识、思想、观念、伦理、道德的诗：

要尊重有智慧的人，亦倾听他们的教诲；
要学习他们的品德，遇事向他们请教。
——关于尊重知识智慧的诗，卷一，第 428 页

你要有道德，要学习，不骄傲；
谁无德而自傲，就不能经受考验。
——关于虚心学习的诗，卷一，第 252 页

评介《突厥语大辞典》我们一定要十分重视辞典中的那张圆形地舆图，他不仅详细完整地绘出了中亚地区的山川地理、部族分布，更是一部很有科学研究价值的历史地图，正像我国著名历史学家张广达研究所称："这幅地图描绘出作者当时所了解的世界，也是流传到今天的最早而又最完整的中亚舆图。"我觉得这一地图的价值还在于它是我国突厥语民族最早绘制的"地球仪"，这是对人类居住地的认识已由天圆地方，进入到了圆球体地球这样一个科学的高度。《突厥语大辞典》在我国已出版了维吾尔文、汉文等多种版本。

《福乐智慧》：《福乐智慧》是喀拉汗王朝时期创作的一部不朽的文学作品。这是一部劝喻性、哲理性长诗。是作者玉素甫于1069—1070 年在喀什噶尔城以阿拉伯、波斯诗歌中的阿鲁孜格律、马斯纳维形式（双行诗），用纯正的突厥语（喀什噶尔民间口语为标准音）以阿拉伯文和回鹘文两种字母写成，并献给喀拉汗王朝的统治者阿里·哈桑·本·苏来曼博格拉汗。此书得到了汗王的赏识，赐给作者哈斯·哈吉甫（可靠的宫廷侍从官），从此作者就有了玉素甫·哈斯·哈吉甫的名号。

《福乐智慧》全诗分 85 章，正文 6520 节双行诗，附录 124 节双行诗，计 6644 节，13288 行。正文前有散文体序言和诗体序言各一，有学者认为这些可能是后人所加。《福乐智慧》曾有回鹘文抄本、阿拉伯文抄本，1891 年又用满文字母排印发行本，以后又先后以德文及土耳其、俄罗斯、匈牙利文等文种翻译出版，我国有现代维吾尔文、汉文多种版本出版，是突厥语文学作品中，出版文种和版本最多的长诗。

《福乐智慧》虽然称是献给汗王的称颂、赞美汗王的颂诗，

其实却是一部教导、劝喻人们如何认识知识、智慧，如何对待知识、智慧的劝喻诗，因而书名为《福乐智慧》，意即告诉世人特别是帝王，知识和智慧会给人们带来幸福和快乐，知识、智慧是幸福和快乐之源。从而告诫统治者和人们都要尊重知识，尊重智者，这是本书的主旨。诗是要讲意境的，我觉得本书的立意或者称长诗的意境是极高的。

一般长诗多为叙事诗，而《福乐智慧》在文学结构、形式上，都很少叙事，采取了独特的对话形式。作者设计了四个艺术形象，像诗剧一样，让这四个人物在舞台上以诗的语言进行对话，从而表达了作者对社会、道德、法制、哲学、人生等一系列问题的看法和立场，通过四位代表不同价值观念的象征性人物的对话，给读者以教导和启发。请看诗体序言对书中内容的描述：

讲到此书的内容，
它由四种美德组成。
第一是公正，
第二是幸福。
第三是智慧，
第四是知足。
公正的名字叫日出，
他以国王的身份登位。
幸福的名字叫月圆，
他执行大臣的职责。
智慧的名字叫贤明，
他是大臣的儿子。
知足的名字叫觉醒，
他也是大臣的亲人。
本书的精华为这四种品德，
它们贯穿这书的从头到尾。

正如序诗所言，全诗通过这四位代表着不同地位身分和性格，但又都具有高尚品德的圣贤的问答对话，从而反映了喀拉汗王朝时期尊重知识、崇尚智慧的一段真实历史，揭示了喀拉汗王朝时期的哲学思想、道德情操和多彩人生。

《真理的入门》：与《福乐智慧》一样，也是一部劝诫性长诗，也可以称作是用诗的语言写成的哲学、伦理学著作。全书共14章，480行。这部长诗受《福乐智慧》的影响极深，长诗的主要内容是谈知识的益处和价值、无知谎言的危害和慎言的重要以及慷慨与吝啬、谦逊与骄傲、宽容与忍耐等劝喻内容。作者阿赫默德·尤格那吉（人称盲人狄普，为盲人诗人）大约于13世纪初以喀什噶尔语写成，献给喀拉汗王朝艾米尔穆罕默德。《真理的入门》是喀拉汗王朝晚期的作品，此时的喀拉汗王朝已经成为西辽的属国，内部也已世风日下，危机四伏，因而诗中有不少反映王朝没落的衰败内容。

谈到喀拉汗王朝的思想意识，我们从以上三部王朝时期的著作中，已经有了一个初步的了解，要进一步了解喀拉汗王朝时期的思想、观念、伦理、道德还只有从王朝留下的这三部著作中去寻找，去研究，因为舍此再无更有说服力的文字资料。人们的思想观念、伦理道德，是随着时代发展，有着独特的历史背景和社会背景的。喀拉汗王朝时期的思想观念、伦理道德是离不开公元10世纪之后中亚、西域历史、民族、文化大变革、大融合、大发展这一重大背景的。我以为在这样一个大背景下，社会发展的基础就是像《福乐智慧》所立意的主旨，知识、智慧给人幸福和快乐，更是社会发展的基础和动力，而要做到这样，人们企盼的是如日出一样圣明的君主和月圆、贤明一样的品德高尚的大臣。然而什么是圣贤，自然是有知识、有智慧的人，也就是具有公正、幸福、智慧、知足这四种高尚品质的人。要达到这种高度，则要求知、好学、谦逊、谨慎。我们看在书中是如何描绘的：

知识可以找到通往幸福之路，
你有知识就能找到幸福之路。
有知识者虽死犹生，
无知识者虽生犹死。

——《真理的入门》，论知识的益处和无知的害处

骄傲为人所不喜，
谦虚是好的品质；
自高自大的人，
真主和人民都不喜爱他。

——《真理的入门》，论谦虚和骄傲

有知识者像水一样对大家有用，
愚昧无知者对谁也无用。
不论有多少知识都不能满足，
只有有知识者才能达到目的。

——《福乐智慧》，补篇三作者给自己留言

世上如果没有科学家和学者，
大地怎么能生长出粮食。
科学是照亮人民的明灯，
黑夜中因它人们才不迷失道路。

——《福乐智慧》，论如何对待学者

从这里，我们看到了喀拉汗王朝时期尊重知识、尊崇智慧的思想观念，特别是在当时的时代背景下，对待科学、对待科学家的那种崇拜和尊崇，令人敬仰，甚至令人惊讶。在那样的宗教氛围之中，人们多次赞美汗王、赞美智者，将他们称作是科学的朋友和宗教的朋友，可以说是喀拉汗王朝的一种奇迹。由此，我们

不能不为达尔文所处的时代和历史背景而感到悲伤；相比之下，喀拉汗王朝真可以说是人类10世纪之文明进步之光。这些就是喀拉汗王朝时期喀什噶尔思想文化、意识观念的辉煌代表。

关于喀拉汗王朝时期喀什噶尔的习俗文化，我只能说那是一个多种文化大碰撞、大变革、大融合的异花授粉所产生的五彩缤纷的丰富多彩的习俗文化，究竟如何丰富多彩，因篇幅所限，在此不想多谈，只是建议读者还是从以上这三本不朽著作中去解读、去欣赏吧。

在这里，我还是想简析一下在喀拉汗王朝文献中多处出现的“东方”二字之所指。如在前面提到的《福乐智慧》中歌颂春天和伟大的博格达汗的首句诗：“从东方吹来的春风，给世界善良的人打开了天堂之路。”这个“东方”究竟指的是什么，究竟为何“打开了天堂之路”？另如喀拉汗王朝有两三代汗王以“东方之王”“中国东方之汗”为封号，这个“东方”在史学界有不同的看法，有的学者认为“东方”是指喀拉汗王朝，也有学者认为“东方”是指中国。如耿世民教授在《古代维吾尔诗歌选》《福乐智慧》选译中对“东方之王”的注释为“马秦皇帝”，称他是“世上最有智慧的人”。笔者认为《福乐智慧》中的“从东方吹来的春风”诗句中的“东方”指的是中国，或者是中国中原。因为首先，在喀拉汗王朝中一些汗王汗号前“东方”“桃花石”的称谓，其实指的都是中国，意即喀拉汗王朝的汗王是中国的汗王；第二，在喀拉汗王朝的资料和诗句中，有不少将东方和秦、马秦联系在一起，秦和马秦都是指的中国；其三，在一些资料和诗句中还将东方与“克塔依”联系在一起，而“克塔依”有时指契丹（辽），有时又指中国，至今中亚的突厥语和俄语仍将中国和汉人称为“克塔依”，同时辽朝是中国北方最大的地方政权，强盛时曾与金、宋平分秋色；其四，如果说东方是指代喀拉汗王朝，那么在诗中的“东方之国”就解释不通；其五，特别重要的是书中的“东方”之王是马秦皇帝的诗句，更是明白无误地表达出“东方”就是中国的本意，因为“东方之王”就是“马秦皇帝”，而“马秦皇帝”就是“中国皇帝”，这已是史学界无可争议的共识，如喀拉汗的汗王向宋朝上表就称宋朝皇帝为“东方日出处大世界田地主汉家阿舅大官家”，这又是一有力的例证；最后，喀拉汗王朝是中国西部的王朝，从地理方位上，喀拉汗王朝称中国为东方更是合情合理的。

七、喀拉汗王朝的分裂与灭亡

喀拉汗王朝发展到鼎盛时期不久，便出现了分裂。喀拉汗王朝从建立到分裂这种以大汗为最高统治者的完整的、统一的但又是松散的政治体制，维持近二百年，到 1041 年正式分裂成东西两部，互不统辖。这是喀拉汗王朝内部阿里派与哈桑派长期争夺的结果。1041 年伊布拉欣 · 本 · 纳赛尔占领了河中地区，并自立为桃花石 · 博格拉汗，宣布为大汗，正式脱离了苏来曼 · 本 · 玉素甫，西部喀拉汗形成，以后又占领了费尔干纳西部，又加封为“东方与中国之王”。首都为撒马尔罕，同时拥有布哈拉城。而东部的苏来曼 · 本 · 玉素甫仍称阿尔斯兰汗，但仅拥有七河地区、伊犁河谷、喀什噶尔、于阗和费尔干纳东部地区，为东部大汗，称东喀拉汗王朝，首都仍为喀什噶尔和巴拉沙衮两城。其东部边界在阿克苏与库车之间，与高昌回鹘王国接壤，西部以和毡河与西部喀拉汗王朝为界。

东部喀拉汗王朝的汗室成员为哈桑派，西部王朝的汗室成员为阿里派。阿里派原为喀拉汗王朝的长支，第一代汗是萨图克汗的孙子，木萨汗的儿子阿布勒哈桑 · 阿里；哈桑派是汗朝的幼支，第一代汗王也是萨图克汗的孙子，苏来曼汗的儿子哈桑（哈龙）。这两派势力长期以来为争夺大汗之位互相倾轧、互相攻击，直至最后分裂。应该说东西喀拉汗王朝分裂之时，整个喀拉汗王朝还处于经济、文化发展的鼎盛时期，分裂之后东西两个王朝的经济文化还是在不断向前发展。特别是东部王朝的喀什噶尔城，依然是中亚、天山地区的文化中心，喀拉汗王朝三部传世巨著《突厥语大辞典》《福乐智慧》和《真理的入门》都是与东部喀拉汗王朝有着密切关系的。但是政治上的衰败日趋严重，特别是东西部王朝之间、王朝与邻国之间经常发生战争，不仅给民生带来了重大的灾难，而且导致了汗国的灭亡。1134 年，东部喀拉汗王朝向西辽王朝请降，成为西辽的附庸，巴拉沙衮成为西辽的都城，而喀什噶尔则成为西辽的直辖领地。1141 年西部喀拉汗王朝同赛尔柱王国联军在与西辽王朝同葛逻禄联军的大决战中遭到惨败，赛尔柱王朝的势力退出了河中地区，河中地区划入了西辽版图，西部喀拉汗王朝也成为西辽的属国。1211 年，东部喀拉汗王朝可汗穆罕默德·本·玉素甫被喀什噶尔贵族杀害，东部喀拉汗王朝灭亡；1212 年，花拉子模沙赫·穆罕默德占领撒马尔罕，处死西喀拉汗王朝汗王奥斯曼·本·伊布拉欣，西部喀拉汗王朝亡。

总结喀拉汗王朝灭亡的经验，我们以为，喀拉汗王朝灭亡的原因是多方面的，是十分复杂的甚至是必然的，但其中有一条则是十分独特的，这就是王朝实行的“双王制”。从初期的双王制就是大汗和副汗各居一地，各驻一片领地，各行其是，大汗只是名义上的国家首脑，对副汗及所属的部族等缺少统一的有力的控驭。这种松散的政治体制，对中央和地方无明确的约束。这就形成了大汗和副汗之间是依据势力、实力的大小来决定，谁的实力丰厚，谁就可以自封大汗，这是一种极不稳定的竞争机制，这种机制的结果，自然是谁也不服谁的各自为政，最终必然走向分裂，直至在互相攻歼中消耗实力，最终被各自击破而共同灭亡。这就是喀拉汗王朝的悲剧和历史的沉痛教训。

统治中亚三百七十多年的喀拉汗王朝，可以探讨的问题很多，由于篇幅之所限和笔者的水平所在，对喀拉汗王朝的述评，只能这样的初浅和平庸。

主要参考书目：

〔1〕魏良弢：《喀喇汗王朝史稿》，新疆人民出版社，1986年版。

〔2〕〔元〕脱脱等编修：《二十五史·宋史·于阗传》，上海古籍出版社、上海书店，1986年版。

〔3〕贺继宏：《西域论稿》，新疆人民出版社，1996年版。

〔4〕〔宋〕马赫默德·喀什噶里：《突厥语大辞典》，民族出版社，2002年版。

〔5〕〔苏〕维·维·巴尔托里德：《中亚简史》，新疆人民出版社，1980年版。

〔6〕〔宋〕优素甫·哈斯·哈吉甫：《福乐智慧》，民族出版社，1986版。

〔7〕〔日〕羽田亨：《西域文化史》，新疆人民出版社，1981年。

〔8〕维吾尔族简史编写组编：《维吾尔族简史》，新疆人民出版社，1989年版。

〔9〕〔清〕徐松辑：《宋会要辑稿·蕃夷》，1936年影印本。

西辽统治下的喀什噶尔

——为《喀什噶尔学研究》而作

公元1124年，契丹人在中亚建立了一个封建王朝，因为它是辽朝在其西部新的地域的延续，因而史称“西辽”，又称“喀喇契丹”（意为中国西北方的契丹）。1134年，西辽德宗皇帝耶律大石率军进驻巴拉沙衮，东部喀拉汗王朝沦为西辽的属国，从此，喀什噶尔即在西辽政权的统治之下，且成为西辽王朝直辖的领地。到1211年西辽灭亡，其对喀什噶尔的统治达七十七年。

笔者不是从事辽史和西辽史研究的，只是应邀结合史料和古今学界研究的主要成果以及个人的一点认识和看法，通过对西辽的政治、文化、民族、宗教、经济、民俗以及兴盛与衰亡的论述向人们展示西辽政权统治下喀什噶尔的一些情况。

一、辽朝灭亡及西辽政权的建立

西辽王朝是我国古代北方的游牧民族契丹建立的地方政权，是辽王朝的延续。契丹人本居我国东北的辽河流域，契丹政权之称“辽”或“辽国”，即源之于此。所谓西辽则是辽政权即将灭亡之时，辽王朝宗室耶律大石率部西迁后重新建立的政权，即西部的辽王朝。

10 世纪初期，契丹人在我国北部草原上逐步崛起，首领耶律阿保机统一了契丹各部，很快成为我国北方的雄长。947 年便在我国东北和山西、河北、蒙古高原一带建立了地方政权，建国号为“辽”，983 年重称“契丹王朝”，1066 年再称辽王朝。契丹政权在我国北方称雄两个多世纪。其疆域东临大海，西达阿尔泰山，南据晋北、冀北平原，北连贝加尔湖，其辽阔的地域成为横贯我国北部的屏障，北方各部多归附辽朝，在契丹的统治之下。我国北方各部统称契丹人为“克塔依人”，称契丹部为“克塔依部”。由于契丹王朝阻断了北方各部与中原王朝的往来联系，我国北方及西北方的操突厥语诸部及操斯拉夫语的俄罗斯诸部，将契丹政权误认为中国政权，将契丹人混同于中国汉人，因而至今仍称汉族为“克塔依”。由此可见契丹政权在我国历史上影响之深远。

但是随着我国北方的另一个部族女真部在与契丹的角逐中兴起，并不断向辽王朝发起进攻，加之辽王朝内部社会矛盾的激化，统治集团内部的内讧加剧，所属属国、属部的叛离和人民起义，辽王朝逐步走向衰落。特别是末帝天祚帝即位后“拒谏饰非，穷奢极欲，盘于游畋，信用谗言，纲纪废弛，人情怨怒”。1114 年，女真首领完颜阿骨打率部背离辽王朝，翌年即面南称帝，建立大金王朝，并出兵攻讨辽朝。女真的胜利以及辽朝内部的混乱局势，使得宋朝君臣认为收复燕云的时期已到，于是废除了屈辱的澶渊盟约，以雪城下之耻。1120 年宋朝与金朝订立盟约，联兵伐辽，1122 年联军即攻下辽朝的南部京城（当时称作燕京，又称南京，即今北京），同时东、西、中、上四京先后失守，1125 年天祚帝被俘，辽朝灭亡。

1124 年，正当辽朝在宋金联军的沉重打击下，即将灭亡的时候，契丹贵族林牙（翰林）耶律大石在几次抗击金兵失利，又与天祚帝政见不和，抗金之策得不到天祚帝采纳的情况下，深感回天无力，即与天祚帝分手，率部西迁。

耶律大石自夹山（今内蒙古呼和浩特市附近）出发，经黑水（今内蒙古艾卜盖河），到达可敦城（即原辽朝西北路招讨司治所镇州，今蒙古人民共和国土拉河上游）。耶律大石在这里召集"七州十八部"的首领大会，在会上耶律大石称："我祖宗艰难创业，历世九主，历年二百。金以臣属，逼我国家，残我黎庶，属翦我州邑，使我天祚皇帝蒙尘于外，日夜痛心疾首。我今仗义而西，欲借力诸蕃，翦我仇敌，复我疆域。惟尔众亦有轸我国家、忧我社稷，思共救君父，济生民于难者乎？"[①] 七州八部的旧部同仇敌忾，群情激昂，纷纷响应，收集兵马万匹，[②] 统兵十万[③]。此年，耶律大石自立为王。

耶律大石打着复辽抗金、报仇雪耻的旗号举行的这次西部会盟是十分成功的，为西辽王朝的建立奠定了人心、道义和物质基础。对于这次会盟的地址，史学界有不同说法，一说是在鄂尔浑河流域的可敦城，一说是在新疆准噶尔盆地的北庭。

1131 年，根据形势的发展，耶律大石决定离开可敦城继续向西发展。他按照契丹人的传统习惯杀白马，宰青牛祭告天地、祖宗，率部向西北经叶尼塞河上游的辖戛司（即柯尔克孜人）的领地（今俄罗斯联邦哈卡斯共和国），越过阿尔泰山，到达叶密立河（今额敏）一带。耶律大石以这里为大本营，招抚游牧各部，许多操阿尔泰语系蒙古语族和突厥语族的游牧部落都归附了耶律大石，部众扩大到四万余户。耶律大石在这里大兴土木建造城池，当年便在新建的叶密立城登基称帝，号天祐皇帝，改元延

---

①《辽史·天祚皇帝纪》。

②《金史·太宗纪》。

③《三朝北盟会编》卷五十八。

庆，史称“西辽”，又称“喀喇契丹”和“菊尔汗”（菊尔汗是喀拉汗王朝中操突厥语诸部对耶律大石的称谓，意为大汗或汗中之汗，又误作葛儿汗）。

关于西辽王朝建国的时间，史学界也有多种说法，如1124、1125年和1131年、1132年等，关于耶律大石的称帝地点，史学界也有几种说法，如《新疆简史》和《维吾尔族简史》都称是在起儿漫，《新疆史纲》则说是在叶密立城。

《辽史》卷三〇称：耶律大石称帝是在甲辰岁，即1124年，《辞海》1979年版《中国历史纪年表》也延用此说，以1124年为西辽德宗延庆元年，无1131年耶律大石称帝、号天祐皇帝、改元延庆之说；德宗帝改元康国《中国历史纪年表》则记作1133年为延庆十年，1134年改元康国，无延庆三年改元康国之说。笔者在对古今大量史料进行研究之后认为，岑仲勉《读西辽史书所见》及所引丁谦的考证，即1124年为耶律大石在可敦城会盟之时自立为王的称王之年，并非称帝之年。理由极多，在此仅述一例，这就是1124年辽国尚未灭亡，辽末帝天祚帝尚在帝位，耶律大石不会在辽王朝尚存的情况下冒天下之大不韪而称帝，他只能先称王而号令旧部，以扩大势力尔后伺机称帝。因此1131年在额敏河畔建叶密立城之后称帝是符合情理的。同时对西辽王朝建都的地址也取叶密立城之说而弃起儿漫之说。就是说耶律大石1131年在额敏河畔称帝，建都叶密立城，定年号为延庆，以1131年为延庆元年，1134年在楚河流域重建都城，号虎思斡尔朵（意为巨大的毡帐，也有译作雄伟的宫殿），座落于巴拉沙衮城旧址，同时改元为康国，以延庆四年为康国元年。

二、耶律大石进军喀什噶尔

对于耶律大石进军喀什噶尔，研究者有几种说法，特别是在时间上比较混乱。一说是在耶律大石称帝之前的1128年，也有研究者认为是在1130年，还有的研究者认为是在耶律大石称帝之后的1132年。这是把耶律大石第一次和第二次进军喀什噶尔混为一谈了。还有的研究者认为是1130年耶律大石从高昌出发，分兵两路，一路到喀什噶尔，一路到巴拉沙衮，认为去喀什噶尔的一路打了败仗，去巴拉沙衮的一路受到那里统治者的欢迎，因为那里的统治者需要他们去镇压叛乱的康里和葛罗禄等部。[①] 这也是将耶律大石两次进军东喀拉汗王朝混为一谈了。

事实是耶律大石进军东喀拉汗王朝有两次，第一次是在他称帝之前的1128年或1129年，耶律大石率众欲假道高昌回鹘，进军东部喀拉汗王朝的喀什噶尔地区。为此，耶律大石给高昌回鹘国王毕勒哥写了一封信，意思是说辽国与高昌回鹘王国一向通好，欲借道尔国而西征喀拉汗王朝，希望给予方便。毕勒哥打开城门，将耶律大石请到自己的宫内，大宴三日，并赠以大量牛羊马驼，之后亲自送至城外。

毕勒哥这样做主要是出于以下原因：一是高昌回鹘原来就曾是辽王朝的属国；二是改宗伊斯兰教的喀拉汗王朝一直把信仰佛教的高昌等回鹘人和回鹘政权视为不共戴天的仇敌，长期进行征战，水火不容，双方积怨很深；三是耶律大石已经兵临城下，毕勒哥已别无选择。但是这一次耶律大石却出师不利，被喀什噶尔的军队打得大败，无功而返。

1131年耶律大石正式建立西辽政权之后，一方面积极筹划东征，以完成他灭金复辽大业，另一方面则向周边各部出兵，以扩大西辽的势力。恰在这时，耶律大石一直注目觊觎的喀拉汗王朝发生了重大变化，他进军喀拉汗统治喀什噶尔的机会终于来到了。[②] 这一次不是他出兵强攻，而是东喀拉汗王朝的伊不拉音汗

---

①见伊本·阿西尔《全史》。

②此说见《新疆简史》1980年版，第一册，170页。

王遣使上书请求耶律大石率军进入东喀拉汗，并表示愿意臣服于西辽王朝，将东喀拉汗王朝的整个版图献给西辽王朝，原因是由于伊不拉音继东喀拉汗王朝汗位之后，位于巴拉沙衮和喀什噶尔之间的康里部和葛罗禄部不断发起叛乱，威胁着东喀拉汗王朝的安全，伊不拉音只好请耶律大石帮助平息叛乱。这一请求正中耶律大石的下怀，1134 年，耶律大石率部浩浩荡荡地进入了东喀拉汗王朝的都城巴拉沙衮。从此东喀拉汗王朝成为西辽的属国，仍以伊不拉音为东喀拉汗王朝的汗王。而喀什噶尔则成为西辽的直辖领地，这与喀什噶尔的特殊地位有关。

东喀拉汗王朝归附西辽王朝之后，耶律大石以巴拉沙衮为都城，在这里重建虎思斡尔朵，并将这里作为根据地，向四方扩充。耶律大石首先镇压了葛罗禄、康里二部，使之成为西辽的属部，然后举兵东进，先后征服了乃蛮、吉利吉斯等部。从此，西辽国力大增，耶律大石即重议中兴复国之大计，耶律大石以六院司大王普斡里剌为兵马都元帅，率近十万大军东行万里而远征金朝。但是这次声势浩大的复辽大军却因长途跋涉，牛马牲畜大量死亡而未与金兵交战即中途折回，无功而返。

这次远征失利之后，耶律大石客观地认识到灭金复辽大业之艰难无望，从而审时度势，重新制定了全力经营西部的战略计划，开始向西喀拉汗王朝进军。1137 年，西辽大军经费尔干谷地到达忽毡，与西部喀拉汗王朝会战，西辽军在战争中获胜。1141 年，西辽助葛罗禄人反抗塞尔柱汗国，在撒马尔罕以北的卡特万草原上大会战。这次战争的背景是西喀拉汗王朝被西辽军打败之后其军队的主要力量葛罗禄部投靠了西辽王朝，从此葛罗禄部便多次与西喀拉汗王朝发生冲突。西喀拉汗王朝的军队无力与葛罗禄的军队对抗，便向其宗主国塞尔柱苏丹桑贾尔求援，葛罗禄自然也向其宗主国西辽皇帝耶律大石求救。桑贾尔联合呼罗珊、西吉斯坦、哥疾宁、马赞德兰和古尔等国军队，组成十万人的联军，渡过阿姆河，进入撒马尔罕。耶律大石也率契丹、葛罗禄等异姓突厥各部以及汉人组成的西辽西征大军与塞尔柱联军会战。事实上这次战争不只是葛罗禄部和西喀拉汗王朝之间的战争，而是西辽王朝和塞尔柱王朝谁作宗主国，统治西喀拉汗王朝等河中地区的战争，是河中地区统治权的争夺战。

这是中亚战争史上一场规模最大、最残酷的战争，战争的结果是十多万桑贾尔联军惨败在耶律大石西征军的铁蹄之下，桑贾尔的联军一败涂地，死伤过三万，就连桑贾尔的王后和联军的左、右两翼的指挥官都做了俘虏。此次战役之后，塞尔柱王朝的势力被迫退出了河中地区，河中地区划入了西辽的版图，西喀拉汗王朝成为西辽王朝的属国。

西辽王朝征服了西喀拉汗王朝占领河中地区之后，耶律大石开拓西部疆域的步伐并没有停止，他将锋利的战矛直指花剌子模。

花剌子模是塞尔柱王朝的属国，位于阿姆河下游，近两个世纪以来一直是喀拉汗王朝与塞尔柱王朝争夺的咸海南岸的一大块宝地。在卡特万会战之前，花剌子模的国君就在开始与塞尔柱的统治者较量，企图摆脱塞尔柱政权的统治。西辽西征军打败塞尔柱联军之后，耶律大石即派大将额尔布思发兵花剌子模，花剌子模国王阿即思向西辽王朝投降归附，交赋纳贡，成为西辽的属国。至此，西辽西征大军开拓疆域的近二十年进军步伐在咸海之滨止步。西辽政权在辽王朝灭亡之后，在西部重建了一个疆域远远超过辽王朝的我国西北地方政权，西辽王朝成为我国西北部与中亚一带各地方政权的宗主国。

三、西辽王朝的疆域、政体和政治制度

西辽王朝的疆域辽阔，远远超过了辽王朝的疆域面积，它东起可敦城，西达咸海，南达昆仑山脉，北至叶尼塞河上游，是历

史上我国西北方辖地面积最大的地方政权。

西辽王朝的政治体制和政治制度基本上是沿用了原来辽朝的老一套政体和制度。其典章制度，与辽朝一脉相承，是正统的辽王朝在西部新政权的延续。

辽和西辽王朝的统治者是契丹人，契丹是我国北方古老的游牧民族，因而辽王朝和西辽王朝在政体上自然沿续了游牧政权的特点，这是一；二是辽政权曾经统治着我国东北以及河北北部和山西北部的大部分汉族地区，受汉文化的影响极深，在政体和政治制度上更带有中原汉族政权政治体制和政治制度的特点，这在我国北方游牧民族地方政权中是独具特色、十分典型的。这种独有的政治体制可以说是一个政权两种体制，即置南、北面官署，实行南、北两部制。这种"因俗而治"的方略，其实是辽制与汉制之分，"以国制（辽制）治契丹，以汉制治汉人"①。也可以称作是北面（北部游牧部落）和南面（南部定居农耕部）之分，"北面治宫帐、部族、属国之政，南面治汉人州县租赋、军马之事"②。西辽王朝立国之时，即置南、北面官署，实行南北分制，以北面官署治草原各部，以南面官署治直辖地境内喀什噶尔、于阗等农耕定居部。

西辽政体实行中原王朝的封建世袭帝制，并效仿汉制，皇权世袭，国设国号，帝有封号、庙号，年有年号。

西辽政体还有一个鲜明的特点是有母权的残迹，如太后、皇后常参与军国要事的决策和执行。另外就是皇帝晏驾之后，皇后可以称制，如西辽政权共传位五位君主，其中就有两位权国称制的女性，一为感天皇后塔不烟，一为承天太后普速完。

西辽王朝仍然实行游牧政权惯用的"行国"的体制，其政治

---

①《辽史·百官志》。

②《辽史·百官志》。

中心是四季迁移皇帝居住的宫帐——捺钵。所谓都城只是过冬的居所，平常皇帝居住的是随时迁移的大帐，其官员则是驻扎在大帐周围的随大帐迁移的小帐。王朝君臣议事、颁布政令和圣命也都在大帐中进行。为此，西辽的国都虎思斡尔朵亦被称作大帐，即源于这种独特的国体。

在西辽军政管理制度上，将所统治的地区分为直辖领地和属国、属部。以虎思斡尔朵为中心的七河流域和塔里木盆地西南沿的喀什噶尔、于阗等地为直辖领地；东西喀拉汗王朝、高昌回鹘王国、花剌子模等国为属国；乃蛮、葛罗禄、康里等部为属部。对直辖地西辽派官直接管理，对属国、属部原则上留用原有的统治体系，只要每年按期缴纳税赋，一切事务则由属国的汗王和属部的首领自己处理，西辽王朝仅派镇守官监国。凡是受西辽统治的地区、民族、部落的首领都要佩戴和使用西辽颁发的牌、印。牌子是银铸造的，把它佩戴在身上就表示自己是西辽的臣属了。

四、西辽的社会经济和文化

西辽统治时期，我国西北部经济社会发展的一个重要特点就是原先的游牧地区大量出现了农业、手工业、商业和城镇。在高昌、喀什噶尔、于阗等古老的农耕区，由于宽松的政治制度和较低的税收，不仅农业生产和商业贸易、手工业发展很快，而且出现了大量中小城镇，在天山北部七河地区，乌伦古河、伊犁河、额尔齐斯河流域，有大批汉人与少数民族杂居，受中原先进农耕技术的影响，居民以农桑为业，农业生产和手工业生产发展极快。定居农业和工商业的发展这只是就西辽地区整体经济而言的，但是作为统治民族的契丹人，西辽王朝并不提倡其从事定居农业生产，而是仍然沿袭游牧经济，这是因为在地域辽阔的西辽统治区，契丹本族的人口比例甚少，为了加强对疆域内各属国、属部、属地居民的有效统治，契丹部还需要游牧制度的全民皆兵，才能应付各种政治军事势力的挑战，以巩固其统治地位，这又是西辽社会经济的一大特点。由于坚持游牧经济，加之其统治区有着优越的畜牧业生产的基础和条件，西辽的畜牧业经济极为发达，另外与畜牧经济密切相关的渔猎生产是游牧民族主要的经济补给和衣食之源，在契丹人中也极为发达，其诱鹿、哨鹿、捕鹿、训鹿等技艺在北方部族中被传为佳话。

随着畜牧业的发展和冶炼技艺的提高，作为马背民族契丹人的马鞍具号称天下第一，马鞍制造是集金属、木工技艺和皮革、纺织工艺于一身的，这些技艺是契丹人传统的手工技艺，在西辽时期得到了快速的发展。

这里应该特别提到的是西辽的商业贸易。西辽统一了西域和中西亚各地方政权之后，结束了各政权在丝绸之路上的贸易争夺和壁垒。丝绸之路十分通畅，贸易空前繁荣。一是西辽疆域内部的贸易活动，随着政体的统一，各部族民间的贸易活动日繁，按照西辽的制度，其属国在正常情况下，每三年要入辽都朝贡一次，这种朝贡活动都是伴随着各属国之间的贸易活动进行的，商品交易规模甚大。二是西辽王朝与中原的北宋王朝之间的官方和民间贸易活动也十分繁荣，其贸易活动从西辽国都巴拉沙衮直到北宋的东京汴梁。民间贸易线路更是从西部的咸海，直到东部沿海，活跃于整个丝绸之路沿线。西辽王朝在社会经济上采取了十分宽松的政策，促进了社会经济的发展，激活了商贸活动和友好往来。如西辽不仅发行了自己的货币，而且上至宋王朝的货币，下至东西两部喀拉汗王朝的货币都可以在西辽境内通用，可见商贸活动之繁盛。

西辽王朝疆域之内为多民族聚居和杂居，除统治民族契丹外，尚有回鹘、乌古斯、葛罗禄、样磨、处月、辖戛斯、乌孙等操突厥语的异姓突厥人及伊兰人、蒙古人、汉人等。

西辽境内居民信仰的宗教主要有伊斯兰教、佛教、摩尼教、袄教、萨满教、景教、道教等。契丹人多信佛教，为契丹的国教，也有信景教的，汉族多信佛教，也有信道教、景教的。高昌回鹘笃信佛教，摩尼教为第二宗教，还有信景教、袄教、萨满教和伊斯兰教的。蒙古人信仰佛教，其他民族多信伊斯兰教，也有信萨满教的。信仰伊斯兰教的居民在西辽境占绝大多数，所流传的地域也最广，形成了较大的宗教势力。

西辽王朝的统治者虽然笃信佛教，但在整个统治区内并不排斥其他宗教，允许各种宗教自由传播，这种宽松的政策深受境内各族群众的拥护和称赞，因而在境内出现了多宗教并存的局面。不仅伊斯兰教得到发展，景教、摩尼教在境内也得到重新发展。

西辽王朝是一个多民族国家，多种语言、多种文字同时使用。境内的流通文字和语言主要有汉文、契丹文、回鹘文、阿拉伯文、波斯文。西辽使用的官方书面语言是汉语，朝廷的诏令、公文和文牒都使用汉文，而契丹文的创制也是取之于汉文。西辽对各民族的语言、文字采取尊重与宽容的态度，朝廷对当地民族发出的公文、信函除汉文外，还使用该民族通用的文字，如突厥文、回鹘文、波斯文等。

契丹人受汉文化的熏陶极深，《新疆史纲》称："汉文化已经深入到契丹社会生活和精神文化的各个领域，成为契丹文化体系的主要支柱。""西辽入主中亚，使西域出现了汉文化西渐的又一高潮。""由于西辽统治者实行兼容并蓄的多元文化政策，多种文化竞相发展，成为这一时期西域文化领域的又一个时代特点。"笔者以为这些对西辽文化特点的概括是十分准确的。

五、西辽的主要农耕经济区喀什噶尔

喀什噶尔，古称疏勒，是汉代西域三十六国中有名的城郭之国，是塔里木流域最早的农耕开发区之一。这里土地平坦而宽阔，水源充足，农作物盛产麦、豆、稻、谷、黍等，园艺业更加发达，有葡萄、甜瓜、西瓜、桃、柰、梨、杏、石榴、樱桃等，是有名的粮仓和瓜果之乡。由汉至唐，都是天山南部有名的经济开发区，特别是地处丝绸之路的要道，商贸事业十分发达。到了喀拉汗王朝时期，既是王朝的重要都城，又是人口稠密、经济发达、文化繁荣的商贸中心和一大都市。

西辽王朝统治西域之后，虽建都天山北部的巴拉沙衮，却将天山南部的喀什噶尔作为王朝直辖的地区，由中央政权直接管辖，由此可见喀什噶尔的特殊地位。这里除了其战略要地、政治中心和文化中心的地位外，西辽王朝最看重的还是其农耕经济开发区的经济地位。西辽王朝要从这里获取的是大量粮食、棉花等农产品，特别是这里出产的“鲜洁细软，可为线为绳，为帛为锦”① 的棉花，在中原尚无棉花生产的情况下，是十分吸引人的。“瓜大如马首，味极为香”的甜瓜和葡萄、桃杏等瓜果更是享誉丝绸之路的。这里遍地蚕桑、棉麻和牲畜，棉麻织物、丝绸织物和毛织物也是吸引丝路商贾的大宗贸易商品，这一切不能不引起西辽统治者的重视。

西辽入主中亚之前，喀什噶尔绿洲广大农耕区实行的是“伊赫塔尔”（采邑）制度，也称分封制，就是可汗是国家土地等财产的所有者，可以将领土分封给王族的成员及有功的大臣，受封者即为所封领地的主人，土地上的一切收入即归其所有，可汗对他们推行包税政策，税收归国家所有。西辽统治西域之后，首先是废除了分封制，推行中原汉族地区先进的封建地主所有制的土地管理制度，在喀什噶尔等直辖区内不将土地分封给王族成员和功臣，而是由耕种者所有，耕种者直接向国家缴纳农业税，同时还废除了喀拉汗王朝时期征收“哈拉吉”（土地税）的税赋，采取了中原汉族地区的赋税制度，规定每年仅向每位在编农户征收

---

①见《长春真人西游记》。

一个第纳尔（西辽货币单位）的农业税。土地所有制的改革和税收的降低，较大地解放了生产力，促进了农业生产的发展。

在解放生产力的同时，西辽王朝在喀什噶尔绿洲农耕区更是注重耕作制度、耕作技术的改革，引进了大量中原汉地的先进耕作技术和先进生产工具。耕作制度的改革、耕作技术的提高、先进生产工具的使用，极大地提高了农作物产量，以农耕经济为基础的喀什噶尔成为西辽王朝重要的经济区之一。

客观地说，由于西辽王朝宽松的政策，从1134年西辽王朝统治喀什噶尔，到1211年屈出律篡夺西辽政权的七十七年中，西辽王朝的统治不仅没有对当地的社会生产力带来破坏，而且使当地的社会经济文化得到了快速的发展。至于屈出律篡权后野蛮统治的两年中，对喀什噶尔社会经济造成的严重破坏，只能算是历史发展中的一个小小的插曲，其责不在西辽王朝，当另作别论。

六、西辽王朝的灭亡

西辽王朝从1124年耶律大石称王立国到1211年被屈出律篡权亡国，历时八十四年，临朝称制者三男两女共五世。

耶律大石从1124年称王，1134年登基称帝，到1143年逝世，在位十九年。他以辽朝亡国之裔，远征万里，在西部建立了西辽王朝并且统一了我国西域及中西亚各政权、部族，确立了西辽王朝在我国西域和中西亚的宗主国地位，是我国古代杰出的政治家和军事家，为当地社会经济发展作出了卓越的贡献。

宋高宗绍兴十三年（1143），即西辽德宗康国十三年，耶律大石晏驾，庙号德宗，由于其子耶律夷列年幼，难继大统，耶律大石在临终前遗命由皇后塔不烟权国主政。塔不烟权国称制，称感天皇后，于次年改元咸清。感天皇后精明能干，是一位有德有才的女政治家，在她临朝称制的七年中，西辽王朝社会安定，国力强盛。

宋高宗绍兴二十年（1150），即西辽感天后咸清七年，塔不烟皇后还政于儿子耶律夷列，于次年改元绍兴。耶律夷列称制期间西辽社会基本上还是在相对平静之下稳步发展，特别是西迁的汉人、契丹人及漠北游牧部人口极多。据他在位进行的一次人口普查证明，仅境内的契丹人以及契丹化了的原操突厥语游牧民和西迁的汉人、契丹人十八岁以上的在籍之民就达84500户。

耶律夷列在位十三年，于宋孝宗隆兴元年（1163），即西辽仁宗绍兴十三年逝世，庙号仁宗。因诸皇子年幼，遗诏以皇妹普速完权国。普速完权国称制，并于次年改元崇福，号承天太后。

承天太后普速完称制十四年，在她主政之后首先利用西喀拉汗王朝的力量，解除了葛罗禄人的武装，然后又指挥西喀拉汗王朝的军队，进攻企图独立的花剌子模国，并重新控制了花剌子模。她犯的最大错误一是放松了对东部草原的管理，致使三万多户乃蛮部投靠了金朝，为西辽王朝埋下了后患；二是她行为不检，遭致杀身之祸。

承天太后于宋孝宗淳熙四年（1177），即西辽承天太后崇福十四年被杀，仁宗次子直鲁古被立为帝，次年改元天禧。直鲁古是西辽最后一位皇帝，是为末主，在位三十四年。

末主直鲁古是一位耽于玩乐又刚愎自用的昏庸荒淫的无道之君，他挥霍无度，国库空虚，人民怨恨。特别是到了后期，在内部，统治集团日益腐化，各级官员贪得无厌，作福作威，各国的汗王、各部首领众叛亲离。在外部，东部草原的蒙古迅速崛起，西部大漠的花剌子模势力日趋强大，从东西两方面给没落的西辽王朝施加压力，风雨飘摇的西辽王朝大厦将倾，覆灭的命运在所难免。

但是，西辽王朝并非毁于蒙古与花剌子模的军事力量，而是被野心家、阴谋家乃蛮太阳汗的王子屈出律篡夺皇位而亡国。

1204 年，乃蛮部被成吉思汗打败，太阳汗被杀。1208 年屈出律逃往西辽，直鲁古热情地接纳了屈出律。直鲁古企图借屈出律的势力打击反叛的花剌子模的军队，为此封屈出律为汗王。屈出律招降纳叛，壮大了自己的力量后，不仅没与花剌子模军队交战，反而与花剌子模勾结，共同向西辽进兵。西辽军打败了屈出律的叛军，屈出律率残部躲入草原，暗中扩充力量，以图东山再起。

宋宁宗嘉定四年（1211），即西辽末主天禧三十四年屈出律乘西辽不备，率军突袭，擒获直鲁古，夺取了西辽政权，致此西辽王朝灭亡。

屈出律在巴拉沙衮夺取政权之后，随即率军翻越天山，喀什噶尔、叶尔羌、和阗等塔里木盆地的绿洲诸城，都先后落入屈出律的魔掌，当地群众深受其害。屈出律对喀什噶尔的野蛮统治长达八年之久，直到宋宁宗嘉定十一年（1218），即蒙古太祖十三年被西进的蒙古大军所灭。

（此文与李雪梅合作）

明清时期新疆的地方政权——叶尔羌汗国

公元1367年，元王朝灭亡，大明王朝建立，但是，从明王朝立国到灭亡的二百七十六年直至清朝立国又过了一百一十二年之后的清乾隆二十年（1755），清朝平定准噶尔，在这漫长的三百八十八年中，地处新疆南部的喀什噶尔、叶尔羌等地，始终在蒙古后裔的统治之下。本文主要是对明清时期新疆的地方政权叶尔羌汗国的兴衰以及叶尔羌汗国经营下喀什噶尔的社会经济、历史文化和民族宗教作一简要的评介。但是，鉴于叶尔羌汗国实际上是察合台汗国、东察合台汗国政权的延续，因此不能不提及察合台汗国和东察合台汗国的一些简况。

一、从东察合台汗国的分裂到叶尔羌汗国的建立

从公元1218年蒙古军灭屈出律对喀什噶什进行统治，历经元、明两代王朝的建立和灭亡，直到清乾隆二十年（1755）清朝平定准噶尔，蒙古成吉思汗的后裔对喀什噶尔的统治长达五百多年，这是历史上少数民族政权对喀什噶尔统治时间最长、影响最大的一次。

成吉思汗二十年（1225），成吉思汗按照分封制的原则，将他统治区的土地分封给四个儿子，次子察合台分得原西辽王朝统治的大片故地，史称“察合台汗国”，又称“蒙兀儿斯坦”。察合台汗国是蒙古四大汗国中土地面积最大的：汗国北部包括锡尔河右岸、锡尔河与阿姆河之间的两河地区、伊塞克湖周围与楚河流域、伊犁河流域、费尔干和巴达克山的草原地区；汗国南部包括昆都斯山和巴尔赫山地区。其属地还包括喀什噶尔、叶尔羌、于阗、阿克苏等塔里木盆地绿洲。这里需要说明的是，喀什噶尔、于阗、阿克苏以及河中地区、别失八里地区、高昌地区等农耕区和城市，是一个十分特殊而复杂的地区，这些地区虽然在察合台汗国封地范围之内，但却由蒙古中央政府直接设官治理。以新疆南部平原农区喀什噶尔为中心，东至焉耆，西达费尔干盆地，南至车尔臣地区，北达依塞克湖的这块特殊的土地被察合台封给了朵豁拉特部首领乌尔土布。这里当时被称作“曼噶赖·苏雅”，意为“向阳地”，为此这片土地又被称作“向阳区”。从此，朵豁拉特部入主天山以南，喀什噶尔成为其世袭领地，同时又受中央政府和察合台后王的双重管辖。

察合台汗国的分裂是随着元朝中央政府对西北边境的失控和游牧、农耕两种经济文化的对立、敌视而逐步形成的。

察合台汗国的分裂是从察合台尤努斯统治时期开始的。当时，居住在西部河中地区突厥化了的蒙古人自称为“察合台人”，而将东部蒙古人称为“抢劫者”（“察台人”），同时东部新疆的蒙古人则称西部的蒙古人为“杂种”“混血儿”（哈剌瓦那）。这样长期的对立便逐步形成两大政权体制即“东察合台汗国”和“西察合台汗国”。

东察合台汗国东起阿尔泰山西达塔拉斯河，南含天山山脉，北界塔尔巴哈台、巴尔喀什湖的蒙兀儿斯坦。主要包括葱岭以东的喀什噶尔、叶尔羌、英吉沙、和阗、乌什、阿克苏等六城以及费尔干盆地等向阳区，吐鲁番、焉耆地区及高昌地区。

东察合台汗国的创立者秃黑鲁·帖木尔是在察合台汗国东部最具实力的蒙古朵豁拉特部异密（将军）们的支持下登上汗位的。他是蒙古察合台汗的正统之后裔，因而得到蒙古各部的拥戴，他在位期间很快就征服了中亚、河中各部，实现了重建察合台汗国的美梦。但是好景不长，他在位仅十六年，1363 年死后，各地又发生了内乱，到了元朝灭亡之后，各地更是“各自割据，不相统属”。形成了大小不等的“汗国”和“地面”。在天山南部塔里木盆地，曾至明朝进贡的哈失哈（喀什噶尔）、鸦儿看（叶尔羌）、苦先（库车）、白地（拜城）等地面就达二十多个。

到了明宣德二年（1428），东察合台汗国的第八代汗王歪思在与帖木尔王朝属将作战中身亡（有说是 1432 年），其长子羽奴思，次子也先卜花便各统一方，东察哈台汗国又一分为二，也先卜花统东部，羽奴思统西部，含喀什噶尔绿洲等农耕区。羽努思汗死后，其长子马合木在塔什干继位，统西部，少子阿黑麻统一蒙兀儿斯坦各部，统东部。

1504 年阿黑麻汗辞世，其子满速儿与赛依德争夺汗位，兄弟二人刀兵相见，满速儿获胜，在阿克苏登上汗位，赛依德兵败逃亡天山柯尔克孜地区。在那里他受到广大柯尔克孜人的拥戴，当上了首领。在此期间，满速儿和马合木汗经常出兵攻打赛依德，双方互有胜负。1508 年，赛依德出兵攻打马合木汗。马合木兵败逃往乌兹别克后被昔班尼汗执杀。恰在此时，满速儿又乘机出兵攻击赛依德。兄弟二人在阿拉木图大草原上展开了激战，赛依德惨败而西逃。他一路马不停蹄，直到年底，赛依德才在喀布尔站住了脚。在这里赛依德的表兄阿富汗的巴布尔大帝收留了这位狼狈而来的逃难者，并给予极高的礼遇。

就在这时朵豁拉特部异密阿巴白乞儿等举兵占领了喀什噶尔、叶尔羌等地，建立喀什噶尔汗国，阿巴白乞儿称汗。

1511年，伊思迈尔汗出兵攻打乌兹别克昔班尼汗。昔班尼汗兵败身亡，巴布尔汗乘机将赛依德送至安集延。赛依德在这里纠集了拥护他的朵豁拉特部异密，经过三年的苦心经营，建立了四千七百多人的军队，于1514年取道吐尔尕特山口，到达阿图什。赛依德驻扎在阿图什，向喀什噶尔发起进攻。

阿巴白乞儿听说赛依德举兵来袭，安排儿子贾罕述尔驻守叶尔羌，自己在喀什噶尔与赛依德交战。赛依德在喀什噶尔城北与阿巴白乞儿交兵，阿巴白乞儿兵败退回喀什噶尔城内，闭门不出，据城死守。赛依德攻城不下，转而向叶尔羌进军，途中强攻英吉沙尔城，经过五昼夜的强攻，英吉沙尔城守将不支而开城投降。

听到赛依德攻陷英吉沙尔城的消息之后，驻守喀什噶尔的阿巴白乞儿首先收拾细软，弃城逃跑，贾罕述尔得知英吉沙尔城已失，父亲已从喀什噶尔逃走的消息后，自知叶尔羌城已难保，逐下令手下众兵抢掳财物，焚烧民房，四散逃亡。于是繁华的叶尔羌城惨遭浩劫，虎狼之师霎时间便作鸟兽散。

赛依德进入叶尔羌城后，一方面追剿残兵，一方面进军和阗。不久便拿下了和阗，又将阿巴白乞儿等捕杀，喀什噶尔绿洲遂得平定。

1514年9月，赛依德在朵豁拉特部将军们的拥戴下在叶尔羌登上汗位，史称“叶尔羌汗国”。因为叶尔羌汗国是蒙兀儿汗国（察合台汗国）的延续，因而史学界又称“蒙兀儿汗国”或“蒙兀儿斯坦”。

二、叶尔羌汗国的疆域

叶尔羌汗国创立之初，其疆域基本上只是喀什噶尔、叶尔羌、英吉沙、和田、阿图什、阿克苏等塔里木盆地西沿的绿洲一带，也就是阿巴白乞儿所建立的喀什噶尔汗国的原控制区。汗国建立之后，赛依德在巩固、稳定的基础上，便开始了扩疆拓土，目标还是原察合台汗国的领地。他首先主动遣使向统治吐鲁番、库车一带的哥哥满速儿讲和，并表示臣服。满速儿正担心赛依德出兵向他复仇，却接到了求和的书信，这使他喜出望外，兄弟二人即于1516年在阿克苏与库车之间会晤。赛依德对兄长极为恭敬，表示臣服后以满速儿的名义冲制汗国的钱币和在举行伊斯兰虎图拜祈祷仪式时使用满速儿的名字。在伊斯兰习惯法中，这两种做法是最高礼遇，是权力的象征。因而满速儿冰释前嫌，兄弟二人达成和解。至此，从东帕米尔脚下直到东疆哈密，尽入叶尔羌汗国的版图。这次会谈的结果恢复了从塔里木盆地到哈密绿洲乃至准噶尔盆地的和平统一，加快了赛依德开疆的脚步。1517年，赛依德收复费尔干纳地区，1522年，赛依德占领了锡尔河上游，1530年，赛依德入主巴达克山。到了赛依德汗之子拉失德汗统治时期，叶尔羌汗国的疆域已基本接近察合台汗国时期的领地，到了叶尔羌汗国的鼎盛时期。

三、叶尔羌汗国的民族和宗教

有关叶尔羌汗国的文献资料极少，特别是有关汗国民族宗教问题的汉文资料更少，目前史学界大都根据叶尔羌汗国初期的米儿咱·马黑麻·海答儿以波斯文写成的《拉失德史》（又称《中亚蒙兀儿史》）以及叶尔羌汗国亡国之后沙·马合木·楚剌思以波斯文写的《编年史》，认为叶尔羌汗国是维吾尔汗国，甚至也有人认为是伊斯兰汗国。这就是说，叶尔羌汗国的民族是维吾尔族，宗教是伊斯兰教。

但是，认真研究叶尔羌汗国的历史，特别是汗国的汗室成员、汗国居民的族属，以及伊斯兰教与汗国的关系，笔者认为这样的界定还是值得商榷的。

首先我们分析一下汗室成员的族属。叶尔羌汗国汗室成员是蒙古成吉思汗的次子察合台的后裔，只是从蒙古成吉思汗二十年（1225）察合台承察合台汗国的汗位以后，到叶尔羌汗国建立的明武宗正德九年（1514），近三百年中，察合台的后裔经过了伊斯兰化逐步向维吾尔化过渡，虽然其历史、文化也可称作维吾尔历史和文化，但是与公元840年迁入塔里木流域与当地土著融合之后形成的喀什噶尔维吾尔及吐鲁番高昌回鹘（吐鲁番维吾尔）还是有很大区别的。在叶尔羌汗国建立之前，察合台后裔虽然皈依了伊斯兰教，但又保持了蒙古人的生活方式和习俗，是在由东察合台汗过渡到叶尔羌汗这个漫长的过程中，由蒙兀儿（即蒙古维吾尔）逐步形成现代维吾尔族的。米尔咱·马黑麻·海答儿著的《拉失德史》（又称《中亚蒙兀儿史》），便充分证明了这一点。这就是说，叶尔羌汗国的汗室成员是有着蒙古血统的维吾尔人。也就是说，直到叶尔羌汗国的第二代汗王拉失德汗时期，叶尔羌汗国仍然是察合台汗国的延续，汗室成员仍自认是蒙兀儿人，到汗国的中后期才逐步形成维吾尔人的。

叶尔羌汗国境内的居民主要是维吾尔族，此外还有柯尔克孜、哈萨克、塔吉克、乌孜别克、蒙古等族。应该说明的是叶尔羌汗国时期的维吾尔族已经包含喀拉汗王朝时期西迁的漠北回鹘与塔里木流域土著融合后形成的维吾尔族和高昌回鹘伊斯兰化后形成的维吾尔族及蒙古后裔伊斯兰化形成的维吾尔族。

在叶尔羌汗国的居民中，有大批的柯尔克孜人，这其中包括跟随赛依德汗南征北战最终击败统治喀什噶尔的阿巴白乞儿，建立叶尔羌汗国的一大批柯尔克孜人及喀什噶尔北部、西部山中的柯尔克孜人。特别是柯尔克孜人长期支持黑山派反对白山派，在黑山派统治叶尔羌汗国时，有不少柯尔克孜人成为汗国的军政要员。察合台文手抄本《伊米德史》称：回历1048年（公元1638年），阿布杜拉汗即位，继续支持黑帽派，并依靠柯尔克孜镇压白帽派，以巩固自己的地位。他任命柯尔克孜部头人为各地方的统治者，如库伊沙里比为喀什噶尔阿奇木伯克，奥勒加太比为阿克苏阿奇木伯克，和卓雅尔比为库车阿奇木伯克，阿勒哈·库尔特喀比为乌什阿奇木伯克，切里克比为轮台阿奇木伯克，阿拉雅尔·本·撒提木比为和田阿奇木伯克等。此外，还有一些柯尔克孜部头人当上了其他高级军政官吏。（见《柯尔克孜族简史》73~74页，民族出版社2008年版）

叶尔羌汗国内主要居民以及汗室成员多信伊斯兰教，但是叶尔羌汗国的信教情况与其他地方政权宗教信仰有一个明显的区别，这就是在一般情况下，都是政权的统治阶层首先皈依了某一宗教，而使其治下之居民也皈依这一宗教，居民的宗教信仰是随着统治者的意志影响改变的。如喀拉汗王朝是汗室成员皈依伊斯兰教之后，境内的居民才改信伊斯兰教的，而叶尔羌汗国则恰恰相反，是因为其统治区内的居民大都信伊斯兰教，统治者为了便于统治才改信伊斯兰教的。这是蒙古统治者的一个独特的举措，也成为叶尔羌汗国宗教信仰的一个特点。

除伊斯兰教外，叶尔羌汗国境内还有部分信仰其他宗教的居民，如还有部分蒙古人信仰喇嘛教，而天山哈萨克和柯尔克孜族则多是在叶尔羌汗国时期才逐步改信伊斯兰教的。

叶尔羌汗国虽然以伊斯兰教为国教，但其政权的性质仍然是地方封建王朝，与回鹘汗国等民族政权有明显的区别，更与政教合一的宗教政权有根本的不同。因此不能将叶尔羌汗国称作民族政权，更不能称作宗教政权。

四、叶尔羌汗国的政治制度

叶尔羌汗国是蒙古成吉思汗的后裔建立的中国地方封建政权。叶尔羌汗国承认明、清中央政府的宗主国地位，曾多次向明、清政府进贡，接受其赏赐。

叶尔羌汗国虽然以伊斯兰为国教，但仍然是地方封建王朝，并非伊斯兰汗国。这主要表现在：（一）叶尔羌汗国是实行“政教分离”的政治制度，并非“政教合一”的政权，统治者不是伊斯兰教的宗教领袖，而是蒙古成吉思汗的后裔。尽管伊斯兰教在整个汗国的社会中起支配作用，甚至在和卓势力大张的汗国后期，宗教势力可以颠覆汗国的政权，但汗国政权始终在蒙兀儿察合台后裔的掌握之中。（二）汗王是汗国最高权力的代表，宗教领袖的权力在政权之下。（三）汗国行政人员和宗教教职人员各司其职、各负其责，汗国的行政事务、国家大事、外交、军事、职官、税赋，特别是土地的分封、赏赐等等均由汗国行政机构官员行使权力，宗教方面不能直接参与和干涉。宗教方面的权力主要是组织教民从事宗教活动，监督教民履行宗教仪式和宗教义务，依照伊斯兰法处理民事和刑事案件，且是受政府委托进行，一般由喀孜（宗教法官）和穆夫提（教律解释人）进行审判，地方行政官员阿奇木伯克也参与诉讼，重大案件则由汗王亲自主持审判。（四）教职人员不能在政府机构中兼职，政府官员也不能兼任宗教职务。（五）汗国除以伊斯兰法典处理民事、刑事案件外，还以阿达特（“习惯法”）处理蒙兀儿人和军中事务。

从以上事实，我们可以肯定地说，叶尔羌汗国绝不是伊斯兰汗朝，而是逐步伊斯兰化了的蒙兀儿人建立的以当地维吾尔等居民为主的地方封建政权。

叶尔羌汗国实行分封制的政治制度，其特点是封地不能世袭，而是每一位汗王登基之后首先要重新分封近亲或功臣的封地，同时汗王可以随时随地收回封地。同时汗王还将土地赐予支持他的宗教首领或宗教寺院，如在拉失德汗时期，被称作“九万九千个麻扎的领导者”的阿图什苏里唐·萨图克·布格拉汗麻扎和穆罕默德·谢里甫麻扎是新疆南部最大的土地占有者。

叶尔羌汗国的官制和军队建制都十分复杂。其最大特点是将草原游牧部族的部分政治制度与农耕区地方政权的部分政治制度结合了起来，将北部的游牧部传统统治习惯与南部的封建制度相融合，形成了一种新的政治体制。国王被称作可汗，汗庭设有行政长官宰相，以下有掌印官、卫队长、执法官以及按行业任命的行政长官。地方官主要是汗王分封的各封地的总督。同时在官制中既有世袭的艾米尔（部落酋长），又有政府任命的不能世袭的伯克。

叶尔羌汗国的军制更为复杂，有早期追随赛依德汗南征北战的蒙古楚剌思、巴鲁剌思、多黑提维游牧部和吉尔吉思等游牧部的军队，这些部队分属各个部落首领统领，拉失德汗即位后又在境内征兵，组成“买黑热木”（王室卫队）、“扎尔巴达尔”（狙击军）、“赛尔巴孜”（骑兵）、“依盖提”（步兵），成为汗国主要守卫和战斗部队。另外，一些异密还有自己的亲军，到了后期，一些和卓也组建了私人武装，这些私人武装又逐步形成了不同宗教派别的宗教军队，特别是两大和卓势力白山派和黑山派的宗教部队不仅长期互相攻击，而且成为左右汗室更迭、存亡的决定性力量。

五、叶尔羌汗国的社会经济

叶尔羌汗国建立之前，喀什噶尔、叶尔羌一带美丽富饶的绿洲由于长期战乱的摧残和阿巴白乞儿的强征暴敛，民无生计，社会动乱，经济已到崩溃的边缘。汗国建立之后，在稳定社会的同时，鼓励发展农牧经济，发展扩大商业贸易，经济得到了快速发展。特别是在阿不都·赛依德、阿不都·拉失德和阿不都·克里木汗这三代汗王统治时期，形成了汗国建立之后社会经济发展的繁荣时期。对此，中外史籍多有记载。如《拉失德史》载：在叶尔羌汗国的政治经济中心和主要中心城市喀什噶尔绿洲利用叶尔羌河和喀什噶尔河两河丰富的水土资源和灌溉条件，发展农业经济，生产麦、棉、稻、粱、豆、黍、瓜果等农产品，在人口密集的城镇发展手工业和商业贸易，城市手工业已成独立的生产部门，生产铁器、木器、刀具、毡毯和丝绸，民间传说汗王赛依德本人就是一位制作精美手工艺品的艺人和巨匠，特别是其“精通骨雕艺术，善于制箭”等工艺在民间传为佳话。在天山南部和喀什噶尔绿洲上，城市化水平发展极快，喀什噶尔、叶尔羌、于阗、英吉沙、乌什、库车等城有巨大的城垣，商贸事业十分繁荣发达。史称，在这一时期，从哈密到巴达克山，商旅们不仅可以平安旅行，且不必带任何食物，不必为食宿担忧。

清代编纂的《西域图志》和椿园七十一的《西域闻见录》对叶尔羌汗国时期社会经济状况的记载更加生动和精彩，称叶尔羌汗国的首府叶尔羌城商业大街长达十里，有六座城门，城内街巷屈曲错杂，屋宇毗连处咸有池塘。到了“八栅尔”集市上“货若云屯”，“人如蜂聚，奇珍异宝，往往有之，牲畜果品，尤不可枚举”。当时的喀什噶尔土地膏腴，粮食瓜果均能丰收，石榴、葡萄、甜瓜等瓜果，品质极佳。有乡镇十六处，“其人性巧，善雕刻”，“攻玉镂金，色色精巧”。其城“极繁盛”。英吉沙尔产稻米、二麦、麻、豆、瓜果。叶尔羌产米、谷、瓜、果，数量之多，甲于诸地。特别是谈到叶尔羌汗国的新兴城市阿克苏时更是不惜笔墨称：“地当孔道”，“内地商民、外番贸易、鳞集星萃、街市纷纭。每逢八栅尔会期，摩肩雨汗，货如雾拥。”极力夸耀，虽多溢美之词，也可见叶尔羌汗国时城市之繁荣，商贸之繁盛。

叶尔羌汗国社会经济的发展，与赛依德汗个人的品质与能力不无关系，《中亚蒙兀儿史》在第五十一章赛依德汗征服哈实哈儿以后的事迹中写道：“赛依德汗安定社稷以后，就慷慨地赏赐部下，特别是那些在战争中表现得特别英武的人物。”“他犒赏士卒，甚于雨露润泽草木”，“他气度恢宏，处事公正，驱散了笼罩在当地居民头上的暴虐的黑夜。”“从前商旅视为畏途的道路，现在都已太平无事，所以人们都说：如果一个老妪头上顶着一坛金子在这些路上行走，也不会被人抢去。当时有一首民歌唱道：'单身带着一坛金，独自安然东西行，汗德化民民不乱，四境无不保安宁。'然而更加难能可贵的是：一个妇道人家如果将满满一钵金子留在路上自己前去赶路，她无论什么时候回来都会发现金子原封不动地放在那里。"

"赛依德汗将王国治理得四境翕然，上自达官贵人，下至市井小民，都欢乐非凡，高枕无忧。现在全体臣民都欢娱歌舞，饮酒作乐。"

真是夜不闭户，路不拾遗，一片歌舞升平的和平盛世。但是好景不长，叶尔羌汗国前三世社会稳定、经济繁荣的和平发展景象，很快就被伊斯兰和卓势力的染指所打破，美丽富饶、和平欢乐的喀什噶尔，变成了腥风血雨的战场和毒杀与炼狱的屠场。

六、维吾尔文化艺术的第二个黄金时代——叶尔羌汗国的文化艺术

我曾经以维吾尔文化的第一个黄金时代来评述喀拉汗王朝的文化，那是西迁的回鹘与塔里木流域土著在融合中形成维吾尔族这一民族形成过程中文化发展的黄金时代。维吾尔文化的第一个黄金时代显著的文化特点是漠北游牧文化与塔里木定居农耕文化也就是非理性文化与理性文化在碰撞中相融合形成的新的民族文化，也是回鹘文化在突厥化过程中形成的新的民族文化，更是塔里木佛教文化、回鹘佛教文化与伊斯兰文化在碰撞之中形成的新的民族文化。可以简单地称为维吾尔民族在形成过程中的一次文化大升华。叶尔羌文化是维吾尔文化的第二个黄金时代，其显著的特色是维吾尔农耕民族与游牧的蒙古察合台民族在融合发展过程中形成的更高、更宽阔的维吾尔民族文化，这就是说维吾尔文化的第一个黄金时期的喀拉汗王朝文化主要表现在语言、文字上的巨大成就和辉煌，而第二个黄金时代的叶尔羌文化已经从语言

文字上的成就上升扩大为文学、艺术、历史等多学科的发展与辉煌。叶尔羌文化的发展奠定了维吾尔文化的发展基础，以后几百年来维吾尔文化的发展，一直是沿着这一轨迹发展的。叶尔羌文化是维吾尔文化发展中具有里程碑意义的。对这一时期的文化成就，我们将从语言、文字、文学、艺术、史学等方面予以简要的评述。

在喀拉汗王朝时期，维吾尔文化逐步进入了突厥化，其中最典型的就是西迁回鹘语言的突厥化，成为异姓突厥（或者称作突厥语民族）中突厥化进程迈出程度最快、社会影响最大的一步。到了叶尔羌汗国时期，由于叶尔羌汗国疆域的扩展，整个塔里木盆地、吐鲁番盆地都并入了叶尔羌汗国的版图，因而塔里木盆地和吐鲁番盆地原来使用回鹘语、龟兹语、焉耆语、吐火罗语等多种语言的居民，在突厥化—伊斯兰化的过程中，逐步统一使用了突厥语，同时又形成了以喀什噶尔方言——维吾尔“哈喀尼亚语”为主，吸收了阿拉伯语、波斯语、蒙古语等语言词汇的突厥书面语言——察合台语。使维吾尔族语言不仅最终得到统一，而且得到了丰富和发展，这是维吾尔语言的一次重大的变革和升华，这种语言一直使用至今。维吾尔语言在叶尔羌文化黄金时期的这一里程碑式的发展，是维吾尔语言文化的一次重大的革命。

在统一语言的基础上，维吾尔文字也得到了逐步统一。在察合台—叶尔羌汗国之前，维吾尔虽然逐步统一使用突厥语，但在文字上仍然使用多种文字，如波斯文、阿拉伯文、回鹘文。到了察合台—叶尔羌汗国时期统一使用察合台文，现代维吾尔文也是以此为基础形成的。

随着语言文字的进一步统一和进步，维吾尔文学也出现了空前的发展和繁荣。察合台文学的形成和发展，成为叶尔羌汗国时期文化艺术的一个标志。

察合台文学滥觞于察合台汗国的帖木尔王朝时期，到了叶尔羌汗国时期已经发展到了一个新的高峰。帖木尔本人虽然是蒙古族，但他和他的部下早已突厥化，他认为突厥文化就是自己的文化，要发扬自己的文化，提倡突厥文学，发扬民族文化意识。在喀拉汗王朝时期《福乐智慧》揭开维吾尔突厥文学的序幕之后，沉寂了三百年，由帖木尔著作的《帖木尔自传》又一次揭开了突厥文学的大幕，而且是将突厥文学又逐步上升到察合台文学的高度。从此开创了以察合台语、察合台文进行维吾尔文学创作的新纪元。由于汗王所持的态度和方针，此后出现了一大批用察合台文创作的文化精英，其中代表人物为巴布尔大帝。日人羽田亨著的《西域文化史》称："在这方面特别有名的是巴布尔，他的自传《巴布尔回忆录》实为察合台文学的范例。"到了叶尔羌汗国时期，由于汗国初期的赛依德汗和拉失德汗都是才华横溢的诗人和擅长音律的艺术大师，特别重视和提倡文学艺术创作，使维吾尔察合台文学得到了空前发展，开创了以叶尔羌—喀什噶尔为中心的文学创作的繁荣时期。这一时期文学创作是以颂扬和赞美爱情、道德、知识及一切美好事物为主要内容的诗歌为主。这些充满了唯美主义思潮和美学意识极其丰富的流畅、优美、清新、华丽的诗篇以宫廷文学为代表，由于汗国自由、宽松、活跃的思想和倡导的态度，平民文学也较发达。

这一时期，文学创作的标志性作品是为木卡姆配唱的诗歌。如汗王阿不都·拉失德就曾经用自己的名义披露了王后阿曼尼莎罕创作的《依西莱提安库孜》木卡姆。阿曼尼莎罕在十三岁时为尚不认识的汗王拉失德弹奏了《潘吉尕》木卡姆，同时唱了她自己以乃菲斯为笔名填写的格则勒诗：

我们的主啊，万分感谢你，
你把一个公正的人封为国王，
阿不都·拉失德为弱者和穷人遮住炎阳。
乃菲斯啊，要为神圣的胡达祈祷，

如若不为公正的国王祷告，

就要受到狠狠地惩罚。

阿曼尼莎罕是一个思想家、音乐家和诗人，她著有关于妇女和品德的训诫诗集《美德》和关于诗歌、音乐、书法的美学作品及《心灵的协商》以及抒情诗集《精美的诗篇》《美丽的情操》《乃菲斯诗集》等作品。

这一时期最具影响的文学作品还有拉失德汗的《拉失德诗集》《拉失德格则勒选》。拉失德的诗是宫廷文学的代表，也是察合台文学的代表。

双行诗，这是用波斯文写的突厥察合台诗：

说你的身姿是柏树的化身，柏树却没有你那翩翩的步态；

说你的丹唇是玫瑰的蓓蕾，蓓蕾却道不出你缠绵的话来。

柔巴依（鲁拜体）四行诗，察台合文爱情诗：

晨风啊，愿你把我心坎儿上的话，传给我心爱的佳人，

也把我谦恭的问候和敬意，报给我心爱的佳人；

倘若你拂晓或傍晚，来到我心爱的人儿身边，

告诉她，我是通宵达旦在怀念情人的痛苦中熬煎。

察台台文劝喻（自喻自律）诗：

高坐辉煌的宝殿，唯我独尊不可一世的帝王，

当他气息奄奄的时候，还不如一个乞食的穷汉；

啊，阿不都·拉失德汗！你且莫以世间的繁华而骄傲，

世界上有哪一座花园的鲜花，能以不萎谢凋零而流芳。

这一时期，具有代表性的察合台维吾尔文学创作的天才人物是汗王赛依德及其子拉失德和汗妃阿曼尼莎罕，这三个人对于叶尔羌汗国时期文学艺术的贡献可以与我国文学史上的曹氏父子（曹操及其子曹丕、曹植）与建安文学一样名存千古。另外，这一时期，由于汗王的偏爱，在喀什噶尔—叶尔羌汇集了一批文学艺术的精英，他们从汗宫到城乡，活跃在这个广阔的文艺大舞

台上。其中代表人物有喀迪尔罕，他是当时名噪一时的诗人、木卡姆演唱家、音乐大师，其代表作《喀迪尔罕格则勒诗集》也是叶尔羌汗国时期宫廷文学的代表作。他既是诗歌评论家、鉴赏家，又是编纂家，所纂的诗评、音乐理论等著作达九部之多。

另一位著名达斯坦（叙事长诗）《世事记》的作者是阿亚孜·西凯斯泰。他是平民诗人跻身于宫廷诗人行列的代表人物，叙事诗《世事记》便是以民间故事为素材的爱情长诗。此外，赫尔克提以拟人手法创作的玫瑰与夜莺的爱情故事《爱苦相依》以及鲁特菲的抒情小诗及长诗《花儿与春天》等都是这一时期颇有影响的作品。

叶尔羌汗国时期文化事业的成就主要还表现在将流传在民间的诗歌、音乐、舞蹈三位一体的木卡姆引入宫廷，进行加工整理，使之成为千古不朽的维吾尔音乐舞蹈史诗。要评介叶尔羌汗国这一举世闻名、功垂千古的历史文化成就，首先要从汗王拉失德的爱情婚姻谈起。毛拉艾斯木吐拉·穆吉孜在《乐师传》第十七乐师阿曼尼莎王后中记下了这一段风趣幽默的千载佳话。

苏丹拉失德化装成穿着破衣烂衫的农夫，在一个打柴人的土屋中与十三岁的阿曼尼莎罕相遇，阿曼尼莎罕遵从父命为拉失德演奏了《潘吉尕》木卡姆。听完小姑娘的演奏，苏丹迫不及待地问："名叫乃菲斯的诗人是谁，这首格则勒是从哪儿学的?"姑娘说："难道我非要背诵别人的格则勒不成？我只读纳瓦依、裴祖里的诗，刚才演唱的是我自己写的诗，乃菲斯是我的笔名。"阿曼尼莎罕又应邀为拉失德朗诵了几首诗，这些诗不仅写得深刻，而且文笔流畅，非常漂亮，仿佛与姑娘的娇姿美态一样艳丽。苏丹虽惊叹不已，但心中还是不相信这些诗是一个十三岁的小姑娘的作品，就对她说："那么再写首诗让我看看。"姑娘似乎被这个衣服褴褛的不速之客纠缠得有些烦了，提笔写下了如下诗句：

胡达啊，我面前的这个奴仆把我愚弄，

今晚顿觉屋子里荆棘丛生！

苏丹笑了笑说："相信我吧，但别讥笑。"他接着说："我出去一会儿再来。"于是苏丹退出了门外，一会儿他头戴王冠、身披斗篷，带着四十个官员和丰厚的聘礼，来向阿曼尼莎罕隆重求婚。阿曼尼莎罕进宫作王妃之后，汗王命令她与宫廷首席乐师喀迪尔罕一起组织搜集整理流传在维吾尔民间的木卡姆。

木卡姆，意为大曲，十二木卡姆就是十二套大曲。经过阿曼尼莎罕与喀迪尔罕整理规范的十二套木卡姆是：1. 拉克木卡姆；2. 且比亚特木卡姆；3. 木夏乌热克木卡姆；4. 恰尔尕木卡姆；5. 潘吉尕木卡姆；6. 乌扎勒木卡姆；7. 伊拉克戈壁木卡姆；8. 纳瓦木卡姆；9. 乌夏克木卡姆；10. 巴亚特木卡姆；11. 艾介克木卡姆；12. 西尕木卡姆。除十二套大曲外，曲末还有一套终结性大曲阿胡且西姆，每一套大曲又由三部分组成：第一部分为琼拉克曼（大曲），由四至十一首歌曲和二至六首间奏曲构成；第二部分为达斯坦（叙事诗），由三四首歌曲和三四首乐曲构成；第三部分为麦西热甫（民间集体歌舞），由三至七首歌曲组成的歌舞组曲构成；最后一套终结性大曲阿胡且西姆（心灵美丽的姑娘），由十八段歌曲和一首乐曲组成。除终结曲阿胡且西姆外，十二套大曲共一百六十七首歌曲和七十五首乐曲，演唱一遍大约需二十多个小时。

十二木卡姆的歌词主要取自15世纪的维吾尔族著名诗人艾里西尔·纳瓦依、裴祖里的诗和大量民歌。木卡姆中的达斯坦主要是流传在民间的叙事爱情长诗。

我们先看在第一套大曲《拉克木卡姆·散序》中演唱的那瓦依的一首哲理性政治抒情诗：

爱的秘密，问那些离散而绝望的情人；
享受的技巧，问那些掌握着幸运的人。

爱情不负，就是命运对我们的注定；
欺骗和背信，问那些缺乏慈爱的人。

时间的辛劳，使我们消瘦又苍老；
美丽和力量，问那些正拥有青春的男女。

孤独的滋味，富贵有权的人不会懂；
穷困的苦楚，流浪者了解得最多最深。

弱者的处境，爱侣们只有等待死亡来临，
谁能下死亡的判决，是那些残横的暴君。

再看在《拉克木卡姆·大赛凯勒》中演唱的部分民间诗歌：

我是祖国的歌声，
像天鹅回旋在原野上，
只要我能如愿，就是死也甘心。

门前垂柳如线，
枝上珍珠贯穿，
那些爱我的少年郎，
到处在苦闷地流浪。

木卡姆演奏的乐器主要有手鼓、铁鼓、沙塔尔、唢呐、纳格拉、弹拨尔、热瓦甫、艾捷克等。这里评介的只是叶尔羌汗国时期规范整理的木卡姆的基本情况，近几百年来木卡姆的内容、所演唱的歌曲、达斯坦以及演奏的乐器都不断增加和变化，同时也由十二木卡姆增加到更多的木卡姆，更有不同地域产生不同的木卡姆，如国外的中亚木卡姆、伊朗木卡姆、塔吉克木卡姆等及国内的伊犁木卡姆、哈密木卡姆、刀郎木卡姆等等，本文不作评介。

这里需要对察合台文学和十二木卡姆再作一点补充说明。

一是察合台文学的形成和发展，首先是察合台语作为察合台文学语言在维吾尔地区的形成，与蒙古驱逐屈出律的统治入主喀什噶尔塔里木流域的这一重大历史事件的关系。维·维·巴尔托里德在《中亚简史》中所说的“察合台文学语言没有蒙古的入侵是不可能形成的”这句话是不无道理的。我们同一个国家的不同地区、不同民族之间的争夺先不讲“入侵”二字，仅就不同语言、不同民族的融合来说，大批蒙古人融入维吾尔民族之中，这种融合必然结果是新文化的诞生，是文化的繁荣，应该说是具有进步意义的。

二是木卡姆作为维吾尔古老的传统的文化艺术和音乐舞蹈史诗，是具有悠久的历史的。首先是它和隋唐以来西域的龟兹乐、疏勒乐、于阗乐、高昌乐、伊州乐、凉州乐等西域乐舞是有着传承关系的。其次它与中原的汉族乐舞是相互影响的，同时它也受中亚、西亚，特别是阿拉伯文化及伊斯兰文化的影响，应该说是集古今不同民族、不同文化之大成而形成的维吾尔文化之精华。关于这方面，是有很多例证的，因篇幅的原因，就不一一列举，在此我仅就中国音乐史与之有关的内容作一点简述。

西域乐舞在汉魏时期就开始东渐，到了唐宋时期已是倾满朝野，并且已经形成了一部乐舞大曲，这部大曲的结构形式也是由三部分组成，且每一部分也和木卡姆的结构十分相似。如《十二木卡姆》第一组成部分《琼拉克曼》（大曲）和唐宋大曲中的第一组成部分《散序》在结构上十分相同，是只有歌唱和伴奏，没有舞者的；《十二木卡姆》中的第二组成部分《达斯坦》，和唐宋大曲中的第二组成部分《排遍》在结构上也十分相似，在演出这一部分时，不仅有歌者，还有舞者进场，且是有歌有舞，形成高潮，但又同是歌者不舞，舞者不歌；《十二木卡姆》中的第三组成部分《麦西热甫》，和唐宋大曲的第三组成部分《入破》在结构上也是十分相同，两者都是以舞蹈为主，而且在全部乐舞中都是最热烈、最紧张的部分。《十二木卡姆》和唐宋大曲同样由三部分构成，三部分在器乐合奏、歌唱与舞蹈的结合上也是十分相同的，这就充分证明了两者之间存在着密切的渊源关系，而连接这两者之间的桥梁，便是龟兹乐、疏勒乐、于阗乐、高昌乐、西凉乐和伊州乐等西域乐舞。唐宋大曲是源于西域民间古典音乐的，这一点早已被中国音乐史所认可，《十二木卡姆》更是源出西域的民间古典音乐，这一点也是无可非议的事实，由此可以说中原的唐宋大曲与西域的《十二木卡姆》是同出一源的，这自然也是无可辩驳的史实。由此也可见中华民族文化同源分流、多元一体之一斑。这一点新疆社会科学院原院长谷苞多有宏论，笔者在此只是简述而已。

叶尔羌文化的一个重大成果，便是史学方面的著作更加引人注目，超过了维吾尔历史著述的任何时期。这一时期的历史著作主要有《中亚蒙兀儿史——拉失德史》《编年史》等。其中《拉失德史》是维吾尔最具价值、影响最大、评价最高的一部历史作品。

《拉失德史》由两编组成，其中第一编被称作正史，第二编是为第一编准备的资料汇编，比第一编正史要多一倍多。作者是先写完第二编，然后才写第一编的。第一编从秃黑鲁·帖木尔汗登基开始，写到拉失德汗登基、处死萨亦德·马黑麻为止。早期的史料主要来源于一些传说和舍拉甫丁的《帖木尔武功记》，晚期的史料则主要是作者的亲历、所见和所闻。全书内容丰富，保存了大量东察合台汗国时期的社会生活、政治斗争和军事活动的生动资料。同时还收入了一些帝王行为的典则，写了对东察合台汗国一些汗王的评介，是东察合台汗国和叶尔羌汗国的重要史书。

作者米尔咱·马黑麻·海答儿（全称为米尔咱·马黑麻·海

答儿·朵豁拉特·左尔干，其中朵豁拉特是他的部落名，左尔干是汗王赐予他的荣誉称号）出身于蒙古朵豁拉特部，他的叔父萨亦德·马黑麻是叶尔羌汗国的开国元勋，曾任赛依德汗的最高异密兀鲁思别吉。马黑麻·海答儿也身居高位，是赛依德的亲信，参与各种机密活动，并多次率兵追随赛依德和拉失德出征，担任部队的指挥官。拉失德即汗位之后，对权高位重的朵豁拉特异密家族进行严厉打击，其叔父萨亦德被杀，作者本人逃亡到克什米尔并在那里做了十多年的汗王。这部史书就是在克什米尔写成的。作者有很高的文学修养，又有较客观公正的史德，因而这部史书不仅资料翔实、客观公正地反映了历史，而且文笔生动流畅，是一部文史双佳的历史著作。也应该看到，米儿咱·马黑麻·海答儿必竟是由拉失德的老师变成了不共戴天的仇敌，因而虽然将自己这部历史著作的书名以拉失德的名字命名，同时标榜拉失德为“苏丹·赛依德最优秀的儿子”，但是这部献给拉失德的史书，对拉失德的评介还是明显带有偏颇和成见的。

《编年史》是叶尔羌汗国的又一部著名的史书，这是作为《拉失德史》的续编而写的，前半部取材于《拉失德史》，后半部为作者自己编写，从拉失德汗即位写到伊斯梅尔汗统治时期，下限至距汗国灭亡只有几年，可以说是整个叶尔羌汗国的全史。作者为马哈木德·楚剌思（全名为谢赫·马哈木德·本·米尔扎·法兹尔·楚剌思。其中法兹尔是他的封号，楚剌思是他的部落名）。其先祖是追随赛依德汗进军喀什噶尔的楚剌思部异密，是叶尔羌汗国的开国功臣。但作者生活的年代是叶尔羌汗国的衰落和灭亡时期，亲见了七个汗王的更替和准噶尔军队的入侵及汗国的灭亡。所载史料真实可信，有很高的参考价值，是研究叶尔羌汗国的难得的资料书。

叶尔羌汗国时期造型艺术也有着较高的发展，以叶尔羌、喀什噶尔为中心的绿洲城市，城区建设不仅规模大，而且很注重建筑艺术和装饰艺术，且不少建筑风格是草原文化与绿洲文化的结合，是维吾尔造型特点与蒙古造型特点的建筑艺术相结合。在今莎车县城，叶尔羌汗国时期的高大建筑物的断壁残垣掩映于绿树丛中，不仅是一道美丽的风景线，而且是考察研究叶尔羌历史文化的一条价值极高的文化线。

七、伊斯兰和卓势力争夺叶尔羌汗国的统治权——叶尔羌汗国的兴衰与灭亡

我们知道叶尔羌汗国的统治者是信仰伊斯兰教的蒙古蒙兀儿后裔，汗国建立初期，他们只是将伊斯兰教作为一种个人或者是王室成员的信仰，同时推崇汗国内的臣民笃信伊斯兰教，做虔诚的、顺从的穆斯林，甚至也曾经对非穆斯林部族进行征战，如对撒里维吾尔的战争，其实就是一场武装传教的宗教战争。但是在汗国的政治制度上、治国方略上，却并非是以教治国，而是以草原游牧部落制度与绿洲定居农耕的地方封建制度相结合，取其长而弃其短，形成了一种在政治、社会、经济、文化上较前有很大发展和进步的治国方略。同时叶尔羌汗国又是在推翻朵豁拉特部异密阿巴白乞儿的残酷统治的战争之后建立起来的。建国之后，一是对内注重恢复安定平和的社会秩序和发展经济文化等事业；二是对外旨在恢复察合台汗国的一统天下，以武力开拓疆域。因而在其立国的初期也就是赛依德、拉失德、克里木这三代汗王七十七年的统治中，汗国的政治、社会、经济、文化还是处于一个快速发展、成就斐然、兴旺鼎盛的时期。这一时期叶尔羌汗国统治者对汗国全境特别是对喀什噶尔—叶尔羌等绿洲的经营还是为当地民众所肯定、所拥戴的，还是为后世所仰慕、所称赞的。这应该说是喀什噶尔—叶尔羌历史的辉煌发展进步时期。甚至对第三代汗王克里木逝世后其弟马黑麻继位后的十八年统治，史学界

也给予了高度的评价。《维吾尔族简史》称："马黑麻汗统治时期，汗国达到了鼎盛阶段。叶尔羌、和阗、喀什噶尔、色勒库勒、阿克苏、乌什、库车、察力失、吐鲁番、哈密的呼图拜都要提马黑麻汗的名字，冲制钱币时也使用他的名义。马黑麻汗对待平民比较宽厚，努力抑制高利贷者。他任命吐鲁番总督时就向明朝派遣过使臣。叶尔羌汗国同明朝有着密切的贸易往来，他们把这一往来视之为'金路'，一旦谁妨碍其畅通，就会遭到汗国的反对。"我以为这一段评介是很有特点的：一是肯定了马黑麻汗统治时期，汗国仍然是鼎盛阶段；二是承认新疆各大绿洲上的定居农耕民众，已经接受了作为草原游牧部落蒙兀儿贵族的统治，并逐步融为一体；三是确认叶尔羌汗国属于中央政权明朝的属国地位，并有着密切的往来。这是叶尔羌汗国立国和发展根本。

但是，叶尔羌汗国这种较祥和自由和发展的社会环境维持不到百年，到了汗国的中后期，由于统治集团内部的汗位争夺引起的矛盾越来越尖锐，特别是伊斯兰和卓势力由对政权的依附逐步发展到对政权的操纵，甚至演化为教派之间为操纵、争夺汗位而煽动、组织不同教派的教民进行血腥的战争和疯狂的屠杀，最终导致了叶尔羌汗国的灭亡。

我们在谈到新疆史时，经常提到"和卓"这一名词，在这里我想先作一简释。"和卓"者原为"圣裔"，即伊斯兰教创始人穆赫默德之后裔。但是熟悉伊斯兰教历史和穆赫默德生平的人大都知道，被穆斯林群众称为"圣人"的穆赫默德虽有三个儿子，但都少小夭殇，并未成人，仅有四个女儿，这就是说圣人并无后裔，所以打着"圣裔"招牌的成千上万个"和卓"，都应该是假冒"圣裔"。正因为此，后来人们对"和卓"一词就有了广义的解释：一是"主人""显贵""富有者"，这是就字面之解释；二是在中亚和新疆人们常以"和卓"作为对学者或伊斯兰教圣裔的尊称；三是用来专指阿里（穆赫默德的女婿，哈里发）与法蒂玛的后代赛依德繁衍的子孙。事实上，就是这种放大了的解释，也难以包揽庞大的和卓群，特别是后期传教者或企图利用宗教号召动员穆斯林群众者，无不称自己为“和卓”。

在叶尔羌汗国涉足汗国政权领域的和卓们为伊斯兰教苏菲派之中的两派势力：一派为白山派，也叫白帽派（因教徒礼拜时戴白帽）；另一派为黑山派，也叫黑帽派（教徒礼拜时戴黑帽）。两派势力为争夺叶尔羌汗国的政权势不两立，长期进行拉锯式的战争，将叶尔羌—喀什噶尔变成腥风血雨的战场。

早在拉失德汗即位之后，伊斯兰苏菲派的教主穆罕杜姆·阿扎姆就以“圣裔”的身份来喀什噶尔传教。穆罕杜姆·阿扎姆死后，他的十三个儿子中的长子穆罕默德·伊敏和卓和七子伊斯哈克·瓦里和卓为争夺教主继承权分成两派，伊敏为白山派首领，瓦里为黑山派首领。两派都分别从布哈拉进入叶尔羌汗国，传经布道，发展教派的势力，争夺教权和信徒，进而达到操纵政权的目的。

伊斯哈克经过长时间的努力，终于敲开了苏丹马黑麻的宫门，奠定了黑山派在叶尔羌汗国的宗教统治地位。伊斯哈克死后他的继承人和卓夏迪在叶尔羌汗国拥有了更多的支持者，并且发展到能够左右汗国政局的至高权力。

正当黑山派和卓势力在叶尔羌汗国一帆风顺、蒸蒸日上的时候，白山派和卓伊敏的儿子穆罕默德·玉甫素也从布哈拉来到了喀什噶尔，为了扩大自己的影响力和号召力，他先在阿图什的苏里唐麻扎参拜圣陵，得到了当地苏菲派首领的支持，同时组织了白山派的“伊萨尼耶”教团，公开与黑山派的“伊斯哈克耶”教团对抗。穆罕默德·玉素甫不仅在喀什噶尔、叶尔羌、哈密等地传播其教派的教义，而且借助浩罕的宗教势力，武装攻占了喀什噶尔。但是此时白山派的势力并未能进入宫廷。穆罕默德·玉素甫被当时的汗王阿不都·拉提甫赶出了喀什噶尔。玉素甫和卓经过多年的努力，虽然争取了大批教民，但是最终还是未能进入叶尔羌汗国的汗宫，直至他死后，他的儿子伊达耶提和卓（即后来的阿帕克和卓）以其父是被黑山派毒死为由在教民中大造舆论，从而进一步扩大了其势力，同时他又支持尤勒瓦斯夺取了叶尔羌汗国的汗位，白山派才进入叶尔羌汗国的汗宫，并且对黑山派教民进行了残酷镇压和屠杀。两派势力在进行了多次战争之后，黑山派和卓穆罕默德·阿不都拉支持伊斯梅尔夺得了汗位，同时又对白山派教民进行了疯狂的镇压和屠杀，并将伊达耶提和卓驱逐出喀什噶尔。

伊达耶提和卓离开喀什噶尔之后，为了寻求支持，在外漂泊了整十年，足迹遍及中西亚以及甘肃、青海，最后又经克什米尔到达了西藏拉萨，拜倒在五世达赖喇嘛脚下，向达赖喇嘛乞求借兵夺回自己在喀什噶尔的统治。五世达赖答应了伊达耶提和卓的请求，许诺帮助伊达耶提和卓夺回喀什噶尔的统治权，并给伊犁的准噶尔统治者噶尔丹写了亲笔信。伊达耶提带着达赖的信又到了甘肃，在甘肃谒见了那里的佛教高僧，提出了同样的请求。这位高僧也给噶尔丹写了一封信，要求噶尔丹派兵帮助伊达耶提和卓夺取喀什噶尔、叶尔羌的政权。

打着伊斯兰教“圣裔”旗号的伊达耶提和卓手捧两位活佛的书信来到了伊犁准噶尔汗廷，恭恭敬敬地拜见准噶尔蒙古王噶尔丹，呈上救命的信函，乞求噶尔丹出兵喀什噶尔。

噶尔丹割据新疆北部的伊犁河谷，与清政府分庭抗礼，已先后占领了哈密、吐鲁番，对喀什噶尔、叶尔羌等塔里木绿洲更是虎视眈眈。今日伊达耶提带着宗师的亲笔信，以喀什噶尔伊斯兰教首领的名义请求出兵，这正中噶尔丹的下怀，为他入主南疆提供了出师的依据。

1678 年（一说 1680 年），噶尔丹率一万二千名骑兵，以伊达耶提为前导，浩浩荡荡向喀什噶尔进军。蒙古兵长驱直入，很快就攻下喀什噶尔、叶尔羌，立国一百六十多年的叶尔羌汗国就这样灭亡了。伊达耶提成为喀什噶尔、叶尔羌的“最高统治者”，他把自己视为“宇宙之主”，因而自封为阿帕克和卓，新疆南部依附于准噶尔贵族的苏菲派白山派政权就这样建立起来了。其实这个准噶尔汗国卵翼下的傀儡王、自称“宇宙之主”的阿帕克和卓，只不过是一个奴隶头。准噶尔贵族将他统治下的各族民众一律当作“阿拉巴图”（奴仆）对待，喀什噶尔各族人民从此遭受着准噶尔贵族和阿帕克和卓的双重统治。据有关文献记载，阿帕克和卓每年要在民间搜刮四十万腾格的资财送给准噶尔贵族。

阿帕克和卓引狼入室，倒行逆施，遭到当地民众的强烈反对，1693 年被教民杀死。

阿帕克和卓死后，喀什噶尔的政权落入他的王后哈乃姆·帕提夏之手，为了防止夺权，哈乃姆·帕提夏杀害了阿帕克和卓的长子叶海亚及其二子。被人称作“刽子手夫人”的哈乃姆·帕提夏统治时间不长，也被反对派杀死，叶海亚的三子艾哈买提在喀什继承和卓政权。

阿帕克和卓的野蛮统治，使叶尔羌汗国的经济文化遭到严重破坏。阿帕克和卓为统一舆论，限制信仰，下令将除《古兰经》和《圣训》以外的书籍全部烧毁，在喀什噶尔重演了“焚书坑儒”的悲剧，喀什噶尔、叶尔羌上千年遗留的回鹘文、粟特文及察合台文古籍，尽被烧毁，大批知名作家、学者被放逐或绞杀，人民大众噤若寒蝉。文明的喀什噶尔进入了最黑暗时期。对此，《喀什市文史资料》中有详细的记述。

主要参考书目：

〔1〕〔明〕宋濂、王祎：元史〔M〕，上海：上海古籍出版社，上海书店，1986。

〔2〕〔清〕张廷玉等：明史，上海：上海古籍出版社，上海书店，1986。

〔3〕〔民国〕赵尔巽：清史稿，上海：上海古籍出版社，上海书店，1986。

〔4〕〔清〕傅恒等：（钦定）皇舆西域图志，北京：中央民族大学图书馆，1986 年根据光绪二十九年石印本复印。

〔5〕〔清〕椿园七十一：西域闻见录，乾隆四十二年刻本，上海：上海古籍出版社，2002 年巾箱本。

〔6〕〔明〕米尔咱·马黑麻·海答儿：中亚蒙兀儿史—拉失德史，新疆人民出版社，1983。

〔7〕〔日〕羽田亨：西域文化史：新疆人民出版社，1981。

〔8〕〔苏〕维·维·巴尔托里德《中亚简史》，乌鲁木齐：新疆人民出版社，1980。

〔9〕〔日〕田边尚雄：中国音乐史，上海：上海古籍出版社。

〔10〕新疆社会科学院民族研究所：新疆简史，乌鲁木齐：新疆人民出版社，1980。

〔11〕《维吾尔族简史》编写组：维吾尔族简史，乌鲁木齐：新疆人民出版社，1989。

〔12〕《柯尔克孜族简史》编写组：柯尔克孜族简史，乌鲁木齐：新疆人民出版社，1986。

〔13〕《新疆艺术》编辑部：丝绸之路的乐舞艺术，乌鲁木齐：新疆人民出版社，1985。

〔14〕苗普生、田卫疆：新疆史纲，乌鲁木齐：新疆人民出版社，2004。

〔15〕贺继宏：克孜勒苏柯尔克孜自治州志，乌鲁木齐：新

疆人民出版社，2004。

〔16〕贺继宏、张光汉：中国柯尔克孜族百科全书，乌鲁木齐：新疆人民出版社，1996。

〔17〕贺继宏、张光汉：克孜勒苏柯尔克孜自治州民族志，克孜勒苏柯尔克孜文出版社，1992。

〔18〕贺继宏：西域论稿，乌鲁木齐：新疆人民出版社，1996。

（应邀为《喀什噶尔学研究》而草）

民族篇

汉代坚昆及其社会经济

第一节 族名、族源

汉代，柯尔克孜族被称作坚昆，居匈奴之北，隶于匈奴部。坚昆早在汉代就迁入天山深处的尉头（今克孜勒苏柯尔克孜自治州阿合奇县）一带，以至两千多年以后成为克孜勒苏柯尔克孜自治州的自治民族。克孜勒苏的地名以及其作为一个地区级的行政区域都是由柯尔克孜民族而产生。作为克孜勒苏的地方史，我们在有柯尔克孜族迁入之始，自然要对这一民族以前的基本情况进行一些交待，以后将随着历史的发展和民族的迁徙变化逐步记述。

一、族名

柯尔克孜族是我国北方一个古老的游牧民族。柯尔克孜（Qirghiz）是本民族的自称。《史记·匈奴传》称匈奴冒顿单于“北服浑庾、屈射、丁零、鬲昆、新黎之国”。这是我国史籍中首次出现“鬲昆”（古柯尔克孜）的名字，同时也记录了鬲昆居漠北，与丁零为邻，在汉初大约公元前 2 世纪初，已为匈奴所侵，成为匈奴的属国。后来，在《汉书 · 匈奴传》中，重记这一事件时，又将“鬲昆”写作了“隔昆”。同书在记载公元前 49 年，匈奴再次征服隔昆时，又写作“坚昆”，以后史书多称坚昆。

汉以后的不同历史时期，我国史书及官方文牍曾以“结骨”“纥骨”“契骨”“护骨”“纥纥斯”“黠戛斯”“辖戛斯”“黠戛司”“纥里迄斯”“吉利吉思”“吉尔乞斯”“吉尔吉斯”“布鲁特”等不同写法称谓柯尔克孜族，直到民国时期，才正式以“柯尔克孜”作为我国柯尔克孜族的通用名称和标准用词。

关于柯尔克孜族族名的来源及含义，在中外史料和柯尔克孜族传说中，有多种解释，主要有“柯尔乌古孜”说：“柯尔”意为大山，即山里的乌古孜人，为乌古孜人的一支。这一名字的解释为近代人根据突厥语的意译做的解释，乌古孜为突厥民间传说的可汗，且为突厥汗国兴起之后，当在 5 世纪之后。“柯尔奥古孜”说：“柯尔”意为大山，“奥古孜”意为大河，即住在大山和大河之间的人。这是柯尔克孜民间传说中，根据古柯尔克孜居住区的叶尼塞河流域的地理环境演绎的民间故事，据说叶尼塞河是从北方的两座大山中流出的四十条河流汇集而成。“柯尔克”在柯尔克孜语中还有四十之意，所以又被解释为生活在四十条河边的人。并且据此又产生了生活在流出十条河的山中的人为“伊奇克力克”（内部部落亦称十姓部落）。生活在流出三十条河的山中的人称作“奥托孜吾兀勒” （外部部落，又称“三十姓部落”）。内部以后又称“翁”部（即“右翼部落”），外部又称“苏勒”部（即“左翼部落”）。“柯尔克居孜”说：“柯尔克”意为四十，“居孜”意为部落或方向，即从四面八方归来的四十个部落。“柯尔克盖孜”说：“柯尔”意为山，“盖孜”意为流动放牧，即在大山里游牧的部落。“四十个姑娘”说：“柯尔克”意为四十，“克孜”意为姑娘，即四十个姑娘，意思是柯尔克孜族的族源来自四十个姑娘。此说流传时间较长，甚至在《元史》中也有所载。

但是，客观地分析以上关于柯尔克孜族名的种种说法，都是后人根据“柯尔克孜”的族名的不同含义，根据各人的不同理解而牵扯强附会做的解释，与柯尔克孜族的族源是没有什么关系的。然而这几种民间的说法，都有优美的故事在民间广为流传，为本民族人民所接受，并世代相传，形成了较深的影响。当然关于族源、族名的这种美丽传说，代表了本民族的美好愿望，有的与本民族生活环境、古老崇拜以及传统的审美意识都有一定的关系。

柯尔克孜族族名、族源的传说，有一个最大的特点，即是与山和水有密切的关系，五个传说中，四个与山水密切相关，这反映了依山水而生息，视山水如生命和父母的柯尔克孜族人对于山水崇拜之古老的、淳朴的民族感情。

二、族源

柯尔克孜族的族源，被史学界认为是一个极其复杂的问题，这大概主要是与史前坚昆人居住的叶尼塞河流域的考古发现有关，居住在这里的居民有欧罗巴白种人，又有蒙古利亚黄种人，就是说，一部分人是赤发、皙面、绿瞳，一部分人是黑发、黄面、黑瞳。客观的分析大概有两种可能：一是柯尔克孜族的族源按其人种成分（种属）可分为蒙古利亚黄种人与欧罗巴白种人，是由这两种人种在长期的共同生息中融合的混合型人种。这种混合型人种在欧亚大陆交界的地区极为普遍，并不奇怪。这是一种情况。第二种情况可能是史前这里就生活着黄、白两种人种，以后形成了两个不同的民族。因为在古代乃至今日，在同一个地区生活着不同人种、不同民族人群的事也是极普遍的。

从我们大量调查中发现，我国柯外尔克孜族的人种所属，主要还是东方的蒙古利亚人，现代柯尔克孜人中90%以上是黄皮肤、黑头发、黑眼睛的体质特点，当然也有少数混入了西方白种人的血统，对于历史上长期杂居的民族，这种融合是不足为怪的，问题是这种融合并未改变其作为一个民族的人种成分。我们在民族的人种成分研究时，不能排斥不同肤色的人融合为一个民族，也更不能排斥混合人种的客观存在。至于柯尔克孜族族源中人种成分的认定应该是：柯尔克孜作为一个古老的民族，其人种成分是蒙古利亚黄种人，在长期的历史发展中，也混入了少数白种人血统，有少部分混合型人种存在。

以上是我们从柯尔克孜族族源的人种成分（种属）上，对柯尔克孜族的种属进行简单的介绍。对于现代柯尔克孜族的族源，我们自然可以上溯到汉以前我国北方的古老的游牧民族坚昆，也即隔昆和鬲昆。为此，我们对克孜勒苏的古老民族柯尔克孜族的历史，将从汉代坚昆开始讲起。

至于有人认为柯尔克孜族的族源与匈奴、突厥同源，是高车、铁勒之一部，是站不住脚的。这是因为：其一，匈奴是同坚昆同时出现在我国北方的两个同时期的古代民族，不存在渊源关系，“源”含有承袭之意，同时代的民族，不能说谁是谁的源。其二，突厥是坚昆之后才出现的古代民族，到南北朝时期始见其名，比坚昆起码要晚六百多年，怎么能够是坚昆之源呢？其三，高车、铁勒也都出现在坚昆之后，都不可能是坚昆之源，至于柯尔克孜在不同历史时期曾在匈奴、铁勒、突厥、回鹘等部统治之下，曾被称作匈奴一部、突厥一部，这只是政权上的隶属关系，与族源毫不相干。至于柯尔克孜族与匈奴、汉、突厥等民族的关系，我们将随着历史的发展详细介绍。

第二节　坚昆的分布

汉以前，坚昆为我国蒙古草原之北的一个游牧部落，其尚未形成国家机制，也不属任何政权统治。地处匈奴之北，与丁零、乌揭等部为邻。到了汉初，随着匈奴势力的强大，逐步统治了北方各部，《汉书·匈奴传》称匈奴冒顿单于北服坚昆等部，从此坚昆隶于匈奴。

《汉书·匈奴传》在谈到坚昆的地理方位时称，“东去单于庭七千里，南去车师五千里”，这就是说汉代坚昆在匈奴单于庭之西，而在车师之北。其具体方位准确地说应该是：坚昆地处丁零之西、匈奴之西北、乌揭之北，这一位置大概就是我们所说的叶尼塞河上游一带。汉代坚昆的人口史无记载，《柯尔克孜族简史》一书根据魏书中当时坚昆“胜兵三万人”进行分析，认为汉代“坚昆的人口当在十万以上”，看来还是符合实际的，由此可知，坚昆在汉代已是我国北方一个不小的部落群体。

第三节　坚昆的社会经济

坚昆的社会经济，汉代史料几无所载，但我们从三国时的史书中却看到了对坚昆社会经济的最基本的记载，《魏略·西戎传》称，坚昆“随畜牧，亦多招，有好马”，这与其相连的东邻丁零“随畜牧，出名鼠皮，白昆子、青昆子皮”和其南邻的乌揭“随畜牧，出好马，有貂”以及《史记·匈奴列传》、《汉书·匈奴传》对匈奴“逐水草迁徙”“随美草甘水而驱牧”“因射猎禽兽为生业”的基本情况，是相同的。这就是说，坚昆人的社会经济是随水草而游牧，以牧为主，兼营狩猎。

考古资料证明，大约在公元前 1 世纪前后，坚昆居住区的畜牧业经济已相当发达。从在墓葬中发现的牛羊骨骼、绵羊皮、山羊皮和牦牛皮以及大量马匹表明，坚昆主要放牧的牲畜有马、牛和羊。从出土的一些装饰品的图案中可以了解到，坚昆人对各种飞禽走兽的形象十分熟悉，最常见的动物图案形象有虎、豹、鹿、野猪、野羊等。这证明狩猎业在坚昆地区占有十分重要的经济地位，也在坚昆人生活中占相当重要的地位。在坚昆地区的出土文物中，还发现不少陶制或木雕的狮头人身像、狮头鹰身像和有翼有角狮身人面像。这些形象更多地出现在饰物的图案中。这是流传在民间的神话传说中的艺术形象在工艺美术品中的艺术再现。这不仅反映了汉代坚昆人的狩猎生活，而且反映了坚昆人的图腾崇拜的习俗和古老的审美意识及较高的艺术水平。手工艺品中最精美的是毡毯，其图案主要有怪兽，有人物，也有几何图案，花纹十分复杂。另外，在出土文物中还有衣服、鞋靴、头饰、马鞍、马衔等马具以及形象奇特的马面具等。在当地大的墓葬中发现，当时还有一种以四匹辕马拉的多辐四轮车，车子有数百个零件，均以木榫和皮带连结，无一件金属零件。

在当地出土的织物均为毛织品，其中还夹杂有中、西亚的毛织物和中原地区丝绸等织物。

从墓葬发掘出来的男尸身上，发现汉代坚昆人有纹身的习惯。花纹多刺在胸部、背部和双腿上，其图案为各种各样的怪兽图，这些动物图案多为其崇拜的图腾。

坚昆人的经济以游牧和狩猎组成，狩猎占比例很大。此时以男性家长为首的家庭已经形成，房屋以原木造成，人们坐在铺着毡毯的地上。在部落首领和富人家中，墙上还挂有毡毯。家用器皿以木制、陶质的和皮制成，一些家庭中开始用小木桌等家俱。

从一些宏伟豪华的大型墓葬及其中的殉葬品来看，贫富已经开始分化，阶级正在逐步形成，一些部落酋长已经积累了大量财富，原始的氏族部落制度正在向奴隶主统治的部落制度转化，奴隶社会正在逐步形成。

在叶尼塞河中上游平原的坚昆地区，其社会经济虽然也是以牧为主，但已经出现了定居的农业。

叶尼塞上游平原地区牧场宽阔，水源充足，牧草丰茂，是典型的草原畜牧业。其畜牧业的特点是以同一血缘的氏族部落为单位，集体生产，大群放牧，逐水草而迁徙游牧，但迁徙的范围不大，各部落有较固定的牧地。牲畜以绵羊、山羊、黄牛、马、骆驼等为主，马和黄牛尤多。马供輓乘和食肉奶，骆驼供骑乘、运载，驼毛做织物，羊供食肉奶和皮毛做衣服织物，因为独特的图腾崇拜，对黄牛只食乳，不宰杀食肉。集体狩猎，猎物多为野羊、貉、狸、兔等，也有猎取猛兽和捕鱼射雁者。对猎物一是食肉，一是用其皮毛。

叶尼塞河上游平原的坚昆地区已经有较发达的定居农耕生产，有以农业经济为主的部落。农作物主要有麦、黍、菽、稷等，且有较复杂的灌溉系统，灌溉农业已相当发达。从岩画中发现人们居住的有钟形的毡帐，四周有山羊群、马群和鹿群，这是以游牧为主的部落，也有以原木为屋和以草泥为屋的居民，屋顶都以草泥封顶，室内有炉灶。在发掘的墓葬中，死者身上的装饰品极多，身旁置有兵器和生产工具。在另一些稍晚的墓葬中，已无真正的生产工具和兵器，代之以各种生产工具和兵器的模型。这些模型有以青铜制作，也有以铁和木制作。有的墓葬中还出土了许多随葬的面具，这些面具是用泥做成，有的还进行了焙烧。从这些面具的形象可以看出，当时在蒙古利亚人种中混杂有欧罗巴人种的特点。兽形纹的饰物和器物亦多有发现，造型夸张而生动，证明当时叶尼塞坚昆人有较高的审美观和较高的工艺美术水平。

墓葬有火葬和土葬两种，火葬的墓葬规模较小，土葬的规模较大。从不同的墓葬可以看出，贫富的差别已很悬殊。大型墓葬地面有石围墙，地下大墓坑中有木椁和大量殉葬品。有的小墓葬仅有墓穴，无其他附属建筑和殉葬品。这是阶级和阶级分化的典型表现。原始的氏族公社的社会制度逐步瓦解，奴隶主统治的阶级社会逐渐形成。

第四节 坚昆与其他民族的关系

汉代坚昆与丁零、乌揭及乌孙人长期毗邻而居，来往十分密切，不仅在生产、生活上互相影响，互相交流，而且语言也属同一语系，在文化艺术上也是相互影响和借鉴。更主要的是这些比较小的部族经常受到匈奴的欺凌、掠抢和残酷统治，因此经常团结起来，与匈奴统治者抗争，这种共同的反压迫、反奴役的利益，使他们之间的关系更加密切。另外，人们在对坚昆的艺术风格进行研究中发现，坚昆艺术中带有明显的斯基泰人（塞种人）的艺术特点，由此可知汉代以前，坚昆与塞种人曾经有过长期的共同交往或杂居，在文化上受塞人的影响极深，而且可能有不少塞人在史前已经融入了坚昆人之中。塞种为欧罗巴白种人，史书中所称的在坚昆人中有一些赤发、绿瞳、白皙皮肤的人，大概与塞种人有关。

汉代坚昆人与汉人有密切的关系。苏联考古学家蒙盖特在《苏联考古学》一书的第四章中称："在叶尼塞坚昆人居住区的米努辛斯克盆地，出土的大约公元前1200—前700年间的青铜器，与同时期的中国北的青铜器很相似。"这又一次证明了坚昆是我国漠北的游牧民族，坚昆居住区不仅在青铜器时代，就是在细石器时代也和我国北方的细石器文化是连成一片的，是共同组成了我国北方的细石器体系。坚昆居住区自古以来就是我国领土的一部分，只是到了明末才被沙俄所侵占，这一点我们将在以后的章节中细述。

汉族经济文化对坚昆地区的影响，早于坚昆尚未出现在史籍记载之前很久，其原因大体是我国中原地区通过蒙古大草原向西北方向经过坚昆地区再通往欧洲大陆草原的丝绸之路。坚昆部处于这条丝路的必经之路上，我国中原与欧洲往来的商贾，大都在这里驻足，我国中原的汉文化必然对这里造成了影响。

考古工作者在叶尼塞河上游流域的汉代坚昆人居住区发现的一座大型的多房间的中国汉族式草泥房屋。房屋是两层，瓦顶。在泥地板下面，发现有与中心炉灶相通的取暖火道，中央大厅开有七道门，房屋内发现的一切器物，都是中国内地汉族或匈奴制造的。在出土的房屋的一个瓦当上有汉代书体的汉文铭文“天子千秋万岁常乐未央”，发现的青铜铺首，呈兽耳、中角、人面形，是最典型的中国内地的建筑建材和汉文化的风格。根据这一宫殿建筑的地址和时间推测可能是汉将李陵或汉代公主王昭君的宫殿。汉将李陵投降匈奴后，深受匈奴单于的宠信，以公主嫁与李陵，并封为右校王，常驻于坚昆地区，李陵死后，其子仍居坚昆地区，曾经是坚昆地区的统治者。把这种宫殿视为李陵及其后裔的宫殿，是有一定道理的。汉公主王昭君远嫁匈奴后，也曾在坚昆地区居住，据传说，柯尔克孜人使用的民族弹拨乐器库姆孜，就是仿照王昭君的琵琶制造的。后来王昭君与匈奴单于之女伊默居次也曾居住在坚昆地区，这所宫殿也可能为伊默居次所居。不管这座宫殿是李陵所居还是王昭君之女所住，但有一点是可以肯定的，即李陵的后裔与王昭君的后代，均已融入了坚昆人之中，这一点是无须置疑的，这也成为我国柯尔克孜族与中原汉族世代友好往来和柯尔克孜部成为我国历代中央政府在北方的可靠屏藩的历史基础。这一点我们也将在以后的章节中细述。

汉代坚昆部与其邻部匈奴的关系，对坚昆的社会经济影响极大，甚至也影响到坚昆人的分布。这一点，我们将在下一节专述。

第五节　坚昆西迁克孜勒苏

坚昆部居匈奴之西北，与匈奴毗邻，随着匈奴势力的强大，便经常欺凌并奴役坚昆部。坚昆部多次联合邻部，推翻了匈奴的统治，暂时摆脱匈奴的控制，但不久又为匈奴所征服，这种斗争，反复进行了近三个世纪。

早在公元前3世纪末的匈奴冒顿单于统治时期，匈奴力量日益强大。此时的匈奴社会正处于以扩张、掠夺为其生产手段的时代，其鼎盛的主要内容和标志，就是其对外的扩张。《史记·匈奴列传》载冒顿单于首先发兵"破灭东胡王，而虏其民人及畜产"，然后回师"西击月氏"，占河西走廊以控制西域。之后，乘楚汉相争之机，"南并楼顶、白羊、河南王"，将其势力扩至肤施（今陕西米脂、榆林）、朝那（今宁夏固原一带）。在击败东西强敌之后，又于汉高祖元年（前206）挥师北上，征服了鬲昆（坚昆）、丁零、新黎等五部，从此坚昆隶于匈奴的统治之下。随后，匈奴又于汉文帝后元三年（前161），派右贤王再次出兵西域，联兵乌孙，追击在塞地（伊犁）立足未稳的大月氏，大月氏被迫南下大夏，乌孙居塞地，而匈奴乘胜征服了楼兰、乌孙、呼揭及其旁二十六国。从此，匈奴日逐王统治了西域。

汉宣帝本始三年（前71），汉王朝与乌孙、丁零、坚昆等联兵，共击匈奴。在联军的强大攻击下，匈奴大败，各部远遁。《汉书·匈奴传》称："匈奴大虚弱，诸国羁属皆瓦解，攻盗不能自理。"坚昆在此时也暂时摆脱了匈奴的统治。《汉书·匈奴传》称，到了汉宣帝黄龙元年（前49），匈奴郅支单于"北击乌揭，乌揭降，发其兵西破坚昆，北降丁令（零），并三国。数遣兵击乌孙，常胜之。坚昆东去单于庭七千里，南去车师五千里，郅支留都之"。这就是说，随着匈奴的复兴，不仅再次征服了坚昆部，并且将其国都建于坚昆居住的叶尼塞上游地区，坚昆再次陷入匈奴单于的直接统治之下。汉元帝元初五年（前44），郅支单于离开坚昆地区，迁都康居。此后坚昆部又在匈奴呼韩邪单于的统治之下。汉光武帝建武二十四年（48）匈奴分裂为南、北两部，坚昆处于北单于统治之下。

汉章帝元和二年（85），汉王朝联合南匈奴共击北匈奴，得到了北匈奴统治下的坚昆、丁零及西域各部的支持和配合。《后汉书·匈奴传》称，这一军事行动，联军彻底摧毁了北匈奴政权，使其“不复自理，乃远引而去”。这里值得注意的是，兵败后的北匈奴举部西迁，而也有部分坚昆人作为追兵，尾随匈奴之后，向西迁徙，直到天山深处的尉头国，并且在这里住下来，从事游牧生产。

这就是说，从公元1世纪的东汉时期，已经有部分柯尔克孜族迁入克孜勒苏地区了。这一部分人的迁入虽然在当时当地没造成什么影响，但是他们对以后整个西南天山地区的政治社会产生了巨大的影响，特别是对克孜勒苏地区的历史产生着决定性的影响。

（节选自《克孜勒苏地方史稿》第六章）

图 瓦 人 考

图瓦人是蒙古民族中特殊的一支，同时也是突厥语民族中特殊的一支。其特殊主要表现在：在民族归属上，图瓦人是属于我国蒙古族，但在其语属中却非蒙古语，而是突厥语族，在文化上更是蒙古文化与突厥文化的混合文化。这一特殊性，充分体现了民族发展中的同化和异化。因此，研究、考证图瓦人的历史文化，同样也具有特殊的意义。

一、图瓦人的历史

图瓦人的历史渊源，可上溯到我国唐代生活在北部叶尼塞河流域的都播部，这一点已是史学界的共识，是无争的史实。唐代，都播部是与弥列、哥饿支同为黠戛斯的附属。《新唐书 · 回鹘传》附《都播传》称："都播，亦曰都波，其地北濒小海，西坚昆，南回纥，分三部，皆自统治。"这就载明唐代图瓦人分布在叶尼塞河东岸，与回纥、坚昆部为邻。《新唐书 · 回鹘传》附《黠戛斯传》又记录了都播部与黠戛斯部的关系，称"坚昆之人得而役使之"，这证明都播部是属于黠戛斯部，受坚昆人的役使。

同时书中又将都播、弥列、哥饿支同称“三木马突厥”或“木马三突厥”，可见其同为突厥语民族之一部，或者这“木马三突厥”本来就是一部，且同属坚昆部之役属。

能够证明图瓦人与古柯尔克孜人历史上的从属关系的，还是巴尔托里德的《突厥蒙古民族史》一书。该书第五部分称：17 世纪初，叶尼塞吉尔吉斯有四个王国，即图瓦王国、叶泽尔王国、阿勒蒂尔王国和阿勒蒂萨尔王国。这就明白肯定了图瓦人是古柯尔克孜人的一部。同时该书还记载了大量图瓦人与柯尔克孜人、蒙古人共同抗击入侵叶尼塞河流域的沙俄侵略者的事迹。如该书载：1632 年，吉尔吉斯人和图瓦人在克拉斯诺亚尔斯克城下抗击俄国人，并杀死若干名侵略者。伊·亚·兹拉特金在《准噶尔汗国史》第三章中也载：1667 年，准噶尔台吉僧格率五千人驻在叶尼塞吉尔吉斯、图瓦人居地，向俄国人索取被他们强占过去的吉尔吉斯人和图瓦人，并警告说，“如果不放吉尔吉斯人和图瓦人回原地，那么，卡尔梅克僧格台吉理所当然要派卡尔梅克人和吉尔吉斯人组成的大军来攻打克拉斯诺亚尔斯克城”。不久，僧格的军队包围了俄国人占据的克拉斯诺亚尔斯克城。

从以上文献记载中我们可以了解到古代图瓦人与柯尔克孜人的关系，即从唐代直至明清，图瓦人的居地为叶尼塞河流域，是隶属于柯尔克孜人的属部，这是其一。

其二，从图瓦人的分布、语言，也可考证出图瓦人与古柯尔克孜人的关系。据史料所载，从唐代到明清，图瓦人主要分布在叶尼塞河东岸。这里自古以来就是古柯尔克孜人生息繁衍之地。特别是唐代，古柯尔克孜曾在这里建立了强大的黠戛斯汗国。图瓦人作为紧附于黠戛斯腹地的小部，隶属于其部，是唯一的出路，是历史发展的必然。从语言文化上看，图瓦人与柯尔克孜人同属阿尔泰语系突厥语族东匈语支，语言是十分相近的，这自然也有利于民族的融合。从近日笔者在图瓦人居住区的初步调查，也可得出同样的结论。如图瓦人的管乐器木笛“苏卧尔”与柯尔克孜族的民间管乐器“秋吾尔”，不仅造型十分相似，而且名称也十分相近；图瓦人的另一种弹拨乐器，与柯尔克孜民族乐器库姆孜不仅在型制上而且在音量音色上也极其相似；图瓦人使用的滑雪板，与古柯尔克孜人在叶尼塞时使用的滑雪板也十分相似；笔者在与图瓦老人的交谈中试用柯尔克孜语，图瓦人不仅能够听懂，且不少词汇完全相同，语音也十分相近。图瓦老人也称他们祖上传说是从叶尼塞河东岸迁来的。这一切都证明图瓦人历史上与叶尼塞古柯尔克孜人的关系。

其三，《太平寰宇记》驳马条载：唐代在叶尼塞河东岸有“累木为井栏，桦皮盖以为屋”的“林木中百姓”。到了1582年，沙伊费在他的突厥文手稿中又提到了在额尔齐斯河一带的原始森林中的柯尔克孜人中，有“林木中百姓”，称这些人“与蒙古人同种”。记其习俗有：“他们不把死者掩埋入地下，而是把盛着尸体的棺木放在高树上，任其腐烂和消失。”这部分人，应该就是当时住在布尔津喀纳斯一带的蒙古乌梁海图瓦人，是从叶尼塞河东岸西迁，并逐步蒙古化了的突厥人。

以上史料，可以充分证实图瓦人原居叶尼塞河东岸，与古柯尔克孜人毗邻和杂居，曾长期隶属于古柯尔克孜部，是我国古代突厥语民族之一部，以后部分图瓦人逐步西迁与蒙古人杂居并逐步蒙古化，为蒙古族中使用突厥语的特殊的一支。

二、古代图瓦人习俗

古代图瓦人主要分布于叶尼塞河流域的密林之中，又是木马三突厥之一部，长期受古柯尔克孜人的役属。因此，其习俗与所居地的地理环境以及邻近部族的影响有密切关系。

《新唐书·回鹘传》附《都播传》对图瓦人习俗的记载是：“其俗无岁时，结草为庐。无畜牧，不知稼蔷，土多百合草，掇其根以饭。捕鱼、鸟、兽食之。衣貂鹿皮，贫者缉鸟羽为服。其婚姻富者纳马，贫者效鹿皮草根。死以木棱敛，置山中，或系于树。送葬哭泣，与突厥同。无刑罚，盗者倍输其赃。”这一段文字不须作任何解释，已将唐代图瓦人的社会经济生活记述得清清楚楚。即当时的图瓦人是不从事农耕和畜牧业，仅是以狩猎、捕鱼为生的猎户或渔民。以兽皮和鸟羽蔽体，甚至兽皮和草根已作为主要的家庭财富，用于婚嫁时的聘礼。由此可见，兽皮和草根是充饥御寒的主要衣物和食品，仍然处于一种半原始的生活状态之中。

关于唐代叶尼塞图瓦人的渔猎生活，波塔波夫在《图瓦人》一书中，更有详细的记载。称叶尼塞图瓦人的主要猎物是野马、骨咄、黄羊、羱羊、黑尾；捕捞的鱼类有篾鱼、莫痕鱼；射猎的鸟类有雁、鹜、乌鸦、鹊、鹰、隼等。

另外，史书对叶尼塞图瓦人的狩猎方式和交通工具，记载十分详细。如《新唐书·回鹘传》附《黠戛斯传》中载：叶尼塞东岸的猎民“俗乘木马，驰冰上。以板籍足，屈木支腋，蹴辄百步，势迅激”。《通典》拔悉密条称其“以木为马，雪上逐鹿。其状似盾而头高，其下以马皮顺毛衣之，令毛著雪而滑，如着舄屐，缚之足卜。若下阪，走过奔鹿；若平地履雪，即以杖刺地而走，如船焉；上阪即以手持之而登”。

这里的“木马”，实际上就是滑雪板，这种滑雪板笔者前不久还在布尔津县喀纳斯河畔图瓦人的居室中亲眼所见。同室壁上还挂着图瓦人狩猎使用的弓箭。

这里，应该引起注意的还是图瓦人与柯尔克孜人的关系问题。如波塔波夫在《图瓦人》一书中所记古代图瓦人的习俗，多引用黠戛斯的资料。而巴尔托里德在《突厥蒙古民族史》中，谈到吉尔吉斯习俗时，有不少引用的是图瓦人的资料。这不仅证明古代柯尔克孜人与图瓦人共同杂居，生活习俗十分相近，更说明古代柯尔克孜人与图瓦人不可分离的密切关系。其中一些习俗，在今日柯尔克孜、图瓦人中依然保留着。

三、图瓦人的西迁

图瓦人最早居住在叶尼塞河流域，这已是不争的史实。但是我们在研究考证图瓦人的历史时，经常遇见这样的记载：13—14世纪，图瓦人已活跃在阿勒泰乌梁海人之中，不少图瓦人也自认他们的祖先早在六七百年前已迁移到了喀纳斯一带。但是史书上又记载，17—18 世纪图瓦人又是叶尼塞流域吉尔吉斯四部之一的图瓦王国，且与入侵叶尼塞流域的俄国侵略者进行过长期的艰苦斗争。要弄清楚这些看似矛盾实际并不矛盾的记载，就必须对图瓦人的迁徙进行考证和研究。

图瓦人历史上有两次大的西迁。第一次是 13 世纪初，部分图瓦人随成吉思汗的部队西征。这次西征除蒙古军队外，尚有部分吉尔吉斯、图瓦人参加。西征的图瓦人中的一部分留在阿勒泰乌梁海蒙古人之中，在与蒙古人的共同生活中，逐步接近蒙古人，最终形成蒙古族的一支。但其作为突厥语的母语仍然没有变，便成为操突厥语的蒙古族。然而参加西征的图瓦人毕竟是叶尼塞图瓦人中极少的一部分，大部分图瓦人仍然聚居在叶尼塞故地。

图瓦人第二次西迁大约是 18 世纪之初。17 世纪中叶，作为欧洲国家的俄罗斯帝国大举向亚洲扩张。叶尼塞河流域的吉尔吉斯、图瓦人居住区成为其东侵的主要目标。广大吉尔吉斯人、图瓦人在进行了长达几十年的英勇抵抗之后，由于未能得到明王朝国家军队的支援而力不能支，最后不得不忍痛离开生息繁衍的故地而向西迁徙。西迁的部分图瓦人留在了阿勒泰乌梁海地区，与早年迁入的图瓦人汇合。从此，布尔津的喀纳斯河畔，就成了我国图瓦人的聚居地。

客观地说，叶尼塞吉尔吉斯部的西迁，是举部西迁。而图瓦人只是少部分人随着吉尔吉斯部西迁。留在叶尼塞的图瓦人，后来成了俄罗斯的图瓦共和国。西迁的图瓦人由于长期与蒙古、哈萨克人杂居，在生活习俗、宗教信仰，特别是由于对成吉思汗的崇拜，在民族意识上，逐步蒙古化，最终成为我国蒙古族的一支。而在语言上，虽然吸收了大量的蒙古语的词汇，但仍未脱离其母语突厥语，成为我国唯一的操突厥语的蒙古族。

（此稿原载《新疆地方志》）

柯尔克孜族对人类的重大贡献

——《玛纳斯》“申遗”始末

2009 年 9 月 30 日，联合国教科文组织向世界公布，“《玛纳斯》列入人类非物质文化遗产代表作名录”，这是联合国教科文组织政府间委员会根据我国政府的申报，经过认真评审之后作出的决定。《玛纳斯》入选“人类非物质文化遗产代表作名录”，这标志着柯尔克孜族英雄史诗《玛纳斯》已由我国政府确认并收入我国首批国家级非物质文化遗产代表作名录上升为联合国确认的全人类的非物质文化遗产代表作名录，这就是说，《玛纳斯》作为人类非物质文化遗产的代表作，它的价值和影响，已经得到了国际组织的权威认定。

《玛纳斯》入选人类非物质文化遗产，这是柯尔克孜族人民献给全人类的最宝贵的精神财富，是对人类的重大贡献。

《玛纳斯》是柯尔克孜族全民族以近千年的智慧，世代相继，创造和传承的不朽的民间文学精品。民间口头文学精品，是千百年来，无数个传唱者淘沙取金，打磨雕凿而成，这样的文化精品，自然要被人类所钟爱，被社会所重视，从而成为全人类共同认同、共同珍惜和保护的文化遗产，使之永世流传并发扬光大。

柯尔克孜族的英雄史诗《玛纳斯》就是这样一部闪着耀眼光辉的宝贵文化遗产，然而它进入世界文学艺术之林，正式在联合国申遗成功，还是经历了漫长而艰难的历程的。

一

克孜勒苏柯尔克孜自治州申报《玛纳斯》为联合国人类非物质文化遗产代表作名录工作早在2003年初就已经开始了，那时我国只有昆曲和古琴两个代表作入选。时任州长的买买提艾山·托乎达力根据州委史志办和州作家协会的提议，安排州委史志办编审贺继宏、州政府办公室主任刘开臣代表自治州人民政府做《玛纳斯》申报联合国人类非物质文化遗产代表作名录的准备工作。从此拉开了《玛纳斯》申遗工作的序幕。

2003年4月，自治州人民政府即以“《玛纳斯》的保护与传承、转型与发展”为题，写成将《玛纳斯》申报为联合国人类非物质文化遗产代表作的报告，并以自治州人民政府文件，正式上报自治区文化厅转呈文化部。

时任自治区文化厅党组书记、副厅长的吕家传，对这份报告十分重视，因那时自治区文化厅还未成立非物质文化遗产保护机构，吕家传书记将报告交当时任社会文化处的马迎胜处长处理申报。这一报告很快被送到文化部，文化部又转到当时负责人类非物质文化遗产代表作名录申报工作的中国艺术研究院，当时这一文化项目被称作“人类口头和非物质文化遗产代表作”。

中国艺术研究院作为当时代表我国政府向联合国申报人类口头和非物质遗产代表作名录的论证、评选、申报单位，对克孜勒苏柯尔克孜自治州的这一申报意见更是十分重视。因当时的报告中针对《玛纳斯》的保护和传承、转型和发展问题独到的论述和见解，中国艺术研究院特邀自治州派代表参加当年12月8日在北京召开的“中国少数民族艺术遗产保护及当代艺术发展国际学术研讨会”。在会上，自治州代表将《关于将〈玛纳斯〉申报为“联合国人类口头及非物质文化遗产代表作名录”的报告》改作《关于人类口头及非物质文化遗产〈玛纳斯〉保护和传承、转型和发展的探讨》的论文提交大会。

论文的内容提要是：柯尔克孜族的英雄史诗《玛纳斯》是我国三大史诗之一，是流传千古的民间文学千年绝唱，而且现在依然在柯尔克孜民间流传，是活形态的史诗。

但是，随着社会的发展，这一宝贵的文化艺术遗产如不加以有力的保护，将面临着断代和失传的危险。因此，对这一文化艺术遗产的保护和传承、转型和发展便是我国政府，特别是克孜勒苏柯尔克孜自治州人民政府义不容辞的责任。

我国从 20 世纪 60 年代初期开始在民间搜集、记录、抢救《玛纳斯》，虽然已取得巨大成就，但还需进一步发掘、抢救和保护，通过保护和传承、转型和发展，使千年民间口头文化艺术遗产《玛纳斯》重现芳华，再放异彩。

目前，在《玛纳斯》抢救与保护中，最紧迫的任务是：

一、《玛纳斯》的保护和传承

（一）对现有《玛纳斯》歌手特别是年事已高的歌手的演唱和表演进行录音和录像，使他们演唱表演时的音韵风采以及演唱时听众云集的场面和激情得以保存下来，以免因为这些代表人物的消失，这一遗产无法继承下去。

（二）培养新的《玛纳斯》歌手，特别是小歌手、年轻歌手，使《玛纳斯》史诗演唱、传承后继有人，使这一活形态的史诗继续活下去。

（三）建立《玛纳斯》史诗博物馆，永久保存史诗资料，将在民间流传千年的活形态的史诗浓缩在一个既集中又高雅的殿堂之中，有一个充分展示的机会。

（四）在民间建立传承机制，使史诗在民间仍然有传承的环境和条件。可以在部分学校之中开设《玛纳斯》课程，使青少年一代对《玛纳斯》有一个更深的了解。

二、《玛纳斯》的转型和发展

《玛纳斯》是口头的无形的文化遗产，是非物质的，又是动态的，这一非物质遗产一旦消亡之后，是不能再生的，对这种文化生态，既要保护，又不能凝固起来，而是要让它发展，与时代一起前进，因此必须做好转型，通过转型，将其改编成音乐、舞蹈、戏曲、电影、电视，搬上舞台和银幕。

三、申报《玛纳斯》史诗为联合国人类口头及非物质文化遗产代表作品

《玛纳斯》是全人类口头及非物质文化遗产，其流传遍及中亚，其研究更是国际性的重大课题，因此将《玛纳斯》申报为联合国教科文组织确认的人类口头及非物质文化遗产代表作品，这样既有利于《玛纳斯》的保护和传承，又是我国向全人类作出的重大文化贡献。

与会国内外专家学者对《玛纳斯》保护和传承、转型和发展的讨论十分感兴趣，同时也引起了新闻媒体的关注，《中国文化报》在《世界需要文化多样性》和《中国艺术报》在《让少数民族文化遗产活起来》的专题报道中，都专门对《玛纳斯》的保护和传承、转型和发展进行了报道。

会议斯间，自治州代表曾向现任文化部副部长，时任中国艺术研究院常务副院长，大会主持人王文章汇报了自治州欲将《玛纳斯》申报为联合国人类口头和非物质文化遗产代表作名录的意见，同时还就《玛纳斯》“申遗”问题与中国民族民间文化保护

工程国家中心副主任吴文科全面交换了意见。吴文科介绍了当时申报联合国人类口头和非物质文化遗产代表作名录的形势：按照联合国教科文组织制定的“代表作”申报的原则，每个国家每两年只允许有一个项目入选，虽然我国已连续两届有昆曲、古琴入选，但是我国有三十多个省市、五十多个民族，每一个省区、每一个民族都有各自不同的优秀口头和非物质文化遗产，都想申报为联合国人类口头和非物质文化遗产代表作名录，各民族、各省区的竞争是十分激烈的。就在这次会上，新疆参加的六名代表中，包括自治区人民政府副秘书长、自治区文化厅党组书记、自治区艺术研究所所长、研究员以及新疆木卡姆艺术团团长和两个木卡姆艺术团，都是为申报新疆木卡姆作宣传舆论的，贵州省、内蒙古自治区也派出了庞大的演出团体和专家学者，为各自的申报名录进行造势。按正常程序两年报一个，何时才能轮到《玛纳斯》，真是不可预料。

《玛纳斯》的“申遗”工作任重而道远！

不过，吴文科副主任又为自治州代表指出了一条可行之捷径，他说：“《玛纳斯》确实是一部十分典型的影响巨大的口头文化遗产，又是与邻国共同拥有的，更该早申报。根据联合国的申报原则，如果两个国家联合申报同一项目，则不占本国指标。”因此他建议克孜勒苏柯尔克孜自治州与邻国吉尔吉斯斯坦联合申报《玛纳斯》。

此时，正值自治州与吉尔吉斯斯坦联合召开《玛纳斯》电视连续剧剧本创作协作会，从阿图什、乌鲁木齐直到北京先后召开过四次会议，在每次会上，自治州都曾向吉方提出共同申报《玛纳斯》的议题。在以后的几年中，自治州与吉方进行过多次友好交流和考察，自治州政府主要领导人都曾向吉方提出两国联合申报《玛纳斯》的意向，每次吉国方面都表示赞同，但始终也未能进入真正实施的步骤。

二

联合国教科文组织继1972年签署的《保护世界文化和自然遗产公约》之后，又于1997年创立了“人类口头和非物质文化遗产代表作”公告制度，随后又于2003年10月通过了《保护非物质文化遗产公约》，该公约于2006年4月生效，我国是缔约国之一，为了履行我国加入联合国教科文组织《保护非物质文化遗产公约》的义务，2005年经国务院同意，建立国家级和省、市、县级非物质文化遗产代表作名录体系。当年由自治区文化厅会同自治州人民政府和自治区文联，组成申报《玛纳斯》为国家级首批非物质文化遗产代表作名录的申报班子，撰写申报书和拍摄申报片，同时自治州人民政府成立自治州非物质文化遗产保护工作领导小组，负责自治州非物质文化遗产代表作名录的申报和保护工作。《玛纳斯》申报书和申报片经自治州非物质文化遗产保护工作领导小组审查通过后以人民政府的名义上报自治区文化行政部门。当年年底，《玛纳斯》便成功申报为国家级首批非物质文化遗产代表作名录。

《玛纳斯》申报书分为：一、基本信息；二、项目说明；三、项目论证；四、项目管理；五、保护计划；等内容。其中保护计划中确定五年中保护内容共十六项。从此，自治州对史诗《玛纳斯》的保护和传承、转型和发展即按照国家级非物质文化遗产代表作名录的管理规范，坚持“保护为主、抢救第一、合理利用、传承发展。正确处理保护和利用的关系，坚持非物质文化遗产保护的真实性和整体性，在有效保护的前提下合理利用，防止对非物质文化遗产的误解、歪曲或滥用。在科学认定的基础上，采取有效措施，使非物质文化遗产在全社会得到确认、尊重和弘扬”的工作指导方针和“政府主导、社会参与，明确职责、形成合力；长远规划、分步实施，点面结合、讲求实效”的工作原则。力求达到“通过全社会的努力，逐步建立起比较完备的、有中国特色的非物质文化遗产保护制度，使我国珍贵、濒危并且有历史、文化和科学价值的非物质文化遗产得到有效保护，并得以传承发扬”这一国家规定的非物质文化遗产保护工作目标。自治州人民政府对《玛纳斯》按照这一工作目标、工作指导方针、工作原则，根据自治州的实际，逐步完善保护机制，加强保护力度，在有效保护的同时进行合理的利用。

在这种大好时机和机遇下，自治州人民政府始终坚持不懈地为《玛纳斯》申报为联合国人类非物质文化遗产代表作名录而努力。

三

随着世界各国对非物质文化遗产保护工作的重视，各国希望收入人类非物质文化遗产代表作的呼声日高，联合国教科文组织对申报人类非物质文化遗产代表作名录的申报原则有了新的改变，确定收入人类非物质文化遗产代表作的申报分为“代表作”和“濒危作”两项内容分别申报，即对于价值高、影响大的非物质文化遗产项目，以“人类非物质文化遗产代表作”名录进行申报，且对每一个国家不限指标。对于濒危急需抢救保护的非物质文化遗产项目，以濒危非物质文化遗产项目进行申报。

这一申报原则的改变，对于像我国这样非物质文化遗产十分丰富的大国十分有利，放开了两年一个的指标限制。对于《玛纳斯》的申报，也是一个极好的新机遇。

2008 年 8 月，在文化部的重视、关怀和派专家指导下，自治区文化厅组织克孜勒苏柯尔克孜自治州、自治区文联组成柯尔克孜史诗《玛纳斯》申报联合国人类非物质文化遗产的工作班子，开始制作《人类非物质文化遗产代表作名录申报表》和《柯尔克孜史诗〈玛纳斯〉》申报片。申报材料经专家论证会反复论证修改后报文化部。申报材料由经授权代表我国政府（缔约国）的负责人签字后在9月30日前报联合国教科文组织非物质文化遗产处。

《人类非物质文化遗产代表作名录申报表》分为以下内容：A. 缔约国：中华人民共和国；B. 遗产名称：中国柯尔克孜史诗《玛纳斯》；C. 相关社区、群体或个人；D. 推荐项目的内容简介。申报材料内容主要为：遗产的地理位置和范围、遗产体现的领域、遗产的说明、遗产的保护措施等。在保护措施中，除介绍了最近和现在我国政府为保护这一遗产所做的努力外，提出了未来五年我国政府对申报项目《玛纳斯》所提出的六条主要保护措施：1. 在《玛纳斯》流传较为集中的社区，建立《玛纳斯》生态保护区和保护机构，支持和鼓励民众依传统举办有助于本遗产存续的各项活动；2. 依法增加对玛纳斯奇的资助，鼓励其扩大演唱活动频率和范围、从家传或师传方式培养年轻的玛纳斯奇；3. 选编史诗《玛纳斯》乡土教材，纳入本民族中小学语文课程，包括史诗内容和主要唱法、风格等；4. 建立《玛纳斯》数据库，开设专门网站，利用现代传媒手段提升《玛纳斯》的可见度和认知度；5. 支持和鼓励相关社区民众开展《玛纳斯》演唱活动，并支持专业艺术团体增加《玛纳斯》演唱内容，在更大范围扩大民众对《玛纳斯》的了解；6. 以柯尔克孜文陆续出版居素普·玛玛依演唱文本以外的其他《玛纳斯》文本，启动《玛纳斯》英文版翻译出版工作，编辑出版《玛纳斯》辞典，推动《玛纳斯》学术研究。

2009年9月30日，联合国教科文组织保护非物质文化遗产政府间委员会第四次会议在阿布扎比召开，审议并批准列入《人类非物质文化遗产代表作名录》的76个项目，其中包括中国申报的22个项目。

柯尔克孜英雄史诗《玛纳斯》名列其中。

至此，申报《玛纳斯》为联合国“人类非物质文化遗产代表作名录”的“申遗”工作胜利结束。

这是柯尔克孜全民族的大喜事，全民喜悦，全民欢庆。

这又是柯尔克孜全民族需要承担的责任，作为缔约国、申报国，我国政府向世界承诺，将认真履行《保护非物质文化遗产公约》的各项义务和责任，对《玛纳斯》进行保护和传承、转型和发展，同时我国柯尔克孜族民众，特别是《玛纳斯》所在社区及群体或个人都将对《玛纳斯》的保护有所承诺，对《玛纳斯》的保护承担义务和责任。

不仅是天山南北、帕米尔高原的柯尔克孜族，就是远在白山黑水之间的黑龙江柯尔克孜族，在欣喜之余也表示，尽管语言不同、不会唱《玛纳斯》，但是同样也要对民族英魂《玛纳斯》这一人类宝贵的文化遗产承担保护和传承、转型和发展的义务和责任。

申报和入选代表作名录并不是目的，最终的目的是在联合国《保护非物质文化遗产公约》和我国宪法第二十二条“国家保护名胜古迹、珍贵文物和其他重要历史文化遗产”及相关法律、法规之下，认真做好《玛纳斯》的保护和传承、转型和发展，使《玛纳斯》在有效保护的前提下合理利用，并世代传承和发扬光大。

这是需要世世代代、子子孙孙不懈努力的永无止境的伟大工程，真是任重而道远！

黠戛斯汗国及其与唐王朝的关系

（一）

唐代，柯尔克孜族被称作“黠戛斯”，但又保持了“坚昆”之名，有时候是两种名字同时使用，如唐朝正史中对柯尔克孜的称谓是“黠戛斯”（意为黄头赤面者），但在柯尔克孜族地区又建立“坚昆都督府”，称柯尔克孜为坚昆。唐代是柯尔克孜在漠北建国称雄的发展时期，又是与唐中央王朝关系最密切的时期。

汉代以后，我国又经历了三国、两晋、南北朝的分裂和隋朝的统一，到了唐朝近四百年中，随着我国中央政权的多次更迭，社会政治局势发生了重大变革，在此期间，漠北的局势也随之发生了重大变化，受到了重大影响。

匈奴西迁之后，鲜卑逐渐兴起，很快就占据了匈奴故地，此时的坚昆又称作“纥骨”，处于鲜卑的统治之下。鲜卑之后柔然、高车部又逐渐强盛，也曾先后雄踞漠北，此时的柯尔克孜又称作“护骨”部，曾一度隶属柔然、高车的统治。6 世纪中叶，突厥在漠北迅速崛起，并统治漠北诸部，此时的柯尔克孜部称作“契骨”部，也在突厥的控驭之中。突厥对漠北诸部的统治十分残酷，从而引起了诸部的强烈反抗，《隋书·突厥传》称：“东夷诸国，尽挟私仇，契骨之徒，切齿磨牙，常伺其便。”由此可见契骨等部与突厥统治者矛盾的尖锐和激烈。这里的“尽挟私仇”和“磨牙切齿”，便是统治者的残酷统治和压迫在被统治各部群众心中埋下了深深的仇恨的种子；“常伺其便”便是被统治的契骨等部时时刻刻寻找机会对突厥统治集团的反抗和袭击。

公元618年，唐朝取代隋朝政权。唐朝的统一和发展，以及对漠北及其他边疆地区的影响都超过了以前所有朝代。唐朝对边疆地区的经营对古柯尔克孜的兴起和发展起到了重要的作用。柯尔克孜与唐朝特别密切的关系，也远超过了历朝历代，而柯尔克孜在唐代的快速发展和在漠北所起的作用，更是彰彰可表。

唐朝建立之后，对漠北的第一要政即是打击削弱突厥势力，使漠北和西域各部在唐王朝的统一管理之下，共同发展。在唐军打击突厥分裂割据势力的战争中，黠戛斯起到了十分积极的作用，作出了卓越的贡献。

唐对黠戛斯地区的管理首先是与黠戛斯部互派使节，加强了解，其次就是在黠戛斯地区设立政权机构，册封任命黠戛斯首领为军队和地方行政长官，共同治理黠戛斯地区。同时唐朝中央政权在与黠戛斯地方政权之间通过朝贡、封赐等形式，进行物资交流，促进经济发展。

据北宋乐史编著的地理总志《太平寰宇记》黠戛斯条载：黠戛斯脱离突厥的羁绊之后，首次派使臣到唐，贞观十七年（643）坚昆遣使向唐王朝“贡貂裘及裘皮”，表示了回归唐王朝的意愿。到646年，唐王朝即于漠北设立燕然都护府以统漠北诸部，黠戛斯部即属其统辖。贞观二十二年（648），黠戛斯首领俟利发·失钵屈阿栈至长安，朝见大唐皇帝唐太宗。唐太宗李世民对黠戛斯首领至唐十分重视，召群臣设御宴热情款待。在宴会上，唐太宗盛赞黠戛斯助唐打击突厥的功绩与大义。失钵屈阿栈即对奏曰："臣既一心归国，愿得国家官职，执笏而已。"表达了黠戛斯一心向唐的良好意愿。对于心向统一的黠戛斯首领，唐太宗十分相信和敬重，于是在黠戛斯地区设坚昆都督府，隶于燕然都护府，授失钵屈阿栈左屯卫大将军兼坚昆都督。

永徽四年（653）黠戛斯首领又遣使至唐朝贡，称境内有不少中原人，欲放还，请派一使臣受领。唐高宗即遣范裕多赍金帛以往认领赎回。直至天宝朝，双方往来甚密，黠戛斯向朝廷朝贡不绝，唐朝对黠戛斯也多有恩赐馈赠。

唐圣历三年（700）武则天宣诏称："东到高丽国，南至真腊国，西至波斯、吐蕃、坚昆都督府，北至契丹、突厥并为入番，以外为绝域。"重申了黠戛斯部与唐王朝的藩属关系。708 年黠戛斯使者到唐，受到中宗的热情款待。中宗在欢迎黠戛斯的盛宴上向群臣讲了黠戛斯中有一部分人是汉朝李陵后代的这一传说，以此为据与黠戛斯联宗，认为黠戛斯与唐王朝均为李姓，为同姓同宗，并对使者讲："尔国与我国同宗，非他藩比。"表示了唐朝与黠戛斯的特殊关系，使者为此十分感动。同时，又封黠戛斯首领骨笃禄毗伽可汗为右武卫大将军兼坚昆都督。唐代先后被封为大将军的还有伊悉钵舍友者毕施颉斤、俱力贫贺忠颉等坚昆大首领。

（二）

唐代，随着黠戛斯势力的日兴，这支驰骋于漠北草原的生力军，已经是唐朝政府维护漠北稳定、征讨分裂势力和叛逆的有力助手和支持者。黠戛斯部曾多次参加唐军打击突厥势力的军事行动。如公元 710 年，唐中宗在一道征讨后突厥的诏书中提到黠戛斯曾屡次要求与唐朝联军以讨后突厥的封章时说："坚昆在右，犄角而东，并累献封章，请屠巢穴。"由此可知，黠戛斯部作为唐朝政府在漠北最信任的藩部，曾为唐军讨伐后突厥拟订了周密的作战计划。公元718年唐朝派三十万大军进讨后突厥，坚昆都督，右武卫大将军骨笃禄毗伽可汗率其部众参加了这次战争，战后唐玄宗在诏书中夸耀黠戛斯部的军威时说："弧矢之利，所向无前。"

宋代王钦若、杨仪等奉旨编修的《册府元龟》卷九五八《外臣部·国邑二》载：结骨部，胜兵八万，户数十万，同时记载了黠戛斯与唐王朝的往来："唐高宗上元二年二月，坚昆献名马；中宗景龙二年十一月，坚昆遣使来朝，同年十二月，坚昆再次遣使来朝，中宗宴坚昆使于两仪殿；玄宗开元十二年十二月，坚昆遣使献马，天宝六载四月，坚昆献马九十八匹，同年十二月，坚昆及室韦献马六十匹，令西受降城使印而纳之。"由此可见自唐初黠戛斯与唐通好，直至回鹘势力日张，阻隔黠戛斯与唐交通和往来前，黠戛斯与唐一直有频繁的往来。

当突厥势力逐步削弱之时，漠北与黠戛斯部同时兴起的还有回鹘部，且这两部又先后建立了自己的政权回鹘汗国和黠戛斯汗国。回鹘汗国力量大张之时，曾对黠戛斯汗国进行了两次致命的打击。一是公元758年，回鹘汗国对黠戛斯汗国发动突然袭击，打败了黠戛斯汗国，并且切断了黠戛斯汗国与唐朝的联系。但是黠戛斯汗国还是千方百计冲破回鹘汗国的阻挠，恢复与唐朝的往来。就在事隔五十年之后，回鹘汗国又一次对黠戛斯汗国进行突袭，不仅重创了黠戛斯的军队，而且射死了黠戛斯汗国的汗王。这一次对黠戛斯汗国的打击是十分惨重的，回鹘汗国自称"破坚昆五万人"，致使黠戛斯汗国"牛马谷量，器械山积，国业荡尽，地无居人"，一片荒凉。

经历了这两次沉重打击的黠戛斯汗国，面对困境励精图治，发愤图强，卧薪尝胆，不到五十年时间，不仅再次得到了民族复兴，而且开始了对回鹘汗国以牙还牙的反击。公元840年，面对回鹘汗国的重大灾荒和严重内乱，黠戛斯汗国积极筹划着向回鹘用兵的复仇计划。恰在这时，回鹘汗国统治集团内部的一部分人主动投靠黠戛斯汗国，与黠戛斯汗国联兵，一举摧毁了回鹘汗国。

（三）

黠戛斯大破回鹘汗国，脱离了回鹘的羁绊，特别是打通了与唐朝往来的道路，其本土直接与唐相接，其部成为唐朝在漠北的屏障，并在行政上直接受唐朝中央政权的管理。在一些军事行动上也受唐的支持和调遣。对于这一时期黠戛斯与唐中央政权之间的关系和往来，史书多有记载。

《新唐书》卷二百一十七下，列传一百四十二下《回鹘下》载："乾元中，为回纥所破，自是不能通中国。"这是记载的黠戛斯汗国遭回鹘汗国侵袭而隔绝与唐王朝往来之事。对此，唐武宗李炎朝的宰相李德裕在其代皇帝所撰写的《赐黠戛斯书》中也有详述：黠戛斯将军谛德伊斯难珠来朝，奉可汗之书称往昔与朝廷少与往来，主要是因为"金石路已隔绝"①，同时又称可汗"欲除却两楹间恶刺"②。这里的"路已隔绝"，指的就是黠戛斯为回鹘羁绊，阻止其与唐王朝来往之事，信中"欲除却两楹间恶刺"，"两楹"即为唐王朝与黠戛斯汗国之门楹，这之间的"恶刺"即阻碍双方往来之回鹘统治集团，而黠戛斯汗王时刻都在想着拔除这根恶刺。对此，在李德裕奉旨代武宗撰写的《与黠戛斯王书》

①见《李德裕文集》卷六《赐黠戛斯书》。

②见《李德裕文集》卷六《赐黠戛斯书》。

以回复黠戛斯使臣注吾合素等来朝省表进马之书信中称："皇帝敬问黠戛斯王，时及阳和，想比佳适。注吾合素等至，省表进马事具悉。国王阴山雄劲，朔野英雄，包智略以周身，推诚明而有众，声高夷落，威重藩疆。专遣使臣，远献名马，向化之诚既展，输忠之效颇明。临轩省章，辍食佳叹，眷言忠尽，宁忘寝兴。顷于贞观中，彼国常奉朝贡，亦授官爵，宠赐而还。尔后但讶音耗久乖，不知中为回鹘所隔。及览来表，方嘉壮图。蓄锐多年，乘机大举，快雪冤愤，豁开心怀。回鹘之营垒即平，国家之山河不间，既为邻境，遂阅贡章。又知破回鹘之时，取得太和公主，特遣专使，送归阙庭。虽闻行至中途，却为回鹘所夺。在国王遵以礼义，推之和宁，远同族之讥嫌，厚亲邻之恩信，贤明如此，愧慰难名。回鹘顷以失国为词，款塞相托。朕以勋亲是念，拯恤屡加。曾不知恩，惭开稔恶，贱弃公主，侵暴平人，日寻干戈，时窃牛马。朕为全旧好，不下明诛。岁月滋深，边防将倦，各用长策，继彰殊勋。焚帐幕而公主归还，透网罗而元恶逃遁。顾其余类，何所寄生？国王远闻，想同深慰。然犹恐奔窜，尚有凶奸，又虏侵彼封疆，将复仇怨。国王亦须严为备拟，善设机谋，同务讨除，尽其根本，无贻后患，勉继前修。亲仁善邻，惟彼兴此，勿谓遐远，常存寤思。因注吾合素回，且先诏示，其他礼命，续专遣使宣慰。想宜知悉。"①

这封书信是宰相李德裕奉旨而撰，既代表了武宗皇帝的旨意，又反映了李德裕本人的思想。不仅是一篇寓意深刻，措词严谨，极具思想性的交涉史上的名篇，更是一篇精练、优美的文学作品。从这点也可以看出，李德裕不愧为盛唐名相之一。在这篇短短的书信之中，记录了两个部族即回鹘与黠戛斯自唐太宗贞观六年（632）至中宗会昌三年（843）的二百一十一年间发生的重

---

①见《李德裕文集·李卫公集补·与黠戛斯王书》。

大事件及与唐王朝的关系，同时也是唐代西北部边疆史的缩影，其史料价值极高。

在这封短信中，首先高度评价了黠戛斯汗王派使臣注吾合素使唐省表进马的“向化之诚既展，输忠之效颇明”的重大意义，称赞黠戛斯汗王是“阴山雄劲，朔野英雄”，为兼“智略”与“诚明”于一身的英明汗王。接着回顾了自唐以来唐王朝与漠北黠戛斯汗国之关系和往来，称自贞观中黠戛斯汗国“常奉朝贡，亦授官爵，宠赐而还”，仅仅十二个字，把黠戛斯汗王“一心归国，望得国家官职，执笏而已”[①] 的臣服之心和朝廷多次封赐以及密切往来表现得淋漓尽致。突然笔锋一转，“尔后但讶音耗久乖”，后来这种和谐友好的氛围被打破了，唐廷中再也见不到黠戛斯使臣的身影，几乎听不到汗国的声音了，究竟是什么原因，令唐朝君臣们感到惊讶，莫明其故。“及览来表，方嘉壮图”，从来表中既知道了这种和谐氛围原来是被回鹘统治者“自谓天骄，罔修仁义，肆行残忍，凌虐诸蕃”[②] 而造成阻隔漠北诸部与朝廷往来的壁垒和藩篱，又了解到了黠戛斯汗王殚精竭虑、养精蓄锐，以求“除却两楹间恶刺”之壮举。接着讲黠戛斯可汗对回鹘汗国“代为仇雠，果能报复，灭其国邑，皆已丘墟，驱彼酋渠，尽逾沙漠，茂功壮节，近代无俦”取得的“国家山河不间”深表赞赏，进而又重提在当时令中宗深感不安的太和公主案：

太和公主是唐宪宗李纯的十七女，当为武宗之妹，于长庆元年（821）嫁回鹘崇德可汗，以为和亲公主。已历宪宗、穆宗、敬宗、文宗、武宗五世，到了会昌元年（841）突发事变。在《与黠戛斯王书》中称回鹘“曾不知恩，渐开稔恶，贱弃公主”；

①见《太平寰宇记·黠戛斯》。

②见《李德裕文集》卷六《与纥扢斯可汗书》。

在《与纥扢斯可汗书》中称回鹘“凌蔑公主，频拟伤残”[①] 这些提法虽然比较含混，可见回鹘与唐王朝的关系已今非昔比，“贱弃”也好、“凌蔑”也好，都是对唐王朝的挑战。继而黠戛斯破回鹘，攻入其牙帐，得太和公主，阿热以公主为唐贵女，遣使者达干卫送公主还朝，为回鹘乌介可汗所劫持，并杀达干等护卫使者。回鹘乌介可汗劫公主为人质，欲度碛漠，不仅“边人大恐”[②]，黠戛斯汗王更加震怒，曾上书唐廷，表示要寻找公主，“使公主上天入地，必须觅得[③]。”后来直至唐王朝灭乌介势力后始迎公主还朝。

从太和公主案，我们可以明显地看到，漠北之回鹘、黠戛斯与唐王朝之间关系的微妙变化，因回鹘的“失国逃亡，寄于塞上，只合早归穷款，受朕抚循。而乃转自鸱张，益怀狼顾，在阴山之外，诱惑小蕃，乘我无虞，即来侵掠，恣为边患，今已四年。朕大征甲兵，久欲除翦。比令幽州、太原两道节度使皆充招抚，以示绥怀，望其悛心，犹务含育。而凌蔑公主，频拟伤残；驰突边城，敢谋盗窃。近太原节度使刘沔不胜其忿，潜出偏师，乘其诪张，便袭牙帐。虏众大溃，穹庐尽焚；元恶伤残，脱身潜窜。已取得太和公主，即至阙庭，回鹘残兵不满千人，散投山谷，旬日之内，必合枭擒。朕再见公主，良深欣慰”[④]。漠北局势发生了重大变化。随着黠戛斯汗国大破回鹘汗国，西北边疆回鹘残部仍四处生事的不安局势，武宗多次致书黠戛斯国王应多加防范，除恶务尽，以免后患。如在《与黠戛斯王书》中称：“犹恐奔窜，尚有凶奸，又虏侵彼封疆，将复仇怨。国王亦须严为备

①见《李德裕文书》卷六《与纥扢斯可汗书》。

②见《新唐书·回鹘下》。

③见《李德裕文集》卷六《与纥扢斯可汗书》。

④见《李德裕文集》卷六《与纥扢斯可汗书》。

拟，善设机谋，同务讨除，尽其根本，无贻后患，勉继前修。”在《与纥扢斯可汗书》中又一次告诫黠戛斯国王：“可汗既为仇怨，须尽歼夷；倘留余烬，必生后患。想远闻庆快，当惬素心。”① 同时还向黠戛斯可汗通报了信息，表明了态度，称：“昨闻太和公主为可汗兵众所得，可汗以同姓之国，使遣归还，有以见可汗秉礼义之心，重亲邻之好。朕深为感叹，至于涕零。公主寻为回鹘劫夺，久不归国，可汗所遣使臣，皆被诛戮。朕言念伤痛，至今不忘。昨见可汗表求访公主，使公主上天入地，必须觅得。今边将愤惋，已立奇功，回鹘罪人，计日可致，即当显戮，以谢可汗。况回鹘夷灭，种族必尽，与可汗便为邻国，各保旧疆。继好息人，事同一体。从此边陲罢警，弓矢载橐。必当诸部服从，皆怀健羡，知我两国，永为宗盟。想可汗明智，自有良算。”② 除对黠戛斯汗王授以机宜，表明唐王朝对黠戛斯汗国的诚信和支持外，对黠戛斯汗国及其与大漠诸部和唐中央王朝的关系等皆寄予美好的希望与祝愿，并表示要对黠戛斯汗国赐册封美号之礼。

武宗会昌五年（845）五月唐诏令《黠戛斯为可汗制》称：“敕我国家，光宅四海，君临八荒，声教所覃，册命咸被，况乎族称宗姓，地接封疆，爰申建立之恩，用广怀来之道，有加常典，得不敬承。黠戛斯国生躬阴之乡，禀玄朔之气，少卿之后，胄裔且异于蕃夷，大漠之中，英杰自雄于种落，日者居于绝缴，隔以强邻，空驰向化之心，莫通事大之礼，旋能奋其武勇，清彼朔陲，万里诚归，重译而至。时既当于无外，义必在于固存，是用特降徽章，载明深恳，加其美号，锡以丹书，贻厥后昆，遂荒有北，兹举盛典，彰示远人，咸服宠光，永孚恩化。可册为宗英

①见《李德裕文集》卷六《与纥扢斯可汗书》。

②见《李德裕文集》卷六《与纥扢斯可汗书》。

雄武明诚可汗，命右散骑常侍兼御史中丞李拭持节充册立使，仍命有司择日备礼册命。会昌五年五月。”① 后因武宗驾崩而作罢。次年，唐宣宗遂命鸿胪卿御史中丞李业持节出黠戛斯，封其可汗为“英武诚明可汗”。

（四）

公元840年，黠戛斯对回鹘战争的重大胜利，对于黠戛斯汗国来说，具有重大的战略意义。第一是扫平了回鹘汗国对黠戛斯的羁绊，在领地上已经与唐本土紧紧连接在一起，使黠戛斯由藩部进而成为中国中央政权统一管理下的地方组织，从而隶属于唐中央政府的直接管理之下；第二是回鹘汗国败亡之后，彻底离开了漠北，黠戛斯成为漠北草原的雄主，从此奠定了黠戛斯部在漠北的雄长地位；第三是随着回鹘向西逃亡，黠戛斯部分人作为追兵，也紧随回鹘之后向西迁徙，占邻了安西、北庭、鞑靼等五部，进入天山山脉和帕米尔高原游牧，大大开拓了黠戛斯部的领地。据《新唐书·回鹘传》附《黠戛斯传》载，黠戛斯汗国的疆域已扩大到“东起骨利干，南邻吐蕃，西南达葛逻禄”一带。其拥众数十万，胜兵八万，成为漠北雄长。另外，这次西迁的另一个重大意义即帕米尔—天山柯尔克孜部（亦称南部柯尔克孜）的逐步形成。

作为漠北雄长，柯尔克孜社会已发展至一定的文明程度。这首先是从汉到唐，柯尔克孜力量雄起之时，胜兵已达到四十多万，人口已超过百万，在漠北草原上，不仅是一个十分强大的部落，且有一支庞大的军队。特别是经过有唐一代黠戛斯社会依照唐朝的政治体制，在本部落内部已经形成了一套完整的政治体

①见《唐大诏令集》卷一百二十八，《黠戛斯可汗制》。

系。在部落内部以阿热（部落首领）为可汗，可汗之下有宰相、都督、职使、长使、将军、达干及文武官员。这些职官的名称，大都是参考或直接采用唐朝，如宰相、都督、职使（实为唐之刺使，音译之误）、长使、将军等。这些政治机构的建立，受唐朝影响极大，如唐朝在坚昆地区设都督府，任命黠戛斯首领为都督，而后黠戛斯部即在自己所辖的各大部落中设一个都督。当时黠戛斯辖三个大部落，因而可汗（阿热）之下设三都督。与其他北方游牧民族一样，黠戛斯社会还实行全民皆兵的兵役制度。黠戛斯“控弓三十万，每征发则百姓及诸蕃部役属者尽行”，这就是说，唐代柯尔克孜已有三十余万的专业军队，还可调动百万之众，而且在黠戛斯汗国不仅驻有黠戛斯各部，还有都播（图瓦部）、弥列、哥俄支等所属的各部。阿热建一大纛系，所属各部也皆有以部落图腾为标志的旗号，每征发，百姓及诸部役属者皆举号旗随行。

唐代，黠戛斯的冶铁、兵器制造十分发达，《太平寰宇记》黠戛斯条称其兵器主要有刀、剑及弓箭，称其“铁甚坚利，工亦精巧”，又称其战马和骑兵带有一种木头做的盾牌“以捍箭，箭不能裂”。

其实能够说明唐代黠戛斯军队的战斗力极强的，主要还是黠戛斯能够与突厥汗国、回鹘汗国进行长期抗衡，并与唐军配合最终摧毁了突厥汗国，最后还在回鹘内部力量的配合下，彻底摧毁了回鹘汗国，迫使回鹘败走，举部迁出漠北草原，这几次具有战略性的重大战略。

《太平寰宇记》载其土俗物产称：“其王国人皆露首髦发，衣服类于突厥。冬以貂鼠为帽，夏则以金装帽，锐顶而卷其末。”“其下则以白毡为帽”，“衣有锦罽杂色，腰佩刀砺，贱者衣皮而露”，“女衣毛褐，而富者亦衣绫锦，盖安西、北庭及大食货易所得”。

黠戛斯人住毡帐，“阿热卫立木为栅，坐大毡帐，号为‘蜜的支’，其首领已降，皆有小毡帐，兼以木皮为屋”。

唐代黠戛斯已有自己独有的历法：“人谓岁首为茂师，谓月为哀，每三哀为一时，以分春夏秋冬。以十二属纪年，假如岁在子则谓鼠，年在戌则谓之狗年。”其气候多寒，每冰合虽大河亦冻彻其半。无五谷，唯有大小麦、青稞、糜，常以三月耕种，八九月收获。可见已用历法指导生产。“糜以为饮，又以酿酒。”可见其已经掌握了酿造工艺。“麦有步硙为面，阿热食兼饼饵，其部下则惟食肉及马酪而已。”可知还是以畜牧、狩猎为主，部民以肉、奶为食，小麦及面粉尚很稀有，唯国主可食。其乐器有鼓、笛、笙、觱篥、盘铃。大会又有弄驼、狮子、马伎之类。同时已经有了书面文学，如《鄂尔浑叶尼塞碑文》，杂有韵文诗作。“其马至壮大，能斗者谓之头马。其杂畜驼、牛、羊，而牛尤多，富室有二三千头者。”可见其随着经济的发展，贫富之差极大，已经进入了阶级社会。“冬为室覆以木皮，人好猎兽，皆乘木马升降山阴，追赴若飞。”乘木马（滑雪板）在山间逐猎，为其狩猎经济之一大特点。

唐代是柯尔克孜历史上的辉煌时期，首先是推翻突厥汗国的统治，黠戛斯汗国的建立及与唐王朝的交好。其中虽经回鹘汗国的两次沉重打击，元气大伤，特别是阻隔了黠戛斯部与唐王朝的往来。但是黠戛斯汗国上下一心，韬光养晦，养精蓄锐，待时而发，终于在840年一举大破回鹘汗国。这一军事行动的成功，不仅是报了一箭之仇，为部族雪耻，而且使自己跃身而为漠北霸主，扩大了领地，与唐朝本土相连，从而在与唐王朝的交涉往来之中进一步发展了自己。这是柯尔克孜历史上一个重大的转折时期，柯尔克孜在自身的发展中，在我国北部大漠和西部群山之中挥马驰骋，发挥着民族的历史作用。

叶尼塞柯尔克孜西迁及天山—帕米尔柯尔克孜部形成再探讨

人们研究历史大都按照一个传统的说法进行探讨，如对于柯尔克孜族的历史传统的说法是：柯尔克孜族《汉书》上称为坚昆，居匈奴之北，即叶尼塞河上游一带，18 世纪初举部西迁，分布于天山、帕米尔高原一带。为此在对柯尔克孜族历史研究中，往往把注意力都集中在从汉代至明末清初活动于叶尼塞河上游的柯尔克孜部。对天山、帕米尔一带柯尔克孜历史的研究又大都局限于从 1703—1949 年，即清康熙四十二年至民国三十八年这二百多年之间，而忽视了从汉至民国这两千多年中天山—帕米尔柯尔克孜部历史的研究，这样就产生了在不同历史时期柯尔克孜族的分布等一系列前后矛盾解释不清的问题，有些学者在一些著作中甚至以历史资料有误等解释或者避而不谈。笔者认为要全面研究柯尔克孜族的历史，正确解读在西域历史上有关柯尔克孜历史中的一些“谜团”，必须从正视和重视天山—帕米尔柯尔克孜部亦即南部柯尔克孜部的形成和发展的历史入手，进行深入地探讨。

笔者多年来在我国柯尔克孜族的聚居区从事克孜勒苏地方史志和新疆历史、民族、文化研究中，越来越感受到对南部柯尔克孜部的形成和发展历史的研究十分重要，只有对这一历史研究空白的突破和填补，很多问题才会迎刃而解，得到客观准确的答案。笔者虽然就柯尔克孜南北两部的形成写过一些文章并在一些著作中有所论述，但终觉不足，因而再作专文探讨。

一、从《汉书》《三国志》对坚昆部分布的不同记载说起

柯尔克孜最早出现在我国史籍是汉代成书的《史记》和《汉书》之中，称坚昆在匈奴的北部，坚昆就是秦汉之际对柯尔克孜先民的称谓，而匈奴之北即叶尼塞河上游一带的西伯利亚。《汉书》对坚昆的地理方位的记载是："坚昆东去单于庭七千里，南去车师五千里。"① 又称匈奴郅支单于"北击乌揭，乌揭降，发其兵西破坚昆，北降丁令"②。《魏略·西戎传》所记葱岭诸国的情况称："坚昆国在康居西北，胜兵三万，人随畜牧，亦多貂，有好马。"③ 这是从汉代到三国时史书所载的坚昆分布情况和史籍所载的唯一的坚昆的基本史料。

《柯尔克孜族简史》通过对这些仅有的史料进行研究时，发现《汉书》和《三国志》对坚昆的分布的记载出现了"矛盾"，认为《汉书》的记载汉代坚昆的分布在康居东北，即西伯利亚的叶尼塞河上游一带，而《三国志》所载三国时期坚昆分布却在康居西北，即葱岭一带。西伯利亚的叶尼塞河与西极葱岭之北，这个地理方位是相差太远了。因而认为"这种方位关系肯定是有错"。"坚昆只能是在康居之东北，而不可能是在西北。"④

对此，笔者多年来结合对其他有关资料进行综合分析后认

---

①见《前汉书·匈奴传》。

②见《前汉书·匈奴传》。

③见《三国志·魏志》卷三十《乌丸等传》。

④见《柯尔克孜族简史》，新疆人民出版社，1986 年版，18 页。

为，《柯尔克孜族简史》在编写时对古代柯尔克孜族历史研究中忽视了柯尔克孜族历史上的多次频繁西迁后所形成的南部（天山—帕米尔）柯尔克孜部这一客观存在，在谈到古代柯尔克孜时，只限于叶尼塞柯尔克孜部所造成的种种错觉。

笔者认为，叶尼塞河上游是柯尔克孜先民坚昆的发祥地，但从历史发展看，早在汉代柯尔克孜人就开始成批西迁，并逐步形成南部柯尔克孜部。因而《汉书》所记之“坚昆在康居东北”，是汉以前柯尔克孜尚未西迁时的分布，而《三国志》之所记“坚昆在康居之西北”，是汉代部分柯尔克孜西迁之后，到了三国时期柯尔克孜的分布情况。这样来认识史书所载坚昆在汉和三国时期分布上有西伯利亚与葱岭之不同，矛盾就自然迎刃而解了，这种误解不是史书记载的错误，而是部分坚昆西迁后形成新的群体和聚落南部坚昆（柯尔克孜）部所造成的。

事实上，漠北游牧诸部大都有从东部向西部迁徙的历史，并且逐步形成北部或南部（或称东部和西部）两大群体和聚落。如北匈奴和南匈奴、北丁令和南丁令、东突厥和西突厥，甚至有东胡和西胡、东蒙古和西蒙古等等，在柯尔克孜族的漫长历史上，自然也有北坚昆和南坚昆，有喀拉柯尔克孜（北部柯尔克孜）和萨尔特柯尔克孜（南部柯尔克孜）。

关于南柯尔克孜部的形成和发展，史书几无涉及，近代研究者也极少关注，但史书特别是近代研究对于柯尔克孜的西迁已多有研究和著述论及。如杜荣坤、郭平梁《柯尔克孜族的故乡及西迁》，马曼丽《十七世纪柯尔克孜族的西迁》，贺继宏《叶尼塞柯尔克孜西迁史的研究》，等。

要研究天山—帕米尔（南部）柯尔克孜部的形成和发展，首先要了解叶尼塞柯尔克孜的西迁，这是基础和要害，是因果关系，西迁是因，形成天山—帕米尔柯尔克孜人的群体和聚居区，这是果。笔者在《叶尼塞柯尔克孜西迁史的研究》[①] 对此已有论述：汉代作为追兵，坚昆已尾随匈奴首次西迁，从而形成康居之西北有坚昆；隋末唐初，契骨随突厥西迁，形成“伊吾以西、焉耆以北、傍白山有契骨”[②]；唐代黠戛斯再次作为追兵随回鹘西迁，形成黠戛斯人“占领了安西、北庭、达怛等五部”[③]。“宾除勒（今新疆乌什至阿合奇一带）原由柯尔克孜人所统治”[④]。苏联史学家维亚特金也称：“在与回鹘汗国的斗争时期，吉尔吉斯（柯尔克孜）人已深入到七河地区。”[⑤] 同时在《中国历史地图集》绘有 1001 年黑韩王朝图，在今阿合奇、乌什一带的大片土地为“黠戛斯部”。元代大批吉尔吉思随蒙古军西征，留在帕米尔、天山一带，元朝政府还在 1293 年调“乞儿吉思户七百，屯田合思合（喀什噶尔）之地”[⑥]。明代柯尔克孜部在与蒙古瓦剌部的长期征战中，有不少柯尔克孜人离开了叶尼塞向西迁徙，特别是瓦剌部的也先汗在位时，曾多次向叶尼塞柯尔克孜部发动疯狂的进攻。关于也先对柯尔克孜地区的进攻，柯尔克孜族英雄史诗《玛纳斯》中也有反映。《柯尔克孜族简史》中称：也先汗的进攻“对柯尔克孜的打击是很大的，以致此后一百多年内，柯尔克孜在叶尼塞河流域基本上处于销声匿迹的状态”[⑦]。这就是说，大约从此时开始，柯尔克孜人大部分已西迁到天山—帕米尔一带了。也就是从此时起我国史籍中对于叶尼塞柯尔克孜的记载已很少见了，天山—帕米尔柯尔克孜部不仅在人数上，而且在政治影

---

①见贺继宏《西域论稿》，新疆人民出版社，1996 年版，98 页。

②见《隋书 · 铁勒传》。

③见《李文饶文集》卷八《代刘沔与回鹘宰相书白》。

④见《世界境域志》。

⑤见〔苏〕维亚特金《吉尔吉斯史》。

⑥见《元史 · 世祖纪》。

⑦见《柯尔克孜族简史》，新疆人民出版社，1986 年版，61 页。

响上已大大超过其发祥之地叶尼塞柯尔克孜部了。

根据近年来新发现的一些资料以及中亚、新疆柯尔克孜、吉尔吉斯以及俄罗斯叶尼塞河流域哈卡斯三国同源民族近现代人口分布情况，我们对17世纪末18世纪初叶尼塞柯尔克孜人举部西迁的新研究将有一个新的了解和认识，这一点我们将后述。

二、在柯尔克孜史研究中因南北两部不清而出现的种种误区

直至目前，有关柯尔克孜族历史的书籍仅有一本20世纪80年代出版的《柯尔克孜族简史》，有很多问题还讲不清楚，有些研究还出现片面和误区，不仅有证据之不足，甚至还有结论错误的问题。之所以出现这种现象，一是有些研究是错误地引证了部分国外学者片面的或失实的资料和不客观的结论，二是一些研究者对于南北或称东西两部柯尔克孜认知不清，特别是对天山—帕米尔柯尔克孜部认识不足。在此，笔者仅就《柯尔克孜族简史》中个别解释不清和含混的论述谈一点看法。

一是上面已经提到的《汉书》与《三国志》中坚昆的分布，《汉书》所指为汉代叶尼塞坚昆部的方位，《三国志》所记为三国时期的葱岭（帕米尔）坚昆部的方位。是因为古柯尔克孜人西迁分布发生了变化，并非《柯尔克孜族简史》（以下简称《简史》）所称是史籍记载之错误。

二是《简史》据《新唐书》所记，认为黠戛斯汗国的疆域，“东邻骨利干（在贝加尔湖附近），南邻吐蕃（今藏族，当时其势力曾伸张到天山北麓），西南是葛逻禄（原在阿尔泰山西，八世纪中叶迁到塔拉斯河一带）”①。这一记述是不准确的，并非《新唐书·回鹘传》附《黠戛斯传》之所记。《新唐书》的原文是：

①见《柯尔克孜族简史》，新疆人民出版社1986年版，第30页。

“黠戛斯，古坚昆国也。地当伊吾之西，焉耆北，白山之南。”① 无“东邻骨利干，南邻吐蕃、西南是葛逻禄”的记载，这是一，另外，《新唐书》之所记的黠戛斯这个地理方位不是唐代黠戛斯汗国的疆域，因为唐代之黠戛斯汗国的疆域，最初在漠北之叶尼塞河一带，后来扩大到回鹘汗国等部的所辖之范围，根本不可能到达西域之天山以南。《新唐书》所记之黠戛斯地当伊吾之西，焉耆之北、白山之南是指的南部也就是天山柯尔克孜部。客观地说，天山—帕米尔黠戛斯部在行政建制上是不属黠戛斯汗国之所辖的，唐代叶尼塞柯尔克孜（黠戛斯汗国）属燕然都护府，而天山、帕米尔黠戛斯分属北庭都护府和安西都护府。

三是《简史》认为《米撒尔行记》“先到脱古思斡古思地区，后到柯尔克孜地区，然后到卡尔鲁克（葛逻禄）地区”的记法是“前后倒置”。②《简史》又进一步解释：“事实正是这样，脱古思斡古思就是高昌回鹘，葛逻禄的中心在楚河、塔拉斯一带，在这二者之间求柯尔克孜分布地，无论如何也不可能是在叶尼塞河上游，何况卡尔鲁克与脱古思斡古思的方位在这里又还是东西颠倒的。”③ 是的，在这段记载中的柯尔克孜地区怎么也不可能是叶尼塞河上游，这一看法是对的，但是《米撒尔行记》所记的行程路线既没错误又没有颠倒，在脱古思斡古思与卡尔鲁克之间是柯尔克孜这是完全正确的。米撒尔正是从脱古思斡古思（汉文的一般译写是九姓乌古斯，是塔里木盆地的古代居民，民间传说乌古斯为突厥语诸部族的先民）经柯尔克孜地区，到葛逻禄地区的。笔者认为这个柯尔克孜地区不是叶尼塞柯尔克孜地区而是天山柯尔克孜地区，具体地域是在今新疆阿合奇及乌什一带，从

①见《新唐书·回鹘下》。

②见《柯尔克孜族简史》，新疆人民出版社，1986年版，49页。

③见《柯尔克孜族简史》，新疆人民出版社，1986年版，49页。

这里翻越天山山区有一条通道，正好是通往中亚的卡尔鲁克（葛逻禄）地区。因此，《米撒尔行记》所记的这一段行程路线是从塔里木盆地的九姓乌古斯地区北上翻越喀拉铁克山（今阿图什境内），经托什干河谷（今阿合奇境内）柯尔克孜地区再进入天山、中亚的葛逻禄地区的。这条道路至今仍是塔里木盆地通往中亚的一条重要通道即别迭里山口。

由于在柯尔克孜史研究中没有正视天山—帕米尔柯尔克孜部的存在，没有重视天山—帕米尔柯尔克孜部形成发展历史的研究，因而在《简史》的编写中对涉及到天山、帕米尔地区柯尔克孜的活动时，往往只用到过某某地区、占领过某某地区，没有确定是否留居并形成群体、部落或政治集团，因为只提到有柯尔克孜人，没有柯尔克孜部之说。所以将天山—帕米尔柯尔克孜部的活动均强拉到叶尼塞柯尔克孜部中评介，这就形成了对历史资料的曲解。如对《突厥语大词典》中所记载天山柯尔克孜的方位认为“没有提到叶尼塞河”，“说得也不清楚”，等。①

三、18 世纪初叶尼塞柯尔克孜部举部西迁的再研究

长期以来，史学界对叶尼塞柯尔克孜部的西迁都集中在 17 世纪末和 18 世纪初的这次西迁上，且依据都是俄国史学家巴尔托里德的《突厥蒙古诸民族史》中“1703 年，有一个消息传到俄国人那里，说是有‘二千五百名卡尔梅克人来到吉尔吉斯人境内，把吉尔吉斯人全部赶到他们那里去了。如今吉尔吉斯境内一个吉尔吉斯人也没有了’”②。据此，在史学界便形成了“叶尼塞柯尔克孜人举部西迁”的结论。

对此，杜荣坤、白翠琴在《西蒙古史研究》一书中也有论

①见《柯尔克孜族简史》，新疆人民出版社，1986 年版，50 页。
②见《柯尔克孜族简史》，新疆人民出版社，1986 年版，64 页。

及。该书《关于准噶尔历史人物评价问题》一文中称：策妄阿拉布坦“在继位初期，对于沙俄侵略准噶尔属部吉利吉思地区，采取容忍和退让态度。1703 年，他为避免与沙俄直接冲突，派军队把叶尼塞河上游的东支吉利吉思人迁往西部天山”①。这里作者注明依据的是苏联吉尔吉斯加盟共和国科学院历史研究所编《吉尔吉斯史》，1956 年伏龙芝版、阿德里安诺夫著《米努辛斯克边区概况》，1904 年托木斯克版、兹拉特金著《蒙古近现代史纲》，1957 年莫斯科版的资料。

以上资料是源自沙皇俄国时代和苏联时期的著作，在不同程度上都回避了沙俄侵华的历史。虽然这次柯尔克孜人的西迁与准噶尔蒙古部的首领策妄阿拉布坦有关，但是从 17 世纪之初沙俄东扩侵入叶尼塞柯尔克孜人地区，柯尔克孜、准噶尔蒙古、图瓦等部近一个世纪中与沙俄入侵者进行斗争的大量资料来看，这次柯尔克孜人的西迁是在这个大背景下被迫撤离的，沙俄入侵是因，柯尔克孜被迫西迁是果，不管准噶尔蒙古汗王如何插手其中，起到了多大的作用，但怎么也不可能回避沙俄入侵的这一背景。关于这一点笔者在《叶尼塞柯尔克孜族西迁史研究》《克孜勒苏柯尔克孜自治州志》以及为《新疆通志·民族志·柯尔克孜族》的审改中和其他民族类图书的编辑中，已反复阐明了这一基本观点，在这里不再赘述，主要还是想重点谈一谈这次迁徙的基本情况。

2009 年，我去黑龙江省考察柯尔克孜族迁徙历史时，获俄罗斯哈卡斯共和国卡塔诺夫国立哈卡斯大学考古学、民族学和历史乡土研究教研室主任维克多·雅科夫列维奇·布塔纳耶夫的新著《黑龙江省的哈卡斯人》一书，书中对 18 世纪初叶尼塞柯尔克孜

①见杜荣坤、白翠琴《西蒙古史研究》，新疆人民出版社，1986 年版，246 页。

西迁的背景、人数、过程进行了较详细的记述。尽管人们对“黑龙江省的哈卡斯人”或“哈卡斯人在黑龙江省”这一提法还有异议,[①] 但是书中对叶尼塞柯尔克孜“遭驱赶”被西迁一事的记载还是客观的、公正的，而且是至今唯一披露这次西迁的历史资料，这些资料大都来源于沙皇俄国时期有关叶尼塞柯尔克孜地区的原始档案，可信度较高。

在这本书中，作者阐述了叶尼塞洪戈赖部[②]柯尔克孜人的西迁是沙俄入侵的背景，认为这是“哈卡斯人民生活中悲剧的一页”,“18 世纪初吉尔吉斯人在俄罗斯人的进攻下放弃了中叶尼塞草原，主动归顺了准噶尔人”。同时又指出:“20 世纪的历史学家总体上不否认强行赶走哈卡斯人的事实。”接着详述了这一事件的过程：在记述了从 1701 年至 1703 年间柯尔克孜、准噶尔蒙古、图瓦等部对沙俄入侵进行多次反抗和沙俄军队对古柯尔克孜人展开一系列武装征伐的事件之后称“1703 年准噶尔亲王采万·拉不丹（即准噶尔部首领策妄阿拉布坦）考虑到中亚地区复杂的政治形势，担心来自中国和俄罗斯的军事威胁，决定以武力将坎梅利戈河沿岸的南西伯利亚游牧民族——洪戈赖吉尔吉斯人、北阿尔泰山脉的捷列乌特人和来自图瓦的明加特人迁移到自己的大本营。”

在此之前的 1702 年 12 月，策妄阿拉布坦委派自己的亲信阿兰扎玛前往吉尔吉斯人的领地，与俄罗斯政府进行谈判。他与托

---

①哈卡斯与中亚吉尔吉斯、我国柯尔克孜是同源民族，“吉尔吉斯”、“柯尔克孜”是我国汉文的不同译写法，“哈卡斯”是留居在叶尼塞的古柯尔克孜人与其他部族融合之后使用的新族名，源于唐代对柯尔克孜人的称谓“黠戛斯”。黑龙江省柯尔克孜族已使用我国统一认定的“柯尔克孜”之名，故不能称“哈卡斯”。

②洪戈赖部是哈卡斯人对 1703 年之前当地人对叶尼塞柯尔克孜部的称谓。

木斯克和克拉斯诺亚尔斯克的代表会谈地点在位于尼尼亚河畔的准噶尔派驻吉尔吉斯部的全权代理人阿巴·扎伊桑的驻地进行，并签订了协议。“俄罗斯的代表和准噶尔的外交官阿兰扎玛·切姆比利与同事以及吉尔吉斯的三名兀鲁思（部落联合体）阿勒蒂尔部酋长唐古特·巴图尔、阿勒蒂萨尔部酋长霍尔钦·温津、叶泽尔部酋长舒尔卢·梅尔根均在协议上签字盖章。协议中写道：“被标出的吉尔吉斯人归卡尔梅克亲王（即策妄阿拉布坦）统治，而根据条约要交给俄罗斯三百个贡民。”协议签订后，托木斯克代表宣布：“吉尔吉斯人由于自己的偷盗和失败，其多数从吉尔吉斯领地并入卡尔梅克领地，只留少数人在原来的领地。”自己抢占了别人的土地，还诬别人为贼，这真是强盗逻辑。

1703 年 6 月，策妄阿拉布坦向洪戈赖吉尔吉斯部派遣了以杜哈罗姆、桑德科姆和阿兰扎玛·切姆比利三人为首的三千多名卫拉特部队，在阿巴·扎伊桑的率领下押送着所有吉尔吉斯人和他们的仆从经阿斯基兹河口的阿巴坎谷地西行。晚上在到每个临时住宿点时，每个吉尔吉斯人都要当着本部的兀鲁思和准噶尔军官的面投掷一块石头，第二天早晨启程时，每一个人又从傍晚扔掷的石堆中捡起一块石头，扔到另一边，根据剩下的石头弄清逃跑和隐藏下来的人数。至今，在阿巴坎谷地仍保留下数十个石头堆——这就是 1703 年悲剧事件无声的见证。对于哈卡斯人，它们——吉尔吉斯石头，就像“吉尔吉斯盖布”一样有名。尽管这样，每晚还都有逃跑和隐藏下来不愿离开故土的吉尔吉斯人。

洪戈赖吉尔吉斯居民在卫拉特士兵的押解下，从阿巴坎谷地分三路向西部的准噶尔迁徙。第一路经阿斯基兹河上游到达托米尔，然后沿巴雷克萨河到姆拉斯苏河；第二路经塔什特普河上游，沿科贝尔扎河到达姆拉斯苏河；第三路经马图尔河上游，沿乌扎斯河到姆拉斯苏河。这三路人在科贝尔扎河河口的姆拉斯苏河汇合。在这里至今留下了“吉尔吉斯瑟汉乔尔”（吉尔吉斯出走之路）、“吉尔吉斯科什肯霍尔”（吉尔吉斯游牧之谷地）。汇合后他们的队伍各达三十公里，浩浩荡荡地经孔多玛河上游到比亚河和卡通河汇合处向额尔齐斯河上游移动。在额尔齐斯河部分部落曾遭到哥萨克人的袭击。

叶尼塞柯尔克孜被迫西迁的部众大约用了两个多月时间，便到了额尔齐斯河附近的准噶尔蒙古部策妄阿拉布坦的驻地。其中有阿勒蒂萨尔、阿勒蒂尔、叶泽尔部三个部落留在了准噶尔部的额尔齐斯河流域游牧，至此，叶尼塞河柯尔克孜族的三大部落均迁徙到了天山北部的准噶尔部游牧，直接在策妄阿拉布坦的管辖之下，只有图瓦部脱离准噶尔部迁至萨彦岭一带游牧。

维·雅·布塔纳耶夫《黑龙江省的哈卡斯人》一书中引自俄国哈卡斯共和国卡拉斯诺亚尔斯克军政办公厅的文件及当地的社会调查资料与《简史》中所载的：“17世纪初，俄国人来到了西伯利亚，当时叶尼塞河的柯尔克孜有四个王国，即图瓦王国、叶泽尔王国、阿勒蒂尔王国和阿勒蒂萨尔王国，阿勒蒂尔王是四个王国的总的统治者。”① 基本上是一致的。也就是说，在17至18世纪初，叶尼塞柯尔克孜只有阿勒蒂尔等四个王国（部落）了，且到了18世纪初，这四个部落又全部都被迫迁出了叶尼塞河故地。

在《简史》中对这次西迁的提法是：1703年，有一个消息传到俄国人那里，说是有“二千五百名卡尔梅克人来到吉尔吉斯人境内，把吉尔吉斯人全部赶到他们那里去了。如今吉尔吉斯境内一个吉尔吉斯人也没有了”。这也是转引巴尔托里德《突厥蒙古诸民族史》一书的说法。维·雅·布塔纳耶夫在《黑龙江省的哈卡斯人》一书中则有更加详细的记录，称1704年，从库兹湟茨

①见《柯尔克孜族简史》转引自巴尔托里德《突厥蒙古民族史》的资料。

克派遣到洪戈赖的哥萨克向部队长官马·西尼亚文报告："在吉尔吉斯人的住宅里一个人也没找到，所有人都带着妻子、孩子和仆人到亲王（指策妄阿拉布坦——笔者注）那里了。"同时又进一步引用俄国学者梅谢尔什米德特路过已经荒芜的洪戈赖境内时，"没有遇到一个阿勒蒂萨尔人、阿勒蒂尔人和叶泽尔人，因为他们都搬到了亲王那里"。这是二十年后的1722年的事。维氏又称："大规模的驱逐居民，导致洪戈赖政治体系解体和四个吉尔吉斯兀鲁思（阿勒蒂尔、阿勒蒂萨尔、叶泽尔和图瓦）和一些部落消失了。"①

这里还有一些问题，如《简史》中称："对于这次迁徙，后来说法不一。有的说当时柯尔克孜人'全部离开了西伯利亚'，有人说被带走的只是一小部分人，而且后来又多回去了，所以在那里消失的只不过是'吉尔吉斯'这一名称而已。"② 对于这一点维氏在书中更有多处记录："驱赶洪戈赖牧民的规模巨大，波及到70%～80%的中叶尼塞谷地的居民"，"根据条约要交给俄罗斯300个贡民"，"一小部分洪戈赖人避免了被驱逐"，"有300多名洪戈赖人不想去准噶尔，他们躲过喀拉卡尔梅克人的包围到达卡缅。"这是没有迁走的部分柯尔克孜人，书中还记录了在迁徙途中和后来从准噶尔逃回的吉尔吉斯人："一些被驱赶的吉尔吉斯人由于不能忍受异乡的生活，开始成群结队或独自返回洪戈赖。1704年间，在姆拉苏河和孔多玛河地区打死133名、俘获120名逃出的吉尔吉斯人。又如1704年库兹涅茨克的哥萨克袭击了躲藏在佩扎斯河（姆拉苏河的支流）沿岸的吉尔吉斯人，双方进行了战斗，在战斗中打死78名、俘虏95名吉尔吉斯人，缴获15支火铳枪、84张弓、150匹马和110头牛。""1704—1705年

①见维·雅·布塔纳耶夫《黑龙江省的哈卡斯人》。

②见《柯尔克孜族简史》，新疆人民出版社，1986年版，64页。

间，俄罗斯军队逮捕了1380名从准噶尔返回的吉尔吉斯人，占被驱赶居民的8%。”[①] 关于俄罗斯军人袭击、围剿、抓捕藏匿留居私逃回吉尔吉斯人的悲惨事件，书中多有详载。

说举部西迁也好，小部分西迁也好，或者是又有部分逃回也好，在以往的研究中都比较模糊，而维氏书中所公布的资料十分细致准确。维氏称：“根据我们的统计，18世纪初吉尔吉斯土地上的居民约2万，遭到驱赶的男人和妇女共约1.5万人。”[②] 这是十分具体的数字。按照维氏书中所述，起码可以得出这样的结论：一是并非举部西迁，也不是少部分迁徙，而是迁出的是当地当时柯尔克孜人口的大部分；二是迁出的人口中有部分人的确是又返回去了；三是叶尼塞柯尔克孜的名字与其四个王国（部落）的名字的确是消失了，在叶尼塞已经没有柯尔克孜这个名字了；四是留下来的、返回的柯尔克孜人与其他部族融合，形成了一个新的民族哈卡斯人；五是依据维氏《黑龙江省的哈卡斯人》一书中对叶尼塞柯尔克孜人的东迁黑龙江省及其语言文化、宗教信仰等与哈卡斯人的异和同的论述，我们将另文进一步研究中亚吉尔吉斯人、俄罗斯哈卡斯人以及中国新疆、黑龙江省柯尔克孜族三国四方同源民族渊源关系及其在不同地域、不同社会环境中的发展变化情况。

在这里又出现了一个新问题值得我们重视：在唐代叶尼塞柯尔克孜的黠戛斯汗国已经是“控弓三十万或四十万”，“人口当在百万以上”[③]。这样一个庞大的群体和部族，到了明末清初，在叶尼塞的故土上，怎么就只剩下二万余人了，他们究竟是何时迁向天山、帕米尔一带的，究竟何时南部天山—帕米尔柯尔克孜部成

---

①见维·雅·布塔纳耶夫《黑龙江省的哈卡斯人》。

②见维·雅·布塔纳耶夫《黑龙江省的哈卡斯人》。

③《柯尔克孜族简史》，新疆人民出版社，1986年版，32页。

为人口、政治影响远远超过北部叶尼塞柯尔克孜部的？这里我们就有必要回过头来，探讨一下 18 世纪之前柯尔克孜部西迁天山、帕米尔的情况。

四、18 世纪前柯尔克孜几次西迁和南部（天山—帕米尔）柯尔克孜部的形成

对于柯尔克孜部由叶尼塞故地西迁天山、帕米尔，研究者大都将目光对准了 18 世纪初的那次所谓的“举部西迁”，而对 18 世纪前的多次西迁，有的只是轻描淡写地提了一下，有的甚至是闭口不提。究其原因其背景当然是十分复杂的，但无论什么原因，这毕竟是对历史研究的一种偏差，因为 18 世纪初虽称“举部西迁”，但西迁的人数不足二万，还不到整个柯尔克孜人的百分之一，而大部分柯尔克孜人从汉代到明朝末年，的漫长历史中早已陆续迁往天山—帕米尔地区了，并且已经形成了人口远远超过叶尼塞故地的南部柯尔克孜部。在这里对历代柯尔克孜西迁情况作简要介绍。

（一）从中外史料认识了解 18 世纪前柯尔克孜部的西迁

关于 18 世纪之前柯尔克孜部的西迁，研究者已逐步从中外历史资料、考古发现等方面进行长期的努力研究和发掘，已初步理出了一个较明晰的线索。如柯尔克孜族史学家安尼瓦尔在生前与杜荣坤合写的《柯尔克孜族》称：据史书记载，至少在公元前三世纪至公元后 6.7 世纪之间，在新疆东北部已经有古柯尔克孜人。如果把在此之前匈奴统辖柯尔克孜人向西方的两次进军影响估计在内，就可能还要早一些。① 这就是说，在汉代，柯尔克孜已有一部分西迁天山了。该书又进一步阐述说：“他们（坚昆—

①杜荣坤、安尼瓦尔《柯尔克孜族》，民族出版社，1991 年第一版，4 页。

古柯尔克孜人）曾经配合西汉，和当时的丁零人、乌孙人和乌揭人联合起来，反抗匈奴的统治，从南、北和西北方面进行夹击，迫使匈奴西迁至今中亚一带。一部分坚昆人因军事活动，亦迁至中亚和天山地区。据《三国志·魏志》记载，当时古柯尔克孜人分为两部：在匈奴之北有隔昆国，在康居西北有坚昆国，他们应是古柯尔克孜人西迁形成的叶尼塞河流域和天山两个地区的不同部落。”① 这就明确提出当时坚昆部已经形成了两大分支，即北部叶尼塞部和南部天山部。这应该说是柯尔克孜族首次西迁了。

对于汉代部分柯尔克孜人的西迁，由克孜勒苏柯尔克孜自治州人民政府组织编写，经新疆社会科学院历史研究所等单位专家审定出版的官修志书《克孜勒苏柯尔克孜自治州志》已有详细记载：“柯尔克孜人第一次迁徙大约是公元 1 世纪 70 年代。汉朝政府联合坚昆、丁零、乌孙、乌揭等部向匈奴发起进攻，推翻了匈奴在漠北的统治。匈奴被迫西迁，一部分坚昆人随匈奴之后，向西迁入中亚天山一带”②。

关于柯尔克孜的西迁，《柯尔克孜族》一书还称：“公元 6 世纪中时，突厥实力……向北占领和统治了叶尼塞河流域一带的古柯尔克孜人（时称契骨），随着突厥势力向西发展，古柯尔克孜人的分布地区亦循军事行动向西进一步伸展。据《隋书》记载，当时在伊吾（今哈密）以西、白山（今天山）之旁，有许多部落集团，古柯尔克孜人为其中之一，称为‘契骨’。”③ 本书还记述了唐代黠戛斯（古柯尔克孜族）随回鹘西迁的资料。

关于 6 世纪中叶到 9 世纪（隋唐时期）柯尔克孜人的西迁，

①见杜荣坤、安尼瓦尔《柯尔克孜族》，民族出版社，2003 年版，7 页。

②见克孜勒苏柯尔克孜自治州史志编纂委员会编《克孜克勒苏柯尔克孜自治州志》，新疆人民出版 2004 年版，326 页。

③见杜荣坤、安尼瓦尔《柯尔克孜族》，民族出版社，2003 年版，8 页。

《中国西北少数民族史》一书有更详细的记载。[1] 书中记述了古柯尔克孜人随突厥人西迁是6世纪80年代后，突厥国内讧而大量向西域迁徙，作为早被突厥征服的居民古柯尔克孜人（当时称契骨，为古柯尔克孜人，下同——引者注），因随从作战等原因，也被席卷西迁。[2] 同时还记述了柯尔克孜人随回鹘部西迁的史料。书中援引冯家升等编写，民族出版社出版的《维吾尔族史料简编》的资料称回纥748年便征服了叶尼塞柯尔克孜人。以后随着回鹘向天山一带扩展，以及9世纪40年代分三路西迁至西州、中亚和河西等地区。“叶尼塞吉尔吉斯的一些部落显然也被席卷西迁。”书中还引用了巴尔托里德《谢米列契史》和《新唐书·回鹘传》附《黠戛斯传》的资料称：“840年后，黠戛斯作为拥众数十万的部落联合体崛起，追击至少十五个部落的回鹘西迁部落，将疆域从安加拉河地区一直扩大到与当时‘已建都碎叶’的葛逻禄相连接。势力达天山的中心安西、北庭一带。”

《中国西北少数民族史》一书在谈到6至9世纪柯尔克孜人西迁和分布时，引用（苏）《吉尔吉斯人起源简史》对中亚塔拉斯出土的墓铭与叶尼塞题铭的资料进行对照研究后称“天山、塔拉斯一带八世纪时的题铭为回鹘·奥古孜文”时，也不得不承认“其中某些似乎与叶尼塞题铭的图形更为相似”。无疑，这种“更为相似”的题铭正是那一时期叶尼塞吉尔吉斯已经开始成为天山一带移民的遗迹。50年代（20世纪50年代——作者注）苏联出版的《吉尔吉斯史》承认：“与回鹘汗国斗争时期，吉尔吉斯人

---

①杨建新《中国西北少数民族史》，宁夏人民出版社，1988年第一版，470页。

②同上。

已深入七河地区，这已被叶尼塞题铭塔拉斯墓铭的相似所证实①……。”《中国西北少数民族史》一书还援引10世纪末的著名手稿《胡杜德·阿尔·阿拉姆》中的记载：“宾除勒（今新疆阿合奇、乌什一带），原由托古斯·乌古斯的统治者坐镇，现为吉尔吉斯人所占。”“该著作在另一处记载说，在当时七河地区还有一座‘柯尔克孜汗城’，‘其中居民具有吉尔吉斯人的风习’。巴尔托里德对此分析说：‘直到现在这一带仍是他们的居地。’”② 同时该书还特别指出：“长期研究这一问题并接触实际考古资料和其他资料，始终坚持：‘这些资料无可怀疑地证实了，吉尔吉斯人的天山分支在十世纪以前便已形成。’”③

关于6至9世纪柯尔克孜人的西迁，《克孜勒苏柯尔克孜自治州志》及《中国柯尔克孜族百科全书》均有详细的记载。特别是公元840年，黠戛斯作为追兵，尾随回鹘之后向西迁徙有更加详尽的记述。《克孜勒苏柯尔克孜自治州民族志》称这次柯尔克孜人的西迁为第二次大西迁。西迁的记载是：

“柯尔克孜人第二次西迁，大约是公元九世纪的中叶。黠戛斯兴起，并联合回鹘汗国统治集团内部的力量，摧毁了回鹘汗国。战败后的回鹘举部西迁，部分黠戛斯的追兵也跟随回鹘之后向西迁徙。这部分黠戛斯人有的迁至乌恰、阿合奇及喀什以北的黠戛斯人居住区，与汉代迁入的黠戛斯人会合后，迅速发展壮大，成为喀什以北到巴尔喀什湖一带大片地方的统治者。喀拉汗

①见杨建新《中国西北少数民族史》，宁夏人民出版社，1988年版，471页。

②见杨建新《中国西北少数民族史》，宁夏人民出版社，1988年版，471页。转引自《吉尔吉斯史》《九到十世纪吉尔吉斯人在天山的出现》及《谢米列契简史》的资料。

③杨建新《中国西北少数民族史》473页，转自《九到十世纪吉尔吉斯人在天山的出现》一书。

王朝建立后，成为该王朝的主要成员。直至明朝末年，天山南部的柯尔克孜人，仍然活跃在政治舞台上。”①

10 至 16 世纪柯尔克孜人的西迁，《柯尔克孜族》一书记载的较简单，仅提到：“在天山西州回鹘政权的统治范围内有黠戛斯（古柯尔克孜人），他们分布在天山伊塞克湖及其相毗连的今新疆乌什、阿克苏一带，在喀什噶尔一带亦已有古柯尔克孜人。”同时还提到：“1128 年，耶律大石在中亚两河流域建立西辽后，派兵攻打叶尼塞河的黠戛斯人（古柯尔克孜人），报仇雪耻，一部分黠戛斯人又西迁至天山地区。”② 该书又称：“16 世纪，东蒙古向瓦剌进攻，迫使其退居西北，一部分柯尔克孜人向西南迁徙到天山南北伊塞克湖地区和阿克苏、喀什一带。”③

10 到 16 世纪柯尔克孜人的西迁，《中国西北少数民族史》一书记载的较多，书中称：“十世纪以后，叶尼塞吉尔吉斯人向天山的迁徙可以分为 13 到 15 世纪蒙古时期的西迁和 17 到 18 世纪的最终迁徙两个阶段。”同时指出 13 到 15 世纪叶尼塞吉尔吉斯人西迁，是与蒙古时期成吉思汗后裔的内讧相关的。”④ 在此，书中列举了日本东方历史学者岗田英弘的《四卫拉特的起源》和苏联历史学家彼得罗夫《从 13—15 世纪吉尔吉斯人向天山的迁徙及其与卫拉特的关系》《吉尔吉斯起源简史》等书中的有关资料，记述了 1262—1263 年、1264 年及其以后的三十多年中，叶尼塞吉尔吉斯多次随蒙古人向西北迁徙的情况，特别是“叶尼塞吉尔

①克孜勒苏自治州史志编纂委员会编《克孜勒苏柯尔克孜自治州民族志》，克孜勒苏柯尔克孜文出版社，1992 年版。

②杜荣坤、安尼瓦尔《柯尔克孜族》，民族出版社，2003 年版，11 页。

③同上，第 13 页。

④杨建新《中国西北少数民族史》，宁夏人民出版社，1988 年版，472 页。

吉斯人在十三世纪迁徙天山的基础上，到十四世纪末、十五世纪初人数更为增加”，“还有一批迁往喀什噶尔、河中以及阿富汗等地区。”同时还指出：“从十六世纪起，史书也对天山吉尔吉斯部有了日益明确的记载。”① 苏联学者巴尔托里德亦称：“蒙兀儿斯坦赛义德哈迪尔汗曾到七河地区，在那里他成了吉尔吉斯部的首领。……这足以证明早在十世纪以前部分吉尔吉斯人已经进驻到这一地区中来了。”②

《元史·世祖纪》载：“至元三十年从只儿合忽乞儿吉思（叶尼塞古柯尔克孜部）户七百屯田合思合（即喀什噶尔，在今克孜勒苏柯尔克孜自治州阿克陶县皮拉勒乡）。”

关于柯尔克孜人西迁帕米尔直到西亚阿富汗等地以及阿富汗柯尔克孜人几百年来的活动情况《中国柯尔克孜族百科全书》有较详细的记载。

对于柯尔克孜族西迁和南北部落的形成，《中国柯尔克孜族》一书中专收了《迁徙——沧桑岁月铸造的辉煌历史》和《柯尔克孜南北两部的形成》两篇文章予以记述，文中详述了柯尔克孜族从汉代至清代近两千年的多次西迁及南部（天山—帕米尔）柯尔克孜部的形成及在西域历史上的影响与作用。

以上只是笔者接触到的一些有关叶尼塞柯尔克孜族18世纪前西迁的部分资料，这些资料足以证明柯尔克孜在两千年的漫长历史岁月中多次向西迁徙并逐步形成南部（天山—帕米尔）柯尔克孜部的史实。

（二）从人口资料分析研究18世纪之前柯尔克孜部的西迁和分布

---

①杨建新《中国西北少数民族史》，宁夏人民出版社，1988年版，474页。

②巴尔托里德《谢米列契史》第七章。

近年来，通过对柯尔克孜历史上的迁徙、南北（或称东西）两大部的形成发展和人口分布、政治格局的变化的研究，我们应该改变以往的传统说法，即：“在 17 世纪时，柯尔克孜人主要部分还是在叶尼塞河”，“公元 1703 年，准噶尔把叶尼塞河的柯尔克孜人迁到伊塞克湖和天山地区，据说这时他们有三千至四千帐。他们同以前迁来这个地区的柯尔克孜人汇合，都附属于准噶尔部，人口达五千户，军队三千人。”① 这一历史时期也就是 17 世纪时，柯尔克孜人主要部分究竟在什么地方？是叶尼塞河流域地区，还是天山、帕米尔地区，笔者认为 17 世纪时，柯尔克孜人的分布主要在天山、帕米尔地区，而不在叶尼塞河地区。我想从以下几方面予以分析说明。

首先，从 18 世纪初西迁前后的人口比例研究柯尔克孜的迁徙和分布。哈卡斯学者维·雅·布塔纳耶夫在《黑龙江的哈卡斯人》一书中公布的资料为：“18 世纪初叶尼塞吉尔吉斯土地上的居民约 2 万，被驱赶的共约 1.5 万人。”这与《新疆简史》上载的“三千至四千帐”的数字应该是比较相近的。也就是说，叶尼塞柯尔克孜人是两万人左右，当时西迁的还不足两万人。这是 1703 年的数字。我们再看乾隆二十八年（1763）相距仅六十年柯尔克孜部的人口：此时柯尔克孜族称作布鲁特，且分东西两部，东布鲁特（天山柯尔克孜）共有五大部，人口大概有近十万。西布鲁特（帕米尔柯尔克孜）共有十五部，人口“二十万众”。② 这个统计数字还是很不完全的，天山—帕米尔柯尔克孜部大约总

①见新疆社会科学院民族研究所编《新疆简史》第一册，新疆人民出版社，1980 年版，241 页。

②见《钦定皇舆西域图志》卷四十五《藩属二》，清乾隆二十八年编纂成书，四十七年刊印。见中央民族大学图书馆 1986 年根据清光绪二十五年石印本复印的线装本。

人口也在三十万以上。从1703年至1763年这六十年人口的增长速度来看，无论如何也不可能从三万多人增加到三十多万人。因此，可以肯定地说，17世纪西迁之前，天山—帕米尔柯尔克孜人口当在二十万之上，而叶尼塞仅有二万人口，从二十多万和二万多相比较，天山—帕米尔柯尔克孜人已是叶尼塞的十多倍。柯尔克孜的人口分布主要是在天山—帕米尔一带。

其次，从古今柯尔克孜人口分布来研究探讨，可知柯尔克孜族南北两部的变化情况。我们先看唐代柯尔克孜的人数：《新唐书》称黠戛斯汗国“胜兵八万，众数十万”；《太平寰宇记》称“其兵数号三十万”；《九姓回鹘可汗碑》称黠戛斯“控弦卅余万”。如果按这种说法其人口当在百万余众。这是唐代叶尼塞地区柯尔克孜族的人数。而到了17世纪叶尼塞地区柯尔克孜人仅剩两万人左右，那么，大批柯尔克孜人究竟到哪里去了？这种变化自然要引起研究者的高度重视。

我们再看现代柯尔克孜的分部，以1995年为例，全世界的柯尔克孜族为271.7万人，中亚的吉尔吉斯斯坦为229万，中亚其他国家为23.8万，中国为14.1万，阿富汗为4.6万，土耳其有0.1万。① 这些柯尔克孜人均分布在天山、帕米尔地区。同时在我国东北还分布有0.1万柯尔克孜人，在俄罗斯的叶尼塞地区还分布有6万余名同源民族哈卡斯人。

从当代柯尔克孜的近三百万人均分布在天山、帕米尔一带，而在1703年从叶尼塞西迁的仅有1.5万余人，就可以有力地证明，早在这次西迁之前，叶尼塞大部分柯尔克孜人已西迁天山、帕米尔一带了。

（三）从柯尔克孜族英雄史诗《玛纳斯》研究探讨叶尼塞柯

---

①见贺继宏、张光汉《中国柯尔克孜族百科全书》，新疆人民出版社，1996年版，101页。

尔克孜的大批西迁

谁都知道，柯尔克孜历史上虽较早地使用了鄂尔浑叶尼塞文（也即茹尼文或象形文），但是长期的迁徙，最终又失去了文字，因而柯尔克孜几乎没有文字记载的信史。因此，对柯尔克孜族历史的研究，除了中外史籍中的一些零星记载外，只有在其民间世代相继的口传史诗之中，了解到一些柯尔克孜族历史的蛛丝马迹。英雄史诗《玛纳斯》便是研究柯尔克孜历史的最主要的参考资料。我们在对《玛纳斯》汉译本的编辑加工和整理中，也发现了不少与柯尔克孜历史有关参考资料，特别是史诗中关于柯尔克孜族迁徙的大量唱段和内容。这些唱段虽然是文学作品，但它所反映的重大事件的历史背景可以与历史事件的真实资料相印证，可补充史料的遗缺。

《玛纳斯》在开篇唱到柯尔克孜的由来时即唱道："在遥远的年代/在我们的东北方向/有一个叫做叶尼塞的地方。"① 这就是说，《玛纳斯》是柯尔克孜从叶尼塞西迁以后产生的。"治理叶尼塞百姓的是卡勒玛玛依汗王。"这是介绍早年在叶尼塞时的情况。在卡勒玛玛依统治时期，叶尼塞柯尔克孜"丰衣足食，安居乐业。"但是在玛玛依汗之后的十几代汗王统治时期，由于强敌入侵和汗王无能，柯尔克孜人"生活在水深火热之中/体质下降，人口锐减/流离失所，离乡背井"。在这危难时候，柯尔克孜人中出了一位"像金刚一样的英雄汗王奥诺孜都"，在他治理叶尼塞时期，"喀拉克塔依和卡勒玛克②/从不曾使他屈服投降/敌人惧怕他的威严/从不敢进犯他的村庄"。"人们尽情享乐，充满欢喜/生活无忧无虑，安适悠闲//这就是柯尔克孜人美满富足的时光/媳

①引号中的唱词录自《玛纳斯》中的唱段，见新疆人民出版社 2009 年汉文版，下同。

②克塔依部即契丹部；卡勒玛克部即蒙古瓦剌部，也称喀尔梅克部。

妇们连奶皮也不肯尝一口/老太太连羊尾油也不需看一眼/就这样幸福安康一年又一年。”

奥诺孜都娶了五个漂亮的妻子，每个妻子都给他生了两个儿子。就在这个时候，“卡勒玛克人中出现了一位名叫阿牢开的英雄/他统治着广阔的地域/喀拉克塔依、卡勒玛克都是他的臣民//当奥诺孜都离开人间/走向另一个世界的时候/阿牢开飞扬跋扈十分嚣张/世上谁人敢与我作对/宇宙中哪有像我这样的汗王//他肆无忌惮前来进犯/把奥诺孜都的十个儿子/大肆掠劫，四处驱赶/给安居乐业的柯尔克孜人/带来了难以忍受的灾难。”阿牢开为了防止柯尔克孜人聚在一起反抗他们的统治，将奥诺孜都十个儿子统领的十个部落驱赶到各地分散居住，史诗歌手是这样唱的：“这些该死的布鲁特人/绝不能让他们聚居在一个地区/总有一天他们会揭竿而起/为自己的目标而奋起反抗/阿牢开发出罪恶的指令/强迫柯尔克孜人离开叶尼塞故乡。”史诗是这样描述的：“阿德巴依、阔勒巴依和塔什巴依[①]/首先卷起了他们的帐篷/向布哈拉方向搬迁/留下的人们更加悲惨/一夜之间沦为卡勒玛克人的奴仆。”“柯尔克孜的其他汗王/统统遭卡勒玛克逐放/奥诺孜都的十个儿子/就这样流离失所，四处游荡/就如卡勒玛克人的裤脚一样[②]。”被驱赶的柯尔克孜人基本上是由东北向西南迁徙，如：“巴勒塔的属部/被驱赶到阿尔泰的恰穆布勒山下/克孜勒塔依也遭到驱逐/被赶到冰山脚下/与塔吉克杂居在一块土地上/铁凯奇没有后代/这条血脉从此断了根/他的子民四零五散/从此消失得无影无踪。”“加木格尔奇和什哈依/被驱逐到了撒马尔罕。”也有留在叶尼塞没被驱逐迁走的，他们是两种人。一是有一名英雄女

---

①这三人是柯尔克孜中最富有的巴依。

②裤脚：柯尔克孜人引申为贬义。就如或不如某人的裤脚，是柯尔柯孜人惯用的形容手法，意为下贱到不如人家的裤脚一样的附庸。

儿萨依卡丽的卡特卡朗，“卡勒玛克多次进犯/都遭到沉重的打击/他从来未向卡勒玛克人屈膝投降/一直守在原来的地方。”另一种是屈膝投降，奴颜婢膝者，“他们带着手下三万户族人/无耻地向卡勒玛克俯首称臣。”英雄玛纳斯就是在其父亲加克普搬迁到准噶尔之后诞生的。

这就是在《玛纳斯》中所反映的叶尼塞柯尔克孜被迫迁徙的情况。在这里我们要注意的是这次大迁徙的背景。首先《玛纳斯》是以13世纪蒙古称雄（史诗中的卡勒玛克—蒙古之一部），灭西辽王朝（史诗中的克塔依—契丹）并进一步侵占柯尔克孜领地、屠杀柯尔克孜人民的历史事件为背景，形成雏形，到了15世纪蒙古瓦剌部也先汗疯狂地向柯尔克孜人发动进攻，迫使柯尔克孜人大量西迁之后史诗内容得到进一步充实和完善的。这在史诗中有明显的反映。试看史诗中的人物可以说作为文学作品，史诗中的人物大都是虚构的，但主要人物大概也有他的原型。比如15世纪初明永乐年间柯尔克孜人额色库在任瓦剌部首领时与蒙兀儿斯坦的歪思汗共打了六十一仗，歪思只胜了一仗，且两次被俘，后来还被迫将一个妹妹嫁给了额色库才算完事。① 有学者认为额色库也可能是玛纳斯的原型，或者说在玛纳斯人物流传过程中，加入了有关额色库与歪思汗交战的传说。另外《简史》在记载了也先汗对柯尔克孜部的疯狂进攻的历史事件之后，还引用了《玛纳斯》中的故事予以佐证。另外，研究与玛纳斯作战的对手就会发现，阿牢开也好，其子空吾尔巴依也好，这只是幕前的人物，在他们的背后，也就是他们的上司还有两个大汗，一个是与玛纳斯的父亲加克普多次打交道的秦格什。② 在有些唱本中称为

---

①见《柯尔克孜族简史》，新疆人民出版社，1986年版，61页。

②见《玛纳斯》汉译本第一部，第一卷37页，居素普·玛玛依演唱本，新疆人民出版社，2009年版。

成格斯，而居素普·玛玛依在六十年代的唱本中则直接用成吉思汗，称“管理卡勒玛克人的，是个名叫成吉思汗的汗王”。① 另一个大汗是艾散汗，在空吾尔巴依活动的年代，艾散汗一直是他的大汗，是艾散汗给了空吾尔巴依的领地，在玛纳斯与空吾尔巴依的几次大战中，与柯尔克孜人出面谈判、签订协约的也是艾散汗，这个艾散汗便是史书上瓦剌部的汗王也先汗。《玛纳斯》称瓦剌部为“卡勒玛克”，史书中也称“卡尔梅克”，意为“留下来的部分人”。这充分证明《玛纳斯》所反映的事件背景是成吉思汗时代至明代瓦剌部与柯尔克孜部的战争。也充分证明从15世纪以后柯尔克孜部已主要活动在天山、帕米尔一带了。

《简史》在谈及这次也先的进攻对柯尔克孜的沉重打击和严重后果时称：“以致此后一百多年内，柯尔克孜在叶尼塞河流域基本上处于销声匿迹的状态。”纵观15世纪以后的历史，柯尔克孜在叶尼塞不仅是“基本上销声匿迹”，而是已经完全销声匿迹了，也不仅仅是“一百多年内”而几乎是永远的销声匿迹了，当然这种完全和永远，并不是柯尔克孜，而是仅就叶尼塞这个地域而言的。就以《简史》的文本而言，此后所载的叶尼塞柯尔克孜的活动，也只是17世纪反抗沙俄入侵的斗争和被迫西迁，但那也只是四个部落二三万人的事情。而柯尔克孜的活动完全集中在天山、帕米尔一带，这就充分证明15世纪发生在也先对柯尔克孜的疯狂进攻之后，迫使柯尔克孜大部分向西迁徙了，叶尼塞只剩下很少一部分柯尔克孜人了，从那时起，古柯尔克孜的分布、柯尔克孜的政治格局，发生了重大的历史性变化，北部（或称东部）柯尔克孜部已经是一蹶不振，越来越弱小了，而南部（或称西部）柯尔克孜部已经越来越强大了。

---

①见《玛纳斯》资料汉译本第一部，第一卷，75页，新疆维吾尔自治区《玛纳斯》工作组1961年刊印。

五、南部（天山—帕米尔）柯尔克孜部的形成与基本情况简介

历史上，随着柯尔克孜人多次西迁，分布在天山南北、帕米尔高原上的柯尔克孜人越来越多，逐步形成了天山—帕米尔柯尔克孜部，并逐步登上了西域的政治舞台。这样，柯尔克孜族便形成了南北两大部，即漠北的叶尼塞柯尔克孜部，亦即北部柯尔克孜部和西域的帕米尔—天山柯尔克孜部，亦即南部柯尔克孜部。

南部柯尔克孜部从汉代坚昆人首次西迁，经过历次西迁，在公元9世纪，已基本形成了柯尔克孜部的一大分支——南部柯尔克孜（由于这一分布区位于柯尔克孜旧部叶尼塞河的西南部，也有人称为西部柯尔克孜）。关于这一点，苏联考古学家 A. H. 别林施塔姆根据大量考古资料也已经证实，他认为10世纪前夕，柯尔克孜人已经出现在天山地区。我国史书所载的大量资料也更明确地证实，在10世纪以前，柯尔克孜人的天山分支已经形成。

大量史料证实，在9世纪建立的我国西北部的联合地方政权喀拉汗王朝中，柯尔克孜人已占有很大的势力，已经出现在我国西部政治舞台上，已有相当的军事实力，特别是喀什噶尔、乌什以北的大片地区则完全在柯尔克孜的控制之下。《中国历史地图集》1001年在黑汗王朝（喀拉汗王朝）的东北面（今托什干河流域阿合奇、乌什县）明确标为黠戛斯（古柯尔克孜部），其东南与西州回鹘相接。这一地域也正好是今克孜勒柯尔克孜自治州阿合奇县全境和阿克苏地区乌什县西北部。我国史书所记之傍白山有柯尔克孜和喀什噶尔、乌什以北为柯尔克孜所控制，《世界境域志》称在卡尔乌鲁有个叫“宾除勒”的地方为柯尔克孜所统治，指的均为这块地方。这一时期，今阿合奇一带，已成为天山柯尔克孜人的活动中心。

事实上，南部柯尔克孜部的分布范围越来越大，由最初的天山山区逐步发展到帕米尔高原及其以西的兴都库什山，以及中亚

七河地区和安集延一带。在不同历史时期，曾经与匈奴、鲜卑、柔然、突厥、回鹘、葛逻禄、样磨、处月、吐蕃、契丹、蒙古、维吾尔、哈萨克、塔吉克、乌孜别克等部为近邻或杂居。自然也和其中的一些部族发生了矛盾甚至是战争，但是更多的是相互之间交流、合作，共同发展和融合。

南部柯尔克孜在政治舞台上影响较大的活动主要是9至12世纪的喀拉汗王朝时期和16至17世纪的叶尔羌汗国时期。喀拉汗王朝时期，在政治军事上，南部柯尔克孜族是乌古斯、葛逻禄、回鹘、样磨、处月等我国西北方多部共建的联合地方政权中的主要成员之一，不仅是汗国中武装力量的中坚，而且实际控制着今阿合奇、乌恰西部和北部大片地区。在经济上，南部柯尔克孜部则是喀拉汗王朝的畜牧基地，对汗国的兴衰起到一定的作用。

在赛义德建立叶尔羌汗国的过程中，柯尔克孜起了十分重要的作用。赛义德在天山柯尔克孜地区避难并发展壮大了力量，然后于1514年组成柯尔克孜、蒙古等联军四千七百多人，攻占了喀什噶尔、叶尔羌、和阗等地，建立了叶尔羌汗国。柯尔克孜部在政治上、军事上是叶尔羌汗国的有力的支持者。据史料记载，叶尔羌汗国时期，塔里木盆地绿洲上的乌什、阿克苏、库车、轮台、和阗等地曾长期在柯尔克孜人的控制之中，甚至连喀什噶尔也一度为柯尔克孜人所控制。如1638年，叶尔羌汗国阿不杜拉汗执政期间，曾任命柯尔克孜首领为喀什噶尔、乌什、阿克苏、库车、轮台、和阗等地的阿奇木伯克（地方最高行政长官）。

南部柯尔克孜部在经济生活上，仍然以游牧为主，狩猎次之，但是自然环境的改变使其游牧形式、狩猎形式都发生了根本的变化。在游牧生产上，由平原草原游牧，变为高山草场游牧，冬季在暖和的低山处放牧，夏季在凉爽的高山牧场放牧。狩猎也是在雪山、森林中或戈壁原野上进行，再也没有了渔业，不仅没有了舟船，甚至连雪橇、滑雪板等交通工具也没有了。适应黄牛生长繁育的环境已不很多了，大型的车马在山区牧场上已难通行，但是却有了“高原之舟”牦牛可以食肉、食奶和驮运。除个别原始森林中居住的山民，已很少有圆木屋了，垒木为栏，桦皮盖之为屋的房子和草泥为顶的房子已经看不到了，毡房依然是大部分游牧民的居室。大面积的、灌溉条件极好的连片农田极少，只有今阿克陶县皮拉勒的柯尔克孜人按照元朝政府的安排，定居从事绿洲种植业，住土木结构的平顶屋。虽地处中西方丝绸之路的要道，但经商、争分铢之利，依然是柯尔克孜牧民不屑一顾和不愿从事的职业，因而在生活上则受外族投机商人的剥削。没有了城市、没有了商业，以物易物的交换形式在牧区也不发达，畜产品则大多要到附近维吾尔农区去换取农产品及生活所需的其他日用品，但南部柯尔克孜部落却是塔里木流域绿洲城镇、农村的主要畜产品供给基地。

南部柯尔克孜部在意识形态方面也逐步发生重大变化，首先是宗教上的改宗，西迁的柯尔克孜人很快由萨满教改宗佛教或袄教，大约在10世纪以后又先后改宗伊斯兰教。这是南部柯尔克孜人与北部柯尔克孜人在意识形态领域的最大变化与不同，由此生活习惯上也发生了一系列的重大变化。但是，原始的自然崇拜、英雄崇拜、祖先崇拜和萨满教的遗俗，依然在南部柯尔克孜人中有极深的影响，有些仍然世代传承着。

这里应该说明的是：自从西迁之柯尔克孜人形成南部（天山—帕米尔）柯尔克孜部之后，与叶尼塞柯尔克孜旧部虽然是一个民族，但却成为两个互不统属的部落。尽管西迁的一些柯尔克孜部落仍然还使用了在叶尼塞时的部落名称，但实质上已经脱离了旧部，重新组成了西部新的部落联盟。同时行政归属上，也是分属两个行政建制。如唐代叶尼塞柯尔克孜部属燕然都护府，而南部柯尔克孜部则属安西、北庭两大都护府，建立在叶尼塞的黠戛斯汗国，自然也不统辖南部黠戛斯部。又如元代，叶尼塞柯尔克孜隶于岭北行省，而南部柯尔克孜则隶于别失八里行省。只是到了 18 世纪初叶尼塞柯尔克孜西迁之后，南北两部柯尔克孜人才又重新会合并形成东西布鲁特（柯尔克孜）两大部。清政府平定准噶尔部贵族及南疆大小和卓叛乱后，东西布鲁特皆臣属于清朝。1860 年《中俄北京条约》之后的一系列不平等条约，将我国大片柯尔克孜居住的领土划归俄国，我国大部分布鲁特人根据“人随地归”的原则，成为俄国居民，称作吉尔吉斯人，留在我国的布鲁特人已不足十分之一，被称作柯尔克孜族，遂形成跨国民族。

中吉跨国民族的形成

我们在前面已经说过，柯尔克孜族原居我国北方的叶尼塞河流域，直到17世纪沙俄东扩武力侵占叶尼塞地区，柯尔克孜人举部西迁之前，一直是我国的领土，同时17世纪及其以前多次西迁的柯尔克孜族，也还是生活在我国西部的领土上，也就是说直到叶尼塞柯尔克孜人与天山、帕米尔柯尔克孜人会合形成现代柯尔克孜族之后，天山、帕米尔以及中亚的柯尔克孜族仍然是生活在我国领土上的中国人。那么后来又是怎么形成中国的柯尔克孜族与中亚的吉尔吉斯人这样一个跨国民族的？在这里我想客观地、历史地回答这一问题。

每一个民族的形成都是经过长期、复杂的过程和背景的，同一个民族成为跨国民族也自然有其直接的原因和背景的。而柯尔克孜族作为跨国民族的直接原因就是沙俄对我国的武装入侵。

我们已经说过，早在17世纪之初，沙俄开始入侵我国叶尼塞柯尔克孜地区，这次入侵的直接后果是迫使留在叶尼塞故土的部分柯尔克孜人西迁，这样沙俄不仅占领了叶尼塞柯尔克孜故地，同时也迫使一个民族分成两个民族，没有迁走的柯尔克孜人便成为俄国臣民，形成了后来的哈卡斯人。而西迁的柯尔克孜部在与旧部会合之后形成现代柯尔克孜族。这是沙俄对叶尼塞河流域武装东扩和武装移民的结果。

西迁的柯尔克孜部在形成现代柯尔克孜族不久，又多次受到沙俄的武装入侵，其中最严重的一次是1871年沙俄出兵侵占我国伊犁，清政府为收复伊犁被迫签订了一系列不平等条约，这是导致柯尔克孜族成为跨国民族最直接的原因。

1865年，浩罕国在英帝国主义的支持下，乘我国喀什噶尔一带发生内乱之机，命令阿古柏挟持在喀什噶尔叛乱中失败的张格尔逃亡浩罕的儿子布素鲁克侵入我国新疆喀什噶尔，不久代表英帝国主义势力的阿古柏侵略军已占领了大半个新疆，并建立了伪“哲德沙尔”汗国。面对这种局面，沙俄帝国主义自然不能坐视自己垂涎已久的新疆落入英人之手，便乘机出兵侵占了伊犁，妄图与英国平分新疆。沙俄武装占领我国伊犁之后，一方面假惺惺地向清朝政府表示俄军是为清朝“代收代守”伊犁，但俄军官秉承俄军参谋长的密令，在伊犁狂妄宣称“俄国所占领的地区，永远不归还给中国”，同时沙俄又派出使团，到喀什噶尔与阿古柏签订非法的《俄国—喀什噶尔条约》（俄阿条约），主要内容为：一、俄国承认阿古柏在新疆建立的“哲德沙尔”政权；二、俄商得在南疆各地经商和设立贸易事务馆，建造商行和货栈；三、俄商进口税为2.8%；四、俄国商队得经南疆而赴邻近国家；等。

清光绪二年十二月（公元1877年1月）俄国派出特使A·N·库罗帕特金赴库尔勒与“毕条勒特”（阿古柏）谈判所谓俄阿“边界”问题。库罗帕特金提出：“这条边界必须由苏约克山口通过乌鲁克恰提要塞，再往前直到马尔他巴尔山。苏约克山口位于谢米列钦斯克省和‘毕条勒特’领土之间的这条边界线的西南面的终点。”又提出“乌鲁克恰提要塞、纳格勒拉察勒得、叶金（吉根）和伊尔克什坦必须交给我们”。企图通过阿古柏伪政权盗卖中国之领土，同时占据沿克孜勒苏河直驱喀什噶尔的通道，为其侵入南疆铺平道路。这一切都充分暴露了沙俄企图与英国平分我国新疆的狼子野心。

1878 年，沙俄还妄想扶植被清军打败后逃入俄国的白彦虎和伯克胡力在新疆天山南北建两个附属于俄国的傀儡政权。为此，从 1878 年至 1879 年两年间，沙俄支持白彦虎和伯克胡力先后多次窜犯、侵扰北疆伊犁、塔城和南疆乌鲁克恰提、吉根和色勒库尔一带。

我国清朝政府驱逐阿古柏出新疆，收复南疆失地之后，在与沙俄交涉收回伊犁时，沙俄借机提出了一个个无理要求，千方百计以所谓“西疆边界未定”论，企图通过重划中俄边界侵占我国领土。并且在划界中利用重新划界，使其侵占我国的领土合法化，进一步扩大侵占我国领土的面积，这是沙俄惯用之伎俩。早在 1864 年，沙俄强行与清朝政府签订《中俄勘分西北界约记》，这一界约使沙俄侵吞了我国伊犁以北的四十四万多平方公里的土地。1869 年沙俄逼签《科布多界约》与《乌里雅苏台界约》两个子约，在勘界中又划去我国大片土地；1881 年中俄签订不平等的《中俄伊犁条约》，又将我国七万多平方公里土地归划俄国，在随后的 1882 年又签订了《中俄伊犁界约》和《中俄塔尔巴哈台西南界约》，1884 年签订了《中俄续勘喀什噶尔界约》，这四个界约的签订又让沙俄借机侵吞了我国大片领土。

从奎屯山至木斯岛山（即布尔津以北及哈巴河、吉木乃以西）之边界，是据《中俄科塔界约》之规定勘分的。按《中俄伊犁条约》之规定，这一段边界的“新的分界线应该是尽可能在旧界与自奎屯山过喀喇额尔齐斯河至萨乌尔岭所划的直线之间的中间线”。但在划界时却将界线划在阿拉克别克河，使我国失去喀喇哈巴河、玛尔喀湖及玛尼图噶图勒干等大片领土。唯从木斯岛山至哈巴尔苏一段边界（即和布克赛尔至塔城以北）维持了《哈尔巴台界约》（1870 年）所勘之旧界。从哈巴尔苏至喀拉达坂（即塔城至博乐以北）之一段边界，是由《塔尔巴哈台西南界约》确定的。这段边界在《勘分西北界约记》中早已确定，此次只是按规定安设界牌，但沙俄代表却以种种借口，强借我国一边的巴尔鲁克山牧地十年。至 1893 年始收回，从喀拉达坂至那林哈勒噶一段边界（即博乐、温泉之北至昭苏以西）是由《伊犁界约》所确定，这段边界在勘界时沙俄借机将艾生达坂至霍尔果斯河以西的土地划归俄方。从那林哈勒噶至别迭里山口（即昭苏以西至阿合奇别迭里山口以北）边界是由《喀什噶尔界约》确定的。在勘界中，沙俄强行以“天山南脉”取代“天山之顶”而分界，从而将库玛拉克河河源地区及贡古鲁克以东的大片土地划入俄国。

这里要说明的是这些不平等条约的签订不仅仅是使我国失去了大片美丽的土地，根据“人随地归”的原则，更使我国的无数骨肉同胞也随着土地而离开了中华民族这个大家庭，成为俄国的臣民。柯尔克孜与吉尔吉斯这个同祖同宗同源的同一民族便被一条无形的边界线，划成了跨国民族。

根据 1860 年《中俄北京条约》的规定：“西疆尚在未定之交界，此后应顺山岭、大河之流及现在中国常驻卡伦等处，及 1728 年，即雍正六年所立沙（宾）达巴哈之界牌末处起，往西直至斋桑淖尔湖，自此经西南，顺天山之特穆尔淖尔，南至浩罕界为界。”这样，清朝政府就被迫将巴尔喀什湖以东以南的广大地区划归俄国。1864 年的《中俄勘分西北界约》在重申了《中俄北京条约》有关中俄西部边界走向外，还规定：“地区分在何国，其人丁即随地归为何国管辖。”这样，伊塞克湖、楚河、塔拉斯河和纳林河流域的广大柯尔克孜、哈萨克族群众，就都被划成为沙皇的臣民了。

1881 年的《中俄伊犁条约》我国政府虽然收回了伊犁，但又失去了大量领土和柯尔克孜群众。在《中俄喀什噶尔界约》和

《中俄续勘喀什噶尔界约》中，俄国以天山支脉指为天山主脉，违约侵占了阿克苏河上游、贡古鲁克通往伊犁的大道以及托什干河上游阿克赛河及其支流和察特尔湖地区。在苏约克山口以下，理应以"现管之界"即实际控制线勘分，两国边界应沿葱岭靠浩罕处划界，但在划界时，沙俄官员硬要按俄国红线为准，把边界线划在"不沿葱岭，不靠浩罕"的伊尔克什坦，将伊尔克什坦以西一百多公里内中国现管的哈喇多拜、铁列克、屯木伦等处违约划归俄国。在伊尔克什坦以南，在划界时也违约向我玛里塔巴尔山口南侵一百多公里至乌孜别里山口，著名的喀喇库里湖即被划入俄国版图。

根据1884年的《中俄续勘喀什噶尔界约》，不仅沙俄对我国阿赖地区及和什库珠克帕米尔柯尔克孜地区的占领合法化了，而按照《界约》第三条的规定，自乌孜别里山口以下，"俄国界线转向西南，中国界线一直往南"这就形成了一个三角形的"待议地区"，而且俄国很快又派兵侵占了这一地区，这一"待议地区"至今仍是悬而未决之案。这样，我国柯尔克孜族在帕米尔居住的"八帕"就只剩下郎库里帕米尔、小帕米尔和塔克敦巴什帕米尔"三帕"了。

至此，我国柯尔克孜族聚居区的大片土地划归了俄国，留在我国境内的柯尔克孜族人口就不足总人口的二十分之一了。柯尔克孜与吉尔吉斯这一跨国民族就这样形成了。边界勘定之后，原本是同源、同祖、同宗的民族只有面对一条无形的边界线南北相望了。甚至有不少姻亲关系的家庭因分划两边，也无法正常往来。特别是在两国关系紧张、严密封锁边境之时，亲戚同胞之间更是无缘得以相见，真是鸡犬之声相闻，而民无以往来，同胞们只有任凭亲情之火在心中燃烧。

克孜勒苏河和托什干河这两条贯穿克孜勒苏柯尔克孜族聚居区的大河，都是从吉尔吉斯斯坦流入我国的，在一个民族被分割为两国的百年岁月之中，大河上下的柯尔克孜人临河而居，同饮一河之水，却不能相见相聚。这真如一首唐代诗人所吟之诗："君在长江头，我在长江尾，思君不见君，同饮一江水。"

所幸的是，如今克孜勒苏河和托什干河均已解冻，冰化雪消，流水欢歌，同族同宗的两国人民可以在和谐欢乐的气氛中友好往来。

文化篇

昆仑文化之研究

昆仑是一种文化。昆仑文化是西部文化的代表，更是华夏文化的代表。

“昆仑”，昆仑山的简称，又称昆山。昆仑以其高大雄伟而著称，又成为高大巍峨的代名词。

造山运动孕育了昆仑年轻的生命。昆仑原是海底的一个小丘，在盘古开天辟地和女娲造人的紧锣密鼓之中，昆仑迎着红光紫雾，伴着霹雳闪电，从海底升起。

横空出世，巍巍昆仑就这样诞生了。昆仑诞生了，华夏神州的脊梁便高高地隆起了。在昆仑的怀抱之中，华夏神州的精灵——中华民族也诞生了。同时，昆仑文化也随之诞生了。

一、至高至大　至尊至贵
——解析昆仑文化的神秘音符

自从中国的人文始祖黄帝涉流沙、登昆仑、筑宫室起，从昆仑山下便不时传向神州大地一个个神秘的音符，华夏神州的第一篇哲学著作《黄帝阴符经》便在这些神秘的音符中问世了，而且成为中华上下五千年文明史中哲学思想的柱石和根基。① 从此，不少知之修炼的圣人，或云集昆仑，筑宫室、开洞府、结庐帐，或假借昆仑之名，修身养性，探求“观天之道，执天之行”的“天人合一”的哲学思想。此后昆仑的天神文化与海上的地仙文化、北方的草原文化与中原的农耕文化逐步在碰撞之中融合，从而形成了丰富多彩、五彩缤纷、博大精深的多元一体的华夏文化。

宋代史学家司马光称：“昆仑者，天象之大也!”昆仑仰天而立，俯首中华；横天而卧，胸怀四野，遥遥万里，以其广大无垠、包揽万物，成为中华民族宽阔的胸怀。

昆仑是世界屋脊，万山之祖。群山在昆仑聚首，众水在昆仑分流。昆仑以其雄伟，以其圣洁，成为华夏神州的代表。上下五千年，中华民族将一切神圣的事业都与昆仑紧紧地联系在一起。

昆仑山是我们伟大祖国的脊梁，内地的许多崇山峻岭，都是昆仑的支脉；昆仑是中华民族的生命之源，是孕育中华民族古代文明的黄河、长江的源头，是中华民族文化的摇篮。②

---

①关于《皇帝阴符经》在中国哲学史上的影响，近年来研究者较多，也各有所见，杨力先生在《中华五千年文化经典》中曾经结合《阴符经》中所反映的阴阳观、三才观、运动观、辩证观、五行观等主要哲学观点，给予了充分肯定。对于《阴符经》，特别是“天人合一”的哲学思想在中国哲学史的地位，近年来各家多有论述，有的称其为“中国哲学的基本主张”，有的称其为“中国文化统摄一切的主导理念”，也有人称其“天人合一的思想是中华民族五千年来的思想核心与精神实质”。余称其为“中华上下五千年文明史中哲学思想的柱石和根基”，也系一家之言，仅供参考、榷商。

②近年来从事昆仑文化研究者虽然不多，但有不少有真知灼见的认识和见解。有的称昆仑是中华民族的脊梁，有的称昆仑或（帕米尔）是中国汉民族发祥之地。特别是昆仑神话是中国神话之祖，代表了中国传统文化，反映了中国人古老的向往与追求，早已成为中华民族的共识。笔者认为昆仑是中华民族文化的摇篮，与“河源出昆仑”一样，只是一种文化的认同。

昆仑山以其乳汁孕育了中华民族，中华民族又以其聪明才智创造着昆仑神话，以各种神圣的光环装扮着昆仑，为昆仑涂上一层又一层光彩，昆仑便形成了一种神秘深邃的文化。

“山不在高，有仙则名。”昆仑以其既高大，又充满了灵气而成为我国有名的神山、仙山。古代，我国三山五岳之门徒，尽出昆仑山之玉虚宫，各路神仙均为昆仑之门人。西王母之瑶池，闪烁于昆仑山顶，昆仑山自然是群仙聚居之地。昆仑乃百神之所居，自然是中华的圣山。

昆仑山是群玉之山，以产美玉而著称。玉在华夏神州是一种文化，是一种神秘的审美文化，是一种坚强不屈的精神文化。这种审美文化，就是中华民族的审美情趣；这种精神文化就是冰洁玉净、坚不可摧、坚贞不渝的中华民族的民族精神。

昆仑文化是以昆仑的神山圣水为依托的。昆仑的神山圣水孕育着中华民族，铸中华民族的铁骨，注中华民族的热血；昆仑文化的灵光塑造着中华民族的精神，净化着中华民族的灵魂。

昆仑文化是一种深邃的秘不可测的文化。其文化的博大精深，其文化的古朴悠远，其文化的精神力量，都是其他文化难以企及的。

昆仑文化是一种大文化，其文化是至高全大、至尊至贵的。至今，当地少数民族还将昆仑称为“喀喇昆仑”，喀喇者，就含有至高至大、至尊至贵之意。这种文化具有厚重而含蓄的性格，这种性格，正是中华民族的代表性格。

二、万山之祖　众水之源

——昆仑文化的地理内涵

我们说昆仑文化是一种大文化，这首先反映在其地理内涵上，就是一种广阔无垠，是一种博大与浩淼。它不像其他地域文化或民族文化，仅仅是一个点或一条线，而昆仑文化从地域文化上所包含的是一大片，一个约占中国土地三分之一的中国西部的大片地域范围。概括地说，昆仑文化包含的地域范围为西起帕米尔高原东部逶迤向东，横贯新疆、西藏，直延入青海、四川境内，长约 2500 多公里，涵盖了我国西北、西南的大部分省区。这就是说，昆仑文化作为一种地域文化，应该是世界上最大的地域文化了。地域之大是昆仑文化地理内涵的第一个特点。当然我们说昆仑文化是大文化，并非仅仅是地域之大，大地域只是其中之一，它的大，主要还在于它的文化属性，它所代表的不仅仅是一个地区、一个民族，而是代表了整个中华民族，代表了整个华夏文化。这就是说，昆仑文化从地理内涵上讲，它是一种地域文化，但是从文化属性上说，它已远非地域文化的范畴了，而是代表了华夏文化，甚至是以中华文化为代表的东方文化。

昆仑文化的地理内涵的第二个特点是包容之广。这一点我们首先看昆仑文化的载体。我们说任何一个文化，都是有一个特定的载体的，承载昆仑文化的载体，主要就是昆仑山了。

昆仑山是中国西部的一个山脉，也可称是一个山系。它好似一条巨龙，头枕世界屋脊的帕米尔高原，尾向四川的岷山、青海的巴颜喀喇山、甘肃的祁连山延伸，横卧于整个中国的西部。

昆仑是万山之祖。首先作为世界屋脊的帕米尔高原，就是昆仑山上的一个大的山结，亚洲境内主要山脉如喜玛拉雅山、昆仑山、天山、兴都库什山等，都在这里聚结，并向四方伸延。这个巨大的群山会聚之地的世界屋脊，就是聚结在昆仑山之上的。昆仑是被誉为群山之首和万山之祖的。其次是在昆仑山脉上，群山相拥，群峰毗肩，冰山雪峰，逶迤连绵。其最西端南北走向，横卧于祖国西部边疆，为中国与巴基斯坦、阿富汗等西亚国家的界山，是我国西部的屏障，以其巍峨雄伟而著称于世。山脉之上7000米以上的雪山冰峰林立，有号称“冰山之父”的慕士塔格峰，还有公格尔峰、公格尔九别峰和木孜塔格峰，最高峰乔戈里峰海拔8611米。这些冰峰向东伸延，为西北—东南走向，为新疆塔里木盆地和西藏藏北高原的界山。再向东伸延成东西走向，分三支并列排开，逶迤东延：北支在甘肃境内为祁漫塔格山；中支为阿尔格山，东延为布尔汗布达山及阿尼玛山（即积石山）；南支为可可西里山，东延为巴颜喀拉山，在四川与岷山及邛崃山相接。这是昆仑大致的地理范围，这一地理范围决定了昆仑文化在地理内涵上居于群山之首的特点。

昆仑文化地理内涵上的另一个特点是众水之源。不仅新疆、西藏、青海、甘肃等省区的主要河流大都发源于昆仑山，我国境内的最大河流长江、黄河均发源于昆仑山尾脉巴颜喀拉山和唐古拉山，而且在帕米尔这个山结上被称作“苏巴什”的地方，则是亚洲大陆的分水岭。这里的冰川、雪山融水分别向四方奔流，成为中国与中西亚众多大河之源头。

这就是说，作为万山之祖、众水之源的昆仑，在其文化的地理内涵上，是以山、水文化为主，名山大川的大、美、奇，是其文化特点。

三、光的撞击力的凝聚
——昆仑文化的历史内涵

自从造山运动使昆仑山在雷鸣和电闪中从浩瀚大海中升起，昆仑文化作为一种光明和力量的代表便同时诞生了。

昆仑文化是中华民族历史悠久的传统文化，其历史内涵十分丰富。

华夏文化是讲究根的，这个根就是昆仑文化。华夏文化是一种传统文化，这种传统文化之源，就是昆仑文化。对华夏文化的寻根探源，就必须对昆仑文化的历史进行研究。有学者认为，昆仑是中华民族的发祥之地，这一说法应该说是有一定的道理的。

昆仑文化是一种古老的文化，昆仑文化的历史可以上溯到史前文化。

中国的史前文化主要有两支：一是以炎黄文化为代表的中原文化；一是以昆仑文化为代表的西部和北部文化。这两种文化在碰撞之中互相融合，最终融为一体，形成了华夏文化，亦即中华文化。

昆仑文化是在碰撞之中形成并发展的，这种碰撞便产生了光焰无际的火光，便凝聚了海天的能量和无尽的力量。这种光，便是人类文明进步之光；这种力，便是人类发展之源。中华民族的历史，就是在这碰撞之中演进发展的。

昆仑文化是在光的撞击中诞生的，是在力的凝聚与释放中发展的。中华五千年的历史，有力地见证了这一文化特征。昆仑是在造山运动中，由深埋于海底的小丘，伴着霹雳和闪电冲出海面，巍然而立，后来居上，并成为世界屋脊的，这是地质史所证明了的。昆仑文化更是在光与火的撞击之中诞生的。无论是从神仙界的普罗米修斯偷取昆仑之火也好，还是女娲炼石补天或炼五色石取火也好，无不与昆仑有关；无论是自然界的风火雷电，还是人类的钻木、磨石取火，直到现代的火柴的磨擦生火和打火机打火也好，光和火，无不是在撞击之中产生的，而这一切，都与昆仑文化有着密切的关系。有了昆仑之火，才有了人类的进步与光明。古人将昆仑山称作长寿山，认为昆仑山上的灵芝草，是有着长生不老和起死回生的作用的，灵芝便成为人类生命之源。昆仑和人类的生存和发展紧紧相依，与人类的历史紧紧相连，没有了光的碰撞和力的凝聚，也就没有了人类的进步和发展，也就没有中华五千年光辉灿烂的文明史。

人们将生与死，看作是一种生命在烈火中的凝炼，是一种涅槃和永生，人们将推动社会发展的催化剂——战争，描写成是血与火的洗礼，是刀光与剑影。这一切其实就是光与火的碰撞和力量的凝聚的结果。人类改造自然的斗争更是一种光与火的碰撞和力量的凝聚与释放。从石头相击的小小火星，到原子弹、氢弹爆炸的海天能量，无不源于昆仑山小小火种，这就是人类发展与进步的历史，也是昆仑文化的历史内涵。

四、天人合一　精神归一
——昆仑文化的哲学内涵

昆仑文化是有着深刻的哲学思想的，其哲学内涵十分丰富。昆仑文化哲学思想的核心便是天人合一，精神一统，或称精神归一。应该说，天人合一、精神归一是昆仑文化的哲学内涵，更是中华五千年哲学思想的根基，是华夏文化的哲学思想的核心。

我们先看这一哲学思想的形成。“天人合一”的哲学思想虽然是在中华民族五千年来文明进化之中诸子百家不断研究、不断诠释、不断完善，但应该说这一思想早在黄帝时期已经基本形成。贾谊《新书》卷九载：“黄帝涉流沙，登于昆仑，起宫室。”就是说黄帝开始在昆仑建宫修炼。修炼什么呢，作为一国之尊的黄帝，就是在修炼治国教民的哲学思想。所谓“观天之道、执天之行”的“天人合一”的哲学思想就是这样形成的。这便是黄帝的《阴符经》。按照黄帝自己的说法是“知之修炼，谓之圣人”。何谓圣人，就是能观天之道，执天之行的尊者。从此之后“三山五岳”之门徒都齐集昆仑山上，或建宫设室，或开凿洞府，开始了苦修，修身养性，传经布道。但是这种修行自然不是一些简单的养生之道，更不是想修仙、成神，而是在进行一种哲学修养，是在作“观天之道，执天之行”的“天人合一”的哲学思想的研究和修养。这些修行的成功者，则自然成了“替天行道”的“天神”。他们居于昆仑之上，静观人间动静，既以传经布道的形式，向三山五岳之门徒传之、教之，又不惜以各种法术道法征之、讨之。总之就是用黄帝的“天人合一”的哲学思想，“观天之道，执天之行”，替天行道，治理中华。这是神话，是发生于天界的事。昆仑是最高、离天最近的山，黄帝在这里建宫室，他的继承人都在这里建宫，昆仑成为天神们替天行道的大本营。这个大本营其实就是“天人合一”的哲学思想研究的最高学府和维护这一思想的基地。

然而，昆仑必竟是太高了，是在天上，是神话。“观天之道，执天之行”的哲学思想虽然确定，形成了天道和人道、自然和人为相通、相类和统一的思想观点，强调了天人协调、和谐与一致的哲学观念，概括了天、地、人三界的总规律，但是由谁去“观天之道，执天之行”，自然是靠人。于是道教的老庄，儒教的孔孟，都把“天人合一”的哲学思想与所创的教派结合起来，进行进一步的研究和发挥。甚至是后来传入的释教的禅宗派，也将这一哲学思想纳入了释教之中。

道教的“天人合一”，儒教的“天人相应”以及释教的“不二空门”，等，都是对黄帝“观天之道，执天之行”的哲学思想——“天人合一”的进一步诠释和发展。

我们再简单认识一下“天人合一”的这一源于昆仑文化的中华传统哲学思想。我们前面已经提到，“天人合一”的哲学思想，最早见于黄帝的《阴符经》。这一哲学经典开头便指出了这一哲学思想的要旨是“观天之道，执天之行”。对此儒家则作了最精辟的阐述，认为“观天之道”就是在于“明明德”。孔子在《易经·系辞》中写道：“仰以观于天文，俯以察于地理，是以知幽明之故。”这就是“观天之道”，也就是“明明德”。认为“执天之行”就是“亲民”，就是行善。这就是说明德之后（也就是懂得了道理之后），就要亲民、行善，以民之所好好之，以民之所恶恶之，想民之所想，急民之所急，为民多办实事，这就是执天之行。认为天人合一、天人一理，天和人是一体的，民之所想，就是天道，就是天意。同时儒家又将做人规范为三点：一是格物、致知，二是诚意、正心，三是修身、齐家、治国、平天下。

认为“观天之道”就要研究客观事物，掌握客观规律，客观规律就是天道，这就是格物、致知；掌握了客观规律，就要按照客观规律办事，就是“执天之行”，这就是修身、齐家、治国、平天下。要做到研究客观规律、认识客观规律，特别是按客观规律办事，是要下一番苦工夫的；要做到这样，就是要苦修，这种苦修是要有诚意的；只要有了诚意，才可以正心，也才能够真正达到“观天之道，执天之行”的最高境界。

对于黄帝“天人合一”的哲学思想，道教也有重要的发展。老子在《道德经》八十一章中称：“天之道，利而不害；圣人之道，为而不争。”这就是说为人处世要法天道利而不害，行人道为而不争，这便是道教对“观天之道，执天之行”的“天人合一”的哲学思想的诠释和阐述。

释教对黄老哲学的“天人合一”的诠释为“色空不二”或称“不二空门”，并以此作为人的哲学修养的最高境界。“不二空门”是佛教的戒律，其实戒的就是一个“贪”字，禁的就是一个“欲”字，戒贪禁欲便是释教对黄帝“天人合一”哲学思想的发挥，便是释教人生观、价值观的哲学取向。

昆仑文化的哲学内涵“天人合一”的实质是一种精神归一，就是一切都必须统一于天，服从天的意志。昆仑上的诸神，就是代天行狩，凡不合天意者就予以惩戒。这一哲学实质是维护以天为代表的皇权利益的。

五、冰洁玉净 坚不可摧
——昆仑文化的精神内涵

昆仑文化是具有独特的精神内涵的。这种文化的精神内涵是以冰洁玉净和坚不可摧的玉文化为代表的，其核心是以昆仑山美玉的净洁作为人的高洁品德的象征，以昆山玉的坚贞作为人的坚强不屈的精神力量的。

中华上下五千年的文明史，人们一直把一切美好的希望，美好的寄托以及一切美好、纯真以至高贵的东西，都与金玉联系在一起，诸如金科玉律、金口玉言、金玉良言、金枝玉叶、金玉良姻等等，这早已成为一种文化现象和文化理念。翻开辞书，凡是带“玉”字偏旁的汉字，几乎都是代表着一种光洁与明亮、美好与吉祥，这就是华夏传统文化所表现出来的精神内涵，也是昆仑文化的精神所致。

昆仑是被称作群玉之山的。玉最早是作为一种贡品，由昆仑山下的西部部落联盟的酋长西王母贡献给中华古帝的。之后，就以其光洁，以其滑润，以其坚贞，成为历代帝王宫中之宝，直至成为华夏文化和中华民族精神的象征，这都是与昆仑密切相关的。关于这一点，在我国古典籍中多有所载，如《竹书纪年统笺》中，徐文靖引用《瑞应图》的记载：“黄帝时西王母献白环，舜帝时又献之。”《竹书纪年》还载：“尧，西王母献其白琯。”“舜帝九年，西王母来朝，献白环、玉玦。”这里的“白环”便是白玉制作的玉环，是一种玉佩；“白琯”便是用白玉制作的玉笛；“玉玦”是白玉制作的环形有缺口的玉佩。以后几千年中，昆仑玉一直作为西域贡品向中央王朝贡献。周成王在镐京举行的一次国典中，就有位于昆仑山下的西域莎车国敬献的白玉。秦代曾以昆仑之玉作为秦王宫中镇国之宝。直至清代，昆仑玉仍然作为贡品向北京进献，清乾隆年间就曾将一块高两米多，重四十余吨的昆仑玉贡往北京，经乾隆御览之后，由艺人设计成《大禹治水图》，运往扬州雕刻，历时十三载后又返回北京，至今仍作为国宝陈列于故宫博物院珍宝馆之中。商周时期，玉还曾作为一种货币进行流通，在中原和西域的贸易往来中，“玉贝交换”曾经是贸易的基础。

玉不仅作为一种珍宝被收藏，作为货币流通，随着玉文化的发展，玉很快就成为权力的象征，且与最高权力紧紧连在了一起。如称天、地、人三界的最高主宰为玉皇大帝。周太王古公亶父曾将其元子吴太伯封于东吴，诏以金刀之刑，贿用周室之璧；封其嬖臣长季绰于春山之虱，妻以元女，诏以玉石之刑，以为周室主。这里的周室之璧、玉石之刑，都是王室权力的代表和象征。用美玉雕刻的传国玉玺，从春秋战国时起，就已被视为华夏神州最高权力的象征，谁得到了传国玉玺，谁就得到了华夏神州的最高权力，谁就可以号令全国。

玉不仅作为富有的物质文化的象征和代表以及最高权力的代表，而且作为一种精神文化的象征和代表，由昆仑文化发展为华夏文化，成为华夏传统文化的代表和中华民族精神的代表，为中华各族所接受。

昆仑文化反映出的精神内涵，是一种民族精神和民族气节。如“宁为玉碎，不为瓦全”就是在民族危难时表现出的一种宁死不屈的民族气节，一种民族正气；“白玉无瑕”则是用以说明人的灵魂的纯、真、美，是中华民族心目中高贵人格的理想形象。几千年来人们佩玉甚至供玉，则是借玉的“神威”以避邪、镇妖，是昆仑文化的一种精神力量和精神崇拜。

昆仑文化是正义和力量的代表，昆仑则成为正义和力量的代名词。在这一点上，伟人毛泽东是深有研究的。他在《昆仑》词中写道：“横空出世，莽昆仑，阅尽人间春色。”将昆仑跃出海面的力量表现得淋漓尽致。在伟人眼中，冬日，昆仑“飞起玉龙三百万，搅得周天寒彻”；夏日，昆仑冰雪消融，“江河横溢，人或为鱼鳖”，把昆仑的力量已经描绘到了极点。毛主席面对蒋介石大兵压境，把延安党中央的警卫部队称为“昆仑纵队”，就是坚定了必胜的决心，而昆仑则是力量和不可战胜的象征。至今，中国人民解放军的大型文艺刊物仍然称《昆仑》，便是向世人昭示人民军队是正义之师，是不可战胜的。昆仑仍然是精神力量的一种象征。

昆仑文化博大精深，包罗万象，已经成为华夏文化的代表，对此绝非三言两语能够讲清楚的，笔者斗胆提出一点浅见，以为抛砖引玉。

（原载郑州《历史文化研究》，《新疆地方志》2004 年第 1 期转载）

柯尔克孜族文化史·绪论

一、诠释游牧文化——广义的游牧与狭义的游牧

本书的主旨是为我国历史上一个古老的典型的游牧民族柯尔克孜族撰写文化史，因此，首先要诠释的是什么是游牧文化。我们通常讲的游牧社会、游牧民族、游牧经济、游牧文化等等，究竟指的是什么，有什么区别？究竟如何诠释“游牧”二字，何谓游牧，对游牧如何定界呢？

游牧民族、游牧社会，首先是游，然后才是牧。游牧不仅仅是为牧而游，游牧的含意是十分宽泛的，也就是说有广义的游牧，也有狭义的游牧。

（一）狭义的游牧——游牧产业、游牧经济

我们通常所说的游牧是指为适应独特的自然环境、气候特点、生态资源特征，充分利用资源，以放牧为产业，以移动放牧为产业形式进行畜牧生产，以合理利用资源并取得较大的经济效益的一种畜牧产业形式，这是狭义的游牧，是单纯的为牧而游。这种产业被称作游牧产业，这种经济被称作游牧经济。

游牧产业：游牧产业只是一种生产活动的形式，其主要内容一是对动物的驯化，二是对动物的放养。这首先要有三个基本条件，一是要有相适应的自然环境、水草资源，二是要有可以驯养的动物物种资源，三是要有识别动物性的能力和驯养能力的牧人。我国柯尔克孜族及其生存的环境，正好具备了这样优越的条件，是具备发展游牧产业的游牧民族，这一点我们将在后面详述。

游牧经济：游牧经济是在特定环境中，人们依游牧产业所驯养的牲畜来获得主要的生活资源的一种经济手段。具体说来就是利用草食动物之食性与它们卓越的移动能力，将广大地区人类无法直接消化、利用的植物资源，转化为肉类、乳类等食物以及皮毛等其他生活所需的生活资源。简单地说，游牧经济便是有效组织游牧产业生产和充分利用游牧产业产品的一种经济手段。单纯游牧的生产方式往往不可能自给自足，因而就不能离开其他辅助性经济活动以为经济补充和生活之所需等。主要辅助产业为农耕、采集、渔猎等等。发展游牧经济首先要有必要的自然环境、自然资源，其次便是牧民从事游牧生产的经营能力和生产技术。古代北部柯尔克孜生息繁衍的叶尼塞河流域草原广阔，山区森林茂密，混杂着定居的农耕村镇和半定居的游牧部落。天山南北和帕米尔高原，群山耸峙、河谷纵横，且遍布大大小小的湖泊、山麓、山谷。河湖岸边，拥有丰富的草场，具有发展草原游牧和山地草原游牧和森林游牧的自然资源。柯尔克孜牧民游牧经验十分丰富，早在我国唐代就开始用历法指导游牧生产，且适应能力又极强，能够密切配合生存环境，掌握变化规律、畜牧知识，以及不同环境下游牧的技术和节奏。其游牧活动千年来从西伯利亚到阿尔泰山、天山南北和帕米尔高原，迁徙游动了上万里的空间，仍然坚持以游牧经济为主，是我国典型的从事游牧经济的民族，这一点我们也将在后面详谈。

（二）广义的游牧——游牧民族、游牧社会和游牧文化

我们从研究的角度来说游牧有狭义的，也有广义的，这是因为游牧不光是牧，还包括游。牧并非游的全部，游除了牧之外，还有更广泛、更深层次的意义。因此，狭义的游牧主要是游牧产业和游牧经济，是游牧的基础，自然也是广义的游牧的主要内容，另外广义的游牧还包括游牧民族、游牧社会和游牧文化。在这里，游牧民族是从事、经营、发展游牧的主体，游牧社会是游牧民族在从事游牧生产、经营、发展的过程中所形成的生产关系构成社会的经济基础和在这个基础上产生与它相适应的社会的上层建筑。游牧文化则是游牧民族在游牧生产和游牧社会发展过程中所创造的物质财富和精神财富的总和。

游牧民族：游牧民族是从事游牧生产、经营的自然群体。游牧民族逐水草而居，分群、分散游牧，随遇而安，聚散离合，居无常所，有一定的不稳定性。其迁徙游移不仅仅是为了放牧，更主要还是为了逃避各种自然和人为的风险，甚至也包括对外掠夺的需要而迁徙游动。游牧民族迁徙游牧于广阔无际的草原和群山，他们无力改变自然环境，便选择了迁徙、游移的生存方式，他们生长在马背，与严寒酷暑、暴风骤雪、豺狼虎豹斗争，这便形成了游牧民族健壮的体魄和剽悍的性格与独有的民族精神。柯尔克孜族作为古老的游牧民族，其至今依然坚持游牧，其游牧民族的民族精神十分突出。这一点我们也将在以后各章中详述。

游牧社会：游牧社会是人们利用广阔而复杂的不稳定的自然资源的一种经济社会生态体系。游牧民族生活中处处充满了危机与不稳定，面对复杂而又艰难的生活环境，牧民们需在迁徙游移中寻求生存和发展，这就形成了游牧社会极大的不稳定性这一社会特点。游牧社会充满了一个“游”字，放牧牲畜要逐水草而居，每年大都进行冬夏牧场的转场迁徙，一遇自然灾害和资源退化衰竭更要大规模大范围地迁徙，特别是遇到战争，这种迁徙速

度和范围更加惊人，往往有遥遥千余里，连续三五年的迁徙。这样的迁徙使游牧人群的生存环境、生活习惯甚至是宗教信仰经常发生变化。游牧社会下的政治组织也极不稳定。游牧社会的基本生产单位家庭、氏族、阿寅勒和部落一般来说比较稳定，而其政治组织部落联盟和地方或部族汗国等政治集团就极不稳定，其结构有相当的弹性，且管理时而严谨，时而松散。有些部落联盟或政治集团时分时合，如战争时联合，大战大合，小战小合，战后又很快分离。如柯尔克孜族英雄史诗《玛纳斯》中叙述的，柯尔克孜族中的喀拉柯尔克孜部（北部柯尔克孜部）与萨尔特柯尔克孜部（南部柯尔克孜部）以及南部和北部的柯尔克孜诺奥依部还有内部、外部等等柯尔克孜等大的部落集团，在遇到强大的外敌入侵或出征攻打强敌时，便会联合在一起，甚至同邻近的哈萨克等部都会联合成更大的阿拉什部，进行大的战争，战后便自然分离，各主其事。如玛纳斯的十四位汗王，内七汗（部）比较稳定，而外七汗（部）则比较松散。

游牧社会诸部落的聚散离合、兴衰起落都与英雄有关。在游牧社会中，如果产生一个具有政治权威的领袖，而领袖个人的魅力、成就，都可以改变群体的命运。其兴衰聚散以至于迁徙等等都与英雄有关。游牧社会是产生驰骋疆场、纵横四海的英雄的沃土，也是产生史诗的社会。柯尔克孜族的英雄史诗《玛纳斯》就是在游牧社会的广阔草原上，在特定的英雄创造历史的英雄史观的社会氛围之中、在那个特定的社会历史时代产生的伟大诗篇，关于这些将是我们在这部文化史中所要重点阐述的。

游牧文化：游牧文化是游牧群体（部族或民族）在游牧社会实践中所创造的物质财富和精神财富的总和，也就是说，游牧文化是游牧群体以自己独有的社会意识、生存方式，利用独特的自然环境，经过不懈的努力和创造性的生产活动和生活活动以及为所寻求的社会变化和发展及人类进步所取得的一切成就，这便是游牧社会深厚的文化积淀，也即游牧文化。游牧文化深深地影响到游牧人群的族源认同、社会结构、领袖权威、社会道德和人生价值。比如说游牧文化的最本质的东西是迁徙游移，游牧生产是如此，游牧生活也是如此。在柯尔克孜牧区，如果你随便问一问正在搭建毡房或拆卸毡房的妇女，为什么要这样不停地搬迁，她会笑盈盈地回答你，人老住在一个地方有什么意思呢？这一句十分朴实的回答，反映了游牧民族独有的民族文化意识，迁徙游牧是有意思的，迁徙游牧是快乐的，迁徙游牧是一种美的精神享受。因为牧人是在迁徙中寻找美的，认为每拆一次毡房，每迁徙一次，就是寻求一种新的、更加美好的生活环境，面对的是一种新的、更加美好的前途和未来。在迁徙之中寻找美好的生存空间，寻求美好的生活希望，这是游牧文化的审美情趣，也是游牧群体迁徙游移的脚步永不停息的精神寄托和力量源泉。

游牧文化是人类文化中最具特色、最具个性的文化。对于游牧文化的形成，史学界目前尚有两种截然不同的说法，传统的看法认为游牧文化相对定居农耕文化而言，是一种原始的人类经济生产方式，在人类文明史上，属于渔猎到农耕的中间进化阶段。也就是说游牧文化出现在农耕文化之前，人类文明的发展是沿着采集—狩猎—游牧—农耕这样一种历史进程逐步进化的，因此学术界称游牧文化是非理性文化，称农耕文化是理性文化，进化论认为人类由游牧文化发展到农耕文化是由非理性文化进化到理性文化，是人类文明的进化。

另一种观点认为游牧文化出现于大约公元前一千年至前四百年之间，较农业文化出现晚。游牧文化的形成是农业定居文化的衰落，其原因主要是自然环境的变化，是气候的干旱使定居的农耕经济逐渐失去从事农耕生产的气候条件和资源，而游牧经济正好是适应了自然环境、气候条件、生态资源的变化，是对于这种新环境和资源的精巧利用。

对于游牧文化的形成、游牧文化与农耕文化的关系，我们将在认识、解析柯尔克孜族文化的过程中，进一步探讨。

二、人类文化、民族文化和民族文化史

（一）对文化和文化多样性的诠释

无论是撰修专业的文化史、民族的文化史还是国家乃至世界的文化，首先要对文化有一个界定、有一个诠释，即什么是文化，人类文化、民族文化有什么区别，有什么同和异？文化有什么特点、什么属性等。

文化的简要诠释：关于文化，人们的解释颇多，有广义说和狭义说，狭义的文化是指人类的精神生产能力及其精神产品，包括一切意识形式：自然科学、技术科学和社会意识形态。广义的文化是指人类在社会实践过程中所获得的物质、精神生产能力以及创造的物质财富和精神财富的总和。对于文化，有时候还专指教育、科学、文化、艺术、卫生、体育等方面的知识与设施，如文化知识、文化设施等等。文化还泛指一般知识，含语言知识和掌握使用文字的能力和水平，如学文化、文化知识、文化水平等等。

“文化”一词虽然在汉代已经出现，但那时的“文化”是将文治和教化合为一体的缩写，而古代人们一直以“文”字代表文化的。如文字、文章、文艺等等，都以一个“文”字所替代。如古文中将礼乐法度，称为文章，将法制、法令称为文法，将法网称为文网，将礼文仪节称为文貌，将礼乐制度、节礼仪式称为文饰，这其中的文章、文法、文网、文貌、文饰自然都是一种文化。又如将秦始皇的“车同轨、书同文、行同伦”统称为“文轨”，这实际上也是一种文化，在古代称之为大一统，这种大一统实际上就是汉文化的大一统，还有秦始皇统一的度量衡，其实也是一种文化，都是物质的、非物质的文化贡献和文化成就。这

一切都证明古今文化所涵盖的内容都是十分丰富的。

文化的复杂性和多样性：文化是具有多属性的，如文化作为一种历史现象，文化的发展有历史的传承性；而在阶级社会中，文化又具有阶级性；同时文化也具有民族性、地域性，有民族文化和地域文化。文化又是多样性的，如不同地域、不同民族的文化又形成了文化的多样性，就是在同一个地域或同一个民族中，文化也存在多样性，如柯尔克孜族由于是跨国民族，就形成了同一民族地跨两国的多样性文化，就是在我国，居住在新疆克孜勒苏柯尔克孜自治州的柯尔克孜族文化同居住在伊犁哈萨克自治州及黑龙江省的柯尔克孜族，其文化的多样性表现得也极为突出。当然在同一地区同样也存在文化多样性的现象，如在同一个村庄中，有不同民族杂居，又有来自不同地域的人口混居，这就形成了同一地域中丰富多彩、五彩缤纷的多样文化。对于文化的多样性，我们将结合柯尔克孜文化的多样性特点，进行详细的论述。

（二）人类文化——文化之共性

其实对于文化，一言以蔽之，就是人类的进化。所谓文化史就是人类进化的文明史。

纵观社会发展史，其实只有两类，一为生物之进化，二为文化之进化。生物的进化，只能是随着环境的变化，其机体为适应新环境而发生的变化，是单纯的遗传基因的变化，是一种遗传上的变异淘汰。而人类的进化则是既有机体上的生物遗传基因的变化，更有文化上的进化，而且主要是文化上的进化。这就是说，人以外的其他生物（含动物）仅有适应环境的能力，没有改变环境的能力。而人就不同，既有适应环境的能力，更有改变环境的能力，这种能力就是文化。这就是人与其他生物（含动物）最大的不同。人类有特异的思维能力和创造能力，人手足全然分开，可以制工具、器械，人更有语言进行互相交流，进而创造出文字，进行更有效的交流，且文字的交流可以跨越时空。人类就是利用这些来改变环境，以求生存和发展的，这就是文化。这种文化是人类共有的文化，不论是何种肤色、何种人类、何种民族，也不论生活于何种地域，这种最基本的文化特点，应该基本是共有的，这就是人类文化的共性。

人类的一切行为，都是与文化有关的，是在文化思想的指导下进行的，正如吕思勉先生在《中国文化史》一书中所说的："人类的行为原于机体的，只是能力，其如何发挥此能力，则全因文化而定其形式。"这也是人类文化的共性，即每一个人的行为，都是缘于其文化、文化思维、文化思想甚至是文化传统的，这也应是全人类所共有的。

人类文化是多元的，除了共有的、共同的共性之外，自然还有文化之个性，如地域文化，从洲际之间的不同文化到国家之间的不同文化，在我国有北方之草原文化，南部和中原的农耕文化、西部之绿洲文化，还有长江文化、黄河文化、昆仑文化，又有地理文化、历史文化等等。民族文化，全世界各民族都有不同的文化，以及不同行业之行业文化，如我国民国时期出版的按行业分册的中国文化史丛书就多达六十多卷。就是说每一个地域、每一个民族、每一个行业都有着不同的文化。

文化本是人类控制环境的工具，人类分群而居，生存在不同的环境之中，控制环境的手段不同，自然就有不同的文化。人类用不同的文化，改造环境，因而环境既有着不同的变化，人类又在不同的环境中进化，其文化就更加不同。人类不同的人群用不同的文化工具改变环境的同时，也在竭力影响、改变着不同地域和不同群体的文化，并利用不同手段推行各自的自认为优秀的文化甚至是利用宗教和战争，以求达到文化的一元或一统。更有一些群体则竭力将文化圈缩小，以求摆脱大文化圈的影响和控制，以便固守自己独有的文化，甚至不断地制造分裂和独立。事实上，地区矛盾、民族矛盾甚至是国家之间的矛盾，有很大一部分是文化矛盾，是文化之侵略或文化之抗争。

随着社会的发展，在人类进入了当代社会之后，在经济全球化理论的基础上，又创立了文化全球化的理论。这是一种理论创新，但客观地说，这大概也只是一种理想和境界。文化全球化，讲的是全人类文化的共同发展、共同提高、共同繁荣。但强调全球化的同时，更不能忘记，全球文化并不是一元的，而是多元的，这就是文化的多样性。在全球化的进程中，千万不可忽视文化的多样性。既要保持文化多样性的特点，又要重视发展多元文化，使各种不同的文化在相互尊重、互相交流之中，取其长而弃其短，在和谐的气氛中，共同繁荣、共同发展。从这一角度讲，文化的全球化如同是一列飞驰前进的列车，作为不同国家、地域、民族，都将搭乘这列现代快车，共同前进，问题是我们既要与世界接轨，又要保留自己的文化特点，这应该是文化全球化与文化多样性的一种和谐相依的辩证关系。

人类文化是共同的，即人类是在用独特的思维形式、勤劳的双手和智慧的大脑改造环境，同时不仅用语言文字交流，而且用语言和文字传承历史，保留记忆，从而世代相继地科学地向前发展和进化，这就是人类文化之共性，而不同地域、不同人种、不同民族又以不同的文化特点在认识自然、改造环境、发展自己，这就是文化的个性。认识评价个性文化中的民族文化是本书的主旨。

（三）民族文化——文化之个性

各个民族都有其不同的文化，且丰富多彩，底蕴丰富，是人类文化中最具特色、最有个性的文化。

文化是民族的立身之本，没有文化也就没有了民族，同时民族文化是民族认同最根本的条件，民族之间的差别，主要是文化差别，民族的认同，首先是文化之认同。

人类文化是多样的，这是文化之个性。这种文化的多样性虽然表现在地域文化、历史文化、行业文化等文化的方方面面，但是，表现在民族文化上，民族文化多样性更加突出，更具特点。文化的多样性表现在民族文化的各个方面，从生老病死、婚丧嫁娶、衣食住行、习俗礼仪、岁时节日、语言文字、文学艺术，到政治组织、社会经济、宗教信仰等等。在社会生活之中到处可见各民族独具特点的多样文化，真是丰富多彩、五彩缤纷、五花八门。

民族文化的多样性特征的形成，是在民族形成、发展、进化的历史中逐步形成的，是历史的必然。我们首先看民族的形成过程。民族是一个庞大的共同体，其形成过程也是十分漫长的。民族大都经历了原始民族（或称原始族群）—古代民族—现代民族这样一个发展过程。由氏族到部落，这大概是原始族群形成的初步阶段，近而由部落到部落联盟，再进一步形成政治集团—邦国，这基本上就是古代民族了。由古代民族再发展为现代民族，又经历了一个漫长的历程，而原始族群与古代民族、现代民族在概念上是有明显的差别的，但实际上又是不易区分的。由于所处地域不同、环境不同，不同民族的进化演进情况也十分复杂。有的民族是由一个或几个原始族群，形成古代民族进而逐步形成现代民族的，有一个漫长的独有的演进过程；也有的民族是在近代才由一个古代民族分化而成为几个民族的，虽为不同民族却有着相同的进化历程。还有的现代民族是由几个不同的古代民族融合而成，不仅其族源是多元的，其进化过程也是多种多样的。这就是说，各民族的族源不同、活动的地域不同，在进化过程中的经历不同，便形成了各自不同的民族文化。这就是形成人类文化的多元化的最根本的原因，也是形成民族文化的多元化和多样性之根源。

民族是一个相对比较稳定的群体，因而民族文化也是相对稳定的文化，尽管各民族的文化也是随着人类文化的发展进步逐步发生着变化，但是，每一个民族在接受外来文化时，总是在固守自己传统文化的前提下和基础上，有批判、有选择地接受，并在与本民族的传统文化相融合的过程中逐步发展，进而形成一种适合于本民族的新的文化。而这种新文化也必定还是体现着本民族的文化个性的。我们通常说世界是多彩的，而构成多彩世界的主要要素还是各民族五彩缤纷的多样文化。

人类文化的多样性，主要来自于各民族对于各自传统文化的固守，而且愈是历史悠久的古老民族，对于传统文化的固守就更加顽固。民族文化既要坚持纵向的继承，又要进行横向的交流，只有这样才能在社会发展、人类进步中有所发展。问题是在对传统文化的继承和外来文化的接受中，各民族都有不同的理念和不同的对待。固守传统文化，并无异议，关键是如何固守，固守什么。对于外来文化的接受，自然也是毫无疑义的，关键也是如何接受，接受什么？因此对于传统文化不加批判的全盘继承，对于外来文化不加批判的全盘接受，显然都是不利于文化发展和进步的，要批判地继承，也要批判地接受外来文化。传统文化中有精华也有糟粕，批判地继承就是承其精华，废其糟粕。在接受新文化时，必然要涉及到传统的社会生活方式、传统的思想和传统文化，因此必须要认识这三者之间的关系。传统观念是传统社会生活方式的反映，然而传统的观念，又是传统文化的产物，是传统文化在人们思想中的反映。而传统文化又是一个活的历史，是生长着的民族精神。因此，批判地继承就是要对传统文化有一个清醒的认识和了解。有些传统文化在某一个环境中、在某一个历史时期，可能是有利于民族进步和发展的，甚至是关系到民族生死存亡的。但是随着环境的改变、社会的发展，可能会成为民族进步和发展的羁绊。因此，固守也好，传承也好，必须是在认识之中、批判之中，随着环境的改变和社会发展必须顺应社会、与时俱进地继承和发展传统文化。接受外来文化亦然，也必须是在认识和批判之中，选其精华，弃其糟粕，择善而从，为我所用。只有这样，民族文化才能永远耸立于世界文化之林，成为永开不败的异彩纷呈的民族文化之花。

关于民族文化——文化之个性这一民族文化的多样化和民族传统文化的继承和外来文化之接受这一主题，我将结合柯尔克孜文化的发展及其多样性特点，在以后有关章节中详述。

（四）民族文化史——民族发展的轨迹

文化即人类之进化，文化史即人类的进化史，民族文化史所述的是民族发展进化的轨迹，亦即民族的进化史。撰写民族文化史，首先还是要对民族有一个客观的定界。关于对民族的基本概念不同，在使用“民族”一词所表达的涵义上也必然有所不同。民族有广义和狭义两种。广义“民族”是指处于不同社会发展阶段的各个人群的共同体：一为蒙昧民族、野蛮民族、文明民族、狩猎民族、游牧民族、农耕民族；二为前资本主义民族、资本主义民族、社会主义民族；三为原始民族、古代民族、近代民族、现代民族等等。狭义的“民族”是指斯大林在《马克思主义和民族问题》及《民族问题和列宁主义》两文中所指的仅资本主义民族和社会主义民族，也就是现代民族而言。对于现代民族，斯大林所给的定义是：“民族是人们在历史上形成的一个有共同语言、共同地域、共同经济生活以及表现于共同文化上的共同心理素质的稳定的共同体。”同时斯大林还提出了“在资本主义以前没有也不可能有民族”的论断。关于斯大林有关民族的这一系列论断，我国学术界是有不同看法的，如资本主义民族和社会主义民族的提法和什么是资本主义民族、什么是社会主义民族的问题，还有形成民族的四个特征亦即认同一个民族共同体的四要素，以及资本主义以前没有也不可能有民族的论断等，是根据俄国的社会历史发展情况作出的，与我国社会历史发展的实际情况，是有很大差距的，是不完全符合我国的实际的。如我国没有经过资本主义社会发展阶段，因此不存在资本主义民族。同样我国也不存在资本主义前没有民族之说。

当然这些都是学术观点问题，不在本书的研究范围，我们要说的是民族是一个复杂的社会现象，它在形成过程中受到不同的内在因素和外在条件的影响，各民族是在不同的环境、不同的历史背景下形成的，有其不同的形成、发展模式及特殊性。我们撰写民族文化史，就是要通过认识和阐述不同民族形成发展的模式和特殊性，从而揭示民族形成、发展的自然规律。撰写民族文化史就是要面对民族之现实、认识民族之历史、预测民族之前途。

《柯尔克孜族文化史》就是要通过对我国现代民族柯尔克孜族的族源、形成、发展的历史文化的阐述，揭示柯尔克孜族自身的发展规律，以帮助读者了解柯尔克孜族、认识柯尔克孜族、热爱柯尔克孜族。

三、多元开放的柯尔克孜族文化

柯尔克孜族文化是多元开放的民族文化，这是柯尔克孜族文化的一大特点，其表现在柯尔克孜族历史文化的各个方面。如在人种学上既有黄种人，又有白种人，自然也有黄种人和白种人的混合人种；柯尔克孜族在形成中又融入了多部族人群，其文化又有多部族之特点。柯尔克孜族在历史上曾信仰多种宗教，至今仍保留着多宗教、多元文化意识的特点。柯尔克孜虽然是古老的游牧民族，但从古至今，始终是在游牧文化下的兼容并蓄。特别是柯尔克孜族对外来文化的接受和吸收等，形成了多元开放的民族文化特点。

（一）多人种多部族相融的复合文化

柯尔克孜族是多人种多部族相融的复合文化，这一点在其历史的进程中和民族特点上表现得十分突出。《柯尔克孜族简史》援引的蒙盖特《苏联考古学》第五章的考古资料称：“坚昆人居住地叶尼塞河上游在公元前后居民是既有欧罗巴种，又有蒙古利亚种。”又称：“这种状况同后来的汉文史籍关于黠戛斯人的描绘是异常吻合的。”① 这里所说的汉文史籍对柯尔克孜人的描绘最早见于《新唐书》，称“黠戛斯，古坚昆国也……人皆长大，赤发、晳面、绿瞳，以黑发为不祥。黑瞳者，必曰陵苗裔也。”② 从这一记载，我们明显可以看到，柯尔克孜族在唐以前主要是白种的欧罗巴人和黄种的蒙古利亚人。但是到了千余年之后的现代，柯尔克孜人的人种成分则主要成为黄种的蒙古利亚人种，这就充分证明了柯尔克孜族社会发展中，融入了大量蒙古利亚人种的各部族成员。其中主要有汉人、匈奴人、突厥人、契丹人（克塔依部）、乌护人、回鹘人（萨尔特部）、突骑施人、蒙古人（蒙古勒杜尔部）、钦察人、乌孜别克人（喀拉提锦部）、哈萨克人（克烈部、乃蛮部）等。这种融合一般都是通过杂居通婚和部落的归附分合、部族的迁徙、战争的俘获等等。这种大量融入的不同人种、不同部族的人群，促进了柯尔克孜族的发展壮大，同时也形成了柯尔克孜族在人种、部族等社会人类学上的复合文化的民族文化特征。

（二）多种信仰，多元的文化意识

柯尔克孜族对于世界、社会、自然，有其系统的独特的看法，这种看法源于其多元的文化意识，而这种多元的文化意识，又源于其历史上的多种信仰，是多种信仰这种社会存在，决定了其多元的社会文化意识。

柯尔克孜族历史上经历了自然崇拜、祖先崇拜和英雄崇拜这一人类早期的朴素的自然多神崇拜。以后又信仰原始宗教萨满教、藏传佛教喇嘛教和伊斯兰教，直到现代，柯尔克孜族仍然是

①见《柯尔克孜族简史》，12 页。

②见《新唐书·回鹘下》。

多宗教的信仰者，居住在新疆南部的柯尔克孜大都信伊斯兰教，而天山北部的多信伊斯兰教和喇嘛教，黑龙江柯尔克孜族中多信萨满教。更为特别是在同一个牧村中的柯尔克孜族，有信伊斯兰教者，也有信喇嘛教的。甚至在同一个家庭中，也有信不同宗教的成员。还有同一个人既有一个喇嘛教特点的名字，又有一个伊斯兰教特点的名字。有的青年男女结婚时，要先后用两种宗教仪式举行两次婚礼。也有在一个柯尔克孜族家庭中，两代人由三四个民族成分组成，不仅在种族、血缘关系上是异花授粉，独具遗传优势，而且在文化生活上也是异彩纷呈，丰富多彩。各族的不同节日都过，婚丧嫁娶的各种仪式，都按每一个不同民族成分的成员的习俗进行，同时更有不同民族成员的习俗熔为一炉的家庭礼仪特点，这种多民族、多宗教信仰的成员组成的柯尔克孜牧村、柯尔克孜家庭，在文化上不是互相排斥，而是形成一种互相学习、互相包容、互相融合的多元一体的和谐气氛，这是其多元开放的文化意识的十分具体的体现。

（三）游牧文化下的多产业文化兼容并蓄

柯尔克孜族是我国古老的游牧民族，其文化却是游牧文化下的多产业、多经济兼容并蓄的文化。

柯尔克孜族作为古老的游牧民族，几千年来，其游牧的地域以西伯利亚的叶尼塞河上游为中心，向东西扩展，东到黑龙江，西到帕米尔，其牧人的足迹、马群的印迹几乎遍及了我国北部、西北部的草原和群山。在我国游牧民族中，这种迁徙、游牧的历史是辉煌的，哪一个部族的游牧也很难有这样长的广阔的地域。其游牧的自然环境和游牧类型几乎包括了平原草原游牧、森林草原游牧、高山草原游牧、亚高山草原游牧、谷地草原游牧甚至是戈壁荒漠草原游牧等所有游牧类型，创造了十分丰富的游牧文化。

柯尔克孜族无论是在其发祥之地叶尼塞河流域，还是西迁天山、帕米尔山区，始终是以游牧经济为主，同时兼营狩猎和农耕，就是东迁东北平原的柯尔克孜人，仍然坚持以畜牧业经济为主，兼营农耕、狩猎，只是游牧的形式发生了变化，形成了定居的农牧结合的产业经济。柯尔克孜族的文化是在游牧文化为主导的文化意识之下，多种产业、多种经济兼容并蓄的多元化、多样性文化。

柯尔克孜族鄙夷货币交易之经商活动，以争分铢之利为耻，但却坚持传统的以物易物的物品平等交换的贸易形式，这也是游牧文化之下的一种传统的商贸文化。

《柯尔克孜族文化史》是一位在克孜勒苏柯尔克孜自治州与柯尔克孜民族相濡以沫生活工作了五十多年的一位普通的历史、文化、民族工作者献给人民大众的历史和文化通俗读物。作者并非历史学家，因而只能是以大量丰富翔实的社会、历史、文化资料，述其显浅的认识和看法，以求使读者对我国古老的游牧民族柯尔克孜族的社会、历史、文化有一个初步的了解和认识。同时也想通过对柯尔克孜族理乱兴亡的历史事实及其典章经制的文化现象的评述，让读者对柯尔克孜族社会、历史、文化的发展规律，有一个初步的了解和认识。

面对柯尔克孜族的现实，了解柯尔克孜族历史，预测柯尔克孜族的将来，既知其然，又知其所以然，这便是余撰写本书的愿望。然余才疏学浅，能否如愿，大概也只是个希望罢了，仅此而已。

史前时期的叶尼塞文化

第一节 旧石器时期文化

要研究柯尔克孜族文化，首先必须弄清楚柯尔克孜族的分布地域及其地理概貌、生活环境、生产方式等。我们知道，史前时期作为一个民族这样的群体，自然还是远没有形成，对每一个民族史前文化的探索和研究，都必须是从其生息繁衍的地域着手，通过对其活动地域史前文化遗址的发掘、史前考古发现等来认识。

史前，柯尔克孜人主要活动地域在我国北部的西伯利亚的叶尼塞河上游，这里是柯尔克孜族的发祥之地，至今柯尔克孜人依然亲切地称叶尼塞河为“艾乃苏”，意即母亲河。汉、唐以后，柯尔克孜人曾多次向西迁徙，到了元明时期，大部分离开了故地，但这里不仅留下了古柯尔克孜人丰富的文化遗迹，同时还留下了一个同源民族哈卡斯人。我们对柯尔克孜文化的探索、研究自然也就从养育柯尔克孜人的母亲河——叶尼塞河流域开始。

在对叶尼塞河流域的考古发掘中，发现了大量旧石器时期的文化遗址和遗存。这一地区史前最古老的旧石器文化自然与居住在这里的古柯尔克孜先民有着千丝万缕的联系。

从20世纪30年代到50年代，苏联考古工作者曾多次深入叶尼塞河流域古柯尔克孜人居住区进行考古发掘。考古中发现了旧石器时代早期的石斧（也称手斧，即没把的石斧），这是距今大约三百万年左右的文化遗存。此时的人类还是由猿人向人的过渡、发展时期，也即由古人向新人的过渡发展时期。此时的古柯尔克孜人同样也是处于原始人群时期。这一时期，人类进化了漫长的二三百万年。到了大约二十万年前，人类才由猿人进化到古人，大约又过了十万年左右，人类才由古人进化为新人，而人类由新人进化为现代人，又经历了大约十万年左右。到了旧石器晚期，人类已经从原始群过渡到了母系氏族社会阶段。同时人类也已完成了由古人（早期智人）向新人（晚期智人）进化的过程，居住在叶尼塞河流域的古柯尔克孜人已经进化为旧石器时代的晚期智人。原始群是人类最初结成的集体，属人类社会的最初阶段。此时，人类生产力极其低下，主要以采集天然食物和捕鱼、狩猎为生。原始群成群转徙，互相扶持和帮助，群体求生和自卫，直到氏族公社制产生之后结束。氏族公社制是原始社会以血缘结成的团体，生产资料公有，集体生产，平均分配，氏族内禁婚，这种氏族公社产生的旧石器时代的母权制，又称为母系氏族公社。

考古发现，叶尼塞河、鄂毕河流域遗存的旧石器时代晚期文物甚多。考古工作者在叶尼塞克拉斯诺亚尔斯克附近阿凡托瓦山旧石器时代晚期的遗址中发现，这一时期，随着冰河时期的结束，猛犸、犀牛等大型兽类日渐减少，甚至逐步绝迹，而马、牛、鹿、狍、兔等小型野兽数量颇多，成为当时人类捕猎的主要对象。同时再一次证实，这一时期叶尼塞河流域的先民们仍然以狩猎、捕鱼、采集野果和植物种子为生。考古还发现，这一时期，生息在叶尼塞河流域的先民，开始建造简单的住宅，人们大都居住在住宅中或洞穴中。人们制造石器的技术也已有了进步，不仅会打制，而且会使用刮、削以及钻孔等技术，在生活上开始广泛使用骨器，用石块敲击和钻木取火，用火烧烤食物和冬季燃木烤火已十分普遍。在一些聚落的遗址上，可见烤火堆的遗迹，在这些遗址的周围广布有各种野兽的遗骨，可以证明古叶尼塞河流域的柯尔克孜先民围着火堆烤食猎物的生活。

这一时期，已经产生了晚期智人的文化艺术，人们已经在岩石上雕刻岩画，同时还在兽骨上雕刻人物以及兽类、鱼类、动物的形象。从岩画中和雕刻中发现，古叶尼塞先民在这一时期已经形成了图腾崇拜的原始宗教文化意识。在叶尼塞古柯尔克孜人居住区发现的大量女性雕像、动物图腾雕像和岩画，是古柯尔克孜人处于母系社会的重要佐证。图腾是印弟安语译音，意为“它的亲族”，产生于母系氏族社会，以图腾解释“只知其母不知其父”的生命来源和母权家长制家庭及氏族之源。认为人与某种动物或生物有一种特殊关系，每个氏族都源于某种图腾，图腾是氏族之源头、保护神。氏族的象征及徽号以各种形式表露出来。柯尔克孜族有关四十个姑娘的族源传说以及牛、鹿等图腾即为例证。从原始群过渡到以女性家长形成的家庭为基础的母系氏族社会。

在旧石器晚期，世界上形成了三个主要人种，即蒙古利亚种、欧罗巴种和尼格罗种。对于这三大人种的分布及其文化特点，苏联考古学家蒙盖特在《苏联考古学》中指出：“旧石器时代晚期的人类文化有了较高的水平，因而在这个时期形成了三个大文化区，即非洲地中海区、欧洲沿冰河区和中国西伯利亚区。它们的特点是与人类各部分地理上的长期孤立相联系的。”同时苏联考古学家柯斯文在肯定了西伯利亚叶尼塞河上游旧石器时代晚期文化同多伦、满洲里、海拉尔以及北京山顶洞人的文化颇为相似后明确指出：那是蒙古利亚人种所创造的文化，这一文化的发展地也可能就在中国的北部蒙古。由此我们可知，叶尼塞古柯尔克孜人是属于蒙古利亚人种，他们参与创造的旧石器文化是属于世界三大文化区之一的中国西伯利亚文化。

第二节 新石器时期文化

叶尼塞古柯尔克孜人居住区新石器时期的文化遗址、遗迹较旧石器时期更加丰富。新石器时代延续时间较短，大约从公元前1.1万年左右到公元前3000年左右，历时约八千年，到公元前3000年左右便进入了铜石并用时代，大约到了公元前2000年左右，人类社会就基本结束了石器时代，进入了青铜器时代。叶尼塞古柯尔克孜人的新石器时期的文化基本上保持在人类社会新石器时代这一时间隧道之中，且留存有不同时期的遗址和遗物，具有较明显的特征。

出土的新石器时代的叶尼塞流域的文化遗存主要是细小的打制和磨制石器为主，同时石器已开始有了明显的生活用具、生产工具和武器等细分，骨器逐步减少。石刀、石斧、圆形手斧的制造技术已有很大提高，磨制的细石器已十分精巧。出土的箭镞说明，人们已经开始使用弓箭。

古叶尼塞人的细石器文化的最大特点是虽然经济依然以采集、渔猎为主，但已产生了畜牧业和农业，这是古叶尼塞柯尔克孜先民在历史进程中的一大进步，而且这种进化的速度还是很快的，不少氏族已经由采集过渡到了粗放耕作的种植业，由渔猎过渡到家庭驯养的畜牧业。这一时期的另一个文化特点是制陶业和纺织业的产生，开始出现了彩陶文化。同时，已经由群体转徙开始逐步转向了部分定居，一个家庭、一个氏族大都定居在一起，有了固定的居所，且已有人工用树木搭建的直角形住宅。考古发现了能容一百多人的可供整个氏族成员住的大住宅。这些都表明在柯尔克孜先民中，已经出现了原始农业，农耕定居文化的萌芽也已出现。这一时期柯尔克孜社会的母权制度开始动摇，由母系社会以女性祖母为一家之主，女儿、孙女留居家中招赘外氏族男子为夫逐步向以男性祖父为一家之主，儿子、孙子留居家中娶外氏族女子为妻的父系社会过渡。

随着采矿、冶炼业的出现，古叶尼塞人进入了铜石并用时代。这一时期在叶尼塞河产生了阿凡纳谢沃文化。

阿凡纳谢沃文化最初发现于叶尼塞河流域的米奴辛斯克盆地的阿凡纳谢沃山下巴契尼村附近的墓葬，因而苏联考古界为之定名为阿凡纳谢沃文化。阿凡纳谢沃文化属大约产生于新石器时代晚期和青铜时代早期，约为公元前3000年末到前2000年初，属铜石并用文化，阿凡纳谢沃墓葬的随葬品中彩陶制品极多，也可以称作彩陶文化。

在阿凡纳谢沃墓葬中发现的石器虽然不多，但却颇具细石器文化的特点，有专门作为兵器的石斧和开矿用的石制工具，且石器的形状已十分复杂，石面打磨得光滑细腻。

阿凡纳谢沃墓葬中出土最多的是陶器，除红陶外，还有部分彩绘的陶器，彩陶仅有白色条纹和三角齿纹，另外还有杉针纹和之字形制纹。陶器的形制很多，有蛋形尖底器，球形圜底器、平底器、香炉形小盆和大型尖底缸。另外在墓葬附近还出土了大量同类型的陶器，形成了一个完整的文化层。

叶尼塞阿凡纳谢沃文化的一个鲜明特点是开始出现了采矿、冶炼和红铜制造。叶尼塞流域铜矿极其丰富，在古柯尔克孜人居住区（今俄罗斯哈卡斯共和国）的贴米尔山等地，均发现有新石器时代的铜矿采矿场和冶炼地，有冶炼的矿渣、采矿的石器和红铜刀、红铜丝鬓环等。

叶尼塞阿凡纳谢沃文化层还出土了不少皮革制品、毛纺织品、铜器、陶器和骨雕、木雕等工艺品以及制陶、制革、采矿、冶炼、纺织、建筑等工具，这充分说明古柯尔克孜人在新石器时代已经有了较高的制陶、制革、毛纺、骨木雕刻以及磨制、琢制石器的技术。

叶尼塞阿凡纳谢沃文化的创造者除了旧石器时代已居住在这里的蒙古利亚人外，也有部分新迁入的古欧罗巴人。这些考古资料充分证明在新石器时代已有西方的欧罗巴人种迁入叶尼塞地区，与蒙古利亚人种的柯尔克孜人一起生息繁衍，这也进一步证实了我国唐代史籍中关于黠戛斯人有一部分是“赤发、皙面、绿瞳”，有一部分人是“黑发、黑睛”的描述。同时也说明叶尼塞地区在阿凡纳谢沃文化形成阶段，就有东西方不同人种的人群发生着密切的联系和往来。这是叶尼塞古柯尔克孜阿凡纳谢沃文化的一个最大特点，也是新石器时代和铜石并用时代最具典型的文化特征。

新石器时代的阿凡纳谢沃人已经基本上结束了群体转移、居无定所的时代，逐步走向了部分定居。在古柯尔克孜阿凡纳谢沃人居住区出土的少量马、牛、羊的家畜头和大量狐、狍、鹿、野牛、梭鱼等骨头表明，当时居民还是以狩猎为主要生活经济来源，也有原始农业和少量畜牧业，但牲畜不多，畜群不大，还不需要整群游牧，农牧生产尚未分家，土地、牲畜兼而有之。

叶尼塞阿凡纳谢沃人的墓葬都有木棺，这也是古柯尔克孜人新石器时代的一个文化特点。

第三节　青铜器文化

叶尼塞的青铜器时代文化，产生于原始社会末期到早期铁器时代，大约为公元前2500年至公元前700年左右。其中发现的文化遗址主要有青铜器时代早、中期的安德罗诺沃文化和青铜器时代晚期的卡拉苏克文化。

安德罗诺沃文化，为青铜器时代早期和中期文化，大约产生于公元前2500年前后，是苏联考古工作者于1914年发现于叶尼塞流域克拉斯诺亚尔斯克阿钦斯克附近的安德罗诺沃村，因而被史学界称为安德罗诺沃文化。这里是古柯尔克孜人的居住区，直到17世纪柯尔克孜人在这里抗击沙俄入侵失败后才被迫离开此地西迁。安德罗诺沃人当为古柯尔克孜人，安德罗诺沃文化当为古柯尔克孜人的青铜器时代文化。此类文化广泛分布于西伯利亚叶尼塞河流域古柯尔克孜地区。

从铜石并用时代到青铜器时代的千余年间，安德罗诺沃的居民又发生了一次重大变化。从对这里居民体型、骨骼、外貌等考察，安德罗诺沃文化的创造者不仅有新石器时代的阿凡纳谢沃时期的蒙古利亚人和欧罗巴人，而且有这两种人种的混合型人种。苏联考古工作者认为叶尼塞河流域的安德罗诺沃遗存的人类头骨与阿凡纳谢沃时期有所不同。苏联古人类学家捷别茨研究认为：安德罗诺沃人头骨的主要特点虽然“与阿凡纳谢沃居民相同，但脸更宽，眼眶更低，颅骨稍短稍宽，以中头指数最常见。安德罗诺沃类型的头骨由于具有这些特点，显得非常特别，容易同欧亚二洲一些与旧石器时代晚期种类相关的骨头类型相区分[①]”。对于这些不同和变化，捷别茨指出：“这是因为米奴辛斯克盆地这时有大量从南方即中国北部迁来的移民，原有的阿凡纳谢沃居民就同中国新迁来的居民融合，因此形成安德罗诺沃居民。”据此，吉谢列夫进一步指出，在这个时期，“彼此有亲属关系的民族集团广泛聚居于从叶尼塞河到乌拉尔的整个地区，他们参与了历史的发展过程，从而促成了安德罗诺沃文化的最后形成”。[②] 这就充

①见〔苏〕捷列茨《苏联古人类学》，1948年版。

②见〔苏〕吉谢列夫，《南西北利亚古代史》。

分说明叶尼塞古柯尔克孜人在青铜器时代已经与中国北方迁去的居民与欧洲迁入的欧罗巴人进行了血统的交融，并已形成了亚洲的黄种人与欧洲的白种人的混合人种。

在安德罗诺沃出土的青铜器主要有作为生产工具和兵器的短剑、薄刀、斧、锛、铜镞、铜箭、铜锤、铜针，同时还有利用铜片连接成几排缝在皮革上的护胸衣甲。在安德罗诺沃墓葬中出土的还有耳环、戒指、牌饰、坠饰、纽扣、手镯、串环等饰物，有些饰物还在红铜外包有金叶。

在安德罗诺沃墓葬中出土的陶器极多，其器形主要有缸、罐两种，此时的陶罐与阿凡纳谢沃文化的最大区别是以平底替代了原来的尖底。同时罐形的特点是口大腹鼓，沿略外侈，口腹之间徐徐收敛，呈圆形轮廓。安德罗诺沃墓葬出土的陶缸较多，其形制上承袭了阿凡纳谢沃陶缸的基本特点。

安德罗诺沃早期陶器的纹饰以横向印纹为主，大体上近于四角形，但到中晚期其纹饰就变得十分丰富、非常复杂。在陶罐上的纹饰一般多由三四条刻划线组成的“之”字形横带纹，罐身饰有填满刻划线的三角纹组成锯齿纹，口沿下有正三角纹或斜三角纹。还有一种陶罐的肩部、腹部都有折线几何纹。在陶罐上的纹饰有一种独特的杉针纹，考古工作者认为是并非手工刻划，而是以一种齿形器倾斜压印的，苏联考古工作者曾在安德罗诺沃迹地发现了这种齿形器。

考古发现安德罗诺沃文化的最大特征是农耕文化的规模有了进一步发展，耕作技术有了一定的提高，农耕在当时居民的经济生活中已占一定的比重。如考古发现在安德罗诺沃文化层中，有烧焦的小麦粒和秸杆等谷物的余烬，出土的石磨盘、磨棒、石锄、青铜镰刀、镰形的宽刃刀都与居民从事的农耕生产有密切的关系。同时更值得注意的是，居民祭祀的供物中一再使用小麦，在艺术上出现了太阳崇拜等现象，在陶器上频频出现的折线几何纹也与农耕部落的认识及太阳崇拜有关。这一切都有力地验证了叶尼塞安德罗诺沃文化时期居民的农耕生产发展状况。

安德罗诺沃文化反映的叶尼塞柯尔克孜先民畜牧业发展的资料也相当丰富。出土的文化遗存证明，此时的安德罗诺沃人已饲养马、牛、羊、狗等家畜。在叶尼塞地区发掘的安德罗诺沃居民的长方形地穴式住所面积达二百五十多平方米，大屋顶由几十根木柱支撑。住所除有取暖的中心石灶外，还有几个炊用灶，附近有畜圈、储藏窖，这充分说明这是一处可供百人以上人居住的氏族的大住宅。在房屋周围发现的主要是马、牛、羊等骨骼和植物种子，很少有野兽的骨骼，同时出土有大量毛织品、皮革制品，这充分表明当时的农耕生产特别是畜牧业生产已相当发达，但是农牧业仍然尚未分离，游牧生产尚未形成。

安德罗诺沃文化所反映的青铜器时代居民日常生活已发生了很大的变化，毛织物已成为主要的服饰材料，且已十分注重形状美和色彩美。人们已能用茜素把毛线染成红色，并织成毛料衣服和帽子。那时不分男女，人们头上都戴羊毛帽或皮帽，上衣用羊毛织成，脚穿皮鞋或皮靴。据一些研究者推测，随着兽皮、绵羊毛、山羊毛及各种毛织品的日益增多，以物易物的商品交换可能已经产生。

安德罗诺沃文化的一个最重要的特点是母权制社会已经逐步瓦解，父权制社会已经形成，同时出现了父权制统治下的大家庭，在家庭、氏族之上开始出现了社会组织——部落。这也反映了古柯尔克孜人在进化中的一大成就。这一点不仅反映在我们前面讲过的巨大的建筑物，而且也反映在安德罗诺沃人的墓葬文化之中，一个大家庭的死者，不仅都葬在一个封土堆之下，而且在墓冢之上共有一个结构统一的石板围墙网。围墙在古冢的表面标识着墓穴的位置。

叶尼塞安德罗诺沃文化层所出土的文物中，有一些十分引人注目的白玉饰物，主要为白玉璧和白玉环。苏联考古研究学者认为，这些白玉饰物主要流行于公元前16世纪至前15世纪，其来源于中国青铜器文化的鼎盛期殷商时代，是殷商时代的玉器，受殷商文化的影响，这与中国殷商时代中原居民向漠北的叶尼塞地区迁徙并与当地的古柯尔克孜人融合形成安德罗诺沃文化特点不无关系。

在青铜器时代末期，叶尼塞地区又出现了卡拉苏克文化。卡拉苏克文化大约为公元前1700年至前700年左右，为青铜器时代晚期文化，最初发现于叶尼塞河流域哈卡斯巴帖尼村附近的卡拉苏克河畔。同一文化还发现于叶尼塞河流域和贝加尔湖的广大地区直至西部的阿尔泰和斋桑泊附近，分布地区比安德罗诺沃文化更广。

反映卡拉苏克文化的卡拉苏克墓葬的特点是，墓葬表面竖立砂石板砌成四角形围墙，围墙中为巨大的墓葬群，有的墓地由几座围墙连在一起，组成一个完整的网围，有的在大围墙外还附加小围墙，当地居民将小围墙称之为“侧房”。在阿凡纳谢沃和安德罗诺沃时期墓地的古冢一般都在十五个以下，而卡拉苏克墓地的墓葬则多达一百多座，这说明到了卡拉苏克文化时期，叶尼塞河流域人口有很大增长，特别是米奴辛斯克盆地人口相当稠密。

卡拉苏克文化层出土的器物充分反映了青铜器晚期的文化特点，器物类型更加丰富，造型更加新颖，加工的工艺水平更高。这一时期主要的生产工具、生活用品和兵器如刀、斧、锛、矛、短剑、戈、锥、镰等，已全部为铜制品，而不再用石材。铜器的制作加工已完全采用范具铸造，打制已不是制作的主要方法。特别是青铜制的饰物品种极多，主要有编在发辫上的蹼形坠饰、戒指、手镯、铜丝制成的螺旋形鬓环、铜片卷成的圆筒形穿饰、串珠和小珠串成的项饰、用七十二个铜泡缀成横列成八排的胸饰、胸前的大铜纽扣、鞋子的大头铜钉等，仅手镯就有纹丝镯、宽体薄壁镯、窄体薄壁镯等多种，品种五花八门，都有很高的工艺水平。特别引起人们重视的是这些饰物和河南安阳殷墟出土的饰物有颇多的相同之处。另一个奇特现象是卡拉苏克文化层出土的铜刀、铜戈、短剑、铜锛等青铜器，在西部草原很少发现，而在贝加尔、蒙古，特别是在我国华北各地却多有出土，由此可知叶尼塞流域古柯尔克孜地区铸铜业的发展和青铜器时代文化的进步，受中国中原和北部冶金技术和青铜器文化影响是很深的。卡拉苏克铸造的铜器的器形和装饰工艺技术不仅很像公元前 15 世纪至公元前 14 世纪安阳殷墟出土的铜器，而且也与公元前 1122 年至公元前 722 年西周出土的铜器十分相似。特别是卡拉苏克出土的铜戈与安阳出土的我国殷商时代所流行的铜戈、玉戈十分相似，也是援部扁平，戈援有的呈三角形，有的较方整，末端变尖，銎的背部，上方有一环，像一个弧形耳。卡拉苏克式的曲柄铜刀与西周的铜刀十分相似，这些都是此类铜器传入叶尼塞米奴辛斯克盆地后当地的铸造工模仿铸造，有的很可能就是殷商和西周时期中原移民中的工匠迁入叶尼塞流域后亲自铸造或亲传技艺的。由此苏联历史学家吉谢列夫认为：叶尼塞米奴辛斯克盆地的刀、戈和短剑是“东南方向的中国北部居民带到叶尼塞河沿岸的器物。”① 无论是哪种情形，都可以证明在我国殷商和西周时代，有大批移民迁入叶尼塞流域与柯尔克孜先民相融合是不争的事实。

从卡拉苏克出土的青铜器渊源分析，叶尼塞河流域人口急剧增加和青铜器文化的快速发展，都与中国人口的北迁有着密不可分的关系。从卡拉苏克青铜器文化的分布可以看出，阿凡纳谢沃和安德罗诺沃时期的青铜器文化分布遍布西部草原甚至到了黑海沿岸，那时的米奴斯克盆地是欧亚大陆草原文化的东部边界，而到了卡拉苏克文化时期，卡拉苏克文化的器物很少出现于西部草原。在西部的哈萨克草原仍然是安德罗诺沃文化占统治地位，而

①见〔苏〕吉谢列夫《南西伯利亚古代史》上册。

在东部的柯尔克孜草原甚至直到贝加尔湖沿岸、蒙古及中国北部，则是卡拉苏克文化占统治地位。

我们回头再看卡拉苏克居民的人种文化特征。苏联古人类学者捷别茨在研究了卡拉苏克人与安德罗诺沃人的头骨之后发现，二者之间的区别非常明显。卡拉苏克人头骨一般尺寸很小，骨骼较细，整个结构比较秀丽。据此，捷别茨指出：卡拉苏克墓葬中，人头骨的基本类型特征是“高脸，圆而高的眼眶，中等高度或甚至扁平的鼻子占相当大的比例，这些特征在欧罗巴人种中是看不到的，这表明这一类型很可能起源于蒙古人种。脸部的平均宽度似乎根本不代表蒙古人种，然而蒙古人种的某些类型的颧骨更小（据步达生统计，中国新疆石器时代人头骨的宽为132.2，现代华北人的宽为132.7），卡拉苏克人脸型略近中颌面，额部中等倾斜，这也表明他们接近远东人种的华北类型”。“卡拉苏克人同华北类型的差别主要在于23个头骨指数。”① 根据卡拉苏克人头骨的古人类学研究得出的结论是：来自东南方的蒙古人种华北类型成分曾大量渗入。但在这些已起变化的居民中，还保存着过去的阿凡纳谢沃—安德罗诺沃类型，这些类型已和外来居民融为一体。叶尼塞人从旧石器晚期智人（亦即新人或称现代人）到青铜器时代晚期的八千余年间经历了与东西方人种的融合，特别是大量融入了蒙古利亚人种的华北类型，已初步形成了柯尔克孜人的体质特点，其血统中已经注入了浓浓的中原汉民的血液，这也再一次从考古发现中和古人类体质检测中印证了柯尔克孜人中至今依然流传着的汉族外甥这一甥舅的血缘关系的民间传说是具有一定的历史渊源的。

卡拉苏克时期，叶尼塞人的经济生活中一个重大变化是畜牧业经济已占显著地位，随着畜群的不断扩大，游牧经济逐步形

---

① 见〔苏〕捷别茨《苏联古人类学》。

成，并且逐步与农业分离，不过农业依然存在，且有所发展，而渔猎经济所占比例越来越小了。这一文化的进步在墓葬的出土文物和石碑、岩画中多有反映。一是在墓葬中马、牛、绵羊、山羊骨多有发现，且有部分居民以绵羊作为图腾，在村落旁立有以绵羊头像作为碑顶的圣碑。这表明养羊业的发展和居民对绵羊的重视。二是卡拉苏克文化层很薄，一般不超过三十厘米，证明居民在一个地域的居住时间都不是很长，同时在一些岩画上画有带蓬四轮车图，这是迁徙游牧的标志。

卡拉苏克墓葬中出土的陶器很多，器形及饰纹也更加复杂。陶器的一个重大变化是由安德罗诺沃时期的平底器改成了圜底器。颈部陡直而高度适中的球形或芜菁形陶罐最为常见。器形的变化反映了居民生活发生的重大变化。陶器的纹饰多为几何纹，自肩部的三角纹饰带以下，布满由两条平等线及其间的刻划线组成的横式带纹。带纹变幻曲折，形成错综复杂的折线几何纹。

根据在叶尼塞、贝加尔湖岸出土的白玉器，苏联考古学家认为，在中国商代有一条从中国中原经叶尼塞、贝加尔直通乌拉尔河、伏尔加河的玉石西传的“玉石之路”。吉谢列夫指出，中国白玉的西传“在塞伊马时期，伏尔加河和卡马河沿岸、西伯利亚、贝加尔湖沿岸和中国北部之间曾有联系。塞伊马、图尔宾诺、贝加尔湖沿岸和绥远等地相似铜刀的形制，很可能也是沿玉石之路传播的。经由此路传播的还有塞伊马出土的其他器物：锛和菱形铤的矛……安阳出土的锛同塞伊马出土的十分相象，同器身较厚、与只饰三角形而无菱形纹的外乌拉尔类型尤其相似①。”这些充分说明，早在商代中国就与北方和西北方的各部族之间有着密切往来。

卡拉苏克文化在文化艺术上也受殷商文化艺术影响极深，这

①见〔苏〕吉谢列夫《南西伯利亚古代史》。

主要反映在铜器、玉雕、石雕和陶器的纹饰上。在叶尼塞卡拉苏克的玉石雕刻的饰物与中原殷商时代的造形、纹饰有很多相似之处，在青铜器器物的造形和纹饰上与中原殷商时代的青铜器更加接近，特别是在石雕艺术上，受中原殷商文化的影响更深，如在叶尼塞的花岗岩石立柱上雕刻的兽纹图案和浮雕，大都保持了中原殷商的艺术特点，在各种图案的画法上，所采取的象征性手法，大都是由中原传入的。不少石碑上的图像是取自殷商象征性的图像，特别是那些兽纹图案，不少与安阳出土的公元前 15 世纪至公元前 14 世纪的器物上的图案十分相似。但是卡拉苏克古柯尔克孜艺术在接受、摹仿中原殷商艺术的同时，也有不少是根据自己的审美意识和信仰、崇拜创新的，如石碑上的人像、人脸雕刻，是根据自身的需要创作的，有学者研究认为卡拉苏克石碑上的人像是他们的神像，也有学者认为是氏族先祖或族长的形象。不管怎么说，中原殷商青铜器制造技术、器物上的艺术创作的特点和技法，都通过北方草原传到了叶尼塞地区，形成了卡拉苏克古柯尔克孜人文化。吉谢列夫在他的《南西伯利亚古代史》一书中称："安德罗诺沃文化形态被卡拉苏克文化形态取代，这在很大程度上受从东南方迁入的新居民所决定的，而且不是灾祸性的变化。"①

在卡拉苏克文化时期，叶尼塞古柯尔克孜人的社会组织正在发生着一个重大的变化，这就是由社会的细胞组织家庭过渡到社会的基层组织氏族，进而又向社会的群体组织部落过渡，部落、部落联盟组织正在组成之中。

在我国北方，一个古老的游牧部落集团鬲昆（坚昆）正随着人类发展进化的脚步而形成。

（节选自《柯尔克孜族文化史稿》第二章）

①见〔苏〕吉谢列夫《南西伯利亚古代史》。

关于人类口头及非物质文化遗产《玛纳斯》保护和传承、转型和发展

——中国少数民族艺术遗产保护与当代艺术发展国际学术研讨会论文

《新疆地方志》编者按：2003年12月8日，中国艺术研究院在北京召开了为期五天的“中国少数民族艺术遗产保护与当代艺术发展国际学术研讨会”，百余名国内外专家学者出席了这次盛会。会议围绕“文化多样性与少数民族艺术遗产保护”等议题进行了广泛而深入的交流和研讨。新疆维吾尔自治区克孜勒苏柯尔克孜自治州史志办编审贺继宏应邀出席了会议。他撰写的《〈玛纳斯〉的保护与传承、转型与发展》一文在大会上交流后，受到与会学者的高度重视。《中国文化报》以《世界需要文化多样性》为题作了宣传报道。《中国艺术报》以《让少数民族文化遗产活起来》为题选录了其中的片断。本刊特载贺继宏的《关于人类口头及非物质文化遗产〈玛纳斯〉保护和传承、转型和发展》一文，以飨读者。

中国共产党第十六次全国代表大会的报告中指出：“扶持对重要文化遗产的优秀民间艺术的保护工作，扶持老少边穷地区和

中西部地区的文化发展。”这充分说明我们党和国家在文化建设中，要把保护文化遗产（包括人类口头和非物质文化遗产）的抢救和保护工作作为一项重要的工作来对待。

本文拟就关于我国重要的“人类口头和非物质文化遗产”《玛纳斯》的保护和传承、转型和发展，谈一点意见和建议。

一、抢救、保护《玛纳斯》的意义

柯尔克孜族的英雄史诗《玛纳斯》，是我国三大史诗之一。它不仅是我国，而且是世界著名口头文学的宝贵文化遗产，是世界文化艺术殿堂中的瑰宝，是世界各民族共有的宝贵财富。这一宝贵财富主要是由我国柯尔克孜族人民创造的，是一项重大的历史贡献。因此，对这一重大文化遗产的抢救、保护和传承以至转型和发展，更是我国政府，特别是我们克孜勒苏柯尔克孜自治州人民政府义不容辞的责任。保护好这一世界著名文化遗产，使之继续传承，并通过转型得到进一步发展，也是我国政府和柯尔克孜族人民对世界的新贡献。

《玛纳斯》不仅是我国三大史诗之一，而且具有特殊的世界性。除了我国之外，世界上还有吉尔吉斯斯坦、阿富汗等国都有《玛纳斯》传唱，而研究《玛纳斯》的国家就更多。因此，作为《玛纳斯》大国的我国，对《玛纳斯》的抢救、保护和传承，就更具重大国际意义。

《玛纳斯》是传唱一千多年的活形态的史诗，可以说是人类历史文化、社会生活的“活化石”“活标本”。因此，抢救、保护和传承这一活的文化遗产，使这一活形态的史诗继续活下去，并得到转型和发展，对于人类直观地了解历史、认识历史，并且从中得到艺术欣赏和精神享受，是具有特殊意义的。

《玛纳斯》在千余年的传承过程中，“玛纳斯奇”将柯尔克孜人美好的追求和向往，全部寄托于史诗中的英雄人物。因此，

《玛纳斯》成为柯尔克孜族民族的灵魂、民族的精神以及民族行为的规范。比如直到今日，柯尔克孜人仍然希望男子要像玛纳斯一样，要有那种精神和责任；女子要像卡妮凯一样，要有那种贤淑和智慧。“玛纳斯的后代”，仍然是民族的骄傲和凝聚力。因此，抢救、传承以至转型和发展，其实是在弘扬一种民族意识、民族精神、民族文化。从这一点来说，其意义是不可低估的。

为此，对《玛纳斯》这一重要的口头文化遗产的抢救、保护和传承以及转型和发展，既具有一定的社会效益和经济效益，更具有十分重要的现实意义和深远的历史意义。

二、我国对《玛纳斯》抢救和保护的现状

我国对《玛纳斯》的抢救工作是从20世纪60年代初开始的。1960年秋天，新疆作家协会刘发俊等人在克孜勒苏柯尔克孜自治州乌恰县为《天山》《塔里木》杂志组稿时，在黑孜苇公社（现黑孜苇乡）发现了《玛纳斯》歌手铁米尔、艾什玛特两位大“玛纳斯奇”。当时即记录了铁米尔演唱的《玛纳斯》第二部《赛麦台依》中的《赛麦台依和阿依曲莱克》一段，分别译成汉、维吾尔文在《天山》《塔里木》杂志上发表。同时还将这一发现向自治区党委宣传部进行了汇报。1961年3月，自治区党委同意由自治区文联、自治区文学研究所与克孜勒苏柯尔克孜自治州党委宣传部联合组成史诗《玛纳斯》调查组，同时邀请中央民族学院柯尔克孜语班在自治州实习的学生参加调查工作。这次调查中，又发现了能唱完整的八部二十多万行的阿合奇县麦尔开西村的大“玛纳斯奇”居素普·玛玛依。共记录史诗二十三万余行。1964年由中国民间文艺家研究会、新疆文联、克孜勒苏柯尔克孜自治州党委联合组成《玛纳斯》工作组，抽调大批人力，专门从事《玛纳斯》的调查、搜集、整理、翻译、出版和研究工作。工作人员深入广大柯尔克孜地区，搜集和记录了七十多位“玛纳斯

奇”演唱的《玛纳斯》各种变体和片断，重点记录整理了著名“玛纳斯奇”居素普·玛玛依演唱的《玛纳斯》一至八部共二十多万行以及著名“玛纳斯奇”铁米尔和艾什玛特等演唱的部分《玛纳斯》片断。同时还记录了大量柯尔克孜族民歌、故事、叙事诗等民间文学作品。还搜集到《玛纳斯》手抄本二十一册，约九万余行。

“文化大革命”开始后，工作组解散，工作被迫停止，特别是居素普·玛玛依演唱的史诗《玛纳斯》的记录稿汉文译稿，在北京散失，“文化大革命”结束后仅找到部分残稿，给工作造成重大损失。

1978 年重组《玛纳斯》工作组，1979 年在中国民间文艺研究会主持下，在北京进行了近一年的记录和翻译工作后工作组撤回新疆，继续《玛纳斯》的搜集、记录、整理、翻译、出版工作。1982 年成立自治区《玛纳斯》工作领导小组，专门组织领导史诗《玛纳斯》的抢救工作。到 1995 年，已记录《玛纳斯》史诗资料六十多万行。到 1995 年，已出版了居素普·玛玛依演唱的《玛纳斯》史诗一至八部，共十八册，同时出版汉文《玛纳斯》史诗第一部上下两册。

近年来，自治区、自治州虽然召开过几次《玛纳斯》史诗演唱会、研讨会，但音像制品仍然很少，特别是《玛纳斯》史诗汉文版的出版近年来基本处于停止状态，至今八部《玛纳斯》仅出了一部汉文版。由于没有一部完整的《玛纳斯》史诗汉文版全集出版，因此《玛纳斯》的研究难以深入开展，特别是转型和发展更是十分困难。克孜勒苏柯尔克孜自治州虽然希望在《玛纳斯》史诗的转型上有所开拓，民众更是迫切希望能看到《玛纳斯》的电影、电视作品问世，但因汉文史诗没有出版，缺少改编转型的基础，加之贫困地区资金困难，这就使得这部宝贵的口头及非物质文化遗产的抢救和保护、转型和发展都面临着困境。

三、对我国《玛纳斯》史诗抢救、保护和传承的具体意见

《玛纳斯》是在我国柯尔克孜族以及国际突厥语民族中最有影响的口承文学，应该说是世界重要的人类口头及非物质文化遗产。但直到目前，这一宝贵遗产的抢救和保护，还很难满足人类社会对这一遗产的传承和发展的需求。不仅与已经列入联合国第一批口头及非物质文化遗产代表作品的我国昆曲相比，抢救、保护措施相距甚远，就连与同是我国“三大史诗”的《格萨尔》《江格尔》两大史诗比较，在抢救、保护、传承、发展方面，也相差甚远。《格萨尔》不仅有多种版本的汉文书出版，而且出版了《格萨尔故事集》，先后两次拍成电视连续剧，首次为八集，第二次将拍成三十集；《江格尔》的汉文出版先后由新疆人民出版社、人民文学出版社出版了两种版本，其他音像制品积累的更多。而《玛纳斯》在20世纪60年代调查所知，在民间传唱有一百多万行，但至今出版的汉文版《玛纳斯》也未超过五万行。甚至《玛纳斯》史诗的各种变体及其他众多的叙事长诗和史诗，也还连柯尔克孜文版都未曾出版，有些作过记录，还有的未作记录，特别是民间歌手、“玛纳斯奇”以及“交毛勒奇”（民间故事家）、“库姆孜奇”（民间弹唱、说唱艺人）的录音、录像制品极少，转型和发展更谈不上。

因此，我国《玛纳斯》抢救、保护的任务还十分繁重。目前最紧迫的任务是要做好以下几个方面的工作：

（一）组织力量对现有《玛纳斯》歌手特别是年事较高的歌手的演唱和表演进行录音和录像，这是当务之急。联合国教科文组织顾问安东尼·克罗兹在谈到对人类口头及非物质文化遗产的抢救和保护时说：“某些代表人物的消失，使得某种文化无法传承下去。”在这方面，我们已有深刻的教训。1961年《玛纳斯》工作组作调查时，全州尚有近百名能唱一至二部《玛纳斯》史诗

或大量不同变体的老歌手，至今健在者已无几人，这些人的录音、录像均因条件限制，未能进行，特别是乌恰县的大“玛纳斯奇”铁米尔·吐尔地曼别特、艾什玛特·玛木别特可演唱二十几万行史诗，但仅记录了几万行，既无录音，又无录像。这两位老人在1963年相继逝世，他们演唱史诗的独特音韵和风采以及他们演唱时听众挤倒毡房的盛况，只能成为传说，再也无法重现了，这已成为永世的遗憾。我国著名的《玛纳斯》演唱大师，被誉为当代“活着的荷马”的居素普·玛玛依老人，也已是八十五岁高龄，而他的音像制品也不多，如果不抓紧录制，也会留下遗憾。

（二）培养新的《玛纳斯》歌手，特别是年轻歌手、小歌手，使《玛纳斯》史诗演唱、传承后继有人。《玛纳斯》是流传千年的活形态的史诗。千余年来，世代相传，不断发展，成为人类社会历史发展的活化石。这一流传千年的史诗如果在我们这一代断了，我们将无法面对历史，因此我们一定要让这一活形态的人类口头文化遗产继续传承下去，并且在传承中进一步发展。

据社会调查，在《玛纳斯》的故乡克孜勒苏，到了20世纪90年代以后，能演唱《玛纳斯》的人已越来越少了，特别是在青少年之中，学唱《玛纳斯》的人更少。究其原因主要是新的环境改变了旧的土壤，各种新的文化生活广泛传播，使适宜于传统的民间演唱的史诗传承受到了冲击。因此，我们要在小范围内、小面积地制造新的土壤，使这一民间文学有适宜再生的新土壤和新环境，以保障史诗能够不至于灭绝，并能传承下去。这就要有组织、有计划、有选择地培养一些小“玛纳斯奇”，培养一些小民间歌手，做到后继有人。同时还可以在一些中小学的音乐课中，开设一些《玛纳斯》演唱的课时，使青少年对民族史诗《玛纳斯》有一定的了解，既传承了民族文化，又使《玛纳斯》的爱国主义、英雄主义的民族精神得以弘扬。

（三）建立《玛纳斯》史诗博物馆，永久保存史诗资料，同时也使这一活形态的史诗，在这里充分地活起来。建立《玛纳斯》史诗专题博物馆，可以使这一在民间流传千年的活形态的史诗浓缩在一个既集中又高雅的殿堂之中，有一个充分展示的机会。首先广泛搜集已出版的各种文字和版本的《玛纳斯》史诗和其他柯尔克孜民间文学的书刊以及长期流传在民间的各种文字的手抄本；录制“玛纳斯奇”和民间歌手（特别是年事已高的著名“玛纳斯奇”）在不同环境下演唱的《玛纳斯》录像；征集各种有关《玛纳斯》的传说、故事以及遗物，拍摄遗迹、遗址照片；组织文化艺术部门编排《玛纳斯》及其他著名口头文学的音像作品。这样，通过建立博物馆，不仅保存了《玛纳斯》的资料，而且可以通过光声音像的展示，使这一活形态的史诗活灵灵地展现在人们的面前，使人们可以饱览《玛纳斯》歌手演唱时的动人风采以及柯尔克孜英雄率领千军万马英勇作战的反侵略的历史画面和活动。

（四）在民间建立传承机制，使史诗在民间仍然有传承的环境和条件。《玛纳斯》史诗是一种民间传承的口头文学，是植根于民间，在民间这块广阔的沃土中发芽生长的。因此，《玛纳斯》的保护、传承是不能脱离民间的，要在民间建立一种传承机制。

四、《玛纳斯》史诗转型和发展的意见

《玛纳斯》作为口头及非物质文化遗产，它既是无形的文化遗产，是非物质的，又是动态的。这一非物质的文化遗产一旦消亡之后，是不能再生的，这就要求对这种文化生态，首先要进行保护。我们提倡对口头及非物质文化遗产的保护，不是让它凝固起来，而是要让它发展，与时代一起前进。在当代，口头文学的发展，不是让全民都来传唱《玛纳斯》史诗，因为在当代再也不可能出现人们为听《玛纳斯》演唱而挤倒毡房的情形了。发展只

有通过转型来进行。这就是要让口头文学这一文化类型适应当代的审美意识和审美情趣，便于当代听众接受的形式来发展。

口头文学遗产的转型是多种多样的。《玛纳斯》史诗的转型可以改编成音乐、舞蹈、戏曲等舞台剧搬上舞台，更可以改编成电影、电视搬上银幕和荧屏。只有转型之后，才能有更多的听众和观众，才能得到有效的发展，甚至可以作为一种文化产业开发利用，并取得一定的社会和经济效益。

目前，《玛纳斯》史诗转型发展的前提还是对民间传唱的史诗进行进一步的搜集和整理，并译成汉文出版发行，为研究者、转型创作者提供基础素材。其实这还是一个抢救和保护的问题，只有在抢救和保护的基础上，才可能传承，也才可能转型和发展，同时也只有在发展中，才能拓宽其生存的空间。

五、申报《玛纳斯》史诗为人类口头及非物质文化遗产代表作品

《玛纳斯》史诗是一部规模宏大、内容丰富、影响深远的民间文学作品，不仅在我国柯尔克孜族居住的地区，就是在整个中亚都有令世人瞩目的广泛影响。近半个世纪以来，研究《玛纳斯》已成为一个国际性的重大课题，这种《玛纳斯》史诗研究热，似一股浪潮，起于亚洲，波及欧美，全世界的不少国家和民族学学者都纷纷进入我国挖掘资料，从事研究，充分说明了《玛纳斯》已经是全人类口头及非物质文化遗产的代表作品。《玛纳斯》史诗的流传范围十分广阔。古代从叶尼塞河流域，一直流传到帕米尔高原。当代在民间流传范围更广，从我国最东部的黑龙江松嫩平原，直到最西部的帕米尔高原均有流传。在国外，整个中亚地区都有流传，而在我国新疆克孜勒苏柯尔克孜自治州则是流传各种变体最多的地区。从流传历史上看，也是其他史诗无法相比的，流传已有近千年。最大特点是《玛纳斯》是一部活形态

的史诗，在传承之中不断地发展，不断地扩大，各种变体越来越多。

由于《玛纳斯》是活形态的史诗，因而作为一种发展中的口头及非物质文化遗产，其保护的价值就更高。同时，正因为是活形态的史诗广为流传，其保护难度就更大。因此，仅凭我们一个边远贫困的自治州，要做好这一埋藏极深、流传极广且影响到国内外的口头及非物质文化遗产的抢救、保护、传承、转型、发展工作，显然是十分困难的。为此，必须将《玛纳斯》史诗申报为联合国人类口头及非物质文化遗产代表作品，在联合国的支持下，依靠我们国家的力量，做好这一重大文化遗产的保护工作。

（本文原为2003年作者代表自治州人民政府撰写的申报《玛纳斯为人类口头及非物质文化遗产代表作品名录的报告》，报文化部后被选为中国少数民族艺术遗产保护与当代艺术发展国际学术研讨会论文。发表后曾被《中国少数民族古籍》《中国民族报》等多家报刊转载。）

对电视连续剧《玛纳斯》剧本创作的意见

——在中吉两国《玛纳斯》电视连续剧创作研讨会上的发言

一、电视剧《玛纳斯》内容

电视连续剧《玛纳斯》所选取的内容应该是以第一部为主，适当选取第二部的前半部内容，也就是以玛纳斯从生到死一生的重大活动为主要内容，在其牺牲之后，再加入第二部部分内容，以玛纳斯之子重振雄风、驰骋疆场而结束全剧，以表现玛纳斯后继有人、代代不息、前赴后继的民族精神，给读者以鼓舞。这一意见曾与国内外《玛纳斯》专家们的设想不谋而和，基本上是统一的，为此，剧本创作当在这一构架内进行。

二、剧本创作所依据的唱本资料

《玛纳斯》有各种变体，特别是第一部在中吉两国均有十分生动的各种变体流传和记录整理，而居素普·玛玛依的唱本则是集众家之所长，独成一家的内容较完整的变体。因而电视剧在剧本创作中当以居素普·玛玛依的变体为主线，再纳入部分萨雅克拜、萨根拜（吉方）以及艾什玛特、铁木尔（中方）等人变体中的精彩情节，从而形成一个具有代表性的、全面的、完美的、特别是中吉双方观众都认可和接受的精品。

三、剧本框架结构

为了给创作者创作提供一个线索，我初拟了一个剧本的框架结构。

（一）乱世之中英雄诞生

——阿牢开对柯尔克孜地区的残酷统治与掠夺，玛纳斯出世的预兆，卡勒玛克统治者追杀柯尔克孜孕妇，不准玛纳斯出生，在人民保护下英雄出生（难产、怪胎等等带有神话色彩的情节）。

（二）人民拥戴登上汗位

——玛纳斯在苦难中成长，少年勇猛、力大过人，他纠集四十勇士，抗击入侵者，在人民拥戴下登上汗位，保护人民、壮大部落，进而联络各部，组成强大的部落联盟。人民安居乐业，处处歌舞升平。

（三）英雄遇美、巧结良姻

——玛纳斯偶遇卡妮凯一见倾心，托阿吉巴依说媒，喀拉汗虽允亲又刁难，卡妮凯以匕首反抗，几经周折，终成亲眷，等等。

（四）主持祭典威振天山（上、下）

——玛纳斯为哈萨克汗王阔阔托依主持祭典，阻止空吾尔巴依的破坏。祭典上有摔跤、赛马等活动。玛纳斯与女英雄萨依卡丽相遇并产生感情纠葛。

（五）同仇敌忾，保卫家乡（上、中、下）

——塔拉斯保卫战中玛纳斯的麻痹大意，卡妮凯智勇双全的抵抗，楚瓦克妻子与父亲的大仁大义，楚瓦克驱兵支援，胜利结束。这是充分体现柯尔克孜族人民爱国、爱家、英雄抗敌、不屈不挠的民族精神的重场戏，是《玛纳斯》全剧的核心和高潮。

（六）感天动地死而复生

——阔孜卡曼受卡勒玛克人的指示，毒死玛纳斯。玛纳斯在仙女及夫人卡妮凯的神奇法力下死而复生。

（七）惩恶扬善除暴安良（上、下）

——玛纳斯对柯尔克孜部落内残害人民、欺压百姓的恶人、妖魔、巨人以及附近部落邪恶、残暴的汗王征讨，平息七汗的叛乱。这里要充分体现柯尔克孜人民崇尚真善美的民族感情及英雄汗王玛纳斯为人民嫉恶如仇的个性。

（八）同乳兄弟姊妹妯娌（上、下）

——玛纳斯接纳了忧伤中的契丹王子阿勒曼别特，结为同乳兄弟，卡妮凯则将自己最亲密的妹妹嫁给阿勒曼别特，这两对同乳兄弟和姊妹妯娌成为柯尔克孜人的顶天立柱。阿勒曼别特与阿茹凯的婚礼将是反映柯尔克孜民俗的一场重头戏。

（九）雄师远征所向披靡（上、下）

——玛纳斯不听卡妮凯劝阻，执意远征西辽国都，阿勒曼别特被任命为远征军的主帅，一路顺风、所向披靡，并攻下西辽都城。远征中有一个插曲即玛纳斯与阿勒曼别特在征途遇到了阿昆汗身着羽衣的仙女小公主，为之赐名阿依曲莱克即“月亮美女”，同时为尚未出世的儿子定下婚事，为以后一系列曲折故事留下伏笔。

（十）遭敌暗算英雄捐躯

——玛纳斯打败空吾尔巴依，并进驻西辽都城。被胜利冲昏头脑的玛纳斯，沉迷于歌舞声色之中，放松了警惕，被空吾尔巴依以毒斧砍入头部，返回后死于卡妮凯的怀中。在这次遭遇中，阿勒曼别特、楚瓦克等勇士因保护玛纳斯而丧生。

（十一）英雄葬礼妖风骤起

——玛纳斯逝世后其妻卡妮凯为其举行了盛大的葬礼，但葬礼尚未结束，在玛纳斯之父加克普汗唆使下，玛纳斯的同父异母兄弟阿维开与阔别什发起了篡权阴谋活动，卡妮凯带着襁褓中的婴儿赛麦台依逃回娘家避难。

（十二）前赴后继重振雄风（上、中、下）

——赛麦台依长到十二岁时，得知自己是玛纳斯的后代，以及家乡人民正在水深火热之中煎熬的事实后，毅然返回家乡，惩治加克普及阿维开、阔别什，夺回汗位，同时又解阿昆汗之围，与阿依曲莱克成亲，然后以高举反侵略的大旗，率千军万马驰骋疆场而结束全剧。在这里，仙女阿依曲莱克幻化为天鹅漫天飞舞以及化作金鱼游于清池等美丽动人的形象将给观众以美的享受，少年夫妇飒爽英姿驰骋疆场将给人以鼓舞和力量，并给观众留下无限美好的遐想。

我以为，连续剧的二十集，内容将在这十二件重大事件中，由剧作者充分发挥其创作天才，进行创造性的劳动。

我们对剧作者既要提供资料，又提出要求。因为这种创作既是属于改编性的再创作，又是属于委托创作的带有职务作品的性质，因而这种要求是有一定局限性的。

改编作品，既要忠于原著，又要给创作者以纵横驰骋的广阔天地。忠于原著就是一种限制，就是说创作者必须在原著所提供的这样一个范围内进行再创作。我在这里提出的十二条是《玛纳斯》传统的、普遍流行的情节和内容，这些情节和内容，在剧本中应该是必不可少的，至于用什么表现手法，如何提高其艺术感染力，则是剧作者充分发挥创作才能的问题。

《玛纳斯》电视剧的创作、拍摄的效果首先应该是让柯尔克孜同胞承认这就是我们的《玛纳斯》。其次在思想性的深度、艺术性的高度上下功夫，使电视剧成为具有积极的进步意义的艺术精品。

四、主要人物的塑造

《玛纳斯》规模宏大，人物众多，除男主人公玛纳斯和女主人卡妮凯外，其他影响较大的正、反两方面的主要人物大概也有几十个，玛纳斯阵营中的十四个汗王、四十个勇士以及他们的父母妻子以及神人、仙女等等，对方阵营中的阿牢开、空吾尔巴依以及他们的主要谋士、将军，还有一些巨人、恶魔等等，都是频频出现的人物，其中有血有肉的栩栩如生的形象，如玛纳斯的父亲加克普，母亲绮妮尔迪，儿子赛麦台依，儿媳阿依曲莱克以及其左臂右膀阿勒曼别特、楚瓦克，智慧老人巴卡依，语言大师阿吉巴依，老英雄加木额尔奇、阔绍依，勇士首领克勒额曼，歌手额尔奇吾勒，千里眼恰勒巴依，未卜先知的阿拉凯思，能卜会算的喀拉托略克以及色尔哈克、赛尔克等十四位汗王和四十位勇士，大概都要作为主要人物来塑造。甚至是赋予灵性的、会说话的英雄的坐骑，也要作为特殊形象来塑造。

五、电视剧的价值取向

《玛纳斯》是一部价值很高、很丰富的民间文学作品，它千年不衰的流传便是由其价值所决定的。电视剧的创作和拍摄，自然也要将其价值取向放到首位来考虑。

这是国际文化交流与协作的一项重大成果，它的水平必然代表了两国的水平，反映了两国领导人宽阔的胸怀和两国艺术家文化融合的成功。其次是在《联合国教科文组织文化多样性宣言》发布之后，由中吉两国筹拍《玛纳斯》电视连续剧，这既是对于这一具有世界意义的宣言的响应，也是对人类口头及非物质文化遗产的保护与传承、转型和发展的一项重大贡献。从这一合作项目的本身来说，便具有极高的价值。这也就要求我们在剧本创作和剧目拍摄中，更要注重其价值取向。

（一）思想价值

《玛纳斯》是一部思想价值极高的作品，因此在拍摄电视剧时，一定要特别重视这一点。《玛纳斯》的思想价值主要表现在其对民族精神的弘扬上，表现了柯尔克孜族人民热爱祖国、热爱家乡、热爱生活，崇尚真、善、美，爱憎分明的感情以及对于侵略者及一切邪恶势力的憎恨，为捍卫民族生存和自由所进行的艰苦卓绝的斗争，为了民族的团结进步、繁荣发展，前赴后继，英勇奋斗、不怕牺牲，血染疆场的大无畏的民族精神。

（二）审美价值

作为一部艺术精品，主要体现在它的审美价值上，《玛纳斯》是审美价值极高的艺术品，《玛纳斯》是口头文学作品，它对于审美意识的表现主要是语言表达，歌手以口头传播，听众以听觉接受，而电视剧是一种综合艺术，主要是以视听形式表现的。因此，就为编剧和导演提出了更高的要求，要求我们用现代最先进的手法和观念，去极力表现一个民族古老的、传统的审美意识和审美情趣，从而体现一种全新的美学价值，创作出一部当代人乐意接受并能从中得到美的享受，又能反映一个民族古老的文化特点的艺术精品。古为今用，既是对文化多样性的弘扬和发展，又是具有当代先进文化代表性的艺术精品，这就是电视连续剧《玛纳斯》的审美价值取向。

（三）认识价值

电视剧《玛纳斯》的创作要充分体现一种认识价值，不仅使观众认识作为三大史诗之一的《玛纳斯》，更主要的是要通过对这一史诗的再创作，向观众展示这幅柯尔克孜族古代社会生活的画卷，通过这幅画卷，使观众直观地了解柯尔克孜族的历史和文化、习俗和风情，从而进一步认识柯尔克孜族的民族性格、民族精神、民族伦理道德以及民族的思维方式和审美意识。为此，对民族生活、习俗的表现就十分重要。

六、关于神话与现实

《玛纳斯》是神话与现实相结合的文学作品，在电视剧中也应该充分反映这一特点，在情节上特别是人物塑造上，要注意在现实生活中加入一些神话色彩，以充分体现远古英雄人物的个性特点。特别是玛纳斯等主要人物，他们既是神又是人，有神一样的变幻，既可移山倒海，又会在空中飞行，但是他们又有人的七情六欲，又会犯人的一些错误。他们有生有死，又能死而复生。注意不能拍成《西游记》那样的神话，又不能用现代人的语言、思想、意识来塑造古代英雄。

七、史诗的独特表现手法

建议每一集的序以“玛纳斯奇”演唱《玛纳斯》开始引出人物和故事，每一集的结尾也以“玛纳斯奇”承上启下的演唱而结束。这样就把《玛纳斯》电视剧源于史诗的特点、《玛纳斯》是活形态史诗的特点、艺人“玛纳斯奇”演唱史诗时的神采以及不同听众在不同环境下接受《玛纳斯》演唱时融入情节、人物之中的激情飞涌的场面生动地表现了出来，将传统的史诗演唱和用现代手法表现的史诗古老的情节和人物紧紧融为一体，产生更加惊人的感染力。这也是史诗改编惯用的一种手法。

些许浅见，仅供参考。

（2004 年 1 月 7 日于北京）

关于《玛纳斯》翻译出版与研究及学科建设中有关问题的探讨

——从《玛纳斯》汉译稿加工整理和出版谈起

多年来，我们在对柯尔克孜族英雄史诗《玛纳斯》的研究中，由于看不到《玛纳斯》的汉文全部译本，只是根据各人偶然看到报刊上的部分片断进行研究，就像瞎子摸象一样，摸到哪儿就讲到哪儿，仅从一斑很难识全豹。这样就难免有些片面和产生误解。另外，由于除柯尔克孜文以外的汉文、英文等其他文本极少，从事研究的国内外学者、专家就很少，很难形成一支强有力的研究队伍，学科建设更是举步维艰。

近年来，笔者负责《玛纳斯》汉文全译本出版中的文字加工整理工作，在柯尔克孜族同胞的帮助下，逐步接触和了解更多的《玛纳斯》不同变体，特别是在对居素普·玛玛依演唱八部二十多万行《玛纳斯》变体的汉译稿进行逐行、逐句的推敲中，从内容、情节，到结构、特点，有了一个更加全面的了解和认识。由此，对《玛纳斯》的翻译出版、研究及学科建设，也产生了一些新的看法和想法，不揣冒昧，大胆提出，以抛砖引玉耳。

一、关于《玛纳斯》的翻译出版

《玛纳斯》翻译出版是与调查、记录整理同步进行的，1961年11月新疆《玛纳斯》工作组已调查记录了《玛纳斯》的一至五部，约十二万余字，同时已翻译铅印了第一部上下两册约三万多行的汉文资料本。直到1996年，柯尔克孜文版一至八部二十三万行已出齐，但汉文版仅出版了刘发俊根据资料本再次加工整理的第一部上下两册，以上均为居素普·玛玛依演唱本。其他歌手演唱的变体仅有刘发俊、胡振华等人翻译的一些片断，在报刊和图书中选载。

2003年由克孜勒苏柯尔克孜自治州史志办贺继宏组织，新疆维吾尔自治区文联阿地里·居玛吐尔地、马雄福参与编辑，精选了刘发俊、帕自力·阿依塔库维奇、朱玛拉依、胡振华、阿地里·居玛吐尔地、巴赫特·阿曼别克翻译的居素普·玛玛依演唱《玛纳斯》一至八部的部分片断和胡振华、沙坎·玉买尔、尤素甫·赫捷耶夫、郎樱、玉素音阿吉、侯尔瑞、巴赫特·阿曼别克等翻译的铁米尔·吐尔地、艾什玛特·玛木别特、萨特巴勒德·阿里演唱的《玛纳斯》不同变体的片断。

2004年，由克孜勒苏自治州组织自治区文联参加，组成《玛纳斯》汉译工作领导小组（后改为汉译工作委员会），重新启动《玛纳斯》汉文版的翻译出版工作，到2010年，大部分译稿初稿已经完成，已由新疆人民出版社出版了第一部四卷本，第二部三卷本整理稿已经完成，即将召开评审会最后审定。其他六部正在逐步作柯汉文对照和补译工作。同时出版英译本已列入新疆人民出版社的计划，并经国家新闻出版总署批准。已译出第一部的英文初稿。

《玛纳斯》的翻译、整理、出版工作难度很大，首先是工作量大，仅居素普·玛玛依演唱的变体一至八部就达二十三万余行，1984—1995 年新疆人民出版社出版的第一版柯尔克孜文版共分为 18 册出版，而 2003 年出版的柯尔克孜文版与首次出版的文本行数又增加了不少，也有一些新的内容。为此 2004 年启动的汉文全译本决定分 19 卷出版。其中第一部四卷就达 1771 页，每卷约 400～500 页，这样 19 卷就达近万页。从译稿录入，汉柯对照，汉文整理、校注，所需多少时间，实难计算。其次是汉文译稿与原柯尔克孜文版的对照。这里既有一个对汉文的准确表达，又有一个对柯尔克孜文，特别是史诗中涉及的柯尔克孜古词汇和特殊用语的理解，如对一些同音词、同意词、多音词、多意词的本义、引申义和反向引申都要有一个准确的理解。三是汉文加工整理。对于民间口头文学要不要加工整理，在学界还是有一定分歧的。有的人主张对民间口头文学不能加工，不能整理，以保持所谓的“原汁原味”。对于这种提法还需做客观的分析、认识和接受，关键是什么是“原汁原味”，如何加工整理。其实民间口头文学不存在“原汁原味”的问题，不可能是“原汁原味”的。这是由民间口头文学的性质所决定的，主要是口头流传，口耳相继，在民间流传的过程中，不可能没有变化，一部民间口头文学，口耳相传，传唱了千百年，不可能一成不变，内容上大同小异，文字语言上更是千差万别，怎么能够分出哪一个是“原汁原味”的呢？就拿我国汉文的传统戏曲来说，有不少有文字抄本甚至是印刷本，但唱词甚至是情节上还是千差万别。而没有文字记录、传抄不同的民族语言文字的译稿，怎可能没有文字上的差别。不仅是民间文学，就是创作文学的世界名著，在译文中也是千差万别的，如果将傅雷和郭沫若翻译的歌德的《浮士德》拿到一起对照一下，几乎很难看出是同一部作品。因此，对于《玛纳斯》的汉译稿必须进行必要的文字加工和整理。关键是如何加工和整理，要有一个原则、一个度。既不能将译文中明显的使用不当的字词以及前后矛盾、逻辑混乱的句子不去修改加工整理，也不能将原诗的情节、内容进行随意涂改。如何掌握好这个原则和度，应该说我们在第一部的汉文译稿加工整理中，进行了反复的研讨、反复的试验。因此，第一部四卷本 1700 多页译稿竟费时近四年，当然汉柯文反复对照占去了多一半时间。

第一部译稿翻译、汉柯对照和汉文加工整理，应该说基本是成功的，也取得了丰富的经验。为此，第二部的译稿是在充分进行汉柯文对照无误的基础上进行的。在加工整理前，我们向邀请参与加工整理者提出了十分具体的要求：

1. 此次翻译出版的是居素普 · 玛玛依演唱的一至八部的等值翻译，不是资料本，也不是精选或缩译本。要确切而完美地译出全部原文。就汉文加工整理来说，是忠于译稿，进行文字加工和整理，不可在内容上、情节上任意增删。

2.《玛纳斯》是文学作品，是诗。因此，汉文加工整理就是要把译稿中不成诗的句子加工成诗句，主要是推敲文字。要使语言文字有诗的生动和流畅。诗是有韵律的，但是汉译文做不到全文押头韵、腰韵和尾韵，但能押尾韵的要尽量压尾韵，如做不到押韵，起码要做到有节奏。诗是能唱的，唱就要有节奏，没有节奏就没有诗。诗的节奏是随着感情的奔放在语言表达上的抑扬顿挫、起伏迭宕，有快有慢，有轻重缓急，甚至还有连续和间歇，有低有高，如行云流水。节奏就是随着诗人的情绪波浪式地进行，这就是诗的节奏，有了节奏，诗就会生动流畅。

3. 文字加工要求要准确精练，把不准确的、似是而非的、含混的字句改成精确而简练的字句。诗是要炼字的，首先是准确，其次是简练，然后是精彩。

4. 把死译过来的生硬、晦涩甚至是谁也看不懂、不理解的字、词改活，把不通达的句子改通达，把不合文法、不规范的字句及倒装句改过来。

5. 要特别注意不要为了押韵或追求语言文字的华丽而因词害

义，这一点十分重要。应该说因词、因韵害义是诗词加工润色的大忌。

6. 汉文加工整理除了文字上的加工和润色外，自然还包括将零乱的、不连贯的、前后矛盾的诗句或段落进行重新整理，删除一些有毛病的句、词，增加一点连接性的诗句，甚至是点睛的诗句。但要十分慎重、谨慎。

7. 忠于原诗，主要是思想内容上，艺术风格上，而不是字句上，所谓一字一句都不能多、不能少、不能改的说法是可笑而无知的。任何翻译作品，不可能没有文字的加工，翻译的过程就是对译文的反复核校加工的过程。但应该明确，我们是用汉文忠实地传达表述柯尔克孜文原诗，而不是再创作，不是编写。它要准确地、充分地选择每一个字，每一个词，选准、选精每一个字，每一个词，反复推敲每一个字词和诗句。

8. 史诗是自由体的叙事诗，不能改成排律诗，不能改变诗体，不能改成快板、顺口溜，要用高雅的诗句来整理，但要注重民间口头说唱文学的民间语言特点、艺术特点和风格。

9. 注重注释，历史事件、人物、民俗、信仰等一切费解的名词或专用名词，特别是音译的人物的外号、人名、马名、动植物名、游戏名等，都要尽量加注释。注释要采用辞书的文体，要简明扼要，简练明白，不要过长。

我们还结合译校和加工整理工作，组织工作人员，结合我国翻译史，对直译、硬译、音译等翻译理论及其结果进行了学习、认识和探讨。

直译，以东晋前秦僧人道安为代表，他于晋武帝太元四年（379）在长安五重寺主持译场。因为他不懂梵文又要主持翻译佛经，因而主张直译，名为保存佛经之原貌，其实译出的多是以汉文符号记录的谁也看不懂的佛经。最典型的是佛教徒谁都会念的“阿弥陀佛”，虽然已经念了一千多年，但很少有人知道是什么意思，这就是直译的结果。其实“阿弥陀佛”是梵语“阿弥陀婆佛陀”（意为“无量光佛”）和“阿弥陀庾斯佛陀”（意为“无量寿佛”）的缩语。

意译，以鸠摩罗什为代表。他于后秦弘始三年（401）在长安主持译场，翻译佛经。他出生于克什米尔，精通梵语、汉语和吐火罗等语，因而主张“不严于务得本文，而在于取原意”的意译。他的主要译作为《金刚般若波罗密经》《摩诃般若波罗密经》及《妙法莲花经》。他尽管主张意译，但译文中仍然有不少令人不解的音译。如《金刚般若波罗蜜经》之名，就是半音半意，“金刚”自然是意译，而“般若”和“波罗密”则是音译。如果按意译“般若”是梵文“智慧”，“波罗蜜”梵文意为“彼岸”。《金刚般若波罗蜜经》应译为“以金刚不坏之志和大智大慧，努力进取，以达到理想最高境界之彼岸。”

新译，以玄奘为代表。他于唐贞观十九年（657），在长安慈恩寺主持译场，翻译佛经。他主张以删略、变位、增益、假借等法，处理语言现象，且又不违背原意。这种新的译法译出的经文内容新颖，文笔流畅，焕然一新，为后世所推崇。

《古兰经》的翻译，也有直译和意译两种。直译是用不同语种的文字符号，记录阿拉伯经文的读音，因此有一些人会念经文但不知何意。最初以汉文意译《古兰经》是 19 世纪中期的马复初。最著名的翻译家是马坚（马子实），他从 1940 年到逝世时的 1978 年，一直在从事译经工作，不仅译有白话文，还有文言文。随着国际交往的日增，翻译作品逐步由宗教经典发展为自然科学和社会科学著作。明代徐光启和清代严复翻译了大量的外文作品。特别是严复在翻译《天演论》等作品的过程中，总结出了信、达、雅的翻译标准。信，即忠于原著的整体内容、风格，并不泥于词句；达，用准确规范的译文语言来表达，译文要流畅而通达；雅，既保持原文特有的雅致的风格，又用高雅的语言文字来表述原著内容。这三字标准一直被今人所沿用。我们在此次汉译中，特别是汉文加工整理中，反复强调了信、达、雅这三个字。

关于《玛纳斯》的翻译出版，早在上世纪60年代中期和70年代末期都先后做出过规划，即在陆续出版汉文资料本的基础上，出版居素普·玛玛依演唱的汉文全译本，然后接着编辑出版精编本（普及本）及英译本。现在看来这个规划还是需要的，符合实际的。因为全译本篇幅过长，只适合图书馆和有关单位及专业研究人员收藏，不利于普及，普通读者既无力购买，也没有时间通读。而精编本既能知其内容和故事情节之全貌，又删去了重复、拖沓、沉繁、松散的内容，尽量保留其中精彩的内容和情节，进行科学的编辑，精编本还应择各种变体之长，编辑成一个内容完整、情节精彩、语言优美、高雅而生动的文学精品，以控制在三四万行左右。同时对不同地区、不同歌手演唱的不同变体，也应有选择地翻译出版。

在翻译出版《玛纳斯》各种变体的同时，编写出版《玛纳斯》的故事本、连环画、卡通片等各种普及本及《玛纳斯》影视、音乐、舞蹈、戏曲等舞台剧本。笔者应邀为州歌舞团改编的《玛纳斯》音乐舞蹈史诗《赛麦台依与阿依曲莱克》文学剧本已经过自治州人民政府组织的审定会审定通过。

二、《玛纳斯》的研究

我国《玛纳斯》的研究是随着《玛纳斯》的调查、记录和对《玛纳斯》片断的翻译刊布，逐步开展的。虽然已于上世纪90年代与本世纪之初，由自治区和自治州分别组织召开过两次国际学术研究会和地州、省区、国家级学术研讨会，但是参加研究的人员极少，研究的领域极窄小。我斗胆地说，研究的深度也不够。究其原因主要是《玛纳斯》的汉译本和英译本几十年来未能出版，因而研究工作只在极少数占有《玛纳斯》资料的人员之中进行，其他《玛纳斯》爱好者和热心于《玛纳斯》研究的人员只有根据已发表的十分有限而又零散的片断进行研究，因而很难拓宽研究领域，提高研究水平。到目前，只能说是做了一些简单的评介。占有资料多的，评介多一点、细一点，全面一些，占有资料少的评介少一点、片面一些，有些人是从国外的已发表的论文中进行“研究”，还有一些人以一知半解，甚至是有意炒作，将研究引向误区。比如大家都说《玛纳斯》是一部反映柯尔克孜族社会历史的百科全书，涉及到自然科学和社会科学的各个学科，那么《玛纳斯》的研究就应该深入到各个学科，由各学科专家学者对《玛纳斯》的研究才能逐步走向深入。但是，几十年来，《玛纳斯》的研究不仅做不到这一点，文学艺术界、文艺评论界，就连民间文学界的专家学者也没法对《玛纳斯》进行全面深入的研究，原因还是《玛纳斯》全译本未能出版发行，使研究者难为无米之炊。

也正是因为《玛纳斯》的全译本未能出版，因而大部分研究者、读者无法从《玛纳斯》文本中去查寻资料，去认识《玛纳斯》的全貌和特点，更没法从《玛纳斯》的文本中对《玛纳斯》中一些问题，进行查阅、考证的研究。比如《玛纳斯》产生的年代问题，由于大多数人未能看到《玛纳斯》原文本中关于《玛纳斯》产生的时代背景，只是根据个别人提出的个人观点进行探讨，甚至是依据吉尔吉斯研究者的研究成果进行再研究。这就出现了两种偏差：一是脱离了《玛纳斯》文本进行研究，这是因为汉文译本未出版，汉族研究者无法看到原文本，只能根据已出版的极零碎的片断和他人的评介文章进行研究；另一种偏差是吉尔吉斯学者（包含我国广大柯尔克孜族研究人员）虽然熟悉《玛纳斯》原文本，但又很少接触玛纳斯活动的那个年代的历史资料，因为《玛纳斯》产生的那个年代，柯尔克孜（吉尔吉斯）文并无文献记载和传承，只能从汉文史料中查检，接触不到汉文资料，自然就对《玛纳斯》产生的时代背景不太熟悉，这就很难准确阐述《玛纳斯》产生的年代。因此在《玛纳斯》产生的年代中就出现了叶尼塞时期（7—9 世纪）、阿尔泰时期（9—11 世纪）、准噶尔时期（16—18 世纪）三种不同的观点，这样一部作品的产生，竟然被炒作到由 7 世纪直到 18 世纪这一千多年的漫长岁月之中，这实际是既不了解史诗《玛纳斯》的原文本，又不了解中国历史所形成的，是离开了《玛纳斯》文本在研究《玛纳斯》，是离开历史背景在谈历史。

其实，我们如果有机会看到《玛纳斯》原文本，听懂了歌手的原唱词，这个问题根本就不需要去研究，《玛纳斯》就已经交待得很清楚了。在《玛纳斯》史诗中，与第一代主人公玛纳斯同时代的阿勒曼别特，就是在蒙古灭西辽之后逃到哈萨克地区的西辽王子。继克塔依（西辽—契丹）之后统治柯尔克孜的卡勒玛克首领秦格什，就是以成吉思汗为原型的，歌手唱的也多是成吉思汗，1961 年新疆《玛纳斯》工作组翻译印刷的《玛纳斯》第一部资料本就译作成吉思汗。而与玛纳斯长期交战的主要对手空吾尔巴依便是成吉思汗的部下。不准玛纳斯出生的正是史诗中的秦格什（成吉思汗），这是歌手的原唱。这就表明《玛纳斯》的产生只能是在玛纳斯出生的成吉思汗统治柯尔克孜时代的 13 世纪之后，而绝不可能在此之前，如果玛纳斯尚未出生就产生了《玛纳斯》史诗，这岂不成了时间和历史倒行的笑话。因此《玛纳斯》产生于 7—9 世纪和 9—11 世纪的说法都是站不住的。

关于《玛纳斯》产生的年代，还有一种观点认为是 16 世纪甚至是 18 世纪。持这种观点的人认为《玛纳斯》在 10 世纪前后已形成雏形，到 16 世纪才产生。这种说法也是值得商讨的。首先是什么是“产生”，我以为一个人的出世、一个事物的开端即是产生，而不是人到中年或事物发展到某种程度才可称之为产生。因而，《玛纳斯》作为民间口头说唱文学，从它在民间流传之初，就应该说已经产生了，而不是等它流传几个世纪，发展到了一定规模之后，才可称其为“产生”。如果说要等到发展到一定规模才算“产生”，那么恐怕就没有“产生”了。任何事物都是这样，产生只是发端，以后怎么发展，只能是发展、壮大、完善，再不能称之为产生了，《玛纳斯》也是这样。

关于《玛纳斯》的产生，在史诗的原文本中也已经有明确的交待。在阿勒曼别特临死之前，就向四十勇士中的额尔奇吾勒（民间歌手）进行了交待，让他不要去参战，而是去记录、整理、编写、演唱《玛纳斯》的故事，并说他自己的生平事迹，已经写好，存放在妻子阿茹凯处，让额尔奇吾勒去取。应该说他是第一位唱《玛纳斯》的“玛纳斯奇”，以后便有更多的“玛纳斯奇”在他创作的基础上，在传唱之时进一步补充、完善。直至近现代，这种传承和创作还在进行中，不仅从第一部唱到了第八部，唱了八代人，而且还增加了《玛纳斯》的祖先多部。这就是活形态史诗的特点。但是究其产生的年代，还得从其发端的源头即最早的创作者和传播者算起。

关于《玛纳斯》和柯尔克孜族的历史，也应该有一个客观的、实在的认识。首先应该肯定的是《玛纳斯》是一部民间文学作品，不仅不是历史著作，甚至连人物传记文学也不是。我们说《玛纳斯》是一部反映柯尔克孜族历史、文化、社会等各方面内容的“百科全书”，但是绝不是说它就是百科全书类的资料著作，更不能说它就是一部历史著作，而是说从这部文学作品中，能够了解到柯尔克孜族历史、文化、社会等各个方面的一些情况，而不能作为历史资料和百科资料来研读。有人提出了玛纳斯真有其人，是真实历史，是10—12世纪柯尔克孜的“历史载体”，可填补10—12世纪柯尔克孜历史的空白，甚至要用《玛纳斯》重写柯尔克孜族的历史，这只能说是对文学的无知、对历史的无知。

应该承认，在一些文学作品的人物中，是有其创作的原型的，而有一些文学作品中的人物，则往往不是一个原型，而是有多个原型，这实际上就不能称其为原型了。即便是以某一位历史人物为原型创作的人物，他已不是历史人物而成为文学人物了。

在《玛纳斯》史诗中玛纳斯等人物有没有原型，这个问题可以探讨，但实际意义和价值不大。可以说玛纳斯绝不是以历史上某一个人物为原型的，如《玛纳斯》第一部中的人物既有秦格什（成吉思汗），又有艾散汗（也先汗），但这两个人前者是13世纪蒙古的大汗，后者是16世纪蒙古瓦剌部的首领，两个相距三个世纪，在一起同时出现简直就是关公战秦琼了。但这只能证明在《玛纳斯》这部文学作品中，有柯尔克孜人反对成吉思汗统治的背景。如成吉思汗1207年曾派长子术赤率兵征讨额尔齐斯河一带的柯尔克孜人，柯尔克孜首领也迪也纳勒、阿勒迪额尔、斡列别克等降；1217年，因柯尔克孜部举兵造反，成吉思汗派术赤进兵，攻打叶尼塞柯尔克孜部，术赤乘叶尼塞河结冰而渡河，进入柯尔克孜腹地，彻底征服了柯尔克孜，并派贾塔剌浑率炮兵驻柯尔克孜谦谦州。史诗中又有柯尔克孜人反对蒙古瓦剌部统治的背景和柯尔克孜奇剌古特部的首领额色库及其父亲乌格什·哈什哈与蒙兀儿斯坦统治者歪思汗的背景。如史称：额色库与歪思汗长期战争，共打了六十一仗，歪思汗只胜了一仗，并两次被俘，后来还是把一个妹妹嫁给了额色库才了事。由此看来，玛纳斯如果有原型的话，应该是既有反抗成吉思汗时期斡列别克等柯尔克孜汗王，也有与歪思汗征战的柯尔克孜汗王额色库等。

上世纪80年代，有人曾拿了一篇苏联人的名为《玛纳斯就是冒顿单于》的“论文”，虽然洋洋十多万言，但却是满纸荒唐语，没一点研究价值。

客观地说，玛纳斯是一个血肉丰满的文学形象，这个形象通过无数个玛纳斯其几百年世代相继的不断努力，已经将玛纳斯塑造成了柯尔克孜民族的精神形象、精神领袖。因此，他绝不是某一个真实人物的个人原型，而是将柯尔克孜人民能够看到的、听到的、想到的人类最崇高的精神和情操、最美好的品质和最伟大的人格、最聪明的智慧，特别是最勇猛无敌的英雄气魄，都聚集于玛纳斯一身，塑造了一个全民族人民向往的理想的人物形象。玛纳斯其塑造了玛纳斯的后代子孙以及他的父亲、妻子兄弟、战友还有他的对手等百余人的不同的典型形象。最成功的人物除了玛纳斯这位人民崇拜的领袖、英雄汗王的形象，还有他的王后卡妮凯和他的儿媳仙女阿依曲莱克的典型形象。这三个人物成为柯尔克孜世代推崇的代表人物和典范：玛纳斯是英雄汗王的典范，柯尔克孜民族精神的化身；巴卡依老人是作为辅助君主的贤明大臣的典型代表形象；卡妮凯则是柯尔克孜族的贤妻良母的伟大母亲的典型代表形象；阿依曲莱克更是柯尔克孜族中美貌贤淑的妻子代表。直到如今柯尔克孜民间还公认做母亲就要像卡妮凯一样、做媳妇就要像阿依曲莱克一样。像这样的人物是不会有某一个历史人物可以作原型的，而是以全民族、全人类的进步和精神作为塑造人物的原型的。

在《玛纳斯》的翻译和研究中，还有一个曾引起争议的（Bei jīn）的名词，在过去的译文中曾被译为“北京”“贝京”和“别依京”。这样研究者们便对 Bei jīn 一词究竟指的何地，产生了各种不同的看法。因为汉文资料本最初（1961 年）译作北京，故而亦将史诗中的“克塔依”误认为是汉族。这自然是柯尔克孜文音译成汉文的一种误译。现在的北京辽时建为陪都，称燕京，金时正式建都，称中都，元代为大都，明清时称为京师，民国才开始通称北京。而这个北京是与南京（金陵）、东京（汴梁）、西京（长安）相对应而称的。民国时称北平，1949 年解放后改称北京。应该说现在的北京当年与《玛纳斯》是没有任何关系的，玛纳斯进军的绝不可能是今日的北京。

玛纳斯进军的"Bei jīn"是不是当年辽王朝的首都临潢，也有可商讨的地方。因临潢在辽以前的契丹会同元年（938）始置临潢府，称为上京，辽代沿用，金灭辽后于金天眷元年（1138）始改上京临潢为北京，至天德二年（1150）即撤销北京名号。这就是说，在从契丹到辽代，并未称其首都临潢为北京，而是称为上京，称北京是金灭辽以后的事。而北京之名也是因为地处金朝的都城中都之北而命名的，与辽朝无关，这是一。二是玛纳斯进军的应是西辽的都城，而不是契丹或辽的都城，因为史诗中玛纳斯进军的是蒙古灭西辽时西辽的都城，而不是金灭辽之后辽的都城。史诗中的占领者空吾尔也是蒙古人而不是金人，代表的是蒙古政权而不是金政权，逃出都城的阿勒曼别特是西辽王子而不是辽朝王子，而西辽的都城虎思斡尔朵在新疆的吉木萨尔县，唐代称为北庭，因而，胡振华老师称玛纳斯进军的西辽都城当为北庭，也是有一定道理的。

我以为，玛纳斯远征的是被蒙古占领的西辽的都城，这一点在《玛纳斯》的原唱诗中已十分清楚，至于史诗中歌手对这一都城的位置以及具体环境的描述究竟是以哪一座城市为原型，大概谁也没法讲清楚，因为每一个歌手唱的都是接受传承并加自己的再创作，歌手自己也说不清楚。因为这是文学，而且是世代流传的民间文学，是几百年来无数玛纳斯其在传承和再创作中使之丰富和完美的。因而每一个玛纳斯其除传承前人的创作成果以外，还在不断地加入自己的创作，这自然是他自己所看到的、所听到和所想到的。对于地方的描述，自然也和人物塑造一样，无固定的、单一的原型，而是玛纳斯其天才的记忆加创造。因此，对于民间文学的所谓"破译"和"探秘"似乎是没多大意义的。

鉴于此，笔者认为，对《玛纳斯》史诗的研究还是不能脱离其原文本（原唱），做无谓的探索和考证，而是要密切结合其原诗，对其在历史、社会、文化等各个方面所反映的社会历史环境和民族特点进行深入研究，特别是对其艺术特色、语言特点、叙事特点、结构特点、人物塑造特点、美学特点、诗学特点以及所折射的民族意识、民族精神进行深入的研究。因为《玛纳斯》毕竟是文学作品，对其文学艺术特点、价值以及其创作、传承特点的研究是第一位的。

三、“《玛纳斯》学”的学科建设

《玛纳斯》作为一个研究学科，在我国还很稚嫩，还处于初创时期，学科建设还存在很多问题。我们虽然说玛纳斯学是一个国际学科，但客观地讲，研究人员也主要在吉尔吉斯。在我国柯尔克孜族之中以及俄罗斯等国有部分研究人员，作为一个国际研究学科，其研究的领域和研究的深度还是很不够的，学科建设同样也还是十分薄弱的。在国际史诗研究领域，与希腊史诗和印度史诗的研究还有相当的差距。形成这种局面的原因，主要还是《玛纳斯》在国际上缺少流通的语言文字版本的出版和发行。在国外，也仅有吉尔吉斯出版的一至四部《玛纳斯》吉尔吉斯文版本，在国内，民间虽有一至八部《玛纳斯》传唱，但已出版发行的也只有柯尔克孜文版和吉尔吉斯文版，在全国可以流通的汉文仅有很少一些片断，既无完整的全译本，在总量上也不到柯尔克孜民间流传的百分之十。能够看到（看懂）柯尔克孜文《玛纳斯》文本的人口占国际上乃至国内人口比例极少。这便是研究难以深入，学科建设很难健康发展的主要原因。

笔者在编写《克孜勒苏柯尔克孜自治州志》时专设了柯尔克孜族英雄史诗《玛纳斯》一编，其中的“《玛纳斯》研究”一章第一节即为“中国《玛纳斯》研究会”，第二节为《玛纳斯》研究成果及《玛纳斯》学的形成。在这里除介绍了研究会成立、人员组成、研究会宗旨外还介绍了我国《玛纳斯》研究的主要成果。同时还对《玛纳斯》学科的确立及在我国的发展做了简单的介绍。并特别指出："中国《玛纳斯》研究会的成立，便是这一学科在中国发展的里程碑。"

中国《玛纳斯》研究会这一全国性学术团体自从1994年12月由国家民政部批准注册登记，至今已有整十五个年头了，其学术研究活动开展情况是很不景气的。其一，学会成立以来，未召开过一次理事会，虽然在成立大会上通过了研究会章程，但大部分理事未见到过研究会章程；其二，没有会员登记，未发展过会员；其三，未召开过一次学术研讨会；其四，研究会未办有任何刊物，未发表过任何学术动态和学术活动的信息。特别是自从会长夏尔西别克逝世之后，多年来几乎没人过问过研究会的事情，虽然有7名副会长、1名秘书长和3名副秘书长，但是似乎也无人真正关心研究会的工作。整个工作处于瘫痪状态。

客观地分析形成这种局面的原因，虽然是多方面的，但主要原因还是研究会先天不足，后天又缺乏营养，因此缺乏活力就在所难免。首先是这个研究会不太像是一个学术研究团体，似乎是一个政治或行政机构。其领导班子之中名誉会长6人，有国家领导3人，为全国人大常委会副委员长、全国政协副主席和国务委员，有正省部级领导3人，为新疆维吾尔自治区党委书记、主席、政协主席，在顾问、会长中有省部级领导4人；在常务理事、理事中有州级领导8人和县长、局处长多人。其先天不足还表现在研究人员不足，在全国几乎没有专门的研究机构和研究人员，全国仅中国社会科学院少数民族文学研究所一两个人从事《玛纳斯》研究，大专院校也仅有中央民族大学等一两个院校有两三个人偶然从事研究。在自治区仅有自治区文联民协所属的《玛纳斯》研究室一个研究机构，但研究力量十分薄弱。新疆大学、新疆师范大学等院校，从事《玛纳斯》研究的人员也微乎其微。笔者曾参加过1990年在乌鲁木齐召开的"中国《玛纳斯》史诗研讨会"和1994年在乌鲁木齐召开的"史诗《玛纳斯》国际学术研讨会”及2005年克孜勒苏柯尔克孜自治州人民政府承办的“史诗《玛纳斯》国际学术研讨会”。在这三次唯一的中国和国际《玛纳斯》学术研讨会上，国内汉族学者提交论文的仅有十来个人，同时笔者在编写《中国柯尔克孜族百科全书》时，多方搜集《玛纳斯》的研究学者，但结果还是十分有限的。另外，在国内的民间文学研究机构将《玛纳斯》作为研究对象和大专院校的民间文学教学中，将《玛纳斯》作为教材的似乎还没有。

《玛纳斯》的研究和《玛纳斯》学科建设之所以出现这种局面，主要的还是我们未能向国内外读者和研究者提供充分的《玛纳斯》汉译和英译本资料。因此，目前我们还是要把《玛纳斯》工作的重点放在汉译和英译本的出版上。

近年来，《玛纳斯》先后入选国家首批非物质文化遗产代表作名录和联合国人类非物质文化遗产代表作名录，所属社区的县市、自治州、自治区乃至国家，各级政府加大了《玛纳斯》保护的力度，在注重《玛纳斯》传承人培养的同时，十分重视《玛纳斯》的翻译出版工作。近几年，居素普·玛玛依演唱的一至八部汉文全译本和英译本将陆续出版，其他著名玛纳斯其演唱的变体也将逐步出版。在传承和保护的基础上，转型和发展也将有序地进行。《玛纳斯》的研究及学科建设必将有一个大的发展和突破。

《玛纳斯》文化不朽，玛纳斯精神永存。

（此稿写于2010年10月）

浅谈民族民间长诗保护传承和发扬光大

——以柯尔克孜族长诗《玛纳斯》为例

2003年12月，我有幸应邀参加了在北京召开的“中国少数民族艺术遗产保护与当代艺术发展国际学术研讨会”，在此前后，我又参加了克孜勒苏柯尔克孜自治州人民政府关于柯尔克孜英雄史诗《玛纳斯》为联合国教科文组织“人类口头和非物质文化遗产代表作”的申报工作和申报《玛纳斯》为我国首批国家级非物质文化遗产代表作的工作，同时参与《玛纳斯》汉文版的加工整理和出版工作。通过这一系列的工作，我深深地认识到民族民间长诗保护、传承的重大意义，同时对于非物质文化遗产保护、传承与转型、发展的关系以及如何在科学保护、传承的基础上，进一步发扬光大等问题上有了一点粗浅的看法和认识。本文拟以柯尔克孜长诗《玛纳斯》为例，谈一点有关民族民间长诗在科学保护、传承中发扬光大的浅见，以求教于各族专家学者。

一、民族民间长诗保护和传承的意义十分重大，这是民族民间长诗本身的价值所决定的

民族民间长诗保护和传承的意义，首先是取决于民族民间长

诗本身的价值，是其本身的价值所决定的，其次是受世界经济一体化进程快速发展，特别是在文化全球化的大背景、大环境下，民族民间长诗这种非物质文化遗产由于受本身存在形态的限制，其社会存在的基础日见狭窄，其生存面临着前所未有的挑战和危机，大都处于濒危状况，有的甚至有很快消失的危险。因此这种抢救式的科学保护就更具重大意义。各民族民间长诗尽管长短不一，内容各异，产生的时代背景不同，但大都具有以下共同特点和价值。

（一）民族民间长诗大都在本民族或语言相同或相近的民族民间广泛流传着，是全民族人民共同创造的精神财富，且为多民族所接受、所喜爱。有的甚至是同一题材的作品和人物，在不同民族间互相传承，内容大同小异，被奉为各民族民间共有的作品，为多民族民间艺人共同创作，带有十分广泛的人民性特点。更有的是跨国民族民间所共同创作、共同享有、共同传承，如柯尔克孜族的长诗《玛纳斯》就是其中典型的代表作品。这种价值是不言而喻的。

（二）民族民间长诗大多是民族传统文化的优秀代表之作。大部分民族民间长诗都是经过无数民间艺人千百年不断千锤百炼的创作，一代代世代相传的，从而形成了民族传统文化的精粹之作，也正是因为此，才堪称传统文化的优秀代表，也才能在民间世代广为传唱。

（三）民族民间长诗大都是本民族深远的精神根源和无穷的精神力量，特别是作为民族民间长诗之中最具代表性的英雄史诗题材，这一特点更是十分突出，如柯尔克孜族的英雄史诗《玛纳斯》《英雄托什吐克》，蒙古族的《江格尔》《嘎达梅林》，藏族的《格萨尔》，萨克族的《英雄塔尔根》《加尼别克英雄》，维吾尔族的《乌古斯可汗》，等等，都是反映民族精神的优秀代表之作。哈萨克群众称英雄史诗是永存的民族精神的支柱，柯尔克孜族群众称《玛纳斯》是柯尔克孜民族的英魂，是民族的精神支柱和民族精神的体现。

（四）民族民间长诗大都体现了本民族的审美意识和美好的向往与追求，是一代代民族民间艺人根据本民族的审美意识、审美情趣，以自己的美学观和美学鉴赏力，将现实生活中观察和体验到的印象和感受，融入了长诗之中，从而客观地反映了本民族群众对美好事物的认可、向往和追求。

（五）民族民间长诗大都体现了本民族古老的文化观念，反映了本民族原始的、淳朴的哲学思想，是本民族伟大的文明的结晶。如在柯尔克孜族长诗《玛纳斯》中，反映的柯尔克孜人的文化观念是对其赖以生存的天地日月、山川河流、风火雷电的有形或无形物体的崇拜和万物有神论，塑造的是以好母亲为代表的母系社会的哲学遗存，歌唱的是古老的草原文化所孕育的民族精神，是璀璨的古代文明之花。

（六）民族民间长诗大都蕴含着民族深厚的历史文化积淀，反映了民族产生、成长、发展壮大的历史过程。如长诗中的英雄史诗，大都反映了一个民族历史发展的轨迹，展现了一个民族社会的各个方面，《玛纳斯》就被称为柯尔克孜族的百科全书，是一个民族综合智慧的结晶。

（七）民族民间长诗作为文学作品，在创作中始终未能脱离爱与死这一人类永恒的主题，无论是在古老的民间长诗还是近代长诗，无论是哪个民族的民间长诗，爱情故事都是主要的题材，占主要地位，且在爱情长诗中，大多是爱和死的感天动地的悲壮故事。如柯尔克孜族爱情长诗《库勒木尔扎与阿克萨特肯》、哈萨克族爱情长诗《萨里哈与萨曼》便是这方面的代表之作。它们都表现了对封建宗法制度的奋力反抗，对于个性解放、婚姻自主的强烈向往与追求。

（八）民族民间长诗大都是民族语言文学和艺术中的精品，

达到了本民族文学艺术的最高峰，具有十分感人的艺术魅力。民间长诗大都是在长时间的流传过程中逐步形成的，这就是几代民间艺人长期在演唱中精雕细琢、去伪存真、淘沙取金，这种不断地进行再创作、再加工，使民间长诗在流传中不仅诗行逐步增加变长，而且情节越来越生动，语言越来越精练，在韵律和节奏上也更加朗朗上口，从而成为语言文学和艺术精品。

以上是我就民族民间长诗普遍意义上对其特点价值作的一个很简单、很粗浅的总结，如果认真研究，自然还会发现每一部民间长诗在有其共性的基础上，同时更具有不同的个性，更具独特的特点与价值，在这里我并非对长诗进行系统的研究，而是说民族民间长诗有其独有的特点，有其很高的价值，正是这种自身的特点和价值决定了这一文化遗产保护和传承的价值与意义。

其次我还要简述的是在我国民族民间长诗的保护、传承的另一个特殊意义，也就是要通过这一保护和传承，再一次向世界宣告中国不仅有民间长诗、有民间史诗，而且在民间的蕴藏量极大，流传范围极广，同时还呈活形态继续在民间流传着，从而改变学术界认为中国没有长诗、没有史诗的偏见。这是因为在上世纪初国外学术界就曾有中国没有史诗的说法。客观地说，那时我国的大量民间长诗、史诗还隐藏在民间，还少为人知，特别是三大史诗《格萨尔》《江格尔》和《玛纳斯》还没有被发掘和刊布，不仅国外学术界不识中国史诗的真面目，国人也知之甚少，所以有这样的偏见是情有可原的。但是，从上世纪五六十年代，我国三大史诗被发掘，国家组织大量人力进行抢救性调查、记录、翻译、出版，直到本世纪之初，已经取得了重大成果，早已让世人瞩目，且已屹立于世界文学艺术之林。但是，就在前两年武汉大学某教授在中央电视台《百家讲坛》栏目开讲“史诗”时，竟然还在重复国外学者半个多世纪以前的“中国没有史诗”的旧话。作为中国堂堂史诗研究学者，面对浩浩几百万行的中国三大史诗，视而不见，听而不闻，还向世界疾呼中国没有史诗，这就不能不令人费解！

由此，我觉得，我们重新对新疆四民族民间长诗进行调查、保护和传承，使之发扬光大，就更具特别深远的历史意义和十分重大的现实意义，应该说是刻不容缓的当务之急。

二、新疆民族民间长诗资源蕴藏量十分丰厚，对这一宝贵的文化遗产进行保护，是刻不容缓的

新疆的维吾尔、哈萨克、蒙古、柯尔克孜族是民间长诗极其丰富的民族。以柯尔克孜族为例，民间长诗主要有史诗和叙事诗，主要有：《考交加什》，为人与动物由相互攻击、伤害到最终和谐相处的故事，有多种异文，约七千余行；《布达依克》，以百鸟之王布达依克命名的神话史诗，主要叙述的是吉祥、神勇的神鸟与人类的黑恶势力进行抗争最后取得胜利的故事，近万行，有多种变体；《英雄托什吐克》，古老的神话史诗描写托什吐克英雄不仅在人间而且下到地下界，与代表黑恶势力的恶魔进行斗争的故事，有多种变体，其中以托什吐克的儿子命名的《交达尔拜西木》可以看作是《英雄托什吐克》的续集，也可以作为一部独立神话史诗，同时“托什吐克”又是《玛纳斯》中的英雄群体中的成员，是玛纳斯外七汗之一。

柯尔克孜族的英雄史诗自然是首推《玛纳斯》，是柯尔克孜民间长诗最具代表之作，变体极多，且在多个国家跨国流传。除《玛纳斯》之外，还从《玛纳斯》中引伸而出的副本和分支《巴额什》《托勒托依》《萨依卡丽》《阿吉巴依》《交牢依汗》等，这些长诗也属英雄史诗，他们都是《玛纳斯》中的英雄人物，这些史诗有的可长达一两万行，可以说是英雄史诗《玛纳斯》的横向联系和发展，而由玛纳斯的后代子孙所形成的《赛麦台依》等七部史诗，再加上反映玛纳斯祖辈的八部史诗，可以说是《玛纳

斯》的竖向延伸，这样就形成了一个庞大的、完整的《玛纳斯》体系，成为《玛纳斯》不可分割的组成部分。这一体系长达近百万行。对其保护研究也可以看作是一个完整的、系统的工程，可以分别进行，也可以统一进行，这一工程的浩大可想而知。

柯尔克孜民间长诗中的《加芮什和巴依什》《库尔曼别克》《江额里木尔扎》等是与《玛纳斯》无直接联系的英雄史诗。有的产生于《玛纳斯》之前，为"玛纳斯奇"（《玛纳斯》创作者和传承者）创作《玛纳斯》时所借鉴；有的产生于《玛纳斯》之后，在创作中受《玛纳斯》影响也很深，但这几部史诗均非《玛纳斯》体系。

另外，在柯尔克孜中还有一些年轻的史诗或只被称作叙事诗，如《玛玛克与绍波克》《吐堂》《阔班》等，都是以近代历史上阿合奇等地柯尔克孜人民反对外国侵略者的战争为背景而由民间艺人创作并在民间广为流传的长诗。

柯尔克孜民间长诗中，爱情长诗极多，如《库勒木尔扎和阿克萨特肯》《吉别克公主》《奥尔交巴依和克西木江》《萨林基与阔别依》等。

新疆四民族民间长诗之间尽管千差万别，独具特色，但又有千丝万缕的联系，如爱情长诗，除了独具本民族的审美意识和文化传统外，又与邻近民族同类题材的长诗十分相象，如柯尔克孜族的爱情长诗《吉别克公主》，与哈萨克族的爱情长诗《吉别克姑娘》在内容上十分相似，柯尔克孜族爱情长诗《萨林基与阔别依》与哈萨克族爱情长诗《萨里哈与萨曼》也有着相似之处，柯尔克孜族的爱情长诗《库勒木尔扎与阿克萨特肯》竟然与汉族民间长诗《重阳双合莲》极其相似，其结尾部分更与汉乐府长诗《孔雀东南飞》和《梁山伯与祝英台》如出一辙，可见各民族民间作品的相互借鉴。从这里我们是否也可以考虑，在民族民间长诗的保护工作中，各民族之间也应该相互交流、相互借鉴，起码在新疆四民族民间长诗的保护中，是要互相交流与借鉴的。而将四民族民间长诗的保护作为一个整体工程来对待，来运作，那就是很自然的事了。

民族民间长诗更是民族传统文化的重要组成部分，是民族文化精神的具体体现，是宝贵的文化遗产资源，对这一文化遗产资源的保护，就是弘扬民族文化传统，发扬民族精神。对文化资源的保护就是要使这一文化精神、文化资源为社会所利用，这就是科学保护、合理开发、发扬光大。

三、对民族民间长诗抢救、保护和传承是一项巨大的系统工程，首先是保护其原生态的古老遗产，其次保持其活形态的传承形式，使之在科学保护之中发扬光大

新疆民族民间长诗是在我国维吾尔、哈萨克、蒙古、柯尔克孜四民族以及国际突厥语民族中最有影响的口承文学，应该说是世界重要的人类口头及非物质遗产。但直到目前，这一宝贵遗产的抢救和保护，还很难满足人类社会对这一遗产的传承和发展的需求。不仅与已经列入联合国第一批口头及非物质遗产代表作品的我国昆曲相比，抢救、保护措施相距甚远，就连与同是我国其他民族中民间文学比较，在抢救、保护、传承、发展方面，也相差甚远。特别是《玛纳斯》的保护、传承、转型发展更远远落后于其他两大史诗。《格萨尔》不仅有多种版本的汉文书出版，而且出版了三个版本的《格萨尔故事集》，先后两次拍成电视连续剧，《江格尔》的汉文版先后由新疆人民出版社、人民文学出版社出版了两种版本，其他音像制品更多。而对《玛纳斯》在20世纪60年代调查所知，在民间传唱有一百多万行，但至今出版的汉文版《玛纳斯》也未超过五万行。甚至《玛纳斯》史诗的各种变体及其他众多的叙事长诗和史诗，连柯尔克孜文版都未曾出版，有些作过记录，还有的未作记录，特别是民间歌手、“玛纳

斯奇”以及“交毛勒奇”（民间故事家）、“库姆孜奇”（民间弹唱、说唱艺人）的录音、录像品极少，转型和发展更谈不上。当然，其他民族民间长诗的保护和传承也不尽人意，在保护上存在保护不力或不科学现象，在传承上更是后继无人。

因此，四民族民间长诗的抢救、保护的任务还十分繁重。目前最紧迫的任务是要做好以下几个方面的工作：

（一）组织力量对现有民间长诗的歌手，特别是年事较高的歌手的演唱和表演进行录音和录像，这是当务之急。联合国教科文组织顾问安东尼·克罗兹在谈到对人类口头及非物质遗产的抢救和保护时说：“某些代表人物的消失，使得某种文化无法传承下去。”在这方面，我们已有深刻的教训。如 1961 年《玛纳斯》工作组作调查时，克孜勒苏境内尚有近百名能唱一至二部《玛纳斯》史诗或大量不同变体的老歌手，至今健在者已无几人，这些人的录音、录像均因条件限制，未能进行，特别是乌恰县的大“玛纳斯奇”铁米尔·吐尔地曼别特、艾什玛特·玛木别特可演唱二十几万行史诗，但仅记录了几万行，既无录音，又无录像。这两位老人在 1963 年相继逝世，他们演唱史诗的独特音韵和风采以及他们演唱时听众挤倒毡房的盛况，只能成为传说，再也无法重现了，这已成为永世的遗憾。特克斯的著名玛纳斯奇萨特瓦尔地也已谢世，我国著名的《玛纳斯》演唱大师，被誉为当代“活着的荷马”的居素普·玛玛依老人，也已是九十多岁高龄，而他的音像制品也不多，如果不抓紧录制，也会留下遗憾。

（二）培养新的歌手，特别是年轻歌手、小歌手，使长诗演唱、传承后继有人。民间长诗大都是世代口传的活形态的口传文学，特别是英雄史诗。千余年来，世代相传，不断发展，成为人类社会历史发展的活化石。这一流传千年的史诗如果在我们这一代断了，我们将无法面对历史，因此我们一定要让这一活形态的人类口头文化遗产继续传承下去，并且在传承中进一步发展。

以《玛纳斯》为例，据社会调查，在《玛纳斯》的故乡克孜勒苏，到了20世纪90年代以后，能演唱《玛纳斯》的人已越来越少了，特别是在青少年之中，学唱《玛纳斯》的人更少。究其原因主要是新的环境改变了旧的土壤，各种新的文化生活广泛传播，使适宜于传统民间演唱的史诗传承受到了冲击。因此，我们要在小范围内、小面积地制造新的土壤，使这一民间文学有适宜再生的新土壤和新环境，以保障史诗不至于灭绝，并且传承下去。这就要有组织、有计划、有选择地培养一些小“玛纳斯奇”，培养一些小民间歌手，做到后继有人。同时还可以在一些中小学的音乐课中，开设一些《玛纳斯》演唱课时，使青少年对民族史诗《玛纳斯》有一定的了解，既传承了民族文化，又使《玛纳斯》的爱国主义、英雄主义的民族精神得以弘扬。

（三）在乌鲁木齐建新疆史诗博物馆，永久保存民间长诗资料，同时也使这一活形态的史诗，在这里充分地活起来。可以使这一在民间流传千年的活形态的史诗浓缩在一个既集中又高雅的殿堂之中，有一个充分展示的机会。首先广泛搜集已出版的各种文字和版本的长诗、其他民间文学的书刊以及长期流传在民间的各种文字的手抄本，录制民间歌手（特别是年事已高的著名民间歌手）在不同环境下演唱长诗的录像；征集各种有关民间长诗的各类传说、故事以及遗物，拍摄遗迹、遗址照片；组织文化艺术部门编排长诗及其他著名口头文学的音像作品。这样，通过建立博物馆，不仅保存了资料，而且可以通过音像的展示，使这一活形态的史诗活灵灵地展现在人们的面前，使人们可以饱览歌手演唱时的动人风采以及各族民族英雄率领千军万马英勇作战的历史画面和活动。

（四）在民间建立传承机制，使长诗在民间仍然有传承的环境和条件。长诗是一种民间传承的口头文学，是植根于民间、在民间这块广阔的沃土中发芽生长的。因此，长诗的保护、传承是不能脱离民间的，要在民间建立一种传承机制。

（五）在保护中，首先要保护原生态的古老长诗的原始风貌，以求其原汁原味，以反映民族传统文化的传统特点，二是要保留其活形态的传承特点，允许传人在传承演唱中进行再加工、再创造，这是保护和传承中的两个方面，都不可忽视，这就是科学的保护态度和方法。要尽量保护原始和原生态长诗的原始版本或最古老的版本，这是基本版本，尽量剔除随着时间推移人为地添加的新的带有现代内容、现代语言、现代名词以及具有现代审美意识的调合剂，以保持文化遗产的原貌，当然对于不同的变体也要注意收集，鼓励不同变体的流行和不同变体文本的出版。

在传承中，既要要求传承者依据传统的古本传唱，又要鼓励传承者充分发挥自己的天才，在传唱中创造出新的变体来。这就是保留民间长诗的活形态特点，让这一民间文化永远地“活”下去。只有客观地保存原生态原版本，才能保持传统文化的传统特点，只有活形态的不断创新和发展，才可能发扬光大，这就是科学的保护。

民间长诗作为口头及非物质文化遗产，它既是无形的文化遗产，是非物质的，又是动态的。这一非物质的文化遗产一旦消亡之后，是不能再生的，这就要求对这种文化生态，首先要进行保护。我们提倡对口头非物质文化遗产的保护，不是让它凝固起来，而是要让它发展，与时代一起前进。在当代，口头文学的发展，不是让全民都来传唱长诗，因为在当代再也不可能出现人们为听长诗演唱而挤倒毡房的情形了。发展只有通过转型来进行。这就是要让口头文学这一文化类型以适应当代的审美意识和审美情趣，便于当代听众接受的形式来发展。

口头文学遗产的转型是多种多样的。长诗的转型可以改编成音乐、舞蹈、戏曲等舞台剧，搬上舞台，更可以改编成电影、电视，搬上银幕和荧屏。只有转型之后，才能有更多的听众和观众，才能得到有效的发展，甚至可以作为一种文化产业开发利用，并取得一定的社会和经济效益。

目前，长诗转型发展的前提还是对民间传唱的长诗进行进一步的搜集和整理，并译成汉文出版发行，为研究者、转型创作者提供基础素材。其实这还是一个抢救和保护的问题，只有在抢救和保护的基础上，才可能传承，也才可能转型和发展，同时也只有在发展中，才能拓宽其生存的空间。只有通过转型发展，才能使长诗发扬光大。

（此稿于2009年撰成于乌鲁木齐）

同一民族多元文化的典范

——黑龙江柯尔克孜族历史文化考察述略

2009 年 12 月 18 日正是北国天寒地冻、冰封雪飘的严寒季节，我受命从祖国最西北的新疆克孜勒苏柯尔克孜自治州首府阿图什市出发，赴祖国最东北部的黑龙江省富裕县柯尔克孜族聚居的农村、牧场，考察当地柯尔克孜族的历史和文化。

从祖国最西部的喀什国际机场登机，经乌鲁木齐、北京至哈尔滨机场，行程万余里，横贯中国版图之东西，空中飞行大约八个多小时，沿途两次中转换机，虽谈不上朝发夕至，但一天左右也就在哈尔滨市下榻了。现代交通之快捷，实在是令人咂舌。记得少年时，为李白《早发白帝城》一诗中“朝辞白帝彩云间，千里江陵一日还”的诗句所惊叹：大江之中，驾一叶扁舟，沿江而下，乘风破浪，那种轻快、那种惬意，实在令人向往；今日，乘银鹰翱翔于蓝天白云之间，临窗俯瞰，时值隆冬，白茫茫一片，毛泽东《沁园春·雪》“北国风光，千里冰封，万里雪飘，望长城内外，惟余莽莽，大河上下顿失滔滔，山舞银蛇，原驰腊象，欲与天公试比高”的词句，不觉涌入心中，令人鼓舞，让人振奋。如此妖娆之大好河山，怎不令人折腰，令人骄傲！

（一）

我此次黑龙江之行是出于两种需要，带着两项任务进行考察的：

一是中国柯尔克孜族英雄史诗《玛纳斯》入选联合国“人类非物质文化遗产代表作”名录，这是我国柯尔克孜族人民的骄傲，沉浸喜悦中的新疆克孜勒苏自治州的柯尔克孜族同胞，自然也就想到了生活在我国东北的柯尔克孜族同胞。柯尔克孜族同胞视玛纳斯为民族英魂，在柯尔克孜族民间流传着“有柯尔克孜人的地方就有《玛纳斯》”的说法，在天山南北的柯尔克孜族，对玛纳斯不仅是妇孺皆知，而且是人人都可以唱几段，那么远在白山黑水之间的黑龙江柯尔克孜同胞，对玛纳斯的认知、认同程度如何呢？作为自治州非物质文化遗产领导小组的顾问、《玛纳斯》汉译工作委员会的顾问和新疆人民出版社《玛纳斯》出版委员会的特邀顾问，我便产生了去东北柯尔克孜地区考察之念。

二是我正在撰写《柯尔克孜族文化史》一书，认为柯尔克孜文化史中不能少了东北柯尔克孜文化这部分内容，因为东北柯尔克孜族毕竟是我国柯尔克孜族中独特的一支，其显著的文化特点也应被载入史册，因而在定稿之前亲自前往其聚居区进行考察很有必要。考察东北柯尔克孜族的历史文化，尤其是重点考察东北柯尔克孜族对玛纳斯的认知、认同，便是此行的目的。

（二）

与我结伴一起考察的是黑龙江省农垦党校原党委书记，黑龙江省民族研究所特聘柯尔克孜族研究员，柯尔克孜族同胞吴占柱老师。吴老师是黑龙江省柯尔克孜族同胞中德高望重的民族研究学者，出版了大量有关黑龙江柯尔克孜族历史文化的著作，并多次应邀到新疆克孜勒苏柯尔克孜地区访问考察，成为新疆与黑龙江柯尔克孜同胞间的文化使者。我与他已有近二十年的交往，在共同的事业中已成莫逆之交。作为我的向导、老师和考察伙伴，他已经将考察形式、方法、路线安排得井井有条。他为人的热情、工作的认真、经验的丰富等，都是令我感动和敬佩的。后期考察中又加入了一位新秀——黑龙江大学教授，曾在十几年前赴富裕县考察柯尔克孜族并长期与吴占柱老师合作的青年学者于学斌老师。

在哈尔滨我考察学习的第一站是省民族研究所，所长都永浩与部分研究人员热情地接待了我们。都永浩所长是一位朝鲜族学者，民族理论、民族知识十分丰富，民族学的造诣极深，他向我们介绍了黑龙江省民族研究的情况以及民族理论研究中的一些独到的见解，使我受益匪浅。座谈之后，我参观了研究所的图书馆。馆内丰富的藏书，特别是他们出版的大量有关黑龙江十多个民族历史、文化的图书、杂志和一些民族学研究的工具书让我大开眼界。仅有一千多人的柯尔克孜族，竟然也编辑出版了多部民族历史、文化的图书，可见工作之扎实，成就之斐然。

晚上，同省柯尔克孜联谊会、研究会举行学术研讨型联欢会，居住在哈尔滨市的柯尔克孜族精英们齐集一堂，与我们共叙柯尔克孜族从叶尼塞河向齐齐哈尔东迁的历史以及柯尔克孜族人二百多年来在祖国东北部的黑土地上，与那里的汉、蒙古、达斡尔、满、朝鲜等民族共同开发建设重建家园的历史。当谈到新疆柯尔克孜族与东北柯尔克孜族的文化差异的话题时，东北的柯尔克孜族学者急切地希望与新疆柯尔克孜族同胞进行更多更广泛的文化交流。在谈到英雄史诗《玛纳斯》时，专家学者们表示，东北柯尔克孜人对玛纳斯是认同的，但认知度不高。尽管近几十年来通过与新疆柯尔克孜族互访等文化交流，在东北柯尔克孜族的知识界中，大都了解、认同民族英魂玛纳斯，甚至还有一些研究者曾研究并在书籍、报刊上介绍过玛纳斯，但对柯尔克孜族的精神领袖玛纳斯在情感上与新疆柯尔克孜人还有一定的差距。如新疆柯尔克孜人对玛纳斯是像神灵一般崇拜的，无论是白发老人，还是幼稚的少年，遇事都有祈求玛纳斯保佑的习惯，向玛纳斯许愿发誓，全民族自称是玛纳斯的后代，这些在东北柯尔克孜人中是没有的。

近年来，黑龙江柯尔克孜人对本民族的历史文化研究的人越来越多，与新疆柯尔克孜人甚至是中亚的吉尔吉斯人、俄国哈卡斯共和国的哈卡斯人的文化交流也逐步进入了一个新的发展时期。在发展同源分流，多元一体的多边文化，加强同源民族、跨国民族和不同文化影响的三国四方同源同宗民族之间的多方交流等方面，寻宗溯源，发掘民族传统文化，传承文化遗产，发展现代文化，取得了显著的成果。

（三）

在哈尔滨期间，我们还先后拜访了黑龙江省蒙古族著名历史学者波·少布教授和上世纪60年代曾参加过黑龙江省柯尔克孜族社会历史调查的魏国忠先生，就柯尔克孜人的东迁、民族认定、对玛纳斯的认同等问题进行了交流。

波·少布先生是蒙古史研究专家和教授，对于蒙古族的迁徙史有深入的研究，特别是对清代雍正、乾隆年间蒙古、柯尔克孜人的两次东迁，十分熟悉。他对史学界有关柯尔克孜族东迁的起点新疆特克斯说和西伯利亚叶尼塞说都曾有自己的研究和看法。为了详细向我们介绍柯尔克孜东迁的背景、路线，他拿出了一幅精心绘制的《东迁路线图》，指着图上的红色箭头向我们侃侃而谈。

这部分西迁的柯尔克孜约二百多名，是在蒙古族厄鲁特部色布腾旺布亲王的管理之下生活在叶尼塞河下游。面对沙俄入侵叶尼塞流域和清政府部分收回叶尼塞下游领地这一复杂的政治背景，这部分柯尔克孜人不愿意继续留在叶尼塞河岸，决计向西迁徙，与此前迁往西部的同族相聚。当这部分人进入特斯河流域之时，清政府收到了蒙古王公的报告，知道了这部分人的西行意图，于是清帝便按照蒙古王公的建议，敕令派蒙古兵押解这部分柯尔克孜人和厄鲁特蒙古人赴东北平原的齐齐哈尔，交黑龙江将军衙门分散安置。

这是清史研究专家吴元丰从清宫档案中了解到的有关柯尔克孜部东迁的背景与情况，迁徙的路线、丁户、沿途起居及到黑龙江后的安置情况，记录得十分仔细。吴先生在对这些档案研究后撰写了《柯尔克孜族东迁黑龙江地区考实》一文。

对于以往的黑龙江柯尔克孜人是清政府平定准噶尔达瓦齐叛乱之后，将参与过达瓦齐叛乱的部分柯尔克孜人从新疆北部的特克斯迁往黑龙江的说法，波·少布先生也有自己的解释。他说这是在东迁柯尔克孜历史调查过程中，采录人员将特斯河误记为特克斯河，将特斯误记为特克斯的，这是由于采录人员的笔误造成的。

谈到当年东北柯尔克孜社会历史调查，我们还专门走访了上世纪60年代参加过调查的魏国忠先生。

在二十多年前，我便拜读过黑龙江省原省长于毅夫《嫩江草原的吉尔吉斯人》一文，其首次以调查报告的形式，详细介绍了黑龙江柯尔克孜人的民族识别认定、迁徙背景以及迁入黑龙江后的社会历史发展变化等情况。这是上世纪50年代在全国进行民族识别认定时一次全国性的大调查。1986年，新疆人民出版社出版的《民族问题五种丛书》之一的《中国少数民族社会历史调查资料丛刊》《柯尔克孜族社会历史调查》的专刊中，又收入了

《黑龙江省柯尔克孜族社会历史调查》一文，这是上世纪60年代继50年代少数民族社会历史大调查之后，国家民委组织的在全国开展各少数民族社会历史调查的重大课题，规模十分庞大，调查十分详细，是迄今我国投入人力最多、用时最多，深入到少数民族聚居区各个村落的一次我国各少数民族历史变化和生存现状的社会调查。

在这两次重大社会历史调查中，对柯尔克孜族东迁黑龙江的历史背景和东迁的起点，都是与达瓦齐叛乱有关，出发点都是新疆特克斯，特别是我们在富裕县的调查中，民间艺人至今仍然传唱着与达瓦齐有关的民间传说和故事。据此，我觉得东迁黑龙江的柯尔克孜族人也绝不是一批两批，也可能还有三批。仅在富裕县的柯尔克孜人就不是一次迁到那里的，而是有一批两批或三批。随着史料的发掘，可能会有更新的发现。

（四）

在哈尔滨拜访了有关方面的专家学者之后，我们开始赴柯尔克孜族聚居的富裕县考察，黑龙江大学历史学教授于学斌参加了这次考察活动。

在富裕县，县民委、县人大民族工作委员会以及文化局、老干局等单位组织柯尔克孜等族文化界人士和离退休老干部两个座谈会。座谈会开始之前，柯尔克孜同胞们议论的是关于汉朝降将李陵是柯尔克孜祖先这一令柯尔克孜同胞难以接受的话题。在我们到达富裕县的当天晚上，当友谊达斡尔、满、柯尔克孜族乡的领导和县级机关有关领导见到我们时，便愤愤不平地提出了这一问题来询问吴占柱老师。吴老师在整个东北柯尔克孜人中威望很高，柯尔克孜同胞年长者称其为大哥，年幼者称其为大伯、大爷，其他民族则称其原任职务书记。人们有事总是找他商量，特别是有关本民族的事情，总是请他解疑释惑。在座谈会上，一名柯尔克孜同胞从怀中掏出一片剪报摆在了吴老师的面前。平时总是和颜悦色、笑吟吟的吴老师此时表情极其严肃地把剪报放到了我面前。我看到标题上“汉朝叛将李陵子孙唐朝认亲，为吉尔吉斯人祖先”几个大字，心里也感到不是滋味。

这份剪报是齐齐哈尔市《鹤城晚报》转载《北京青年报》的一篇文章，转载时未署作者姓名，文后称“据《北京青年报》”，看来是并非原文转载，编者似有增删或修改。文中引经据典，所引用的汉唐资料，基本上是准确的，但最后的结论是荒唐的、站不住脚的。对于李陵与柯尔克孜族的关系，在上世纪 80 年代编写出版《柯尔克孜族简史》之时，经过了充分的讨论，已做出了准确的结论，即李陵投降匈奴后曾招为匈奴单于的驸马，被封在坚昆（古柯尔克孜部）地区任右贤王，李陵的后代便逐步融入了坚昆人之中。同时王昭君出塞后与匈奴单于所生之子女也融入了坚昆人之中，考古工作者曾在坚昆地区发现了王昭君之女须卜居次居住的宫殿遗址，出土了汉代“天子千秋万岁常乐未央”的瓦当。据此，我们只能说在柯尔克孜人中不仅融入了李陵的后代，也融入了王昭君的后代，而不能说李陵、王昭君是柯尔克孜人的祖先。这是历史的客观，因为在李陵、王昭君生活的年代，柯尔克孜族的先民早已形成了一个庞大的共同体坚昆部。我们据此向大家作了解释，柯尔克孜同胞希望我们能在报刊上撰文说明，以正视听。

这件事引发了我们在民族学研究中的一个专题即民族族源中有关问题的研究。在整个考察中我们一行三人一直在探讨这一问题。

民族是一个共同体，这一共同体是由居住在同一地域的自然人组成的。早在人类的原始社会时期，居住在同一地域的人类就从氏族、部落、部落联盟进而形成了较稳定发展的共同体，这就是原始民族。随着社会的发展，这个共同体在与天奋斗、与地奋斗、与人奋斗中发展壮大的人类文明进程中，逐步发展成了具有部族特点的更加庞大的共同体，这便是古代民族。古代民族在社会发展、人类进化中最终形成了有共同语言、共同地域、共同经济生活，以及表现于共同文化上的共同心理素质的人类共同体，这便是更具凝聚力的现代民族。从原始民族经古代民族到现代民族，是没有明确的界限的，在我国，大约是在秦汉之际始由原始民族过渡到古代民族，而到了清末民初已最终形成现代民族，而这其中分合变化是十分复杂的，我国现有的五十六个民族其实是在上世纪50年代才最终认定的，而且至今还有尚未确定族属的待识别群体“待识别民族”。

在这里我们要说的是一个民族是一个庞大的共同体，不管是哪个民族，寻其源头，都经历了由猿到人的进化过程，一个民族不可能仅仅是同一对父母所生的子女发展而成，而是聚居在一起的共同体，因此对一个民族来说，是无一个血缘关系的共同祖先可寻。一个民族的寻根访源，只能是顺着历史发展的脉络而上溯，寻其最早的文字记载或考古资料，在文化遗存中找出其最初由原始民族进入古代民族的部族名称及其活动地域等历史渊源。比如柯尔克孜族的族源，迄今我们已上溯到我国秦汉之际活动于叶尼塞河流域的坚昆（鬲昆、隔昆）部。这一部族名称最初可见于我国汉代成书的《史记》，在《史记》之后的《汉书》中，有关坚昆部的活动则频频出现。

每一个民族的族源、族名，在本民族的民间故事、传说中世代流传。如柯尔克孜族关于族源的传说就有：四十个姑娘、四十个部落、高山牧人、柯尔盖孜等传说。其中四十个姑娘的传说已载入《元史》之中，称古有中原皇宫中的四十个宫女，逃出宫廷，远奔漠北，与四十名乌护猎手成婚，其子女即为后来的柯尔克孜族，“柯尔克孜”即含有四十个姑娘之意。

谈到民族族源，我们还注意到了各个民族曾以本民族古老的、著名的部落酋长、传说中的民族领袖或历史上本民族中出现的民族英雄作为本民族的先祖，如柯尔克孜族都称自己为玛纳斯的后代、蒙古图瓦人称自己是成吉思汗的后代等等。这实质上只是代表了一种民族感情，是一个民族人民共同崇拜、尊崇的精神领袖，并非家族之间的血缘关系上的祖先，不能视之为民族之源。

谈及炎黄子孙，哈尔滨的一位蒙古族青年学者曾提出一个问题征求我的看法，他说：我们蒙古人认同的是中华民族，承认是中华民族的子孙，但不认同是炎黄子孙。我认同了他的看法和观点。我说，汉族人称自己为炎黄子孙，这只是一种文化上的认同，是一种民族精神和感情，作为一个民族，从血缘上说，绝不可能都是炎黄二位传说中的大帝的后代。就传说本身而言，炎黄也只是以黄河流域为中心的中原两大部落联盟的首领，而先后存在的中原部落联盟中还有蚩尤、太皞、少皞等等，哪会是同一个血缘、同一个祖先。而南方吴、越等部族只是到了秦汉之后才逐步统一的，大家同为汉族这一庞大的共同体，但怎能够是同一个祖先呢？我们五十六个民族同为中华民族的一个部分，同为中华民族的优秀子孙，这则是我国上下五千年的文明史所铸就的，这种关系、这种认同是无可非议的，牢不可破的。

在陕西省的黄帝陵中，挂着一块闪光的“人文初祖”的匾额，我以为这是十分准确的，黄帝作为汉族乃至中华民族的初祖，这只是一种文化现象，是一种民族感情，台湾同胞、海外华人每年争相回黄陵祭祖，表达的是一种感情和精神的寄托，认同的是文化初祖，而非血缘上的祖先。

问题又回到有关涉及不同民族之间关系，特别少数民族与汉族关系之间的族源问题。如《新唐书》中唐朝皇帝在接见黠戛斯汗国的汗王时称“尔国与我国同宗，非他蕃比”，又如喀拉汗王朝的回鹘统治者曾称宋朝皇帝为“东方大世界田地主汉家阿舅大官家”。甚至在今日的柯尔克孜族民间还流传有柯尔克孜是汉族人的外甥之说。如此等等，只是宣传之手段，并不能视为族源研究之依据。

（五）

在富裕县召开两个座谈会、参观了县博物馆之后，我们来到了友谊达斡尔、满、柯尔克孜族乡的五家子柯尔克孜聚居区，探访柯尔克孜族老人。

寒冬腊月，这里的气温已接近零下四十摄氏度，我们坐在柯尔克孜农人的热火炕上，在暖洋洋的气氛中，与柯尔克孜老人们促膝谈心，谈话的气氛十分活泼而热烈、和谐而亲切。互相问候，认识之后，老大哥、大姐们首先问及的是他们在新疆工作的子女的情况。那些柯尔克孜同胞大都是上世纪 80 年代以回故乡访亲的形式，留在了克孜勒苏柯尔克孜自治州工作的。我是从事柯尔克孜历史文化研究，并从事史志、文学工作的，他们大都与我有过接触，以探讨民族的历史与文化，甚至是熟悉当地的本民族的风俗习惯、风土民情的。其中部分与我已成亲密朋友。我向老人们介绍了其子女的工作生活情况，老人们十分高兴，我们之间的关系则更显亲近，如亲戚一样一起交谈，无拘无束。

我们首先谈论对《玛纳斯》的认同和认知。柯尔克孜族民间歌手给我们讲了十几年前，《玛纳斯》演唱大师居素普·玛玛依老人曾在五家子演唱《玛纳斯》的情况。她说，老人家演唱得很精彩，可惜我们只能听懂几句话，大部分都听不懂。我只知道我们民族有个《玛纳斯》长歌，唱的是英雄玛纳斯，但内容是什么不知道。解放以前，在民间没听说过有个玛纳斯，只知道有过达瓦齐汗，民间还有他的传说，玛纳斯是解放以后才听说的。我们和新疆的亲人交流的还是不够，以后要多交流，也要认识玛纳斯，学唱《玛纳斯》，它是我们全民族的歌，我们自然要学要唱好。

在座谈中，柯尔克孜同胞有的说知道玛纳斯，有的说不知道玛纳斯，但普遍认为不知道是因为交流不够，语言不通。表示玛纳斯所倡导的民族精神可以接受，愿意接受，并迫切希望多交流，多学习，共同传承、弘扬本民族的文化。

在富裕牧场七家子柯尔克孜聚居区，我们参观了柯尔克孜族东迁纪念碑、柯尔克孜民俗馆、黑龙岗柯尔克孜民族风情园。在参观民俗馆时，一进展室，首先是一幅玛纳斯的巨幅画像以及《玛纳斯》的简介和《玛纳斯》序诗的选段。这与我此行考察的内容是紧密相扣的，令我感到了这次考察的意义。馆中除了大量图片外，还有大量反映民俗的实物。这些展品有的是从当地柯尔克孜族家中征集的，反映了柯尔克孜族东迁后的生产生活习俗和文化；有一部分是从新疆征集的，反映了新疆柯尔克孜族的现代生活和历史文化。这东、西两部分柯尔克孜族历史文化的实物、模型、图表集于一室，东西辉映，交映生辉，反映了多元的柯尔克孜文化的博大精深和宽阔深邃。

参观民俗馆之后，我向民俗馆赠送了新出版的《玛纳斯》汉文版第一部一至四卷。在馆内我还看到了我主编的《中国柯尔克孜族百科全书》和以《玛纳斯》精选片断为主的《柯尔克孜族民间文学精品选》及《玛纳斯影视文学剧本集》。

离开民俗馆我们参观了屹立在广场上的东迁纪念碑。几年前吴老师曾将东迁纪念碑的设计图纸和碑文寄给我，请我提意见。碑文写得很好，我只是按照碑文的传统文体对文体、文字进行了规范。我记得当时设计的纪念碑是在一个以柯尔克孜族白毡帽为顶的碑亭之中树立着一座石碑，碑上刻有东迁之碑文。这次看到的东迁纪念碑则是一个赶着马车，载着妻儿老小及辎重，在风雪中艰难跋涉的雕塑。这是一座载着柯尔克孜族东迁历史的气势恢宏而又凝重的雕像造型。由静到动，将碑文铭刻的历史事件，用动态的、立体的雕像呈现在参观者的面前。这座纪念碑将人们带进了那个特殊的年代。人们似乎融入了暴风骤雨中在茫茫草原上艰苦跋涉的迁徙者的队伍，听到了驭者的鞭声，涉者的呼声，给人以精神的洗礼和心灵的震撼。

在这里，我们还参观了正在建设中的柯尔克孜风情园，园区主要由两部分构成，一是黑龙岗，一是月牙湖。反映柯尔克孜族民族风俗习惯、风土民情的各种建筑和设施，都是围绕着这两大景区铺开的。主人一边向我们介绍情况，一边谦逊地向我们征求意见。行走在一片挂满银铸玉雕的玲珑冰挂的丛林之中，迎着零下三十多摄氏度的凛冽寒风，踩着冻得硬硬的连脚印也留不下的厚厚的积雪上，手指虽已冻得僵直，按不下相机的快门，但心中却感到热呼呼的。这不仅是因为柯尔克孜同胞的热情接待，而且是因为面对柯尔克孜族村的巨大变化和远大发展前景，心中所产生的滚滚热浪。

下午，我们参观了柯尔克孜、蒙古、达斡尔等民族新村。民居系清一色的院落式建筑，桔红色的屋顶，雪白色的墙壁，浅蓝色的栏杆院墙，整齐划一，美观大方，尤其特别的是不同民族住宅的大门内墙壁上雕刻着本民族崇拜的图腾标志，看见梅花鹿的图腾标志，我们自然就知道了住户是柯尔克孜族了。在这里，我们观看了富裕牧场参加黑龙江农垦系统少数民族文艺会演的节目录像。从这些节目中，我们不仅了解了黑龙江柯尔克孜族的生活习俗、文化艺术的特点，而且还可以看到在服装道具、音乐舞蹈等方面，都有明显的新疆柯尔克孜族文化特点的影响。特别是在节目中有关《玛纳斯》的内容，又为我这次考察提供了十分重要的佐证资料，东北柯尔克孜族是认同玛纳斯的，而认知程度也在逐步提高。

（六）

此次考察行程万余里，从祖国的最西北部帕米尔高原，到祖国最东北部的白山黑水之间，用了十多天时间，在哈尔滨、齐齐哈尔、富裕县、富裕牧场及五家子、七家子村，先后召开了六次座谈会，走访拜会了研究东北柯尔克孜族的老教授、了解东北柯尔克孜族历史文化的老民间艺人和离退休老干部等名人和知情人，应邀参加了黑龙江省及齐齐哈尔市等民族研究机构和民族民间团体组织的文化、学术交流会，特别是与吴占柱、于学斌两位省民族研究所特聘研究员结伴同行，随时交流、探讨，使这次考察活动取得了比预期还要满意的效果。

一、东北柯尔克孜族对《玛纳斯》的认同和认知

经过社会调查和交流，东北柯尔克孜族中虽然没有演唱《玛纳斯》的歌手，没有史诗《玛纳斯》在民间流传，但确认《玛纳斯》是柯尔克孜族全民族的英雄史诗，是柯尔克孜族奉献给全人类的宝贵文化财富。《玛纳斯》申遗成功（先后入选国家级、联合国人类非物质文化遗产代表作名录），是全国柯尔克孜族的喜事，东北柯尔克孜族同样感到骄傲和高兴。同时希望《玛纳斯》能在东北柯尔克孜人中传承和发展，真正体现“有柯尔克孜人的地方就有《玛纳斯》”这一文化理念给柯尔克孜同胞带来的精神享受。使《玛纳斯》和白毡帽、库姆孜琴一样，成为民族的标志，以增强民族的文化认同和凝聚力。也希望就《玛纳斯》文化、《玛纳斯》学与新疆柯尔克孜同胞进行深层次的、广泛的交流，共同打造中国《玛纳斯》文化品牌。

二、柯尔克孜人的西迁和东迁

在考察中我们对柯尔克孜族历史上的多次迁徙（含西迁和东迁）这一民族历史发展中的重大事件进行了广泛、深入的探讨。对于柯尔克孜族东迁的探讨我们不光在柯尔克孜族中进行，而且在从事我国北方民族研究的汉、蒙古、朝鲜、达斡尔、锡伯、满等民族专家学者中广泛进行。大家确认以游牧经济为主的我国北方少数民族被称作为马背民族，逐水草而迁徙游牧是其最大特点，应该说是在迁徙之中发展、成长、壮大的。柯尔克孜族更是在迁徙中成长的典型民族。我国北方民族（主要指长城以北的草原民族）历史上主要是从东北向西南迁徙，如匈奴、突厥、回鹘、蒙古等，柯尔克孜也不例外，历史上的迁徙主要是向西南迁徙，偶尔也有部分向东北迁徙。迁徙的形式主要是通过战争迁徙、逐水草而居的生活迁徙和国家安全需要的迁徙。其中有部族自主迁徙、国家组织迁徙和民间自愿迁徙。历史上柯尔克孜族的西迁有多次，其中有两次是作为战争胜利者的追兵尾随匈奴、回鹘西迁的，也有作为蒙古的西征军西迁的，还有的是在与突厥等部的战争中西迁的。其中最大一次是被称作举部西迁，是多年抗击沙俄入侵者屡遭重创，在故地叶尼塞无法生存后忍痛西迁的，这是整个部族的西迁。

就是在1703年的西迁之后，留居在叶尼塞河上游的柯尔克孜族中的二百余户人家，在归附了清廷之后，面对蒙古噶尔丹策零举兵东进，随喀尔喀诸部向东南迁徙的，突然改变方向向西北迁徙，由厄得勒河流域迁到特斯河流域的科果尔托海地方，清朝政府认为这部分柯尔克孜人曾隶于准噶尔部，多半与噶尔丹策零部有着亲戚等关系，如向西北迁徙，汇入噶尔丹策零部中，与清政府对准噶尔部用兵不利，因而令蒙古官兵强行护送至黑龙江安置。这是清雍正十一年（1733）的事。清乾隆二十二年（1757），清政府在平定准噶尔达瓦齐部叛乱之后，正在平息阿睦尔萨纳的战争之时，又将归顺清廷后安置在乌里雅苏台科布多地方的一部分柯尔克孜族东迁至黑龙江安置。这是有史料可考的清朝政府两次对部分柯尔克孜人的东迁。

关于柯尔克孜族东迁黑龙江，除以上两次清政府统一组织的迁徙之外，民间尚有不少传说，这些传说也为东迁的研究提供了宝贵的参考资料。

三、现代黑龙江柯尔克孜族究竟是哪次移民的后裔

在现代黑龙江柯尔克孜人（主要是富裕县柯尔克孜族）究竟是那次移民的后裔的研究中，有研究者认为富裕县柯尔克孜人是发往卜奎的一支，是乾隆二十二年（1757）迁入的移民，其主要依据是民歌和民间传说中有多处出现“我的故乡阿尔泰”的歌词和达瓦齐汗被擒的传说，证明是1757年来自阿尔泰。但是也有研究者持有异议，认为根据清朝黑龙江将军衙门满文档案记载，1757年迁入黑龙江的柯尔克孜人被安置在呼伦贝尔和布特哈两地，而未安置在齐齐哈尔（卜奎）。安置在卜奎（齐齐哈尔）的是1733年的移民。因此是不是可以这样来思考，根据满文档案和民间调查，黑龙江（富裕）柯尔克孜人既有1733年迁入者，又有1757年迁入者，既有阿尔泰乌里雅苏台科布多的柯尔克孜人，又有特斯河流域的科果尔托罗海（库苏古尔泊）的柯尔克孜人，抑或还有天山特克斯地区的柯尔克孜人，因为除了官方有组织的迁徙外，民间的自由迁徙也是不能排除的，这些都需要进一步探讨。

四、东北柯尔克孜人与新疆柯尔克孜人、中亚吉尔吉斯人及俄罗斯哈卡斯人

东北柯尔克孜人与新疆柯尔克孜人是同一国家的同一民族，

与中亚的吉尔吉斯人是跨国的同一民族，与俄罗斯联邦哈卡斯共和国的哈卡斯人是同源民族。

我国历史上对柯尔克孜有多种称谓，汉代的坚昆和唐代的黠戛斯是史书中使用时间最长的，到了清朝初年则称为吉尔吉斯，乾隆年间平息准噶尔叛乱之后，才逐步将帕米尔、天山的柯尔克孜依蒙古语称为布鲁特（即高山牧人），而柯尔克孜是本民族始终的自称。1884 年中俄一系列不平等的界约，将我国新疆大片领土划归俄国，按照“人随地归”的条约规定，将大批布鲁特人（柯尔克孜人）划归俄国，使柯尔克孜成为跨国民族。仍然留在叶尼塞当地的柯尔克孜人便在与迁入的萨莫耶德人、克特人融合之中形成现代哈卡斯人。

对于我国新疆柯尔克孜族和中亚吉尔吉斯人同为一个民族跨国而居的跨国民族史学界和民间均无异议，对于黑龙江柯尔克孜族与新疆柯尔克孜族为同一民族，史学界与民间也无疑义，但对于黑龙江柯尔克孜族与俄国的哈卡斯人，史学界尚有一些模糊认识，如有学者认为“嫩江流域柯尔克孜来源于哈卡斯人”，甚至还有人撰文称黑龙江柯尔克孜族是“哈卡斯人在黑龙江”，直接称黑龙江柯尔克孜人是哈卡斯人，这种说法是不客观的，事实是中亚吉尔吉斯及新疆、黑龙江柯尔克孜族在西迁、东迁之前，都是一个民族即古代的柯尔克孜人，俄罗斯的哈卡斯人也是同一民族。有学者称，元代黑龙江柯尔克孜族只是与哈卡斯人相邻和杂居，与哈卡斯非一个民族，这种说法也是不客观的。其实哈卡斯作为现代民族也是 18 世纪之后的事，即西迁、东迁的柯尔克孜人迁离叶尼塞故地之后，仍留居在叶尼塞的柯尔克孜人即与后来迁入的克特、萨莫耶德人融合后形成哈卡斯人。因此，现代柯尔克孜族与现代哈卡斯人只能是同源民族，而不能是同一民族。黑龙江柯尔克孜族与哈卡斯人自然也只能是同源民族。尽管黑龙江柯尔克孜人在部落组织、语言、文化等方面，与俄国哈卡斯人有较多的共同特点，而与新疆、中亚的柯尔克孜人在语言、部落组织、文化等方面，共同特点较少，这只是由于后来生活在不同地域、不同的生存环境造成的不同影响，因而不能说黑龙江柯尔克孜与同源的哈卡斯近而与新疆的同一民族柯尔克孜远。同一民族与同源民族是有根本区别的，同一民族是无论跨国、跨地区，至今依然是同一个民族，同源民族只是历史上曾经是同一个古代民族，同一个族源，而后来已分别成为不同的民族，这一概念是不能混淆的。

五、黑龙江柯尔克孜族的文化特点

在考察中我们发现东北柯尔克孜族有着十分明显的文化特点，在此仅作一些简述。

一是有着强烈的民族意识和文化认同意识。由于历史的原因，仅有一千多人的黑龙江柯尔克孜人在远离主体族群万里之遥的多民族杂居区，民族文化、民族经济生活发生重大变化，民族语言已基本消失的情况下，仍然坚守着对本民族的文化认同和民族意识，如今在黑龙江柯尔克孜人家庭中，很少有祖孙三代人都是柯尔克孜同一民族的。但是，就是在一个家庭中，只有一人是柯尔克孜族，仍始终坚守自己的文化认同和民族意识。这还表现在多元文化中保留自己的民族文化特点，认知、认同主体民族的文化意识和民族精神，希望从新疆柯尔克孜族寻求本民族的文化之源。

二是黑龙江柯尔克孜族是开放型文化，这首先表现在与杂居民族的通婚，往往在一个家庭中有三四个民族成分，在经济文化生活上取各民族之长，补己之短。正是这种开放型文化使黑龙江柯尔克孜与其他民族的关系十分融洽，并且能在互相交流中丰富提高自己。其次是多种语言的表达能力，大都通汉语、蒙古语，在一个家庭中，通常用多种语言交流。

三是爱国爱家的民族精神和和平友好的民族感情。黑龙江柯尔克孜不论从哪里迁入，不论使用何种语言文字，不论在任何情况下，首先认同自己是中华民族的优秀子孙，是中国五十六个民族之一。不仅热爱现在迁居的东北黑土地这块美丽富饶的家园，而且也时刻怀念叶尼塞故地，甚至也将新疆的柯尔克孜聚居区视为故乡，渴望回新疆探亲，充满了爱国精神和民族感情。

六、关于人口较少民族的提法

黑龙江省哈尔滨市达斡尔、鄂温克、鄂伦春、柯尔克孜四个人口较少的民族成立有民族研究会和联谊会，我们在考察期间曾与这个民间组织进行了座谈。在座谈中对“四小民族”还是“四少民族”这个提法进行了交流。我们认为，在我们国家，五十六个民族是无大小可分的，只有人口多少之别，无大民族和小民族之分。因此，最好用“四少民族”，不要用“四小民族”。

我非常感谢黑龙江省民族研究所、省民族博物馆、省农垦干校以及齐齐哈尔、富裕县、富裕牧场、五家子、七家子村的干部和群众，特别是柯尔克孜族同胞给予我们这次考察的支持、帮助和配合，我更要感谢与我一同考察的吴占柱和于学斌二位老师，特别是吴占柱这位黑龙江柯尔克孜人的活字典和柯尔克孜族研究的专家，他是我此行的顾问和导师，也是我结识二十年的柯尔克孜朋友。

附录

柯尔克孜族英雄史诗《玛纳斯》

——国家级非物质文化遗产代表作申报书（节选）

一、基本信息

所在区域及其地理环境：

柯尔克孜族英雄史诗《玛纳斯》主要流传于新疆克孜勒苏柯尔克孜自治州及邻近的阿克苏地区乌什县柯尔克孜乡、伊犁哈萨克自治州特克斯县、昭苏县的柯尔克孜乡和喀什地区塔什库尔干塔吉克自治县的柯尔克孜乡、和田地区皮山县柯尔克孜乡的柯尔克孜族聚居区。

克孜勒苏柯尔克孜自治州位于新疆维吾尔自治区西部，是祖国最西北部边疆，地处北纬37度41分28秒至41度49分41秒，东经73度26分05秒至78度59分02秒之间，面积7.25万平方公里，人口46万，自治民族柯尔克孜族15万多人。辖一市三县，32个乡镇。自治州东部与阿克苏地区为邻，南部与喀什地区相连，北部、西部与吉尔吉斯斯坦和塔吉克斯坦两国接壤，国境线长达1170多公里，通外山口100多个，有两个通商口岸。柯尔克孜族是跨国民族，与中亚的吉尔吉斯人为同祖同宗。柯尔克孜族的英雄史诗《玛纳斯》不仅在国内柯尔克孜地区流传，而且在跨国民族中流传。

克孜勒苏自治州地跨天山南脉、帕米尔高原、昆仑山北坡和塔里木盆地北缘，境内群山起伏，雪山冰峰林立，层峦叠嶂，山地占97%以上。山间河流纵横，沟壑交错，草原连片。

境内海拔最低处1197米，最高处7719米，绝对高差达6522米。山顶白雪皑皑，山间绿草青青，百花盛开，山下田野连片，瓜果飘香，一山可见冬夏，一日可经四季。境内属大陆性气候，平原地区四季分明，温差较大，山区四季不明，仅有冷暖之分，夏季平原酷热，山区凉爽。全州耕地仅75万亩，草场达3600万亩。

柯尔克孜族是游牧民族，自古以来，就是逐水草而迁徙游牧。原居漠北叶尼塞河畔之草原，历史上有多次西迁，而最后一次迁徙是因沙俄东扩，侵其牧地而举部含愤西迁天山山区与帕米尔高原上。西迁之后仍居祖国边疆，常受沙俄侵扰。游牧于边境地区的柯尔克孜牧民，既要时时防止豺狼的袭击，又要时刻警惕外敌的侵扰，长期生活在高度警觉之中，白天牧民放牧时对着雪山冰峰和羊群唱《玛纳斯》，晚上坐在毡房中，对炉火和灯光唱《玛纳斯》，喜庆、婚娶唱《玛纳斯》，丧祭悲痛时也唱《玛纳斯》，取得成功时唱《玛纳斯》，遇到困难时也唱《玛纳斯》，他们相信玛纳斯能给他们福荫，给他门护佑，能给他们战胜困难的勇气和力量。就这样，年复一年，日复一日，《玛纳斯》在柯尔克孜草原上传唱，英雄玛纳斯与柯尔克孜同在，伴柯尔克孜人成长。这便是产生英雄史诗《玛纳斯》和全民族传承这一古老的民间口头文学的特殊的背景与地理环境。

二、项目说明

分布区域：

新疆克孜勒苏自治州及其周边阿克苏、喀什地区、伊犁哈萨克自治州的柯尔克孜族聚居区。

历史渊源：

《玛纳斯》是柯尔克孜族古老的英雄史诗，在民间流传了近千年，对于《玛纳斯》产生的年代，目前国内外学术界尚未最后定论，主要有3种不同的观点：一是8—9世纪叶尼塞河时期，二是9—11世纪阿尔泰时期，三是16—18世纪准噶尔时期。比较集中的观点认为，《玛纳斯》的产生为10—16世纪。吉尔吉斯斯坦学者普遍认为《玛纳斯》产生于10世纪前后，故而在1995年举行了《玛纳斯》1000年纪念活动。

确切地说，史诗《玛纳斯》所反映的历史背景应当是从公元13世纪初蒙古太祖铁木真灭西辽末主耶律直鲁古，然后侵入柯尔克孜地区开始，直到元朝统一这一历史时期所发生的事件。其依据是史诗中阿勒曼别特（西辽王子）在卡勒玛克人占领西辽首都，其父王投降，阿勒曼别特逃亡哈萨克地区这一历史事件是公元1218年，卡勒玛克人入侵柯尔克孜地区也在此前后，同时，阿勒曼别特与玛纳斯是同龄人，因而证明玛纳斯活动的年代当在同一时间。而作为《玛纳斯》史诗，最初形成只能是公元13世纪之后，不可能是之前。那时，正是柯尔克孜部与卡尔梅克蒙古部（史诗中的“卡勒玛克部”）和西辽（史诗中的“克塔依部”）发生激烈战争的年代，并以此为背景创作的。最初是在这些参战的军人中流传，只是战争场面的一个个短小的说唱故事，以后逐步流传在民间，经过几个世纪的流传，不断加工、补充，到16世纪前后基本上已形成现代所流传的这种框架。《玛纳斯》在我国是活形态的史诗，在没有正式出版之前，仍然在不断创作、加工，注入新的思想、新的活力。即使是出版发行后，民间还有多种变体流传，还在进行再创作。

解放前《玛纳斯》只在民间口头流传，未形成书面史诗，曾有一些手抄本，但都是极少的片断。从 1961 年我国政府发现民间流传的《玛纳斯》后，即组织专业队伍进行搜集、记录、整理，随着大量民间歌手和各种变体被发现，特别是居素普·玛玛依演唱完整的八部二十多万行被发现后，在国内外引起轰动，并被确认为“中国三大史诗”之一。

13—16 世纪是史诗的产生到逐步形成的时期；16—19 世纪是八部史诗趋于完整、成熟时期；共和国成立初至“文革”前是史诗的新生、发展和进一步成熟时期；“文革”期间是史诗的封闭、冷落和濒危时期；“文革”之后史诗进入了抢救、保护时期，同时也是由民间的口头文学、活形态史诗向书面史诗转化的时期。进入新时期之后，随着联合国“文化多样性宣言”的公布和我国加入联合国教科文组织《保护非物质文化遗产公约》，特别是根据党的十六大有关扶持对重要文化遗产和优秀民间文学艺术的保护工作的精神，自治州人民政府多次对《玛纳斯》的保护与传承、转型与发展进行探讨和研究，初步确定了《玛纳斯》保护、传承的政府与企事业单位和民间结合，专业机构的研究与教学培养相结合，加大保护力度、资金与提高全民保护意识相结合的方针，力争将《玛纳斯》申报为国家、联合国人类口头及非物质文化遗产代表作，使《玛纳斯》的保护与传承进入一个新的历史时期。

基本内容：

柯尔克孜英雄史诗《玛纳斯》，是我国民间三大史诗之一，在国内外享有盛名，被誉为民间文学艺术的奇葩。“玛纳斯”既是整部史诗的统称，也是第一部的名称和主人公的名字。史诗包容了柯尔克孜古代历史生活的各个方面，在千百年来的口耳相传过程中，柯尔克孜族人民世世代代将自己对周围事物的认识，对生活的理解以及自己的精神文化融入这部史诗之中，使它成为柯尔克孜族政治、经济、历史、文化、语言、哲学、宗教、美学、军事、医学、习俗的百科全书。史诗篇幅浩瀚、规模宏大，仅居素普·玛玛依一个人演唱的内容就长达 23 万余行，相当于古希腊史诗《伊利亚特》的 14 倍。《玛纳斯》史诗无论从内容还是从思想性、艺术性方面，都堪称柯尔克孜民间文学的优秀代表作品，是柯尔克孜民族精神与文化的巅峰。它通过动人的故事情节和优美的语言，生动地描写了玛纳斯家族 8 代英雄为维护柯尔克孜族人民的利益而进行艰苦卓绝斗争的英雄业绩，反映了柯尔克孜族人民反抗外来侵略和奴役的斗争，表现了古代柯尔克孜人民争取自由、渴望幸福生活的理想和愿望，歌颂了爱国主义、英雄主义精神。

文化空间或文化表现形式的说明：

《玛纳斯》是柯尔克孜族英雄史诗，代表了柯尔克孜族的文化成就，反映了柯尔克孜族的民族意识和民族精神，因此，流传的地域十分广阔。凡有柯尔克孜人聚居的地方，就有这部英雄史诗流传。我国新疆地区是柯尔克孜人聚居之地。根据 2002 年统计，新疆柯尔克孜族人口为 171316 人。其中，克孜勒苏柯尔克孜自治州有 131999 人，占 77.05%。其次伊犁哈萨克自治州有 17047 人，占 9.95%。阿克苏地区 9288 人、喀什地区 5926 人、乌鲁木齐 1533 人。另外，还有一千多人居住在黑龙江省富裕县境内。

新疆柯尔克孜族聚居区处于昆仑山、天山支脉的崇山峻岭之中，东南部是塔里木盆地的边缘绿洲及喀什噶尔平原。山区高山覆雪，河流纵横，水源充足，气候属暖温带大陆性气候，平原地区四季分明，温差较大，山区四季不明，仅有冷暖之分。夏季短促，冬季寒冷而漫长。柯尔克孜族居住在山区，主要从事畜牧业生产，正是这种草原文化的生存环境，锻造了世世代代繁衍生息于山区的柯尔克孜人艰苦奋斗的精神，同时造就了他们热爱民间文学、出口能诗，同时又善于口头演唱艺术的独特秉性和杰出才能。柯尔克孜族《玛纳斯》演唱正是这种天赋的具体体现。

《玛纳斯》是以口头形式流传于新疆各柯尔克孜族聚居区的《玛纳斯》各种变体的总称，是集歌、声、情于一体，以诗言志，以声传情的口头演唱艺术形式。

《玛纳斯》是柯尔克孜人民创作的一部伟大的英雄史诗。《玛纳斯》作为一部不朽的英雄史诗，是在柯尔克孜族古代神话、传说、诗歌和谚语等民间文学丰厚的基础上产生和发展起来的，代表着古代柯尔克孜文化的最高成就。史诗通过主人公玛纳斯及其七代子孙的英雄业绩，描写了玛纳斯及其七代子孙率柯尔克孜人民反对外来侵略者的多次征战，以及反对内部邪恶势力的压迫剥削，追求自由幸福生活的美好愿望。表达了人民群众的崇高理想，描述了柯尔克孜纷繁的民族关系及其逐步走向统一的过程，揭示出社会历史发展的必然趋势，是研究古代柯尔克孜族历史上阶级关系、民族交往、道德观念、民风民俗、民间文化等问题的一部百科全书，同时也是一部形象化的古代柯尔克孜族历史。在柯尔克孜族文化发展史上，《玛纳斯》不仅是一部杰出的文学作品，而且具有很高学术价值和认识价值。

中国是多民族的大家庭，历史早已把我国各族人民的命运紧密地联系在一起。因此，《玛纳斯》这部史诗同样凝聚着我们中华民族的伟大精神，体现着中华各民族人民追求平等、正义和美好幸福生活的崇高理想。

《玛纳斯》是通过“玛纳斯奇”（《玛纳斯》演唱艺人）的演唱进行传播和传承的。在柯尔克孜族聚居地区，玛纳斯奇云集，20 世纪 60 年代以来的调查数字表明，有 80 多位玛纳斯奇活跃于城镇牧区，为柯尔克孜民众演唱《玛纳斯》。被誉为“当代荷马”的大玛纳斯奇居素普·玛玛依是克孜勒苏柯尔克孜自治州阿合奇县人。另一位大玛纳斯奇艾什玛特则是乌恰县人。世界上唯一能够演唱玛纳斯祖先英雄业绩的玛纳斯奇萨特巴勒德·阿勒是北疆特克斯县人。

《玛纳斯》包括广义和狭义两层含义。广义指整部史诗而言，狭义则仅指史诗的第一部。一般的玛纳斯奇只会演唱史诗的第一部或第二部的一些片断。能完整地演唱第一部、第二部、第三部的玛纳斯奇是大玛纳斯奇，大玛纳斯奇人数寥寥无几，而像居素普·玛玛依这样能完整地演唱八部《玛纳斯》的玛纳斯奇，在世界上是绝无仅有的。

《玛纳斯》采用韵文形式，玛纳斯奇从头唱到尾，没有述说的部分。调查中偶然也发现个别又说又唱《玛纳斯》的情况，但仅属个别现象。

玛纳斯奇演唱《玛纳斯》时无任何乐器伴奏。玛纳斯奇声音宏亮，吐字清晰，演唱的曲调十分优美。节奏铿锵，韵律和谐。在唱到高潮或遇到较长的诗段时，往往一口气将它唱完，如珠落玉盘，这是玛纳斯奇炉火纯青的演唱技巧和深厚的感情色彩的充分体现。唱完后换口气，再转入舒缓的音调演唱，如音乐演奏中的慢板。有急有缓，有舒有张。由于《玛纳斯》的演唱曲调与柯尔克孜民歌一脉相承，柯尔克孜民众听起来甚为亲切。听玛纳斯奇的演唱，听众不仅被史诗的内容深深吸引，而且也经常为玛纳斯奇优美动听的演唱技艺所陶醉。在绿草如茵的草原上，在白色柯尔克孜毡房里，在忽明忽暗的油灯下，在熊熊燃烧的炉火旁，静静地倾听玛纳斯奇满怀激情、优美动听的演唱，是一种难得的艺术享受。

演唱《玛纳斯》的典型环境是在柯尔克孜牧民的毡房中，玛纳斯奇坐在面对毡房门，背靠着叠起的被褥这一主宾席位上。他的面前铺着“达斯托尔汗”（放食品的餐布），餐布上放着奶茶、奶油、奶酪等饮料食品。柯尔克孜人的毡房中间是灶，上面放着铜制的茶壶。听众面对玛纳斯奇层层围坐在色彩艳丽的、具有柯尔克孜传统图案的花毡上。男女老少都可以来听，听众中往往有抱着婴儿的妇女。演唱活动多在晚上进行，毡房门的上方吊着马灯。闪烁的灯光与炉火，给玛纳斯奇的演唱蒙上了一层神秘的色彩。在这种氛围中听演唱，听众也更容易进入忘我的境界。

玛纳斯奇的演唱活动世俗性较强。由于柯尔克孜民族世世代代过着逐水草而居的游牧生活，居住得十分分散，因此，每逢喜庆佳节、祭祀仪式等亲朋好友欢聚的日子，柯尔克孜牧民骑着马从四面八方集聚而来，在这种场合，演唱《玛纳斯》的活动最为兴盛。玛纳斯奇演唱《玛纳斯》时，情节的变化，英雄人物喜怒哀乐的情感，主要依靠歌手面部表情、手势以及演唱的曲调加以表现，根据内容的变化，采用相应的曲调。演唱《玛纳斯》的曲调有十几种。玛纳斯奇演唱时，不是纯客观的叙述，而常常是激情满怀，爱憎分明，唱到激动处，玛纳斯奇会突然站起来，打着手势，在毡房里走来走去，玛纳斯奇激动的感情使听众受到感染，演唱者与观众情感交融，沉浸在史诗《玛纳斯》所描写的境界之中，从而产生与史诗中的英雄同欢乐、共悲愤的感情共鸣的艺术效果。这种效果是书面史诗难以达到的。

综上所述，《玛纳斯》在长达千年的流传过程中，由无数玛纳斯奇在不同历史时期的传承和再创作，融入了柯尔克孜社会不同历史时期的社会生活特点，使史诗不断丰富，不断完善，从而形成内涵深厚、形式多样、内容丰富、风格独特的多元一体样式，是柯尔克孜民间说唱艺术形式的最高、最杰出的代表。

在新疆哪里有柯尔克孜人，哪里就有《玛纳斯》，《玛纳斯》的精神形象渗透于柯尔克孜人社会生活的各个领域，成为柯尔克孜人不可缺少的精神食粮。

流传于南北疆的各种《玛纳斯》变体多元一体，既有共性，又有不同地方的差异性。《玛纳斯》的变体很多，流传很广，流传于南疆的克孜勒苏柯尔克孜自治州、阿克苏地区和北疆的特克斯、昭苏等地的《玛纳斯》是柯尔克孜族说唱艺术的主要代表。

这个长达23.2万行的唱本由以下8部组成：《玛纳斯》《赛麦台依》《赛依铁克》《凯耐尼木》《赛依特》《阿斯勒巴恰与别克巴恰》《索木碧莱克》《奇格泰》。（八部《玛纳斯》的内容简介略去。）

相关器具、制品及作品：

《玛纳斯》演唱无任何器具、制品作为道具，也无须任何乐器伴奏，演唱者也无须专用服装，不须化妆。演唱者着日常生活的民族服装，或盘腿而坐、或正襟危坐于群众之中，放声而唱。歌者全凭记忆，不须唱本，在细节上有一定的即兴性。歌者凭手势、表情、声调、韵律、节奏加强对人物和事件的感人描述，演到激动处，歌者会站起来仰天长叹或高呼。

《玛纳斯》为韵文形式的长诗，以韵文演唱，偶尔也有韵文与散文结合的说唱，但极少。

传承谱系：

《玛纳斯》是口头传唱的民间文学，传承者主要是“玛纳斯奇”，在流传过程中基本上形成了一种公式：玛纳斯奇口头传唱—记录唱词成手抄本—其他玛纳斯奇以此为媒体学唱，并继续口头传唱。但不少玛纳斯奇并不识字，只有在一次次听唱中默记，随后模仿式的学唱，这其中多有在情节上的即兴创作，因而变体极多。

《玛纳斯》的传承几乎是全民族的传承，不仅有一个庞大的传承者的队伍，而听众则是全民族的。玛纳斯奇对史诗的传承主要是家传和师承，不少是家传和师承相结合的，而更多的还是向社会上的玛纳斯奇相互学习和积累。

在国内的调查中，最有影响的尚健在的大玛纳斯奇有阿合奇县的居素普·玛玛依（87 岁）、特克斯县的萨特瓦尔德·阿勒（72 岁）、乌恰县的沙地阿洪（60 岁）等。已逝的著名玛纳斯奇主要有艾什玛特·马木别特、铁木尔·吐尔地、伊不拉音·居素甫阿洪、奥斯曼·玛特等。如当代最伟大的玛纳斯奇、全球唯一能唱完整八部《玛纳斯》的居素普·玛玛依，从小就生活在一个传承《玛纳斯》的世家中，父母都是喜爱《玛纳斯》的传人。他是八岁跟随哥哥巴勒瓦依学习的，而巴勒瓦依则是跟随他的亲戚伊不拉音·居素普阿洪学习的；已故著名大玛纳斯奇艾什玛特·马木别特是跟着他的大玛纳斯奇父亲学的，他的姐夫也是大玛纳斯奇，他的儿子、孙子都是一代一代唱《玛纳斯》的，已经是四代人了；萨特瓦尔德·阿勒则是从小跟随舅舅和母亲学的，他的父亲则是《玛纳斯》手抄本的收藏、整理者。在玛纳斯奇学唱《玛纳斯》的传承方式中，有一个普遍的传说即“梦中神授”之说，流传十分广泛，神话色彩甚浓，融入了庄严与神秘。

《玛纳斯》的变体很多，有 40 多种，而每一种都与其师承有关，自然还与他们的即兴创作的天才有关。这些变体多为《玛纳斯》的一至三部，只有铁木尔·吐尔地的变体据说有一至七部，但仅记了第二部，其余已失传。全部流传下来并已转成为书面史诗的唯有居素普·玛玛依一至八部。现代《玛纳斯》主要传承人有百余人。

三、项目论证

基本特征：

1. 典型的史诗特征：《玛纳斯》以诗的语言叙述柯尔克孜的传说史，史诗一开始唱道：“荒滩变成了湖泊，湖泊又变成了桑田，山丘变成了沟壑，冰川变成了河湾，一切的一切都在变化，唯有祖先留下的故事代代相传。”没有文字，没有曲谱，完全靠口头传唱，这种大气磅礴的活动场面、社会生活及历史背景具有典型的史诗特征。

2. 百科全书的特征：《玛纳斯》的内容涵盖了柯尔克孜古代社会的政治、经济、文化、民俗等社会生活的方方面面，是被学术界公认的具有柯尔克孜族的百科全书的特征。

3. 活形态口承的特征：《玛纳斯》千年的传承中，没有文字记载，至今依然是活形态地在流传，且像滚雪球一样，越滚越大，不断加入不同历史时期的内容和民族意识，活形态是其最大特征。

4. 全民族传承的特征：《玛纳斯》是柯尔克孜族全民族的史诗，是全民族在传承这一史诗，以全民族的智慧在不断完善着这部史诗。

5. 跨越时空界限的特征：《玛纳斯》演绎的是玛纳斯家族上下十六代人的英雄故事，从空间看玛纳斯的活动地域，从叶尼塞、中亚直到帕米尔高原，打破了国家界限。

6. 古老深厚的历史文化特征：史诗从民族的来历，一直唱到近代社会生活。把神话与纪实融为一体，揭示了柯尔克孜历史文化的发展和进化。

7. 人民性的特征：玛纳斯汗王在人民保护下出生和成长，为人民利益而死，是人民的一员，深受人民的爱戴，是人民的靠山，至今，柯尔克孜全民族还自称为玛纳斯的后代，以为荣耀。

8. 团结爱国的特征：《玛纳斯》中始终强调民族的团结、部落的团结、人民的团结和爱国的主题，揭示了团结的重要、团结的力量。

9. 多样性的特征：《玛纳斯》内容十分丰富，变体多达40

多种，各有特点，充分体现出了变体的多样性、内容的多样性和演唱音调、技巧、形式的多样性。

10. 叙事结构的谱系性、完整性特征：《玛纳斯》上下十六代人，在人物情节叙事结构上紧密相连，形成完整的史诗，不仅是正反两方面的人物，就连他们的坐骑以及驯养驱使的飞禽走兽都是谱系方式代代相传。

11. 即兴创作的演唱特征：《玛纳斯》的学唱是将富于创作性的背诵与即兴创作结合在一体的，每一个演唱都是在叙事框架内进行即兴创作，使作品不断完美和升华，这就形成变体极多的特征。

12. 悲剧美和崇高美的美学特征：悲剧美和崇高美这个文学艺术创作中的两大美学特征不仅贯穿《玛纳斯》史诗的始终，而且是紧紧结合在一起的，主人公玛纳斯及其后代以生命的代价，为之奋斗的是民族部落团结发展、进步的崇高事业，但大都是以不幸的悲剧而终结，这种悲剧美的特征在东方史诗中是唯一的。

主要价值：

英雄史诗《玛纳斯》是我国三大史诗之一，是我国目前仍在民间流传的活形态史诗。对于区域来说，它是在柯尔克孜全民族中流传的不朽史诗，是全民族智慧的结晶和民族精神的体现；对于国家来说，它是填补我国无史诗的空白；对于国际来说，它是我国柯尔克孜族与吉尔吉斯斯坦的吉尔吉斯人两国同民族共有的传统口头文化遗产，对于两国文化交流与合作及两国官方、民间的友好往来与经济合作都会起到积极的推进作用，其价值是十分重要的。特别是近年来《玛纳斯》越来越被世人所关注，成为人类的文化遗产。

1.《玛纳斯》具有突出的历史、文化和科学价值。在历史方面它是以诗的形式记录了柯尔克孜族民族的历史，柯尔克孜人没有文字记载的信史，《玛纳斯》就是柯尔克孜族的传说史，柯尔克孜人用诗的语言口传的历史，对于研究柯尔克孜族的历史有重要的参考价值；在文化方面它是柯尔克孜族优秀传统文化的代表，也是迄今为止柯尔克孜文学艺术的最高水平，柯尔克孜语言的典范、哲学思想的代表之作，反映了柯尔克孜人的民族意识和精神；在科学方面它是记录、承传了柯尔克孜多学科发展的百科全书，具有很高的保护价值和研究价值。

2.《玛纳斯》是在克孜勒苏自治州 7.25 万平方公里土地上和中国柯尔克孜民族这个庞大的群体中世代传承的，凡有柯尔克孜人的地方就有《玛纳斯》的流传，历史上柯尔克孜人将玛纳斯视为精神支柱、保护神、民族英魂，这种意识至今依然未变，仍然是柯尔克孜民族爱国、团结、奋进的精神力量，这是《玛纳斯》的重大社会价值。

3.《玛纳斯》不仅在克孜勒苏自治州和我国的柯尔克孜族群众中有十分重大的影响，我国的《玛纳斯》在吉尔吉斯等各国都有很大影响，曾经形成了国际《玛纳斯》热，日本、法国等国都根据我国出版的《玛纳斯》部分汉文版片段进行翻译出版和研究，吉尔吉斯斯坦前总统阿卡耶夫称《玛纳斯》为“世界人民的艺术瑰宝”，称我国《玛纳斯》传人居素普·玛玛依为“跨越世界的艺术大师”，并先后授予其“吉尔吉斯斯坦荣誉公民”“吉尔吉斯斯坦人民演员”称号和金质奖章。

4. 服务现实的实用价值。《玛纳斯》在柯尔克孜族群众民族认同中有十分突出作用，只要认同是玛纳斯的子孙，就会产生巨大的凝聚力，在当代社会中，仍发挥重要的作用，产生团结向上、奋发努力的精神动力。玛纳斯在柯尔克孜族中是战无不胜的力量，在中国人民抗日战争的最困难时期，柯尔克孜人民以向前方战士“送去玛纳斯的剑”作道义上的支援，可见其反映的中华民族向心力和凝聚力。对于我们今天维护祖国统一、加强民族团结、共建和谐社会和社会主义国家有着极大的促进作用，这便是《玛纳斯》的现实实用价值。另外《玛纳斯》的百科全书特点，对于现实社会的生产、生活等方面也具有较强的实用价值。

5. 较高的研究价值。从上世纪 80 年代以来，不仅在国内，甚至在国际上也出现了《玛纳斯》研究热，在国内的首都北京成立了中国《玛纳斯》研究会，先后召开了新疆、中国、国际《玛纳斯》学术研讨会，在国内出版了近 10 部专门研究论著，国内外专家通过《玛纳斯》研究，了解认识柯尔克孜的历史、文化和民俗及民族关系，研究柯尔克孜族古代社会的各个方面和柯尔克孜族语言文化、文学艺术的特点，《玛纳斯》的研究领域极宽，研究价值极高。

6.《玛纳斯》是柯尔克孜民族语言文学、表演艺术的最高峰，是直到目前仍然代表了柯尔克孜族口头文学乃至整个文学艺术的最高成就。玛纳斯奇融歌、声、情于一体的演唱炉火纯青、声情并茂，达到了很杰出的艺术高度，对于观众来说是一种精神的陶冶和艺术享受。

7.《玛纳斯》不仅是柯尔克孜族的优秀传统文化的代表之作，也是中华民族传统文化之中的佼佼者，是历史地反映了中华民族大家庭中古老而优秀的成员柯尔克孜族的民族精神与意识、民族追求与向往。流传千年的《玛纳斯》对于它见证中华民族文化传统的生命力具有较高的价值。

濒危状况：

《玛纳斯》作为一个价值较高的，被柯尔克孜族全民所喜爱、所接受、所推崇的民间口头文学宝贵文化遗产，到了新世纪却越来越面临濒危的状况，十年来老年的玛纳斯奇相继逝世，所剩者多是 80 岁左右的老者，青少年玛纳斯奇后继乏人。那些流传于民间的宝贵的活形态史诗目前仍然没法做到全部录音、录像和记录，不少玛纳斯奇演唱的变体随着歌手的逝去已经消失。六七十年代的录音资料因条件所限需要补录或转录。过去的记录稿大部分还未能整理、翻译出版，也难以奉献给国内外研究者和读者，因此这种状况阻碍了《玛纳斯》的保护、研究与传承。克孜勒苏自治州是贫困地区，很难筹集足够的资金从事抢救和保护工作。

《玛纳斯》的传承面临困难的原因是多方面的，主要有几个原因：

1. 柯尔克孜地区传统的经济方式随着商品化、工业化、城市化的发展而改变，生态环境发生改变，游牧转为定居，广大牧民也渐渐失去了原来牧场放牧时的闲情逸致。

2. 人们追求现代消费形式和娱乐形式，审美意识也逐渐发生变化。

3. 现代社会的发展人们需要求知和求职，唱《玛纳斯》不能作为一种职业而取得物质利益，就是特别喜欢史诗的青少年也不可能花大力气去学唱《玛纳斯》。

4. 外来文化、新的文化潮流也冲击着原有的文化环境，淡化着《玛纳斯》传承发展的环境和气氛，舞台、剧场、电视、电影、舞厅、迪厅、网吧、酒吧等，逐步代替草原上、月光下、毡房中一灯如豆的《玛纳斯》演唱。

《玛纳斯》是留给人类宝贵的文化遗产，当前组织专业人员抢救和保护的工作刻不容缓。

已采取的保护措施：

1. 从1962年以来即开始组织工作组（国家、自治区、自治州三级组成的临时工作机构），进行《玛纳斯》调查，已初步查清了克孜勒苏乃至整个新疆境内的《玛纳斯》流传地区和《玛纳斯》歌手分布情况。

2. 对一些有代表性的史诗变体进行了记录、录音、整理、翻译，记录各种资料本100多万行，已整理出版居素普·玛玛依的变体八部23万余行，翻译出版了汉文版第一部及精选片段和吉尔吉斯文版一至八部。

3. 已在北京成立了国家级的中国史诗《玛纳斯》研究会。

4. 已在自治区文联民间文艺家协会下设《玛纳斯》研究室。

5. 已在乌恰县、阿合奇县柯尔克孜聚居区召开多次自治区、自治州《玛纳斯》演唱会。

6. 已在阿合奇县、乌恰县、阿图什市、乌鲁木齐市先后召开自治州、自治区、国家、国际《玛纳斯》学术研讨会。

7. 几次组织《玛纳斯》专家学者赴邻国吉尔吉斯斯坦进行国际交流。

8. 自治区党委、人民政府，自治州党委、人民政府与自治区文联等单位多次召开《玛纳斯》调查、搜集、翻译、整理出版等专项会议，安排部署《玛纳斯》抢救、保护、传承、转型、发展工作。

9. 自治州人民政府已将《玛纳斯》的保护与传承、转型与发展纳入日常工作范围，组成了《玛纳斯》保护工作领导小组，申报《玛纳斯》为联合国教科文组织世界人类口头及非物质文化遗产代表作和国家级非物质文化遗产代表作的工作正在积极进行之中。

10. 自治州文化行政部门正在组建《玛纳斯》保护工作的专业工作机构，培圳专业人员。

11. 中国社会科学院少数民族文学研究所在阿合奇县建立《玛纳斯》口传研究基地，已挂牌工作。

保护计划（略）。

（2005年8月与依斯哈别克·别先别克合作）

《玛纳斯》汉文全译本出版说明

柯尔克孜族英雄史诗《玛纳斯》汉文翻译出版工作历经风雨、几经周折，终将付梓出版。面对多少代柯尔克孜人民心血汗水和智慧凝结而成的辉煌史诗《玛纳斯》，面对多少人为之付出辛勤劳动的译稿，回顾几十年来《玛纳斯》搜集、记录、翻译、整理的坎坷而峥嵘的历程，心潮起伏，慷慨系之。在本书出版之际，仅就其出版作几点说明。

（一）

《玛纳斯》作为我国三大史诗之一，党和国家对其抢救和保护十分重视。1961 年起，国家即组织人力对《玛纳斯》进行搜集、调查、记录、整理和翻译，到 1996 年完成了居素普·玛玛依演唱的八部十八本柯尔克孜文的出版工作，而汉文翻译虽然从上世纪 60 年代之初与柯尔克孜文的记录整理同步进行，但直到世纪之末尚未出版汉文版。

进入本世纪之后，随着国际、国内对非物质文化遗产保护工作的重视以及社会上的《玛纳斯》汉文版翻译出版的呼声日增，克孜勒苏柯尔克孜自治州党委和人民政府对《玛纳斯》汉文版的翻译出版工作更加重视。2001 年跨入新世纪的第一个春天，州委史志办就在州党委和人民政府的大力支持下，与自治区文联民间文艺家协会协调联合编辑出版《玛纳斯》精选片断的汉文本。在编辑精品选的过程中，双方已达成了一个共识，即：一、在还无力出版《玛纳斯》汉文全译本的情况下，出版精选片断，以应社会上之急需；二、通过精品选的编辑出版，为出版全译本总结经验，创造条件。

2003 年《柯尔克孜民间文学精品选》出版发行，也就是在这个首发式上，自治州党政主要领导已经下定了出版《玛纳斯》汉文全译本的决心。会后，州党委办公室即召集州党委宣传部、史志办等单位及州委书记、州长等自治州主要领导参加的特别会议，专门研究《玛纳斯》汉文版的翻译出版工作。王新怀书记反复表示，要通过组织形式与自治区文联协调，共同翻译出版《玛纳斯》汉文版。

经过充分协调和广泛征求意见之后，2004 年 4 月，克孜勒苏柯尔克孜自治州人民政府与新疆民间文艺家协会达成《关于联合翻译柯尔克孜族英雄史诗〈玛纳斯〉汉文本的协议》。协议对《玛纳斯》翻译的有关问题达成一致。协议称：此次《玛纳斯》翻译工作是“由政府策划，政府出资，政府组织协调，政府监督，政府指导实施；由专业机构新疆民间文艺家协会组织翻译、整理、审校”。

协议最初确定：“以居素普·玛玛依演唱的 1996 年新疆人民出版社出版的八部十八本柯文本《玛纳斯》为蓝本翻译。”同时还达成共识：“最大限度地搜集所有《玛纳斯》汉译稿。在尊重为《玛纳斯》搜集、整理、研究中默默耕耘几十年的老前辈、老学者的意见的基础上，博采众长，翻译整理出版反映柯尔克孜民间文学特色的汉译本。”

但是，在后来的搜集原译稿中，多次受挫，仅收集到刘发俊送来的第二部《赛麦台依》的译稿，而阿地里·居玛吐尔地翻译的第一部和七、八两部都是非 1996 年出版的柯文原稿，加之 2004 年修订本柯尔克孜文版本已经出版发行，我们即决定，以 2004 年出版的新版本为蓝本翻译。

（二）

2004 年 5 月，根据协议之规定，克孜勒苏自治州与自治区文联联合成立《玛纳斯》汉译工作领导小组，并聘请区内外专家学者组成相应的工作机构。领导小组组长为自治区党委副书记，州长买买提艾山·托乎达力，副组长为自治区文联党组书记刘宾、自治州政协副主席朱玛克·卡德尔（常务）。

领导小组下设翻译及柯汉对照组、加工整理组、审定组三个工作机构。

2004 年 10 月。领导小组在乌鲁木齐昆仑宾馆召开第一次工作会议，领导小组所有成员、各工作机构负责人和在乌鲁木齐的工作人员参加了会议。这次会议是在汉译工作启动之始召开的，除动员和安排工作外，还对汉译工作的原则、质量要求、工作程序等进行了研究和部署。会后，领导小组即与翻译人员分别签订了翻译合同。同时对第一部的对照和汉文加工也同时进行。

2006 年 12 月，领导小组在自治区文联会议室召开《玛纳斯》汉译工作汇报会和研究确定有关审稿方法、要求的工作会议。参加会议的人员除领导小组全体成员和在乌鲁术齐的工作人员外，还特邀了自治区文联、自治区民间文艺家协会和自治州文化体育局的有关领导参加。这次会议是在完成《玛纳斯》

汉译稿第一部整理稿初稿之后召开的，会上主要是对汉文整理中遇到的问题进行研究讨论，以统一意见，进一步加工修改。

2007 年 8 月，《玛纳斯》汉译领导小组常务副组长朱玛克·卡德尔与《玛纳斯》汉文稿文字加工整理组长贺继宏，向新任州长帕尔哈提·吐尔地汇报汉译工作情况及汉文加工中所坚持的原则，帕尔哈提州长听取汇报之后，要求在自治州组织文化出版等部门领导和参加过《玛纳斯》搜集整理过的专家、学者，召开讨论会，就一些较明显的敏感问题进行讨论。经过讨论，基本上达到了统一的认识和可以认同的、满意的处理原则。

从 2006 年 12 月到 2007 年 12 月编辑人员根据初审意见和汇集来的各方意见，对译稿进行了再加工，完成了第二稿，并于 12 月 13 日在乌鲁木齐召开评审会，特邀北京、乌鲁木齐和自治州的各族专家学者近 20 人参加。原州长买买提艾山·托乎提达力和现任州长帕尔哈提·吐尔地，自治区文联党组书记刘宾等参加了评审会，在听取意见之后，分别作了重要讲话。会议采取一边阅稿，一边提出意见的形式，大会小会分别进行。会议充分听取了专家学者的意见，并进行了激烈的讨论，对一些敏感问题经过争论达成了较集中统一的意见和看法。与会者充分肯定了译稿的成功，同时又提出了建设性意见。

会后，领导小组又根据评审会上的意见，特别是译稿与原柯文稿对照仍有出入，对汉文加工中删节的个别诗行也有争议等意见，组织翻译对照组重新安排人员进行又一次逐句、逐行通校对照，汉文加工组综合与会领导和专家的意见，对译稿又进行统改。对照、编辑人员既充分尊重和参考了专家的建设性意见，又严格按照国家出版物规定，进行了近一年的对照和再加工，到 2008 年 10 月，已完成了第三稿，并于 11 月 27 日召开了第三次审稿会。

这次审稿会由克孜勒苏柯尔克孜自治州人民政府主持，在州首府阿图什市召开。参加会议的有自治区、自治州《玛纳斯》汉译工作人员和有关专家学者，自治州非物质文化遗产保护领导小组成员单位的领导及有关宣传、新闻、出版、文化等单位的有关人员。会议由自治州副州长木尔扎别克·木哈什主持，自治州党委副书记、州长帕尔哈提·吐尔地到会讲话。会议期间，自治州党委书记闫汾新会见了审稿会的专家学者，对汉文版的翻译出版作了重要指示。

此次审稿由审稿组组长朱玛克·卡德尔、马雄福主持，审稿组副组长贺继宏对这次提交的汉译稿进行了简要说明，这部译稿是第三次改定稿，是综合 2007 年 11 月评审会专家、学者的评审修改意见进行统稿、修改后的送审稿。对送审稿的结构特点、重点修改删节部分做了简要介绍，提请审稿组审定。

审稿组组长朱玛克·卡德尔就送审稿通篇审阅中，特别是在柯汉对照中发现的问题和修改意见，逐一提交会议审定，自治区语委会《语言与翻译》柯文版总编马克来克·玉米尔拜也就自己审阅、对照中发现的问题提出了具体的、详尽的意见。审稿人员对这些意见中反映的有关柯尔克孜语中的谚语和词汇的原意及引申意的准确理解和表达问题，对一些复杂的人物关系以及人物关系的称谓的正确理解问题，对一些情节的前后衔接问题，特别是对个别章节中涉及宗教和民族问题而与情节人物和主题又无关系的一些词语，进行逐字逐句的对照，认真讨论，反复论证，综合原诗的背景，缜密推敲审议，通过集体讨论，取得一致意见，进行客观的处理。

这次审稿会对《玛纳斯》第一部五万余行诗句进行逐字逐句的推敲和审定，工作量之大、审定工作的认真缜密是空前的。会议进行了十天，经常加班加点，有时进行到深夜。

（三）

这次《玛纳斯》翻译工作，是州政府组织领导和主持的，对于翻译者，整理者来说，都不是个人行为，都是职务作者，只依照法律享有职务著作者应享受的权利，同时所谓的文责自负，是对政府负责的，译稿经政府组织的审稿通过后，即由政府承担责任，并非仅译者、对照者和整理者个人的责任。这就要求我们在每一个环节都要十分的认真和严谨，特别要科学严谨地把握译文成书后的政治方向，要有民族精神的弘扬和主旋律意识，同时这次出版的是文学本，是在国内外公开发行的，不是内部发行的资料本。因而在加工整理中，严格按照出版物的规定对待，同时更要有国家级保护项目的精品意识和国际文化的品牌意识。对于原稿偶然出现的不利于社会进步、民族团结、国家统一和过多宣传宗教等字句和情节，则进行了必要的、十分慎重的修改和删除。鉴于此，此次汉译稿在翻译、柯汉对照和加工整理中，坚持了如下的原则：

1. 翻译：严格按照民间文学的翻译特点进行翻译，坚持“信、达、雅”的翻译原则。保证内容的原汁原味和原诗的特点、风格，每行译文必须与原诗一致，诗句上下对应，句与句之间、节与节之间、段与段之间上下连贯，意思完整。每一个字、词，每一行诗的译文必须意思清楚。要在深刻理解原诗本意、引申义的前提下，进行准确的意译，不能只就字面硬译。人名、马名，用音译，个别马名因诗句音韵也可以意译。常用动植物名及生活用语用意译，对有的动植物难与汉语词汇对应的用音译。音译的名词，一般都要加注。

2. 柯汉对照：柯汉对照主要是纠正译文中的错、舛、漏，对译文表述不清或用词不准的句和词进行修改，以充分保证译文与原文的一致。对一些特有的俗语、谚语等可加详细说明，对于使用词义延伸和词义反向延伸的句子要进行说明，以便加工整理时参考或加注。

3. 汉文加工整理：汉文加工整理主要是在尊重原诗内容的基础上对文字进行精加工，既要符合汉文读者的语言习惯和阅读、欣赏习惯，又保留原诗的语言特点、艺术特点和民族特点；文字力求简练、准确、流畅、生动，要有明显的诗的韵味；要保持柯尔克孜民间史诗的节奏和音韵特点，不生搬硬套汉文韵律诗的格律和特点。

改：主要是对文字的推敲、提炼，语法、句法的规范和标点符号的准确使用。这样的修润是加工整理的主要方面。

删：慎重地删去与整个史诗主题不协调的个别诗行以及极少的段落。对于一些别具民族特点和口头说唱文学特点的重复片断，一般不删节。

增：对于上下句不连贯的诗行，偶增一两句诗以连接。同时也偶增一两句点睛之句以作润色。

整理：对于结构混乱的段落，或做前后调整，或重新改写，但决不改变原诗的内容。

章节：原译稿第一部全诗共四十二个标题，显得比较零乱，甚至把一个完整的内容（故事、情节）割裂了。经与一些《玛纳斯》专家请教协商，达到的共识是《玛纳斯》第一部就是十多个重大事件，要保持这些事件的完整性。因而初步将这些重大事件共分了十三个部分作为大标题，同时在每一个大标题下又设了若干个小标题，在小标题下按内容情节又分了若干段，在每段下又按音节分了节。

本次《玛纳斯》的汉译工作，除使用了刘发俊上世纪 90 年代初翻译的第二部赛麦台依的部分译稿外，其余二十多万行的翻译任务，均为柯尔克孜本民族年轻的翻译家所承担，这是本次翻译工作中的一大特点。按照一般文学翻译的常规是，如果是将汉文译成少数民族文字，少数民族翻译者翻译起来比较容易；相反，如果将少数民族文字译成汉文，汉族翻译者翻译起来比较容易。上世纪 60 年代到 90 年代，《玛纳斯》的翻译工作都是汉族翻译人员与柯尔克孜族翻译人员联合起来，配合翻译的，多由柯尔克孜族译者口译，汉族译者记录，对每行诗、每个词的意思认识准确之后，由汉族译者进行汉文整理，以便有准确的汉文表述。近年来由于汉族学习少数民族语言的专业人员越来越少，特别是根本就没有汉族学习柯尔克孜语的专业人员，所谓柯、汉翻译人员配合翻译的极佳形式只能是过去的佳话了，部分人只能走少数民族翻译家翻译，汉族文字工作者加工整理的路子。本次《玛纳斯》的汉译工作走的也是这样一条路。

柯尔克孜语属阿尔泰语系的突厥语，这与汉藏语系的汉语相差太远，不同的两大语系不仅有着千差万别的词汇，而且在语法、词法、句法上，更是相差甚远，特别是让少数民族翻译家将本民族的诗直接翻译成汉文的诗，的确是十分困难的。尽管大家普遍认为《玛纳斯》的主要汉译者阿地里·居玛吐尔地翻译的诗稿，在当代柯尔克孜族翻译家中，还是水平较高的，还是非常成功的，但是作为以汉文奉献给世界艺术殿堂的艺术作品的诗，作为国家级重大项目的出版物，还是需要进行汉文的艺术加工和语言文字的规范的。对于《玛纳斯》这样一部享誉全球的柯尔克孜文化艺术的最高境界和语言文字最佳典范的流传千古的不朽之作，在以汉文译作展现在世人面前的汉文出版物，自然也要在文化艺术和语言文字上精雕细刻，着意打磨，使之同样成为汉文文学艺术出版物中的精品。只有这样才能不负于柯尔克孜人民重托，才能对得起千年传承的无数个玛纳斯奇，才能不负于我们这个伟大的时代。

（四）

从《玛纳斯》的调查、搜集、记录到翻译出版，无不体现了中国共产党和各级人民政府对少数民族传统文化保护和传承的高度重视。

自从上世纪60年代初，我国政府开始在柯尔克孜民间调查记录、搜集整理《玛纳斯》开始，国家、自治区、自治州始终十分关心和支持《玛纳斯》的传承和保护，上世纪80年代之前，《玛纳斯》工作领导小组成员始终由中国民间文艺研究会、克孜勒苏自治州、新疆维吾尔自治区文联三方领导人组成，先后有贾芝、马学良、塔依尔·买买提力、刘肖芜、王玉胡等担任过领导小组成员和领导职务。中国民间文艺界的泰斗钟敬文先生曾多次参加《玛纳斯》领导小组的会议。

在1981年12月9日在首都京西宾馆召开的《玛纳斯》领导小组会议上，时任自治州党委副书记、州革命委员会主任的塔依尔·买买提力表示："只要《玛纳斯》工作需要，只要在我州的职权范围之内，我们将竭尽全力予以支持。"

1982年，《玛纳斯》工作迁回新疆，先后由自治区人大常委会副主任阿曼吐尔·巴依扎克、夏尔西别克·司迪克担任领导小组组长，他们为《玛纳斯》的翻译出版工作倾注了大量心血。

进入本世纪之后，自治区党委、人民政府和自治州党委、人民政府对《玛纳斯》的翻译出版和保护传承更加重视。2006年1月8日，中央政治局委员、自治区党委书记王乐泉在中央人民广播电台《史诗〈玛纳斯〉的保护和传承工作亟待加强》的内参上做出批示："请努尔·白克力、李屹同志阅酌。此事既是国家值得考虑的问题，更是新疆研究的问题，我意应就此研究，拿出意见，新疆做什么，要求国家支持做什么。”自治区党委副书记努尔·白克力和宣传部长李屹也随即做了具体批示和安排。从此，《玛纳斯》的保护传承工作进入了一个新阶段，不仅克孜勒苏自治州和自治区文联重视《玛纳斯》的传承保护工作，而且自治区党委和人民政府更加重视《玛纳斯》的传承保护工作，自治区文化厅也将《玛纳斯》的传承保护工作列入议事日程。自治区、自治州都相继成立了以文化行政部门牵头，多局委办参与的非物质文化遗产保护领导小组，下设保护中心，《玛纳斯》的保护传承工作正式纳入人民政府的行政工作序列之中，形成了政府领导，以专业部门为主，全社会参与保护的大好局面。

在 2004 年 10 月的第一次领导小组工作会议上，领导小组组长，州长买买提艾山·托乎达力便明确提出：《玛纳斯》的汉译工作“在尊重原作的基础上，保持原作的内容、情节不变的情况下，一定要大胆地、认真地整理加工，该改的要改，要提高艺术水平，要出艺术精品”。在 2006 年 12 月的第二次领导小组工作会议上，领导小组副组长，自治区文联党组书记刘宾又进一步强调了文学翻译中的“信、达、雅”原则，强调了汉译中要注重民族特点、史诗特点和艺术特点，既要尊重原著，又要尊重艺术规律，该修改润色的要修润，该删节的要删节。2007 年 8 月，我们在向新任州长帕尔哈提汇报工作，提出译稿整理中的有关问题时，帕州长也表示，该修改、润色、加工和删节的，一定要修改、润色、加工和删节。既要加快进度，又要提高质量。

在 2008 年 12 月的《玛纳斯》审稿会期间，州委书记闫汾新对汉译工作的成绩给予了充分的肯定，对汉译工作中遇到的困难表示理解，同时强调汉译工作要坚持正确的政治方向，要求汉译工作者一定要以对民族、对国家负责的严肃态度，认真负责，完成这一光荣的历史任务。希望大家高度认识《玛纳斯》汉译出版工作的重大意义，不负民族的重托和时代的责任，在保证质量的前提下，早日将《玛纳斯》汉文全译本献给社会。

自治州党政主要领导都反复表示，要尽最大努力，全力支持《玛纳斯》的汉译出版工作，同时要求《玛纳斯》的汉文版一定要高标准、严要求，一定要出精品。

（五）

为调查、采录史诗《玛纳斯》资料，新疆维吾尔自治区文联、中国民间文艺研究会和克孜勒苏柯尔克孜自治州人民政府等单位曾几次组成《玛纳斯》工作领导小组，具体领导《玛纳斯》工作。1964 年 5 月，玛纳斯工作领导小组由中国民间文艺研究会、新疆维吾尔自治区文联、克孜勒苏柯尔克孜自治州人民政府联合组成。成员有贾芝（中国民间文艺研究会副秘书长）、刘肖芜（新疆文联党组书记）、塔依尔·买买提力（克孜勒苏自治州州长）。领导小组下设《玛纳斯》工作组。1982 年 6 月，《玛纳斯》工作领导小组由新疆维吾尔自治区有关领导和专家组成，故又称新疆《玛纳斯》工作领导小组。组长阿曼吐尔·巴依扎克（自治区人大常委会副主任），副组长王玉胡、塔依尔·买买提力，成员有夏尔西别克·司迪克、刘肖芜、阿不都沙拉木、居素普·玛玛依、沙坎·玉买尔。具体工作由中国民研会新疆分会柯尔克孜民间文学研究室承担。1989 年 11 月，经新疆维吾尔自治区党委批准，调整《玛纳斯》工作领导小组。组长夏尔西别克·司迪克（自治区人大常委会副主任），副组长亚生·哈提甫、赛普鲁·玉素甫，成员有居素普·玛玛依、苏来曼、刘发俊、诺肉孜·玉山阿力。下设《玛纳斯》工作组，具体工作仍由新疆民间文艺家协会柯尔克孜民间文学研究室（《玛纳斯》研究室）负责。

1961 年 3 月初，自治区文联、自治区社科院文学研究所等单位，经自治区党委宣传部批准，在自治区文联党组书记刘肖芜主持下，由刘发俊（新疆作协）、太白、刘前斌（文学所）3 人组成《玛纳斯》工作组刘发俊任组长到克孜勒苏柯尔克孜自治州调查《玛纳斯》史诗的蕴藏情况。在此之前，1960 年秋天，新疆作协《天山》《塔里木》编辑部刘家琪等人在克孜勒苏组稿时，已经发现有人会唱《玛纳斯》，并在中央民族学院柯尔克孜语班师生帮助下，记录了乌恰县著名“玛纳斯奇”铁木尔演唱的史诗《玛纳斯》第二部《赛麦台依》中的《赛麦台依和阿依曲莱克》。并译成维吾尔、汉文，分别发表在《天山》和《塔里木》刊物上。

州党委第一任书记赵子和在听取工作组的汇报后，建议由州党委宣传部、州人委文教科从州级机关各单位抽调人员，加强工作组的力量。同时，由州党委宣传部与中央民族学院党委联系，将正在自治州实习的柯尔克孜语班的师生留下协助工作，得到民院党委同意。

民间文学调查工作本着“全面搜集、重点整理、大力推广、加强研究”的十六字方针，以及“忠实记录”的原则，制定调查、采录的工作计划。提出“歌手在哪里，就到哪儿去，不漏一个歌手，不漏记一行史诗”的行动口号，与人民群众同吃、同住、同劳动、同学习。

调查、采录的人员分成 3 个分组，即阿合奇县为一分组、乌恰县为二分组、阿图什县和阿克陶县为三分组，刘发俊、胡振华分别任组长到各县牧区、农村开展调查《玛纳斯》工作。此次调查采录工作共进行 3 个多月，访问、记录 30 多位歌手演唱的史诗资料 20 多万行和其他文学作品多部。这次调查最大的收获是发现著名歌手居素普·玛玛依。他用近 8 个月时间，演唱了《玛纳斯》5 部：《玛纳斯》《赛麦台依》《赛依铁克》《凯耐尼木》《赛依特》。共 11 万多行。调查、采录工作于当年 10 月结束。

1964 年 5 月，经中国民间文艺研究会、自治区文联、自治州等有关人员协商，成立《玛纳斯》工作领导小组，下设《玛纳斯》工作组，决定对《玛纳斯》进行补充调查。工作组长陶阳（中国民间文艺家研究会专家）、刘发俊（新疆作协）。

调查工作从 1964 年 8 月开始至 1965 年 1 月底结束。半年时间里，调查了自治州的 4 个县。记录《玛纳斯》片段《阔阔托依的祭典》《给七汗送信》《远征》等共 107 份，计 12.4 万行；《玛纳斯》手抄本 21 册，约 9 万余行；居素普·玛玛依补唱《玛纳斯》第一部，原唱 3.8 万行增到 5.9 万行，第三部《赛依铁克》由原 1.8 万行增加到 2.4 万行，第二部《赛麦台依》由原 2.7 万行增到 3.2 万行，第四部《凯耐尼木》由原 1.6 万行增到 3.4 万行，第五部《赛依特》由 2880 行增加到 1 万余行（后又增加至 2.4 万行）；又新唱第六部《阿斯勒巴恰与别克巴恰》4.5 万行；记录民间长诗《库尔曼别克》《艾尔托什吐克》《布达依克》等 24 份，计 1.8 万行，

1978 年，自治区文联与中国民间文艺研究会领导研究决定抢救《玛纳斯》史诗。同年年底，由中国民研会、中央民族学院、自治区文联、自治州党委等单位抽调人员组成《玛纳斯》工作组，在中国民研会主持下，由胡振华任组长，在北京重新开始记录、翻译《玛纳斯》史诗，工作于 1979 年 10 月结束。

1982 年 6 月 2 日，新疆维吾尔自治区党委发出〔1982〕56 号文件，指出："搜集、整理、翻译、出版柯尔克孜族民间史诗《玛纳斯》，是保护和整理民族文化遗产，发展和繁荣优秀民族文化的一项十分重要的工作。做好这项工作，在国际上也有重

大影响。”为了更好地加强对这一工作的领导，批准重新成立《玛纳斯》工作领导小组。小组的任务是：在区党委宣传部领导下制定规划，统一部署，协调力量，督促检查，研究解决工作中的重大原则问题，保证史诗《玛纳斯》工作的胜利完成。日常工作由中国民研会新疆分会柯尔克孜民间文学研究室承担。

著名歌手居素普·玛玛依从1979—1983年用5年多时间重新演唱、记录《玛纳斯》史诗8部，全诗长23万余行。

1992年8月，在自治区党委和自治区人民政府的支持下，在阿合奇县召开“全疆《玛纳斯》演唱会”，43位歌手同场演唱史诗，盛况空前。会上录制了《玛纳斯》资料近百盘磁带，推动了《玛纳斯》史诗的采录工作。上世纪90年代，已拥有百万行史诗资料和完整的8部《玛纳斯》史诗。我国是世界上《玛纳斯》史诗资料最丰富、最完整的国家。

在此期间，新疆民研会柯文室（也称玛纳斯研究室）先后派人去南北疆柯尔克孜聚居地区调查、采录《玛纳斯》史诗。在北疆的特克斯县阔克特尔克乡和昭苏县夏特柯尔克孜族乡采访《玛纳斯》歌手10多位，其中特克斯县牧场的歌手萨特瓦尔地演唱了英雄玛纳斯六代祖先的故事。这个资料，是其他歌手从未提供过的。

《玛纳斯》史诗的出版是一项十分艰巨繁重的工作，既要保持原作的思想内容，又要保持其艺术风格。为保证《玛纳斯》编辑出版的质量，自治区成立由各方面学者、专家组成的《玛纳斯》编辑委员会，负责编辑出版居素普·玛玛依演唱的《玛纳斯》8部18册柯尔克孜文版。1995年1月《玛纳斯》的柯尔克孜文版8部18册全部正式出版，出版了汉文版第一部（上下册）精编本。

《玛纳斯》史诗由柯尔克孜文译为汉文的工作是与《玛纳斯》史诗的搜集、记录工作同时进行的。1961—1965年，将居素普·玛玛依演唱的《玛纳斯》前 5 部译成汉文，并将第一部《玛纳斯》铅印了上下两册。1964—1966 年，居素普·玛玛依对 1961 年唱的 5 部史诗，逐一地进行补唱，各部史诗的内容都有很大的增加，还新唱了第六部。同时对《玛纳斯》重新进行了翻译。“文化大革命”十年动乱中，这批珍贵的《玛纳斯》柯尔克孜文记录稿和汉译文稿在北京中国民间文艺研究会资料室散失。1978 年后，只得重新第三次记录、翻译居素普·玛玛依的唱本《玛纳斯》。其中不少译稿仍掌握在个别翻译人员或工作人员手中。致使国家出资、不少人的劳动成果未能成为社会公用的财富。

（六）

《玛纳斯》史诗的传承者、创作者是《玛纳斯》的演唱者“玛纳斯奇”，也就是《玛纳斯》歌手。歌手演唱的过程就是再创作的过程。《玛纳斯》是无数个“玛纳斯奇”在几个世纪传承过程中的不断再创作、再加工，因而史诗成为民族智慧的结晶，充分反映了柯尔克孜族的民族精神和民族意识。

柯尔克孜族中专门以演唱《玛纳斯》史诗为职业的民间艺人称“玛纳斯奇”。从广义上讲是指能演唱《玛纳斯》史诗整部或其中一部分的民间说唱艺人；以狭义上讲是指只唱《玛纳斯》第一部内容的民间艺人，而第二部内容的演唱者被称为“赛麦台依奇”。“玛纳斯奇”曾一度被称为“交毛克奇”（即传唱历史的歌手），这一称呼在某些柯尔克孜地区依然流行至今。他们是《玛纳斯》史诗的传承者、创作者、传播者，在柯尔克孜民族中间享有崇高的威望。

根据演唱才能和演唱水平、对史诗内容掌握的情况和即兴创作、加工史诗的能力，“玛纳斯奇”可分为三个等级，分别是“琼玛纳斯奇”（大玛纳斯奇）、“科奇克玛纳斯奇”（小玛纳斯奇）、“乌依然奇克玛纳斯奇”（学徒玛纳斯奇）。大玛纳斯奇一般都会演唱三部或三部以上的《玛纳斯》，出口成章，滔滔不绝，对史诗的人物、情节、故事了如指掌，能够凭借超人的记忆力、丰富的想象力和高超的诗歌表现能力，在史诗固定不变的框架内进行再创作、再加工，在不同的时间、不同的地点、不同的听众面前演唱时对史诗进行增删、修改，从而创作出自己的独特的变体。这些大玛纳斯奇都有各种传奇身世，他们不仅会唱《玛纳斯》，而且能唱出柯尔克孜族的其他史诗和叙事诗，对柯尔克孜族口头文学极为熟悉，堪称是柯尔克孜族民间文学的大师。大玛纳斯奇人数很少，对史诗的创作、发展、传播起着至关重要的作用，他们每个人都对自己所生长的区域内的人们产生深远影响，直接或间接地培养许多小玛纳斯奇，一些大玛纳斯奇的名字与史诗融为一体，被人们永世记忆。根据“玛纳斯奇”的演唱，最初创作史诗的人是英雄玛纳斯四十勇士之一、能言善辩的额尔奇吾勒。他作为玛纳斯身边的一名勇士，一生随玛纳斯南征北战，用歌声颂扬英雄的光辉业绩，可以说是玛纳斯奇的始祖。

到了20世纪，能称得上大玛纳斯奇的人已寥寥无几。在吉尔吉斯斯坦发现特尼别克·加皮（1846—1902）、巧大凯·奥木尔（1880—1925）、萨额木拜·奥诺孜（1867—1930）、萨雅克拜·卡拉拉耶夫（1894—1971）。我国有居素甫阿洪·阿帕依（？—1920）、额布拉音·阿昆别克（1832—1959）、艾什玛特·玛木别特（1880—1963）铁木尔·吐尔地（1907—1963）和目前唯一一位能演唱8部史诗的《玛纳斯》大师，被国内外学者誉为“当代荷马”的居素普·玛玛依。小玛纳斯奇是那些能够唱第一部《玛纳斯》和第二部《赛麦台依》主要内容的民间歌手。他们虽然不及大玛纳斯奇的才能，但由于人数较多，分布地域广阔，而且主要演唱人们喜闻乐见的精采章节，所以在史诗的传承、保存、普及方面起着举足轻重的作用。其中的一些佼佼者凭借自己的努力，创作出自己的独特变体而进入大玛纳斯奇的行列。

学徒玛纳斯奇是《玛纳斯》演唱艺人中人数最多的部分，他们随时随地为听众演唱，成为史诗最广泛的传播者，并且师承前辈，从他们那里学习史诗的演唱技巧和风格。《玛纳斯》史诗从雏形发展到基本形态的形成，在这一基础上不断加进新内容，走向史诗艺术的高峰，每一个发展环节都离不开各个时代“玛纳斯奇”的加工、润色、即兴创作。正是由于众多才华横溢的“玛纳斯奇”的不断创作、加工和传播，才使它由小到大、从简到繁、从浅到深、不断发展，成为今天这样宏伟的规模，达到今天这样的艺术高度。

据60年代初期调查，新疆能唱2000行以上的《玛纳斯》歌手有近百人，主要分布在克孜勒苏自治州境境内。其中乌恰县40人，阿图什县为23人，阿合奇县20人，阿克陶县仅有5人。另外，在北疆的特克斯县有2人，昭苏县有3人。我国当代最著名的《玛纳斯》歌手，主要分布在阿合奇县和乌恰县。

（七）

柯尔克孜族英雄史诗，是我国民间三大史诗之一，在国内外享有盛名，被誉为民间文学艺术的奇葩。《玛纳斯》既是整部史诗的统称，也是第一部的名称和第一部史诗主人公的名字。史诗包容了柯尔克孜族古代历史生活的各个方面，在千百年来的的口耳相传过程中，柯尔克孜族人民世世代代将自己对周围事物的认识，对社会生活的理解以及自己的精神文化融入这部史诗之中，使它成为柯尔克孜族政治、经济、历史、文化、语言、哲学、宗教、美学、军事、医学、习俗的百科全书。史诗篇幅浩瀚、规模宏大，仅居素普·玛玛依一个人演唱的内容就长达23.2万余行，相当于古希腊史诗《伊利亚特》的14倍。《玛纳斯》史诗无论从内容方面还是从思想性、艺术性方面，都堪称柯尔克孜族民间文学的优秀代表作品，是柯尔克孜民族精神的巅峰。它通过动人的故事情节和优美的语言，生动地描写了玛纳斯家族八代英雄为维护柯尔克孜族人民的利益而进行艰苦卓绝斗争的英雄业绩，反映了柯尔克孜族人民反抗外来侵略和奴役的斗争，表现了古代柯尔克孜人民争取自由、渴望幸福生活的理想和愿望，歌颂了爱国主义、英雄主义精神。

《玛纳斯》史诗是柯尔克孜族人民千百年集体智慧的结晶，世世代代以口头形式在民间流传。玛纳斯奇在史诗的形成、传承与发展过程中起着至关重要的作用。古代天才的玛纳斯奇是史诗的创作者，一代一代的玛纳斯奇在传承前辈玛纳斯奇演唱传统的同时，根据各自的才能和即兴创作能力对史诗进行加工雕琢，使其更加完美，不断走向艺术的高峰。同时产生了各种风格的演唱变体。因此，《玛纳斯》被学者们称为活形态的史诗。

《玛纳斯》史诗是典型的谱系式叙事结构的史诗。它每一部表现一位英雄主人公的事迹。八代英雄事迹，构成八部史诗的内容，各部既独立成篇，又紧密衔接，构成一个完整的故事。8部史诗在人物、情节、叙事方面紧密相连，融汇贯通。在艺术表现方面，《玛纳斯》史诗更是独具匠心。人物形象出神入化，栩栩如生，就连英雄的坐骑也各具不同的性格。英雄人物既具有凡人的七情六欲，又具有神的超凡能力；他们既与凡人一样有各种缺点和弱点，又受到人民的崇拜和爱戴；既具有上天入地的神奇才能，但都会在战斗中受伤甚至献出生命，构成众多惊心动魄的悲剧事件。

第一部　《玛纳斯》

史诗开篇有一个精彩的序诗说："这是祖先留下来的故事，不唱完它怎么能行……大地经过多少变迁，河谷干涸变成荒原，荒滩变成湖泊，湖泊又变成桑田……一切的一切都在变化，雄狮玛纳斯的故事，却一直流传到今天。"开篇气势恢宏，扣人心弦，具有史诗的典型特点。接着详述柯尔克孜族的族源，以娓娓动听的故事，将听众引进远古时期柯尔克孜人的生活画卷。然后交待英雄玛纳斯出世的背景，逐步进入柯尔克孜人民反侵略斗争的主题。其故事梗概是：古代勤劳善良的柯尔克孜人受卡勒玛克人的统治、奴役，柯尔克孜人处于灾难深重的年代里。玛纳斯诞生前，卡勒玛克人的占卜师预言，柯尔克孜人中要出现一个英雄，将推翻卡勒玛克人的统治．卡勒玛克汗王阿牢开下令，剖开柯尔克孜孕妇的肚子，妄图杀死即将出生的英雄。在柯尔克孜人机智的保护下，英雄躲过了被杀的大难。英雄出生时，一手握血，一手握油，手掌上有玛纳斯的印迹。其父母将他放在密林深处，长大成人。在乡亲们的支援下，为英雄制造长矛、战斧，送来战袍，聚集了40勇士，南征北战，打击敌人，玛纳斯被拥为汗王。他与周边的哈萨克人、乌孜别克人组成了14个汗王的部族联盟。玛纳斯娶喀拉汗之女卡妮凯为妻，成为他的贤内助与高参。哈萨克人阔阔托依逝世一周年，其子包克木龙举办盛大祭典。玛纳斯被邀主持祭典，粉碎了卡勒玛克人破坏祭典制造混乱阴谋，使祭典顺利进行。克塔依人阿勒曼别特加盟，与玛纳斯结为同乳兄弟受到玛纳斯重用，被称为内七汗之一。卡勒玛克人侵略柯尔克孜地区，玛纳斯率40勇士远征，阿勒曼别特受任统率远征大军直捣京城，获得大胜。后因军心涣散，丧失警惕，被卡勒玛克人的统帅空吾尔巴依用大斧击中玛纳斯的后颈，玛纳斯撤兵返回故乡后死去，夫人卡妮凯为他修建了陵墓。

第二部 《赛麦台依》

赛麦台依是第一部英雄主人公玛纳斯的儿子，也是第二部的英雄主人公。《赛麦台依》在故事情节的发展、人物形象的塑造以及矛盾冲突的解决等方面与第一部有直接的联系，是第一部史诗内容的延续。在主题思想方面与第一部一致，艺术性有增无减。我国目前发现和搜集的《赛麦台依》变体有：居素普·玛玛依、艾什玛特·玛木别特、铁木尔·吐尔地、阿勒玛昆·毛勒多、奥斯曼·纳玛孜等人的唱段。

每一个唱本都用上万行以上的诗构成，描述第一部英雄玛纳斯的死敌空吾尔巴依受到惩治，赛麦台依为父报仇，家族内讧及赛麦台依与美女阿依曲莱克之间曲折动人的爱情故事。其主要内容为：英雄玛纳斯的葬礼刚刚结束，一场家族内讧暴发，玛纳斯的同父异母兄弟阿维开与阔别什在父亲加克普的指使下，阴谋将玛纳斯之子赛麦台依扼杀在摇床之中，夺取王位。卡妮凯闻讯后带着儿了逃到布哈拉娘家。赛麦台依在12岁时得知自己的身世后毅然返回故乡，并在巴卡依老人的帮助下铲除内奸，重振柯尔克孜族大业。青阔交与托勒托依勾结在一起想强娶美丽的仙女赛麦台依指腹为婚的未婚妻阿依曲莱克。在敌人重重包围城堡的紧急关头，阿依曲莱克化为白天鹅飞上蓝天，去寻找未婚夫赛麦台依。她用各种神奇的变化法术把赛麦台依及其两位贴身的勇士古里巧绕和坎巧绕带到城中，赛麦台依率领勇士们与敌人展开血战，把敌人打退并与仙女阿依曲莱克完婚。空吾尔巴依伺机进犯柯尔克孜部，赛麦台依被困城中。古里巧绕和阿依曲莱克同心协力把赛麦台依救出，与敌人展开一场惊心动魄的激战，在战斗中杀死众多敌将。之后，赛麦台依的心腹坎巧绕背叛并勾结托勒托依之子克亚孜把赛麦台依诱骗到玛纳斯墓前。因赛麦台依的坐骑、战袍和武器早被坎巧绕骗去，使他赤手空拳，无法战胜敌人，在激烈战斗中突然消逝。坎巧绕和克亚孜得势后将赛麦台依的忠诚勇士古里巧绕肩胛软骨割去使其沦为奴隶。已有身孕的阿依曲莱克被克亚孜强娶为妻。史诗中，英雄主人公赛麦台依公正、善良、勇敢无畏、感情炽热、真诚的形象与加克普、阿维开、阔别什等的形象构成鲜明的对比，同时也有在第一部的基础上，完成了作为突厥语民族史诗中坏父亲题材的代表人物加克普的典型形象。史诗融气势宏伟、震撼人心的激烈战斗场面与抒情的爱情描述于一体，成为柯尔克孜族民间文学的典范之作。赛麦台依与阿依曲莱克的爱情故事，成为千古绝唱，被世代玛纳斯奇颂扬。

第三部　《赛依铁克》

《玛纳斯》第三部在内容上与第一部、第二部相呼应，既有一定的独立性又与前两部有十分密切的联系。主题思想与前两部史诗一样，反映英雄主义、爱国主义精神，表现了主人公赛依铁克在内忧外患之中进行英勇抗争，并拯救流落他乡受苦受难人民的英雄事迹。他是赛麦台依的妻子仙女阿依曲莱克所生，身体庞大，力冠群雄，但常常因没有合适的坐骑而苦恼。这部史诗的主要内容为：赛依铁克还未出生，其母亲阿依曲莱克就沦为克亚孜的奴隶。她想方设法与克亚孜周旋，把女巫变成自己的替身去陪克亚孜睡觉，自己则一心一意保护着腹中的胎儿。为怕引起克亚孜的怀疑，阿依曲莱克用法术使赛依铁克在体内怀了 3 年多才让其出生。当克亚孜知道赛依铁克是赛麦台依的儿子后，千方百计想杀害他，阿依曲莱克历尽千辛万苦，凭借智慧与勇敢，保护抚养赛依铁克长大成人。赛依铁克 12 岁时替克亚孜放马，阿依曲莱克利用儿子放马之便请来英明神医为古里巧绕治疗肩胛骨使他恢复元气。赛依铁克在巴卡依、古里巧绕等的帮助下经过苦战，杀死了把性命寄存在羚羊体内木匣中的麻雀身上的克亚孜之后返回到故乡，又处死了篡权者坎巧绕，报了杀父之仇，重新夺回汗位，使人们又重新获得幸福生活。卡妮凯始终不相信儿子赛麦台依死去的消息，她预测如果老英雄阔绍依的老马能在竞赛中获头奖，赛麦台依就还在人间。于是，在一次庆典赛上，她让老英雄阔绍依的坐骑塔依托茹骏马参赛，塔依托茹获头奖并证实了她的预测。后来卡拉朵发现了赛麦台依与卡依普山中的仙女一起出没的影踪，并将此喜讯告知古里巧绕、巴卡依、卡妮凯、阿依曲莱克。古里巧绕等找到了赛麦台依并用各种法术神力恢复了赛麦台依的神智使他重返人间，赛依铁克由于体大如山，没有一匹马能够驮动他，只好徒步行走与骑马的对手较量，在战争中几次险遭敌人谋害。母亲阿依曲莱克焦灼不安，请来卡依普山中的善战女神库娅勒助战。古里巧绕、赛麦台依、巴卡依等老英雄都力不从心，赛依铁克便在库娅勒的帮助下多次击退敌人进攻，保卫了柯尔克孜人民的利益，重振玛纳斯家族雄风。最后，赛依铁克与善战女神库娅勒结为夫妻，并肩战斗，共同保卫柯尔克孜族的家园与人民。史诗以第二部和第三部的巨大篇幅完成了对阿勒曼别特之子古里巧绕的塑造。

第四部　《凯耐尼木》

凯耐尼木是玛纳斯家族的第四代英雄，是赛依铁克之子，女神库娅勒所生。他继承了父亲的巨人体魄，又具备了母亲善战的本领。一生战斗不息，战功显赫。为了人民的利益多次与恶魔般的敌人进行决战，最终消灭强敌，给生活在水深火热中的人民带来幸福美满的生活。史诗中叙述他先后与以人肉为食的秦额什和精通魔法、在世上活了8000年的蛇头石身魔王居仁多以及给人民带来无数灾难的巨人进行斗争，最终取得胜利的英雄事迹。《凯耐尼木》的主题思想同前几部史诗一样十分鲜明，表达了人民对美好生活的不懈追求，赞扬了英雄主义、爱国主义精神。在展开故事情节时，运用多种艺术表现手法，更多地融进了神话幻想成分。故事情节引人入胜，民间文学色彩也较前几部更为浓厚，具有特殊的艺术感染力。居素普·玛玛依演唱的《凯耐尼木》变体，是目前被继承保存下来的唯一的一部完整的变体，是由其哥哥巴勒瓦依从额布拉音·阿昆别克口中记录下来的。居素普·玛玛依在继承背诵的同时，把其中的散文故事改编成韵文。其故事梗概如下：凯耐尼木出生后，一直到7岁，食量惊人，却不会走路，如痴如呆。凯耐尼木9岁时，驼队有人来报，在阿依托别，阿依吐木什人的首领秦额什残害百姓，生吞活人。其祖父赛麦台依与古里巧绕、阔勒木萨尔克、库娅勒等众英雄出征，讨伐吃人魔王秦额什，反被秦额什用魔法将赛麦台依一行人马诱人深山，围困在山涧的魔鬼湖上。消息传开，躺在床上的凯耐尼木突然奇迹般地跳了起来，骑上坎库拉骏马，连根拔起一棵巨柳，当作武器，横扫敌军，把赛麦台依等人救出魔窟，平安回到塔拉斯。之后，凯耐尼木杀死居仁多，啖其舌头，顿时，他通晓了世间万物之语言。他与鱼王结盟，与神鸟交友。最后，杀死了秦额什，带上秦额什之女绮妮凯回塔拉斯。不久，巴卡依、卡妮凯、赛麦台依、阿依曲莱克、古里巧绕等人在一次大战中骤然消失。塔拉斯遭暴风雨袭击，人畜死亡，凯耐尼木病卧在床。此时，蒙古人、伊斯法罕人联合进犯柯尔克孜地区，凯耐尼木不顾大病初愈骑马出征，打败了敌人，生擒了罪大恶极的达比塔依，惩处了背叛人民的萨拉玛特，保卫了家乡人民的安宁。史诗中的卡妮凯、巴卡依的典型形象的塑造，从第一部到第四部才最终成，这在古今中外的文学史上也是绝无仅有的天下一绝。

第五部 《赛依特》

本部叙述的是凯耐尼木之子赛依特从小随父出征，为故乡和人民的安宁进行斗争的事迹。主要故事情节为：赛依特从小随父出征杀敌，从 9 岁起担当保卫家乡的重任。他到过克尔克特、库都斯、巴格达等地，与搜刮掳掠人民财产、抢占民女的巨人卡拉朵展开激战，最后杀死巨人，救出美女阿里同纳依和确里波纳依，让她们与亲人团聚。之后，赛依特答应了克尔克特汗王苏莱玛特提出的苛刻条件——打开蓝色陵墓，取出金银，散发给人民。从巨人卡拉朵的囚笼中救出神鸟，赢得了公主克勒吉的爱情。后来，苏莱玛特勾结卡拉朵之子，联合居仁多 7 个儿子带领兵马，将赛依特诱骗到了人迹罕至的红色沙漠进行较量。赛依特打垮了敌人，惩处了苏莱玛特汗王。又去声援节迪盖尔人，打退敌人。最后，他不听父王凯耐尼木的劝告，独自外出，因枪走火而死去。

第六部 《阿斯勒巴恰与别克巴恰》

本部叙述的是赛依特的孪生子阿斯勒巴恰和别克巴恰继承了父业，与来犯之敌进行顽强斗争的事迹。阿斯勒巴恰 25 岁时便在战场上牺牲。别克巴恰独自率军抗击玛德勒、卡勒玛克及人头妖魔的入侵，最后铲除恶魔为民除害。为了追剿敌人，他的足迹遍及中亚、阿富汗、西藏等地。他为了保卫家乡，戎马倥偬一生，直到耄耋之年。史诗融入大量的神话，具有强烈的英雄主义气概。从第四部至第六部，史诗刻意塑造了一个玛纳斯家族中三代人的主心骨和保护神、百战百胜的英雄凯耐尼木。

第七部 《索木碧莱克》

芒额特人卡勒都别特长大成为英雄后，知道了芒额特人和唐古特人与柯尔克孜族有五世之仇，自己的汗王父亲就是被柯尔克孜人杀死的。他听说柯尔克孜英雄别克巴恰死了，便纠集芒额特人和唐古特人向柯尔克孜人报杀父之仇，让柯尔克孜人倒在血泊之中，无人敢起来反抗。别克巴恰和阿克芒达依死后，其子索木碧莱克成为孤儿，由舅父带去抚养。15 岁时，他得知自己的身世和祖先的英雄业绩，知道了自己的故乡是塔拉斯。他辞别舅父，回到故乡，得到了人民的拥戴，获得战袍、骏马和武器，与入侵者芒额特人、唐古特人进行多次战斗，将敌人一一打败。一日，有人来报信求援，说呼罗珊人库茹木朱进犯秀库尔路地区，要强占卡尔玛纳之女铁妮木罕为妾。索木碧莱克毅然提枪上马，打败了库茹木朱，解救了秀库尔路人的苦难，从而也得到铁妮木罕公主的爱情，二人喜结良缘。索不碧莱克返回故乡后，去拜谒祖先的陵墓。忽然，从玛纳斯的墓中传出响声，顿时火光熊熊，洪水汹涌。中间，有一株奇娜尔树枝叶繁茂，郁郁葱葱，这是预兆，英雄将会遇到灾难。后来，索木碧莱克又与来犯者芒额特人较量，不幸受伤死去。全诗用浪漫主义的手法歌颂了少年英雄索木碧莱克大无畏的英雄主义气概和为民献身的精神。

第八部 《奇格泰》

本部叙述的是玛纳斯家庭最后一代英雄奇格泰东征西战，为家乡的安宁和友好邻邦的安危而奋斗不息、战斗不止的英雄业绩。他是索木碧莱克的遗腹子，刚刚出生便成为孤儿由玛德别克收养成人。在玛德别克的精心培养下，奇格泰成为一名精通武艺、力大超群的勇士。他闻知哈萨克被额芒特人劫掠的消息后，策马出征与敌人展开顽强的斗争，经过激战打退了敌人的进攻。败将奥托尔野心不死重又勾结喀拉契丹人，率大军卷土而来，再次夺走哈萨克王位。奇格泰年少气盛，再度出征，战胜强敌，解放了受奴役的人民。奇格泰未娶妻生子，便英年早逝。玛纳斯家庭八代英雄的故事到此结束。《奇格泰》具有浓郁的悲剧色彩，与前面各部形成一个完整的整体。

《玛纳斯》史诗反映了被压迫、被奴役的人民反抗侵略和争取自由的思想主题。史诗描写了英雄玛纳斯及其7代子孙率领柯尔克孜人民同入侵者进行不屈不挠的斗争，赞颂了柯尔克孜族人民不畏强暴的反抗精神和斗争意识。

史诗中性格不同、千姿百态的各种人物有100多个。有贤明智慧的汗王，有智勇双全的战将，有德高望重的老臣，有口若悬河、能言善辩的使臣，有巾帼英雄，也有巫者及百工之人，还有叛臣贼子、巫师魔头、神仙鬼怪，无论是正面的英雄，还是反面人物，都写得栩栩如生、丰满神奇、形象鲜明。英雄玛纳斯英武豪壮、力冠群雄，前看似虎、后观像龙、上看若鹰。出征时猛虎开道、黑熊随后，他头戴铁盔、身着战袍、肩挑战斧、手持长矛。他挥动宝剑，敌首落地。史诗是柯尔克孜人民古代社会生活的民俗画卷，如婚礼、庆典、游艺、无不令人叹服。史诗是语言艺术的宝藏，比喻、夸张是史诗中常用的语言，论英雄勇猛以虎、狮、熊、公驼比拟。史诗有严谨的韵律，节奏强，诗歌大都二、四句押韵，还有一些诗段押头韵、腰韵或脚韵，唱起来朗朗上口，听起来悦耳动听。

（八）

2005年8月，根据新疆维吾尔自治区文化厅转发文化部《关于申报第一批国家级非物质文化遗产代表作的通知》精神，克孜勒苏柯尔克孜自治州人民政府确定将柯尔克孜族英雄史诗《玛纳斯》申报为第一批国家级非物质文化遗产代表作，自治州专门组建成立了非物质文化遗产保护工作领导小组，制定《自治州非物质文化遗产保护工作实施方案》。确定项目申报主体为克孜勒苏柯尔克孜自治州人民政府，联合申报为自治区文联民间文艺家协会《玛纳斯》研究室。

项目的具体申报工作由自治州人民政府组织领导，由自治州文化体育局与自治区文联民间文艺家协会联合制作《〈玛纳斯〉国家级非物质文化遗产代表作申报书》和《玛纳斯》申报国家级非物质文化遗产代表作电视录像资料片。

2005 年 8 月 10 日，自治州人民政府召开关于柯尔克孜史诗《玛纳斯》申报国家级非物质文化遗产工作会议。会议经过研究讨论原则通过了自治区文联玛纳斯研究室主任依斯哈克别克提交的《〈玛纳斯〉国家级非物质文化遗产代表作申报书》请贺继宏再次修改后上报，同时通过了州史志办原主任贺继宏提交的《〈玛纳斯〉国家级非物质文化遗产电视录相资料片拍摄制作大纲》，由州文体局牵头，请州广电局、自治区文联民间文艺家协会等有关部门配合制作，完成后交自治州党委、人民政府审定后上报自治区文化厅申报。当年国务院批准《玛纳斯》为首批国家级非物质文化遗产代表作。

《玛纳斯》保护计划之中，首要任务就是翻译出版《玛纳斯》汉文全译本。从此《玛纳斯》汉文全译本的翻译出版，纳入了国家级保护项目之中。

将《玛纳斯》申报为联合国“人类口头及非物质文化遗产代表作”的申报工作，自治州从 2003 年已经启动。2003 年 8 月，自治州人民政府即按照联合国教科文组织《文化多样性宣言》和《保护人类口头及非物质文化遗产公约》的倡议，做出了“关于将柯尔克孜族英雄史诗《玛纳斯》申报为联合国人类口头及非物质文化遗产代表作名录的报告”，并经自治区文化厅上报文化部中国艺术研究院。当年8月自治州的代表应邀参加了“中国少数民族艺术遗产保护及当代艺术发展国际学术研讨会”。会上结合少数民族文化艺术遗产保护及发展，交流了《玛纳斯》传承与保护、转型和发展的问题受到了与会者的特别关注。同时《玛纳斯》申报为联合国“人类口头及非物质文化遗产代表作”名录之动议也得到国家人类口头及非物质文化遗产保护中心的关注。鉴于《玛纳斯》是跨国的文化遗产，在我国政府努力争取申报的同时还可采取与吉尔吉斯斯坦联合申报也做为一种申报的途径提了出来。

自治州人民政府向文化部提交的将《玛纳斯》申报为联合国人类口头及非物质文化遗产代表作名录的报告，引起了文化部的重视，为以后的继续申报奠定了基础。几年来自治州人民政府始终没有放弃向联合国“申遗”工作，除在国内多方面争取外，同时也利用一切机会与吉尔吉斯斯坦有关部门和人员进行沟通，以便两国联合申报。

2008年8月，文化部通知自治区文化厅，国家拟将《玛纳斯》作为申报为联合国人类非物质文化遗产代表作名录的候选项目，请自治区尽快按要求报送材料。自治区文化厅党组书记，副厅长，自治区《玛纳斯》“申遗”工作领导小组组长韩子勇组织克孜勒苏柯尔克孜自治州人民政府文化局、自治区文联民间文艺家协会、自治区文化厅艺术研究所组成申报班子，同时组织、邀请区内外专家学者参加的柯尔克孜史诗《玛纳斯》“申遗”专家论证会。经过两次论证，八次反复修改之后，已按时报出。目前联合国教科文组织人类非物质文化遗产代表作评审委员会附属机构正在对申报资料进行审查。

（九）

从上世纪60年代到本世纪的五十多年中，我国中央人民政府和新疆维吾尔自治区人民政府、克孜勒苏柯尔克孜自治州人民政府在组织人员、投入资金对《玛纳斯》进行调查、记录、出版和翻译以及组织各种演唱会进行传承、保护外，还组织研究人员对《玛纳斯》进行研究和学术交流。先后召开了地州级、省（区）级、国家级研讨会多次，同时还召开过两次《玛纳斯》国际学术研讨会和与邻国吉尔吉斯斯坦联合举行了三次《玛纳斯》电视剧创作研讨会。在本次汉译之中，我们对几十年来学界在《玛纳斯》研究中提出的部分认同的和有争议的问题，特别是对一些地名、部族名如何认识理解和翻译的问题，结合对历史资料与《玛纳斯》文本进行进一步的对照和研究，基本上达到了较一致的看法，从而确定汉文的表述方法。

因为一些部族名、地名在不同历史时期有不同的称谓，而作为民间文学的史诗不仅在初创时期有它的历史背景、事件及人物原形，就是在流传过程中也因特定的时代、地域环境不断丰富着史诗的内容，这就形成了一些地名、人名、部族名与历史背景相对照清晰明了，而另外一些则扑朔迷离。因此，要对史诗中的部族名、地名下准确的结论，首要是确定史诗产生的时间及时代背景。

《玛纳斯》产生的时间，目前国内外学术界尚未最后定论。主要有3种不同的观点：一是8—9世纪叶尼塞河时期，二是9—11世纪阿尔泰时期，三是16—18世纪准噶尔时期。比较集中的观点认为，《玛纳斯》的产生为10—16世纪。吉尔吉斯斯坦学者普遍认为《玛纳斯》产生于10世纪前后，故而在2000年举行了《玛纳斯》史诗诞辰1000年纪念活动。我国学者在研究了蒙古与西辽及北方其他部族战争史后认为史诗《玛纳斯》所反映的历史背景当是从公元 13 世纪初蒙古太祖铁木真灭西辽末主耶律直鲁古，然后侵入柯尔克孜地区开始，直到元朝统一这一历史时期所发生的事件。其依据是史诗中阿勒曼别特（西辽王子）在卡勒玛克人占领西辽首都，其父王投降，阿勒曼别特逃亡哈萨克地区这一历史事件是公元 1218 年，卡勒玛克人入侵柯尔克孜地区也在此前后，同时，阿勒曼别特与玛纳斯是同龄人，因而证明玛纳斯活动的年代当在同一时间。而作为《玛纳斯》史诗，最初形成只能是公元 13 世纪之后，不可能是之前。那时，正是柯尔克孜部与卡尔梅特蒙古部（史诗中的“卡勒玛克部”）和西辽（史诗中的“克塔依部”）发生激烈战争的年代，并以此为背景创作的。最初是在这些参战的军人中流传，只是对战争场面的一个个短小的说唱故事，以后逐步流传在民间，经过几个世纪的流传，不断加工、补充，到 16 世纪前后基本上已形成现代所流传的这种框架。《玛纳斯》在我国是活形态的史诗，在没有正式出版之前，仍然在不断创作、加工，注入新的思想、新的活力。即使是出版发行后民间还有多种变体流传，还在进行再创作。①

13—16 世纪是史诗《玛纳斯》从产生到逐步形成时期；16—19 世纪是八部史诗趋于完整、成熟时期；共和国成立之初至“文革”前是史诗的新生、发展和进一步成熟时期；“文革”期间是史诗的封闭、冷落和濒危时期；“文革”之后史诗进入了抢救、保护时期，同时也是《玛纳斯》由民间口头文学、活形态史诗向书面史诗转化的时期。进入 21 世纪之后，随着联合国《文化多样性宣言》的公布和我国加入联合国教科文组织

①以上观点的资料见贺继宏《克孜勒苏柯尔克孜自治州志》，新疆人民出版社，2004 年版，1315 页。

《保护非物质文化遗产公约》，《玛纳斯》入选我国国家级非物质文化遗产代表作名录和申报联合国人类非物质文化遗产代表作名录，《玛纳斯》已受到国家的保护和国际社会的重视，《玛纳斯》的传承与保护、转形与发展将会进入一个新的辉煌时期。

理清了《玛纳斯》产生的时间和时代背景，我们再来认识《玛纳斯》中出现频率最高、最受关注的“克塔依”一词。《玛纳斯》中的“克塔依”是指部族名，也指政权名，即建立辽王朝的契丹。“喀拉克塔依”是指西辽政权或喀拉契丹。汉文史书中曾被译作黑契丹。“喀拉”一词在突厥语中原为黑色，突厥语民族以颜色代表方位，因而在地名、部族名中多以“喀拉”作定语，如“喀拉契丹”“喀拉柯尔克孜”即北方的契丹、北方的柯尔克孜等。在同时代的《突厥语大辞典》中也有 hitay 一词，其解释为契丹，秦，而将“tavqaq”（桃花石）解释为马秦、汉族、中国。在现代俄语中“克塔依”指代汉族、中国，这与《玛纳斯》中的“克塔依”是不同的。我们采用了音译“克塔依”加注释的译法。

《玛纳斯》中出现最多的还有“卡勒玛克”一词，卡勒玛克只是蒙古族的一部，亦译作“卡尔梅克”“卡尔玛克”等，原意为留下来的一部分，不能笼统地译作蒙古，我们采用了音译加注释的译法。

另外在《玛纳斯》中曾引起争议的是“BeiJin”一词，有部分译文译作“北京”。部分学者认为这一词的实指是契丹的都城；有学者认为是辽朝的上京临潢，1999 年辞海的“北京”的释文就有“金天眷元年（1138）改辽上京临潢府为北京，天德二年（1150）撤销北京名号，故址在今内蒙古巴林左旗境内波罗城。”也有学者认为《玛纳斯》中的“BeiJin”应为中国历史上的“北庭”，“北庭”在今新疆维吾尔自治区北部的吉木萨尔县，唐代为北庭都护府治所，西辽曾在这里叶密立地建新城以招揽部众，后建都虎思斡尔朵。也有人将“BeiJin”误认为今日之北京，这是与《玛纳斯》文本本身和历史都不相符合的，因为今日之北京在辽时是被称作“燕京”的。《玛纳斯》中柯尔克孜远征的对象是卡勒玛克人的首领空吾尔巴依，而当时空吾尔巴依是攻战了西辽的首都，盘踞在西辽的都城之中。吉尔吉斯斯坦学者也认为吉尔吉斯人历史上从来没有和中国的汉族人打过仗，从来也不曾到过北京。为此，我们依据柯尔克孜语的音译，译作“别依京”，并加注予以说明，以免读者产生误会与今日之北京市相混。

（十）

本次出版的全译本是根据新疆人民出版社 2004 年出版的居素普·玛玛依演唱的《玛纳斯》一至八部变体柯尔克孜文版翻译的。

居素普·玛玛依，1918 年生于阿合奇县哈拉布拉克乡米尔凯奇村，是著名的“玛纳斯奇”，被国内外史诗专家誉为“当代荷马”，被国内外有关领导称为“国宝”，是唯一一位能演唱 8 部《玛纳斯》史诗的大玛纳斯奇，也是目前世界上唯一一位活着的《玛纳斯》大师。从小由比他年长 22 岁的哥哥巴勒瓦依照顾，从 8 岁开始在哥哥的指导下，学习演唱背诵《玛纳斯》史诗。幼年已初通阿拉伯史，有一定的文化基础，为阅读记忆《玛纳斯》手抄资料提供了便利条件。他过目不忘，具有惊人的记忆能力，加之刻苦努力，仅用了 8 年多时间就把哥哥所搜集记录的 20 多万行的 8 部《玛纳斯》全部背了下来。史诗中数百个人物、大大小小的各种事件在他脑子里梳理得清清楚楚。对于人物之间的关系、事件与事件的前因后果、每一位英雄人物的神奇经历他都了如指掌。他的哥哥巴勒瓦依曾经经商，足迹遍及南疆各地及中亚地区。巴勒瓦依一方面做生意，另一方面搜集各类书籍，广泛搜集记录《玛纳斯》史诗及柯尔克孜族民间文学。先从我国当时的著名玛纳斯奇居素甫阿洪·阿帕依口头演唱中记录下了《玛纳斯》史诗的前 3 部内容。后来又从额不拉音·阿昆别克口头演唱中记录下了史诗后 5 部的内容。居素普·玛玛依将这 8 部内容进行梳理加工，把其中的散文部分改成韵文进行背诵记忆，倾其一生的心血创造出自己的变体。学术界认为，他创造的变体是目前世界上独一无二的。其结构最宏伟、艺术感最强、悲剧性最深郁，是深受听众和读者及各族学者青睐的不朽之作。

巴勒瓦依收藏的资料不仅有《玛纳斯》史诗，还包括柯尔克孜族众多的史诗和叙事长诗，以及有关宗教、文学、天文、地理、历史等方面的书籍和手抄本，居素普·玛玛依继承这些资料后，如获至宝地进行阅读，大大丰富了自己的知识，开阔了眼界，为日后《玛纳斯》的演唱加工奠定了基础。从居素普·玛玛依幼年时背诵记忆下来的许多柯尔克孜史诗和叙事长诗，到 60 年代初开始演唱记录，大都已经整理出版。具体篇目有《艾尔托什吐克》《库尔曼别克》《巴额西》《托勒托依》《阔班》《萨依卡丽》《玛玛克与绍波克》《吐坦》《江额勒木尔扎》以及哈萨克史诗《七汗的故事》等。除此之外，还写有《我是怎样开始演唱〈玛纳斯〉史诗的》《柯尔克孜族对少男少女的称呼》《柯尔克孜族民间文学简论》《吉尔吉斯国纪行》等文章，在国内外报刊上发表。

居素普·玛玛依一生身世坎坷，富有传奇色彩。从 1961 ~ 1983 年 20 多年，曾先后 3 次演唱记录《玛纳斯》。他演唱的《玛纳斯》史诗全部内容为 8 部 18 卷共计为 232165 行。居素普·玛玛依这种天才的记忆力和史诗演唱才能一直是个谜，很多学者都对他本人和他的变体进行专题研究并写出了许多文章。

关于居素普·玛玛依的评价文章经常见诸报端。几十年来，他为《玛纳斯》史诗的流传、发展和保存作出了重大贡献，得到世界的公认，曾多次获国家及自治区的奖励。1983 年，演唱的史诗获自治区文联、民委，新疆民间文艺家协会联合举办的 1977—1982 年新疆民间文学作品荣誉奖。同年，《凯耐尼木》获 1979—1982 年全国优秀民间文学一等奖。1991 年 4 月，在抢救、整理、出版《玛纳斯》工作中作出的贡献而获文化部、国家民委表彰。1991 年 ll 月，中国民间文艺家协会对其多年来开拓、发展民间文学进行奖励。1992 年 11 月，《玛纳斯》（第二部）获首届“中国民族图书奖”一等奖。1995 年 8 月《凯耐尼木》（《玛纳斯》第四部）获第二届中国北方民间文学一等奖。他还曾受到王震、周扬、包尔汉、赛福鼎·艾则孜、王恩茂、铁木尔·达瓦买提、司马义·艾买提等党和国家领导及自治区领导的接见。从 1982 年起任自治区政协委员、政协常委至今。现为自治区文联名誉主席、研究员。曾 3 次出访吉尔吉斯斯坦，并受到特殊的礼遇。吉尔吉斯斯坦前总统阿斯卡尔·阿卡耶夫在 1995 年吉尔吉斯斯坦举办的《玛纳斯》1000 周年大会上，授予居素普·玛玛依“吉尔吉斯斯坦人民演员”称号，并于 1997 年 1 月派专人将证书及勋章颁发给了居素普·玛玛依。

近年来，已有不少专家学者对居素普·玛玛依进行研究、评介，仅阿地里·居玛吐尔地就有《〈玛纳斯〉歌手研究》《居素普·玛玛依传》等多部专著以多种文本出版发行。

（十一）

本次翻译出版的《玛纳斯》汉译本将分八部出版。第一部《玛纳斯》的翻译为阿地里·居玛吐尔地；汉柯文对照为朱玛克·卡德尔、伊斯哈别克·别先别克、马克来克·玉买尔拜；汉文编辑整理为贺继宏、修仲一、赵国栋、马雄福、师歌。由贺继宏统稿；审定为马雄福、朱玛克·卡德尔、贺继宏、吾尔哈力恰·何德尔拜、修仲一、伊斯哈别克·别先别克。

《玛纳斯》是柯尔克孜全民族千百年来集体创作的不朽的优秀文化遗产，《玛纳斯》的调查、记录、整理、翻译、出版也是集体劳动的成果，借本此出版之机，我们向千百年来无数个传承、创作《玛纳斯》的玛纳斯奇深表敬仰与怀念，向几十年来参加《玛纳斯》调查、记录、整理、翻译、出版的工作人员，向一切关心《玛纳斯》工作的各级领导和专家、学者，向一切为《玛纳斯》工作作出贡献的各族群众，表示诚挚的感谢。

（2009 年 1 月）

后 记

《西域论稿续编》是继1996年出版的新疆历史、民族、文化研究的论文集《西域论稿》之后，又一部反映新疆历史、民族、文化的文集。

本书原拟在新疆青少年出版社出版，且书稿已经新疆新闻出版局审读室初审和复审通过。后来考虑到专业之对口，由郑州方志书社、《历史文化研究》编辑部推荐，经与新疆青少年出版社协调，转由中州古籍出版社出版。在此，我不仅要感谢郑州方志书社、《历史文化研究》编辑部和中州古籍出版社对本书出版发行给予的大力帮助，同时还要向为本书出版做出努力的新疆青少年出版社副社长程春表示深深的感谢。

在这里，我还要特别感谢新疆青少年出版社的编辑张虹宇女士，感谢她为我逐字逐句地修改书稿，她严谨的治学态度和深厚的文字造诣，令我起敬。同时，也感谢新疆新闻出版局审读室的专家对书稿进行认真的初审、复审，不仅提出了指导性的修改意见，还帮助修改书稿。我还要感谢新疆大学教授管守新老师，感谢他对书稿的审读和修改。

我要特别感谢老朋友史林杰、郑东辉、万雪玉老师在百忙之中阅稿和撰写序言。同时我还要感谢十几年前为我的《西域论稿》写序和指导我修改书稿的地方志元老钟英老师，他那一字一句一词一丝不苟的认真推敲修改书稿的严谨作风，成为我从事编辑工作的典范。

何生荣、苏静波和李雪梅作为我的同事和朋友，还有牛新成曾经是我的同事，又是我多年的合作伙伴和朋友，他们都为我这些文稿的处理和本书的出版，付出了劳动。同时还有老友王济宪、张光汉、肖谋德和我携手几十年，对我多有帮助，我在此一并表示感谢。

我还要感谢《新疆地方志》杂志的编者刘德润、李卫东和张辉以及郑州《历史文化研究》杂志的编者石小生和俞长缨，特别是在《克孜勒苏报》当过总编或编辑的金成、刘源清、张彦平、金平钰、牛广全、纵华等以及《帕米尔》杂志的主编刘联社，我的不少文稿就是经他们编辑之后首先发表的。此外，近几年来，我的一些文稿还在州政府网站“帕米尔之窗”上发表，在此，我对刘开臣主任深表感谢。

我要特别感谢柯尔克孜族朋友阿不都卡德尔·托合塔诺夫、朱玛克·卡德尔、买买提斯拉木对我的支持和帮助。

感谢于自有先生和他的儿子于英毅为我题写书名。

这里还需要说明的是，我的儿子贺一丁参与了本书文稿的选编和校订。

在这里，我想简单介绍这些文稿的成稿背景和过程。

我是从事地方志工作的。自从上世纪 80 年代中期州地方志机构一成立，我便成为当地人们了解地方乃至新疆历史、民族、文化、民俗的对象。由一般的登门造访，到讲课、作报告、接受新闻媒体采访。因为在进入史志办之前，我已经在新疆人民出版社出版了《克孜勒苏柯尔克孜自治州概况》《柯尔克孜风俗习惯》和《帕米尔上的牧人》三本书。根据工作和社会需要，我一方面作调查和研究，向社会索取，另一方面频频向外介绍情况，向社会奉献。随着社会的发展和需要以及我个人的点滴进步，逐步进入一个较深的层次。如对地域文化的认识，我由上世纪 80 年代末完成同源分流、多元一体的文化大混成——《西域文化研究》，本世纪初，进入《昆仑文化之研究》，对中国的大文化——昆仑文化进行探索，力求解析昆仑文化与中华文化的渊源关系。最后又回到了一个落脚点：柯尔克孜族玛纳斯文化的认识和研究及《柯尔克孜族文化史》的撰写。在对地方史认识和探索中，我从最初的《克孜勒苏两千年》，走进新疆的三大地方政权喀拉汗王朝、西辽和叶尔羌汗国，进而对新疆的史前史、对《穆天子传》《山海经》《竹书纪年》产生了极大的兴趣。但是，最终还是回到了克孜勒苏自治州，开始撰写《克孜勒苏地方史》。对待民族也是先从《古老的民族——柯尔克孜族》开始，逐步涉足维吾尔、塔吉克、蒙古图瓦人以及新疆汉族、新疆满族，最后又是回到了柯尔克孜族。这一切，不光是一种感情（我是喝了 50 年克孜勒苏河的水，对地方和民族感情自然是很深的）。但是主要还是服从社会之需要。如黑龙江电视台找我采访柯尔克孜族历史，特别是跨国民族的形成，我就不能不谈及三国四方的柯尔克孜族（俄国哈卡斯人、吉尔吉斯斯坦吉尔吉斯人、中国新疆和黑龙江柯尔克孜族）。香港卫视找我采录柯尔克孜族历史与文化、赛福鼎与维吾尔文化，凤凰卫视找我访谈玛纳斯文化，中央人民广播电台、《中国民族报》《中国文化报》《中国艺术报》等媒体关注我关于《玛纳斯》传承与保护、转型与发展的基本观点和意见，中央电视台邀我作蒙古图瓦人历史的专题节目等等。这一切，我觉得都是社会的需要，特别是《玛纳斯》汉文全译文学本的编辑出版，《玛纳斯》作为非物质文化遗产代表作的申报和进入实质性的保护和传承、转型和发展更是社会迫切的需要。社会需要就要去做，就一定要做好，这是一种责任、一种使命。要做好就要进行调查、进行研究，就要去探索、去发现，就要有自己的看法、认识和见解。我就是这样不断地根据社会的需要，把从社会摄取的东西，经过加工之后再返还给社会。这样就形成了这一系列的文稿，这大概就是我的人生。

这些文稿大都是既要叙述事物发展的过程，又揭示其发展的规律，评介其功过成败，因而作论稿汇集出版。称作“西域”是因部分文稿已超出了今日新疆的范围，称作“论稿”是有些文稿还是未定稿，旨在征求意见，进一步修改完善。

在这里要特别申明的是我不是专门从事研究工作的。不是专家、学者，这些文稿也不算是实质性的论文。我不是为了写论文而写论文的。而是将工作中遇到的问题作了一些叙述、说明和总结，谈了一点看法和想法，向专家求教，向读者学习。

本书文稿由新疆地方志激光照排室录入，由乌鲁木齐形加意图文设计有限公司制作，由中州古籍出版社出版、郑州方志印务有限公司印刷。我对这些为本书出版给予帮助的单位和个人再次表示深深的感谢！

作　者

2012 年 8 月于乌鲁木齐

图书在版编目（CIP）数据

西域论稿续编/贺继宏著．—郑州：中州古籍出版社，2013.1

ISBN 978-7-5348-4134-7

Ⅰ．①西…　Ⅱ．①贺…　Ⅲ．①西域—地方史—研究　Ⅳ．①K294.5

中国版本图书馆CIP数据核字（2013）第012202号

责任编辑：周　媛
责任校对：贺继宏
出 版 社：中州古籍出版社
（地址：郑州市经五路66号　邮政编码：450002）
发行单位：新华书店
承印单位：郑州方志印务有限公司　0371—67811562
开　　本：850mm×1168mm　1/32　印　张：13
字　　数：300千字
版　　次：2013年3月第1版
印　　次：2013年3月第1次印刷

定　价：48.00元